大陸學者叢書 **12**

宋如珊・主編

日
記
箋
釋

一九二五年

大中
董

總　序

1992 年，兩岸開放探親後的第五年，我在埋首撰寫論文〈大陸的臺灣文學研究概況〉過程中，驚覺對岸對於臺灣文學研究的投入成果，並在種種因緣之下，開始關注對岸文學，一頭栽進大陸文學的研究與教學。

多年來，心中一直記掛著應該把臺灣的大陸文學研究情況也整理出來。因為臺灣和大陸是現代華文文學研究的兩大陣地，除了兩岸學界的本土文學研究之外，還須對照兩岸學界的彼岸文學研究，才能較完整地勾勒現代華文文學研究的樣貌。去年，我終於把這個想法，部分地呈現在〈臺灣的「大陸當代文學研究」觀察〉一文中。但是，這個念頭的萌發到落實，竟已倏忽十年，而在這期間，仍有許多想做和該做的事，尚未完成，不禁令人感慨韶光的飛逝和個人力量的局限。

回顧過去半世紀以來的現代華文文學研究，兩岸都因政治環境和社會文化的變遷，日益開放多元；近年更因大量研究者的投入，產生豐盛的研究成果，帶起兩岸文學界更加密切的交流。兩岸的研究者，雖在不同的歷史背景下成長，但透過溝通理解、互動砥礪，時時激盪出許多令人讚嘆的火花。

「大陸學者叢書」的構想，便是在這樣的感慨和讚嘆中形成的。從文學研究的角度來看，成果的交流和智慧的傳遞，是兩岸文學界最有意義的雙贏；於是我想，應從立足臺灣開始，將對岸學者的文學研究引介來臺，這是現階段能夠做也應該做的努力。但是理想與現實之間，常存在著難以克服的主客觀因素，臺灣出版界的不景氣，更提高了出版學術著作的困難度。

　　感謝秀威資訊公司的總經理宋政坤先生，他以顛復傳統的數位印製模式，導入數位出版作業系統，作為這套叢書背後的堅實後盾，支持我的想法和做法，使「大陸學者叢書」能以學術價值作為出版考量，不受庫存壓力的影響，讓臺灣讀者有更多機會接觸到彼岸的優質學術論著。在兩岸的學術交流上，還有很多的事要做，也還有很長的路要走，我相信，這套叢書的出版，會是一個美好開端。

宋如珊

2004 年 9 月　於士林芝山岩

目　次

凡　例

一、本書所用底本，為《魯迅全集》1981 年版第十四卷。釋文中
　　引用魯迅原話，均出自該版全集，不加說明。用別的版本，
　　則說明之。

二、以日為單位，先列出日記原文，次為校，次為箋，次為補。

三、以手稿作校。（按，手稿無標點符號，標點符號係《全集》
　　編者所加）手稿誤字，《全集》已改者，自不在校之中。

四、主要參考 1981 年版《魯迅全集》註釋和幾種《年譜》，同
　　時吸收了大量新的研究成果。如用他人成果，均加說明。凡
　　人名、書名等所需註釋之詞語，只在第一次出現時加註。

五、本書所載書主著譯，知道其著譯時間者，以著譯日期係時；
　　不知其著譯時間者，以刊出日期係時；刊出時間不確定者，
　　係於當月最後。

六、書主著譯編入集子，以《全集》和 1958 年人民文學出版社
　　版《魯迅譯文集》所收單行本為限，該單行本第一次出現時
　　說明收在《全集》（或《譯文集》）第幾卷，以下只記單行
　　本名字。

七、書信為著作之一種，所有書信的存佚情況均註明之。

八、他人回憶事項，有的難以確定具體日期，能確定月份者，殿
　　於當月之後；不能確定月份者，殿於全年之後。個別的，不
　　排除發生在本年以外，但以本年為主。

九、各月之前，加時代背景，以有助對書主思想和作品的理解。

十、除以上幾項外，有不屬於日記體例的相關事件，以「附記」
　　形式係入。

十一、本書以記事為主，凡屬筆者個人議論，加「三閒居曰」，以示區別。

十二、文體，盡量簡約，但以說清為指歸。引文尊重原作者，不強求一律。有不同觀點或說法時，並存。

十三、釋文中西元紀年、一些統計數字和括號中的書刊頁數，用阿拉伯碼，其餘用漢碼。

十四、本書箋註或議論，有些僅屬推測之詞，尚需進一步考證。凡屬不能肯定之論述，在引用時加以說明。凡本書未予肯定而引用者以肯定語氣出之者，概由引用者負責。

十五、書後附人名、地名、書名索引，以便查閱。

自 序

一

　　魯迅是這樣說他的《日記》的：「我的日記卻不是那樣。寫的是信箋往來，銀錢收付，無所謂面目，更無所謂真假。例如：二月二日晴，得 A 信；B 來。三月三日雨，收 C 校薪水 X 元，復 D 信。一行滿了，然而還有事，因為紙張也頗可惜，便將後來的事寫入前一天的空白中。總而言之：是不很可靠的。但我以為 B 來是在二月一，或者二月二，其實不甚有關係，即便不寫也無妨；而實際上，不寫的時候也常有。我的目的，只在記上誰有來信，以便答復，或者何時答復過，尤其是學校的薪水，收到何年何月的幾成幾了，零零星星，總是記不清楚，必須有一筆賬，以便檢查，庶幾乎兩不含糊，我也知道自己有多少債放在外面，萬一將來收清之後，要成為怎樣的一個小富翁。此外呢，什麼野心也沒有了。」（《馬上日記‧豫序》）

　　許廣平把魯迅的日記分成三種，即《日記》、《馬上日記》和《夜記》。後兩種其實是用日記形式寫的記事，已歸入雜文一類，真正的日記也只是魯迅所說那一種。「據保存所得的檢查一下，魯迅先生的日記是從民國元年五月初到北京時寫起的，一直沒有間斷。偶爾因為特別事故，如『一二八』戰事發生，隻身出走，中間經歷了一個多月，待到市面稍稍平靜，重回舊寓之後，他才能拿筆補記。記雖簡略，但奇怪，他就有本事逐天的排列回憶起來，一些不錯，看了真令人驚服的。」（《欣慰的紀念‧魯迅先生的日記》）

　　許廣平又說：「他的日記的確寫給自己看的，所以一點也不文飾。從民元到十四年的日記，離北京往廈門時並未帶走，鎖存北京客室裏面。曾經有過一個使他不滿意的客人，逕自挖開鎖來偷看了，事後給他曉得，可真氣憤得很，足見他並非預備給人看的了，這是在他活著的時候的態度。但是假如作為從此可以看出一部分真的面目，那麼這日記是最真不過的了，在研究一位在民族文化史上很關重要的人物，對這是不應忽視的。況且以他自己一生的坦率，日記並沒有不可告人之處，我們無須保持珍祕。但倘使說從這裏可以窺知一切，那也恐怕未必盡然。」

　　魯迅逝世以後，一部分《日記》在《文匯報晚刊》發表，起初讀者非常多，不久之後，人們不愛看了。為什麼？柯靈說：「一種是說，太簡單了，跟流水賬一樣，枯燥得很。還有一種，問題可就大了，因為日記裏所記的事情，不少是饋贈禮物，應接友朋，上館子吃飯，進影院看戲；卻並無歎窮怨命，挨打坐牢等情，生活仿佛相當優裕，並不像一般人所想像的那麼淒慘，因此對於先生的印象，恐怕反而不大好。」（《關於〈魯迅日記〉》，《1913－1983 魯迅研究學術論著資料匯編》第二卷第 1078 頁）

　　如何看待這一現象呢？許廣平說：「魯迅的日記，過於簡略，但也可以從這簡略記載中找出不少蛛絲馬跡、可資研究的東西。稍加寬泛些看來，當時社會的各個方面就像一面鏡子的縮影一樣地被反映出來了。」

　　許廣平的這段話，說明了它的價值所在和對其進行研究的極端必要性。特別是「當時社會的各個方面就像一面鏡子的縮影一樣地被反映出來了」一句，確乎是魯迅日記的一大特色，值得引起我們注意。許廣平沒有說到的是，在那極其簡明扼要的「流水賬」式的記事後面，跳動著主人公鮮活的生活實態。有些人的日

記，寫跟朋友的交往，或寫自己對某一問題的認識，抑或在某一件事情進行中自己的作為，自己的想法，具體詳盡，有頭有尾。像郁達夫 1926 年十一月十一日《日記》中的一段：「晚上月亮很好，可惜人太倦了，不能出去逛，看我在過去一禮拜內所作的文字，覺得很不滿意，然而無論如何，我總要寫它（《迷羊》）完來。」這樣的日記，有景物描寫，有心理刻畫，宛然一篇散文。然而，其不足恰恰在於它把什麼都說盡了，人們「一眼看透」，沒有迷惑，沒有懸念。魯迅的日記卻不是這樣，它的每一筆記載，都只是一個題目，蘊藏著豐富的內涵，需要我們去解讀，就像需要我們把那題目做成文章一樣。因此，對魯迅日記進行一番研究，是十分必要的。早在五十多年前，林辰就提出，需要對魯迅著作進行疏證。這種「流水賬」式的日記更需要疏證。印象中曾經有過一本《〈魯迅日記〉研究》，但我沒有見到。包子衍的《〈魯迅日記〉箚記》是一本好書，可惜過於簡略。我這本小書，是對《魯迅日記》進行微觀解讀的一個嘗試，從文體上說，正是林辰要求的那種「疏證」。不在論述什麼，而在廓清事實，還生活本來面目，為學者們發表宏言大論，做一點基礎。

若能在極簡單的流水賬裏剔出有意味的骨和肉來，作者的目的便達到了。

二

立意寫這本書，在十年前。

那時我梳理高長虹和魯迅的關係。高在《1925，北京出版界形勢指掌圖》中說：「現在我再一說《民副》事件，此關係較大，也是我視為最痛心的一事。內情魯迅知道，素園知道，不足為外人道。是我當時看見靜農態度不好，然我不願意說出。靜農去後，

魯迅也說出同樣懷疑，我於是也說出。魯迅託我次日到徐旭生處打聽一下。我次日沒有打聽去，卻又到了魯迅家裏。魯迅又提起此事，又託我去打聽。我再次日去打聽時，則誠如我等所懷疑者。魯迅當下同我商量，說要跟徐旭生去說明真相。我說：『為思想計，則多一刊物總比少一刊物好，為刊物計則素園編輯總比孫伏園好，其他都可犧牲。』魯迅說：『只是態度太不好——但那樣又近於破壞了！』於是魯迅沒有寫信，而《民副》產生。這些本來與我無關，無須多管閒事。但不料此後我再見徐旭生時，則看我為賊人矣！此真令我歎中國民族之心死也！不料不久以後則魯迅亦以我為太好管閒事矣！此真令我歎中國民族之心死也！」這段話中「不足為外人道」者，荊有麟在《魯迅回憶斷片》中有所透露：「⋯⋯於是由某君出面，要求先生寫介紹信，同時又找正在辦《猛進》的北大教授徐旭生先生亦寫介紹信。可是，某君的話，是兩樣講法，他對徐旭生先生說：是魯迅先生要求徐旭生介紹韋素園去編副刊，而對魯迅先生則說：是國民黨方面要求先生介紹一位副刊編輯去。總之：兩方面都寫了介紹信去，事情算是成功了，便由素園出面去編輯，魯迅先生還代他各方面拉稿，後來不知道怎樣一弄，魯迅先生知道了某君兩樣話語，竟非常之生氣，說：『你看，他竟到我這裏玩手段來了。』」

　　兩人不約而同寫到這件事，使我們知道荊有麟筆下的「某君」便是臺靜農，高長虹沒有說出的話，乃是臺靜農在魯迅和徐旭生面前是「兩樣講法」。這反證了兩人回憶的真實性。但是還有一個問題需要得到驗證，就是高長虹說魯迅「託我去打聽」一節，是否能夠得到《日記》的支持。我由此想到，《魯迅日記》雖然寫得簡略，卻具有極其豐富的內涵，應該把它的記載大體搞清：今天誰來，是因為什麼，談了些什麼話；明天得到誰的信，有什

麼事，魯迅復信又談了些什麼──魯迅的復信，少數留下來了，大多數早已散失；還有諸如應邀赴宴卻「一赴即歸」究竟是怎麼一回事，等等。也許，唯其簡略，才有弄清的必要吧。

那又為什麼選擇 1925 這一年呢？這卻跟高長虹和魯迅的關係不大了，或者說，這僅僅是很小很小的一個方面。我在《魯迅與高長虹》一書第二章的開頭說道：「1925 年，在魯迅的生命史上，是值得認真研究的一年。這一年，已經爆發一個多月的女師大事件，迅速發展、升溫，持續好長時間，到夏天達於頂點，進步師生搬出學校，賃屋授課，而學校當局及其背後以章士釗為總長的教育部，也採取了免去魯迅教育部僉事職、停辦女師大、成立女子大學等措施，進行對抗。在這一場公理與強權的較量中，魯迅旗幟鮮明地站在進步學生一邊，跟章士釗、楊蔭榆一夥進行了堅決的鬥爭，取得了勝利。女師大事件展開了魯迅終生跟強權進行不懈抗爭的光輝篇章。這一年，魯迅在他的感情生活中，經過了最美、最真摯、最有意義的一段歷程，並且讓我們直言不諱地說，這也是一個魯迅在是要生活上的助手還是要事業上的戰友的兩難處境中作出選擇的時刻，他作出了正確的選擇，初步形成了他跟許廣平相濡以沫、共扶艱危的人生關係，理順了生活程式，為創造他生命最後十年的輝煌打下了堅實的基礎。這一年，從魯迅的內心世界說，又是他由『五四』時期的大聲吶喊，墜入『荷戟獨彷徨』的苦悶，卻又不甘於苦悶、彷徨，不得不『上下求索』、努力尋求新的生路的一個時期。終於，他以寫出表現他生命哲學的散文詩《野草》為標誌，確立了面向現實、完成理想的人生方向。除了公理與強權、事業與生活、理想與現實這三組矛盾以外，這一年，在魯迅心靈空間佔據著很大位置的，還有一個如何團結更多的人，通過開展社會批評和文明批評，以更好更

有力地跟舊勢力進行戰鬥的問題。為此，他著重抓了輿論陣地的
建設和『新的青年戰士底養成』兩件大事，《莽原》的創辦就是
完成這個任務的一項具體措施。」總而言之，這一年是特別有意
義的一年，是魯迅把攻擊的矛頭由歷史轉向現實的一年，是魯迅
構築他精神家園的一年，總之，是很值得研究的一年。我這個想
法是逐漸形成的，到十年前梳理魯迅與高長虹的關係時，跟前一
個想法不期而遇，於是想到寫這麼一本書。

三

　　書寫完了，現在回頭看，我深深感到，選擇從日記上解讀魯
迅，還真弄對了。我們曾經讀過不少人的日記，但那些日記在寫
之前就已經確定了將在某個時候公之於眾，或者甚至是為發表而
寫作，至少要「留彼將來」，這樣寫什麼不寫什麼，就有了很大
的選擇性。魯迅的日記，正如許廣平所強調的那樣，是只寫給自
己看的，不是給別人看的，有人偷看了他的日記，被他曉得後，
「真是氣憤得很」。許廣平說，這日記「是最真不過了」。柯靈
說：「《魯迅日記》的價值，是在於它的老實，沒有造作，不加
妝點，讀者閉目一想，眼前現出來的是一個作家的老老實實的生
活。」（《關於〈魯迅日記〉》）的確如此。過去許多年我們所
讀到的魯迅，被太多的各種各樣的顏色所塗抹，失去了真實面
目，這本日記卻使我們向魯迅走近了一大步。我們看到的是「最
真不過」的魯迅。我們看到了魯迅的心靈，看到了他作為普通人
的一面。我們看到的魯迅，是一個平民化的魯迅，是一個偉大被
平凡所掩蓋的魯迅，是一個沒有被意識形態和黨派觀念所侵蝕的
魯迅。也可以說，日記中所顯示的是一個普通人的真實生活情
景，他處在日常生活中，又被徹底生活化了。

書寫完了，現在回頭看，選擇這一年還真選對了。

這一年的魯迅，有喜，有怒，有哀，有樂；有領著老母遊釣魚臺，有跟幾個女孩子在家聚餐；有嚴肅的筆戰，有跟老友「之乎者也」的嬉笑；有組成「聯合戰線」的喜悅，也有些小煩惱……

這一年的魯迅，至少有過兩次大醉，一次是跟幾個青年文學家籌辦《莽原》，一次是跟幾個女孩子共慶端午。我們可以想像，當醉了的魯迅用拳打俞芬姊妹、用手按住許廣平的頭的時候，那是怎樣可愛的一個真我啊！這次大醉《日記》未記，但在給許廣平信中說到。那是辯解，辯解中透出幾許天真。在上海一次大醉時，高舉拳頭，大叫著「還有誰要決鬥」，這情景雖然沒有提前出現，但那高舉的拳頭，不正是一個人的人生符碼嗎？

這一年的魯迅，有過把一個精神病患者當作朋友直談到半夜的故事，有跟柯仲平第一次見面就聽柯發瘋一樣朗誦自己詩作的雅興，有把另一位筆名以魯為姓的作家稱為「吾家魯彥」的趣事，而魯彥來到「老虎尾巴」又總是倒頭便睡、拿菸就抽，異常隨便。

這一年的魯迅，第一次運用法律手段，把他的「頂頭上司」、教育總長章士釗送到了「平政院」的審判臺上，最後取得了勝利。

這一年，魯迅基本完成了他第二個短篇小說集《彷徨》和極具哲理意味的散文詩《野草》的寫作，開始有意識地、自覺地把雜文用於現實鬥爭之中，寫於這一年的《燈下漫筆》、《春末閒談》和《論「費厄潑賴」應該緩行》等文也成為這一新興文體的典範作品。李長之就說，魯迅的雜文到這一年（原說 1925、1926）風格已經確定。

這一年的魯迅，有他跟許廣平最美好的戀愛，有他們的第一次接吻……「情」在他的心中生長。

　　有人喜歡後期的魯迅，我卻喜歡這一時期的魯迅，特別是這一年的魯迅。這一年魯迅的生活，不僅是美好的，而且也是豐富多彩的。這一年的魯迅，展現在我們面前的，是毫無遮掩、毫不造作的真我。過去許多年，人們從「千萬不要忘記階級鬥爭」的總主題、總路線出發，凸出宣傳魯迅的革命精神和鬥爭精神，強調要像魯迅打「落水狗」一樣堅持「無產階級專政下的繼續革命」，對敵人毫不手軟。一直到近些年來，魯迅如何同敵人鬥爭，如何「對論敵一個都不寬恕」仍然是出版社和媒體感興趣的話題，同樣題目的書出了一本又一本。以致留給人們一個印象，魯迅是個只會打人的人，他信奉的哲學是鬥爭哲學，他所做的一切是跟人相鬥。這遠不是魯迅的全面。如果說魯迅在文字上顯示出一種毫不妥協的鬥爭精神，有時顯得如一些人所說，對人有點「刻薄」，那麼就魯迅處人來說，卻是異常厚道的。他不臧否人物，不談政治，不涉「當局」（這是這本日記跟胡適等人日記很不相同的一點）。從這本日記中，我們幾乎看不到外部世界，我們看到的只是日記主人的小宇宙、小天地。素昧平生的青年，寫信來提出一些問題或要求，或寄稿來請求設法發表，魯迅都當作親友一般看待，認真寫信回答。稿件無處發表時，負責退回，有了刊物後，能發表的及時發表出來。尚鉞算是《莽原》同仁，但他卻在信上指斥另一些同仁，魯迅收到來信後，既不生氣，也不偏聽偏信，依然熱情對待雙方。就是那個曾引魯迅生氣，認為是把自己「玩」了一下的人，魯迅後來也一直當好朋友看待，從未表現過不滿。《兩地書》一一二信說：「我現在真自笑我說話往往刻薄，而對人則太厚道，我竟從不疑及……」這不是自我粉飾，乃是實際情況。生活中的魯迅是厚道的，也是真誠而且有時有點天真的。這一年的魯迅，不僅令人可敬，也令人可愛。我們既應當

尊敬魯迅，也應當熱愛魯迅，像生活中的那些人一樣把魯迅當作自己的朋友。

讓魯迅回到生活之中，顯出真我，乃是寫這本書的主要目的。

四

魯迅思想的發展，這一年似乎一直未能引起人們的注意，其實是很值得研究的。

本文略述以下幾點：

對中國歷史的認識：從清末以來，人們就對中國幾千年的歷史進行反思，並做出各自的闡釋。五四運動中，提倡新思想新文化新道德，反對舊思想舊文化舊道德，歸結到一點，是向封建君主專制這個「傳統」開火，要徹底粉碎它，跟它告別，代之以民主和科學。那以後，人們曾用多種「模式」形容、概括幾千年的中國歷史。李四光把中國歷史分作每八百年一個由統一而分裂、由強而弱的段落，周而復始地循環，從秦至清，已有三個周期。對這個「模式」，林語堂甚為贊成。其實它沒有說出中國歷史的實質。魯迅在發表於《莽原》的《春末閒談》、《燈下漫筆》中所做概括，是那樣深刻，一下擊中要害。他用「更其直截了當的說法」概括中國歷史，是「想做奴隸而不得的時代」和「暫時做穩了奴隸的時代」兩個時代的循環。其所以這樣，又基於歷代封建君主把天下當私有財產，「把人不當人」，對廣大人民實施極其嚴酷的精神統治，使人們都像被細腰蜂叮過一樣，成了沒有思想的工具。他把人和人的地位放到觀察歷史、觀察社會的核心。這是他多年來研究中國歷史、研究中國社會的總結，既為他一系列小說的形象描寫提供了理論支持，也為他今後跟舊勢力進行鬥

爭打下了基礎。這兩篇文章係《莽原》初辦時所寫，具有沉甸甸的力量，奠定了該刊的基本方向。

中西文化比較：《青年必讀書》寫於年初，後又寫了幾篇論辯文章，它們較清晰地表現了魯迅的中西文化觀和「行」的哲學。魯迅反對坐而論道，重視實行，西方文化正是要人行，不是要人說，更不是要人唱高調。東西文化實際是過時文化與現代文化的另一種說法，中國人的毛病正在於迷戀過時的文化，不能與時俱進。在東西文化的大方向上，魯迅的思想跟陳獨秀、胡適等人是一致的，也有不盡相同的地方。胡適等提倡「西化」，主要是把西方的社會政治文化移植過來，即用民主代替、改造我們的專制主義。魯迅對西方的議會民主那一套並沒有真正認同，這導致兩人後來的分道揚鑣。但認為西方現代文化優於我們自己的文化，中國的封建君主專制傳統和中國人的愚昧和落後只有靠人類現代文化才可以醫治，我們應該向人家學習，該「拿來」的就「拿來」，卻是正確的，適應了社會發展的需要。

對第三樣時代的渴望和設想：在《燈下漫筆》裏，魯迅響亮地提出：「創造這中國歷史上未曾有過的第三樣時代，則是現在的青年的使命！」又說：「這人肉的筵宴現在還排著，有許多人還想一直排下去。掃蕩這些食人者，掀掉這筵席，毀壞這廚房，則是現在的青年的使命！」「第三樣時代」係針對「想做奴隸而不得的時代」和「暫時做穩了奴隸的時代」兩個時代而言。它不像胡適等人追求的民主政治那麼清楚明白，但其主旨是不言而喻的，就是跟那兩個時代不存在相同之處，沒有剝削也沒有壓迫，沒有奴隸也沒有主人。俄國十月革命以後，新生的社會主義蘇聯就被說成沒有剝削沒有壓迫。魯迅本年開始大量閱讀蘇聯文藝理論書籍，以後越來越喜歡蘇聯，實際上把蘇聯當成他所期望的第

三樣時代的樣板。中國共產黨所領導的新民主主義革命是以蘇聯為師的，是繼蘇聯以後人類所進行的另一場翻天復地的大變革，她所要建立的新民主主義社會，在魯迅看來，跟新生的蘇維埃一樣，正是自己所期望、所憧憬的第三樣時代。

認同「黨軍」說。軍隊在國家的地位，是軍隊國家化還是軍隊政黨化，在不同國家、不同政體下，是很不相同的。中國資產階級領導的舊民主主義革命，由於本身的軟弱，辛亥革命以後，把革命成果奉送給竊國大盜袁世凱。孫中山總結教訓，深感沒有軍隊不行，於是提出「黨軍」說，即國民黨要擁有軍隊。這也是「十月革命」的一條經驗。本年三月孫中山逝世。魯迅是擁護孫中山的，他把孫中山比作戰士，並且支持孫中山的「黨軍」說，復許廣平信（《兩地書》一〇信）裏就有「改革最快的還是火與劍，孫中山奔波一世，而中國還是如此者，最大原因還在他沒有黨軍……」的話。唯其如此，他積極支持李秉中南下加入黃埔，成為「黨軍」。這也成為他後來贊成、支持共產黨搞武裝鬥爭的一個原因。

提倡鬥爭精神。從寫《忽然想到（五）》（四月），要青年們「敢說，敢笑，敢哭，敢怒，敢罵，敢打」，到年底寫《論「費厄潑賴」應該緩行》，批判「中庸之道」，提出對「落水狗」要窮追猛打，直到徹底失敗，絕不手軟，在這一年裏，魯迅把他所倡導的「鬥爭哲學」明確化、系統化了。對於被壓迫人民來說，要推翻「三座大山」、使自己的政治地位徹底改變，必須進行鬥爭。魯迅的這一哲學跟信奉階級鬥爭學說、把堅持革命鬥爭當作己任的共產黨不謀而合。

這幾個方面綜合起來，實際上已經撒下了魯迅後來世界觀發生轉變的種子。因為憎惡舊社會舊世界，因為要掀掉這筵席，毀

壞這廚房，他熱切期待著一場革命；因為相信「第三樣時代」是像十月革命以後在蘇聯興起的那樣一種社會，他對共產黨寄予厚望；因為相信「黨軍」說，也因為早年「奚事抱枝拾葉，徒金鐵國會立憲之云乎？」的思想一直沒有改變，對在大旗上寫著「無產階級專政」的馬克思主義自然會覺得正合需要；因為對西方現代文化抱有好感，對也屬於西方現代文化的馬克思主義就不認為不應當拒絕……人們總說魯迅世界觀於 1925 年（或別一年）發生轉變，卻很少注意到這個轉變是有基礎的，而這個基礎就在今年打好。因此今年實為魯迅思想承前啟後的一年。另外，魯迅以其「青年必勝於老人」的進化論觀點，重視教育青年、培養青年，和提出「一要生存，二要溫飽，三要發展」、「我之所謂生存，並不是苟活；所謂溫飽，並不是奢侈；所謂發展，並不是放縱」的人權觀，也都集中在今年。可見今年在魯迅思想上居於十分重要的地位。

五

又說到魯迅的愛情。

從對待「端午酒醉」一事的態度上可以看出，「二許」屬於截然不同的兩種女性。許羨蘇是「賢妻良母」式的，在生活上可以無微不至地關懷丈夫、照顧丈夫，可是缺乏社會活動能力，只能充當家庭主婦角色。魯迅是否跟許羨蘇戀愛過，為許多人所認可，又為許多人所駁斥。筆者的看法是，兩人在內心是如何想的我們無法窺知，他們的「兩地書」也未能見到，但是像許羨蘇這樣的賢妻良母式的女子不大可能為魯迅最終選上，因為她只不過比朱安女士多了一肚子知識、多了一雙大腳板而已。許廣平卻是事業型，「思想大膽」（高長虹語），文筆也好，她對魯迅的幫

助主要還是事業上的，既是生活上的助手，更是事業上的伴侶。這正是魯迅所需要的。兩人共同生活在一起，不僅有溫馨和和諧，還會有激情和浪漫。孫伏園對人說，魯迅喜歡的是高的那一個，未免從外形上著眼，其實那不過是外人所見和容易說出口的理由罷了。

　　問題在，魯迅和許廣平相戀，有沒有一個人多少起了一點「牽線」的作用？

　　許廣平在談到她給魯迅寫第一封信的「動機」是這樣說的：「我們都感覺到一個個學期的過去，使得就學的時間逐漸減少，而直面著人生的開始卻瞬間來臨，在感到學識的空虛，和處事應對世物的渺茫無所指引之際，談起來就想從比較欽仰的教師中尋求些課外的導師，因此在快畢業的前一年，即 1925 年的三月，就首先動手寫第一封通信（見《兩地書》）。寫好之後，給林君看過同意了……」這段話的最後說：「這些經過，魯迅先生未必料想到……」這是當事人的回憶，本無須再說，但長期盤旋在我腦子裏的一個疑問，總不能釋然。

　　許廣平的第一封信魯迅於當天「午後」收到，他隨即寫了復信，雖然《日記》記在第二天，即十二日，但原信尚在，白紙黑字，無法更改。而且信的開頭明確說是「今天收到」的，如在十二日，就不是「今天」了。此信屬於「即復」無疑。《魯迅日記》上把「復信」當「寄信」用，寫在第二天，是常有的事，並不奇怪。這封信開頭以「兄」相稱，以致許在接讀復信後覺得奇怪，弄不清何以用這麼個稱呼，於是寫信來問。就我們讀者而言，也對此產生疑惑，同時也感到興趣。這不是一個普通字眼，它是神來之筆，也是為兩人的交往定性之語。只此一字，就把兩人的通信定性在朋友之間。本來，魯、許二人不僅有師生之分，而且有

男女之別。後一點是更為重要的。現在只一個「兄」字，就把這兩重關係都予以打碎，而成為朋友，還是特殊的朋友。魯迅解釋說：「這是我自己制定，沿用下來的例子，就是：舊日或近來所識的朋友，舊同學而至今還在來往的，直接聽講的學生，寫信的時候我都稱『兄』；此外如原是前輩，或較為生疏，較需客氣的，就稱先生，老爺，太太，少爺，小姐，大人……之類。總之，我這『兄』字的意思，不過比直呼其名略勝一籌，並不如許叔重先生所說，真含有『老哥』的意義。」就通例看，這自然符合實情，像給錢玄同、李霽野（舊日或近來所識的朋友）、孫伏園（過去的學生）、李秉中（現在的學生）、許壽裳（舊同學而至今還在來往的）等人寫信，都用了「兄」。但那些人無一例外都是男人，而「兄」這個字自許叔重創制以來一向只用於男人，歷史上從未用於女性。雖然本年一月八日魯迅作《咬文嚼字》之一，對「以擺脫傳統思想的束縛而來主張男女平等的男人，卻偏喜歡用輕靚艷麗字樣來譯外國女人的姓氏」做了諷刺，但並不意味著魯迅提倡在稱呼上要打破男女界線。魯迅稱許廣平為「兄」，實為新創，並非「沿用」和「慣性」使然；也不是筆誤，而是有意為之。這多少給人一種事前已成竹在胸的感覺。就是說，已經知道許廣平有信來，而且做好了應對的準備。再往下讀，便會覺得兩人的戀愛，好像已有一個「腹本」，把這出戀愛戲演得非常自然，天衣無縫，無一絲破綻。

　　從許廣平方面說，那第一封信投郵之速，也讓人頗費猜疑。這封信寫於三月十一日是毫無疑義的。前引話中說，她把信「寫好之後，給林君看過」並表示「同意」。信長一千三百多字，從寫信到「給林君看」，是需要一段時間的。那天不逢星期，「女師大學潮」也不到「停課鬧革命」的時候。姑且當作她是上午上

課期間完成了從寫信到「給林君看」的過程，那麼寄信就在——以我們現在的作息時間表為準——十點前後了。《魯迅日記》用的時間詞很多，分「晨」、「上午」、「午」、「午後」、「下午」、「晚」、「夜」七個時段。「午後」相當於現在下午一點到兩點左右，也就是吃過午飯到下午工作之前一小段時間。再從郵局工作來看，我分析了《魯迅日記》所有收發信記載，真為那時郵遞工作效率之高而吃驚。那時，市內到西山療養院（周作人曾在那裏療養）的通信，都是頭天寄出第二天收到，而在市內，上午寄出的信一般在下午收到，下午寄出的信則在第二天上午或「晨」收到。這從《兩地書》其他各信的收發就看得很清楚。如魯迅回許廣平的第一信，即《兩地書》第二信，是十一日寫的，十二日發出，許於「十三日早晨得到」。許廣平的第二封信（《兩地書》第三信）是三月十五日寫的，魯迅於十六日「上午」得到。魯迅於十八日寫了回信（《兩地書》第四信），解釋以「兄」相稱的原因，十九日「上午」發出，許廣平於二十日「接讀」。她當即寫了第三信（《兩地書》第五信），魯迅於二十一日「上午」得到。過了兩天，二十三日，魯迅「往女師校講」，回來後寫了復信（《兩地書》第六信），二十四日「下午」寄出，許廣平於「二十五日上午接到」。二十六日晚，許廣平寫了第四信（《兩地書》第七信），發出當在二十七日上午，魯迅於同日「下午」得到，算是最快的。那時北京的郵局很可能一天三送信，即上午、下午、晚上（魯迅稱作「夜」）；晚上送信屬特殊情況。偶有「晨」、「午」、「午後」、「晚」（傍晚）「得信」，乃是上下午送信的拖後或提前。據資料記載，二十年代我國一些城市郵局已用上摩托車，但為數不多，當係急件或送掛號信時用。北京為首善之區，自會有摩托車，不過基本送信方式還是依靠人力，騎自行車

就已經不錯了。更重要的在於，任何一個地區，一個城市，都不會是一寫出信就送出去，它需要一個過程，一個流程；既有個人間的流程，也有共公領域裏的流程。一般說，一封信的郵遞，不含寫信人送到郵筒這個過程，僅就共公領域說，至少有三個環節：從郵筒或分局將信收回市局，在郵局分揀，再送給收信人。無論回收還是分送，都會有好多個點，郵遞人員要轉上好大一個圈子，才可以辦完自己分管的區段。頭天下午寄出第二天上午收到，比起今天來已是高速度。即在當天，也只能是上午寄出下午收到，中間第二個過程，即在郵局分揀，正好可以在中午完成。即使你早早把信投入郵筒，不到進入分揀，你的信只能繼續停留在第一個階段。這在《兩地書》裏，除了前述第七信，還有三例可以說明，即第九信（許於四月六日發出，魯迅當天晚上收到）、第十信（魯迅九日「上午」寄出，許當天傍晚收到）、第十一信（許四月十日「晚」寫，寄出當在十一日上午，魯迅十一日晚收到）。而像第一信，許上午才寫，魯迅「午後」就收到，中間只有兩三個鐘頭，是郵遞人員用於行路的時間，缺了分揀的重要環節，因此要經過郵局這條渠道，絕對不可能。從許後來信上看，這封信不是她親自送去的，因為她用了「寄遞」二字。那麼她是如何「寄遞」的，不經過郵局，又何以言「寄遞」？那時沒有「特快專遞」是肯定的。也許是讓老媽子去投送（當時女師大僱用一些老媽子做校役，對學生的吩咐奉命唯謹），更大的可能，是交給一位年長者帶去。

　　據此，我懷疑在魯迅和許廣平通信之前，曾經有過一個小小的溝通。不是像二十世紀後半期中國大陸使用的「介紹對象」，而是傳達某種資訊，使雙方互有瞭解，不至於莽撞行事。甚至也許不是明白說破，而僅僅是一種暗示，一種啟發。特別是作為師

長的魯迅，把「兄」用在一個既是學生、又是異性、年齡又相差懸殊的人的身上，必須十分謹慎，不在有幾分把握的情況下，是不會這麼用的。魯迅說，以「兄」相稱是他「自己制定，沿用下來」的一種寫法。現在要問，給其他女學生寫信，是否也同樣稱呼？這一年，魯迅給許廣平的同窗好友、也是女師大學生的呂雲章寫信五封（五月二十一日、七月十二日、二十四日、九月二十九日、十月十六日），得呂信六封。按照魯迅制定的辦法，呂屬「直接聽講的學生」，應該稱「兄」。再如許羨蘇，既是「舊日……的朋友」，又屬「直接聽講的學生」，無論從哪方面說，都應該稱「兄」。還有李桂生、樓亦文，同樣是女師大學生，是許廣平的同學和好友，本年六月三十日曾寄李信一封，九月二十六日寄樓信一封。令人遺憾的是，魯迅致此數人的信我們沒有法子看到。《全集》中收有給許粵華女士、程琪英女士和葉紫夫人湯詠蘭的信，都稱先生，沒有一個稱「兄」的；給蕭紅一個人的信稱悄吟太太，給蕭軍、蕭紅兩人的信有時同稱先生，有時同稱兄；只在給章矛塵的信中附帶問候章的夫人時有「斐君兄均此不另」的說法。可見對許廣平以「兄」相稱，只是一個特例。許廣平本年已是二十七歲的「高齡」。她在進入女高師後曾經有過一個戀人，名叫李小輝，在北京大學讀書，兩人感情甚好，許多人都知道。後來許廣平患病，李小輝為照顧許廣平自己染上猩紅熱，在許廣平病好以前死去了。如果魯迅對許廣平的婚姻情況一點不知，或僅僅知道前一個情況，即知道許有戀人，那麼他在寫信時必然會像對待一般的先生、小姐一樣，比較嚴肅，不可能出之以玩笑口氣，更不可能以「兄」相稱。現在，在接到許廣平信後，他不假思索，立即作復，並在第一次信上就用了「兄」這個不同尋常的稱呼，至少說明，他預料到，用這個稱呼不會產生任何負

面的效應。同時，無論實際情況如何，魯迅自己是有家室的人，朱安女士就以妻子名義跟他生活在一起，像許廣平這些做了他一二年、二三年學生的人必然知道這一點。學生向老師請教本來不需要有什麼顧忌，但從兩人最初交往情況看，許已經知道魯迅對自己的婚姻是不滿意的，這才表現出一種少有的大膽來。

　　再從第三者說，魯迅那「無愛」的婚姻，早已引起一些朋友的關切，像荊有麟就在《魯迅回憶斷片》中說過，「魯迅先生不願意傷老年母親的心，對於家事，便不想過問了。本來就是舊式的先生的太太，又一直守著老規矩，事事秉承老太太的意旨。魯迅對於家庭，格外悲苦了。」青年一輩如此，魯迅的同代人許壽裳也說：「朱夫人是舊式的女子，結婚係出於太夫人的主張，魯迅曾對我說過：『這是母親給我的一件禮物，我只能好好地供養它，愛情是我所不知道的。』」（《亡友魯迅印象記》）關心魯迅的朋友恐怕不會僅僅停留在這一步。婚姻和愛情分離，這種狀況能不能改變，特別是隨著年紀的增長，像魯迅這樣的偉人應不應該有一個得力的助手，必然會是一些親朋好友所不能不認真思考的。——不做如此思考，反而顯得那些人缺乏對朋友的真正關心。聯係到許廣平第一封信神祕地短時間來到魯迅寓所，我無法排除一個想法：有人做過溝通的工作。不必那麼正兒八經，只要在魯迅面前多說幾句「應該有一個好助手」、在許廣平面前說「魯迅需要一個好助手」這樣意思的話，同時對許的婚姻狀況做一些正面或側面的瞭解，就行了。加上魯迅對許廣平有好感、許廣平對「魯迅師」亦崇拜備至，學潮發生幾個月以來又有較多的接觸，魯迅收到許廣平的信，就不會顧慮重重、怕這怕那了，於是有了以「兄」相稱那神來之筆。

　　至於那個「溝通」者是誰，很難確指，只能猜想。我以為，許壽裳先生是最適宜的一個人選。

六

　　創辦《莽原》周刊，是魯迅一生編輯生涯的真正開始，也是他培養和團結一大批新生寫作力量的重要陣地，同時催生了魯迅自己不少好文章。在培植他跟許廣平的愛情上，《莽原》也盡了它一份不可忽視的職責。

　　《莽原》周刊，從四月二十二日面世，到十一月二十七日出至第三十二期後暫停，以後改為半月刊由未名社出版，三十二期共刊發各類稿件二三七題、二四四篇，合計四十餘萬字。《莽原》周刊的作者，有幾個創辦人，有熟人朋友，還有許多不相識者，合計四五十人。前者構成了《莽原》的基本隊伍。而後者的出面，又表現出魯迅辦刊的開放性和對普通作者的重視與愛護。

　　《日記》上有許多「得稿」記載。弄清得到什麼稿，出路如何，是本書寫作中的應有之義。比如許廣平共發表九篇，其中八篇《日記》有載，另有一篇魯迅扣住未發（題為《讀〈論「他媽的」！〉》，七月二十七日得來，那次共寄兩篇稿）。未載者當寫於魯寓，或帶來。其詳情為：《亂七八糟》，四月二十八日得，載第三期（五月八日），署名非心，近出《許廣平文集》（本文以下簡稱《文集》）未收，當被署名所忽略，為一佚文。《懷疑》，五月十七日得，載第五期（五月二十二日），署名景宋，收《文集》。《酒癮》，六月十三日得，載第九期（六月十九日），署名景宋，收《文集》。《內幕之一部》，六月二十九日得，載第十一期（七月三日），署名景宋，收《文集》。《一死一生》，七月四日得，載第十二期（七月十日），署名景宋，收《文集》。

《瞎扯》，未見何時得，載第十三期（七月十七日），署名景宋，收《文集》。《過時的話》，七月二十七日得，載第十五期（七月三十一日），署名景宋，收《文集》。《反抗下去》，九月七日得，載第二十一期（九月十一日），署名景宋，收《文集》。《力的缺乏》，未見何時得，載第二十四期（十月二日），署名景宋，收《文集》。

　　魯迅是《莽原》周刊的主辦人和主編，他共發表十九篇，包括一篇《正誤》。發表最多的是高長虹，共二十八篇。尚鉞發表十八題、二十二篇，比魯迅多三篇，居第二位。有一位投稿者發表十六篇，居第四位。居於第五位的是高沐鴻，發表十五篇。荊有麟發表十二篇，居第六位。再次為黃鵬基，發表十一篇。在發表十篇以上的七人中，狂飆社占了四人。加上向培良（五篇）、常燕生（六篇）和魯彥（三篇），狂飆社成員共發表九十篇，占總篇數將近五分之二，是支撐《莽原》大廈的主要力量，實為《莽原》第一集團軍。這些人的稿子，正如高長虹所說，大部分是他帶去的，在《日記》中反映不多。

　　後來跟魯迅組成未名社的安徽作家群李霽野、韋素園、韋叢蕪、臺靜農四人，是於《莽原》周刊創辦前後先後來到魯迅身邊的，也成為《莽原》周刊的一支基本力量，我稱為《莽原》的第二集團軍。他們投稿，在《日記》中有較多反映。如二月十日「夜得李霽野信並文稿三篇」，時在《莽原》創刊兩個月之前，那麼這「文稿三篇」是什麼，出路如何？一個半月後，李霽野又寄來「蓼南文稿」。兩天以後，魯迅把「蓼南文稿」寄給三弟周建人託轉鄭振鐸，使其有了下落，可那「文稿三篇」卻沒有說。筆者經過考證，認為此「文稿三篇」為臺靜農所寫，其中兩篇後來轉給高歌和向培良，在五月五日問世的《豫報副刊》上發表。從《莽

原》創刊之日起，李霽野等四人先後在該刊發表各種文稿（包括譯文）二十四篇，即李霽野六篇，韋素園九篇，韋叢蕪六篇，臺靜農三篇。《莽原》周刊創刊以後，《日記》記「得」以上四人稿共十三次，另有校稿二次。李霽野、韋素園、韋叢蕪的稿都及時安排發表，李霽野最後兩篇稿未見「得稿」記載，想是帶來的。臺靜農最早發表的《死者》，當是他人帶來的，《日記》未記。後臺本人寄稿四次，用兩次，一次未用（《人彘》），一次轉給了《語絲》。

　　《莽原》作為同仁刊物，對同仁的稿件都很認真，個別不好用的，如許廣平的《讀〈論「他媽的！」〉》，臺靜農的《人彘》，也都向作者講明理由。有些是魯迅的朋友、親人、學生，如許壽裳、周建人、許欽文等，都幾次發表。當時一些比較有名的作家，也在這個刊物露面，如黎錦明、馮文炳、朱大枏等。朱大枏先後發表十六篇，從第十三期起，幾乎每期都有。朱為四川人，是發表十篇以上七人中唯一跟創辦者沒有關係的投稿者，可見魯迅對他的器重。外來投稿，有兩種情況。一種是寄到刊物通訊處，即荊有麟住處北京錦什坊街九十六號，一種是直接寄給魯迅。直接寄給魯迅的，魯迅也都以負責任的態度對待，從不敷衍了事。李遇安是一位投稿者，上年十一月因「楊樹達襲來」事件而通信，從此投稿不斷。魯迅不編刊物，此君源源不斷地寄稿，魯迅都一一寄還，並每次寫信說明，也許可能提出具體意見。《莽原》創刊後，魯迅即在第二期發表了此君的一首詩。此後還發表五篇，有的是作者剛剛寫出就發表了，如第八期（六月十二日）所載《講演之後》，是作者六月九日在琉璃炕寫的。類似情況還有劉夢葦，他先後有兩首詩在《莽原》發表，是附在信中，由荊有麟轉來的。這可見魯迅對青年作者是多麼熱誠和愛護！高長虹在《1925，北

京出版界形勢指掌圖》中說：「關係《莽原》的，有一些人都疑惑是我編輯，連徐旭生都有一次這樣問過我。外面來稿不登的，也有人便積怨於我。事實則是，《莽原》通訊處是有麟住的地方，收到的稿，他再轉給魯迅看。例如焦菊隱，是我曾見過一次面的，他投稿幾次都沒有登，聽說他初次投稿時曾提及我，但到我知道時，已是兩三個月以後了。所以我連信都無從回復。」這樣的抱怨可能根據了不準確的事實，因為荊有麟是否把所收到的來稿全部轉給魯迅，尚難肯定。從魯迅對待普通投稿者的態度，像焦菊隱、黎錦明一類作者，想必魯迅亦會認真對待。

七

前引魯迅《馬上日記》中的話：「……一行滿了，然而還有事，因為紙張也頗可惜，便將後來的事寫入前一天的空白中。總而言之：是不很可靠的……而實際上，不寫的時候也常有。」這話說得很瀟灑，也很實際。許廣平說：「例如很託熟時常來往的人，和他通信，日記裏是不大找得到的。《兩地書》的信箚往來，日記就不盡寫出。又如有關政治的人物和他通信或見面時，他也不一定寫在日記裏。這理由很簡單，自然是防到文字獄發生時的不便。」（《魯迅先生的日記》）

那麼魯迅是怎樣寫日記的，是在一天的工作（讀書、接待、寫作等等）全部結束以後，還是在別的什麼時候？

要對這問題做出一個差強人意的回答，我看，還得從魯迅給人寫信上來做探索。這是一個比較實用的切入點。（說明：本節主要依靠本年日記，但又不限於本年。說到本年時，只說月日；以他年舉證時則同時說明年份）

　　魯迅給人寫信，常用的字眼有「復」、「即復」、「寄」等；以「寄」為多，既指寫，也指送郵。如本年六月二十九日：「上午……寄許廣平信。晚得許廣平信並稿，即復……」前邊「寄許廣平信」，實為兩封，均前一天寫，所以這裏的「寄」是送郵。後邊的「即復」，是寫。交郵的「寄」，多數寫於前一天，也偶有中間隔一天的，如 1931 年十月二十七日和 1932 年十二月十二日寫給曹靖華的信，都是第三天才寫入日記。「寄」指寫，如三月十五日「寄梁生為信」、六月二十二日「寄章矛塵信」、七月十五日「上午寄許廣平信」、七月二十日「寄玄同信」、九月二十九日「寄欽文信……」都是寫。

　　魯迅的「即復」，既是在收到來信後立即作復，寫信時間就不固定，多數在「午後」，偶有在上午的。這對探討寫日記時間作用不大。我們主要看「晚」或「夜」的寫信情況。

　　人們都知道，魯迅是在晚上諸事完畢以後才開始寫作的，因為「夜裏很清靜，思路不會打亂」（許廣平語），常常寫到第二天黎明。魯迅的寫作情況，一般不寫入日記，本年一月算是記載最多的，如「夜為《文學周刊》作文一篇訖」、「譯彼豦飛詩三篇訖」、「夜成短文一篇」、「自午至夜譯《出了象牙之塔》兩篇」等。這說明，這些日記是在寫、譯完畢之後記的，所謂「訖」、「成」，都是完成式。有些屬於進行式，如「夜譯書至曉」，怕不是當日所寫，而是如《馬上日記》所說，於第二天將「夜譯書至曉」一句「寫入前一天的空白中」。還有記「失眠」的話，是睡而難眠，亦當第二天所記，因為當天的日記應在睡覺之前寫出。而絕大部分不記寫作情況的，則是在寫完日記以後才寫作的。本書的「補」，即屬此種。

　　還有一種情況。如 1921 年八月十七日記：「雨。上午寄沈雁冰信。寄宮竹心信。得子佩信並《新青年》一冊。午晴。晚得二弟信並譯稿一篇。」這一天，魯迅譯完明娜・亢德的短篇小說《瘋姑娘》，次日作《譯後附記》；又譯完保加利亞伐佐夫的短篇小說《戰爭中的威爾珂》，二十二日作《譯後附記》。當時茅盾主編《小說月報》，著手編一期《被損害民族的文學專號》，這幾篇即是為這個專號準備的。茅盾原未擬刊登保加利亞的作品，因為他「一時想不出何處有短篇」，當他聽說魯迅打算翻譯此篇時，即表示「再好也沒有」了。魯迅這天上午寄茅盾信，當是預告立即翻譯，今不存。寄宮竹心信，收《全集》第十一卷，落款日期與日記同，說明是今天寫的，致茅盾信自也寫於今天。十八日有「晨寄二弟信。寄子佩信」的記載，當是對兩人來信的回復，寄二弟周作人信尚存，落款日期也是今天，寄子佩信可能也是今天寫的，日記上都沒有記載。這說明這兩封信是在寫完日記以後才寫的。即寫完日記以後，先給兩人寫信，再來翻譯。譯完，已經很晚了，也許「至曉」，《瘋姑娘》的《譯後附記》是接著寫的，不過時間已經到了第二天，所以落款是十八日。這時已很累，來不及為伐佐夫的小說寫《譯後附記》，便放下休息了，直到二十二日才寫。

　　像這種通宵達旦地寫作，弄得日記和文末所署日期不相一致，絕不是個別的。二月二十八日記：「夜大風。成小說一篇。」小說指《長明燈》。但在這篇小說的末尾，卻寫著「三月一日」。這是因為寫完已是第二天（落款用了寫完之時），而寫作的大部分時間卻在前一天晚上。那夜颳大風，無人來打擾，使魯迅得以從容寫作。日記如實反映了寫作情況。

　　總之，魯迅寫日記，一般是在每天雜事做完之後、寫作之前
的一段時間裏。因為在寫作之前，所以寫作情況日記上不載。也
有在寫作或翻譯、或編校完畢之後才寫日記的，但比較少見。寫
信，除「即復」者外，基本上按寄發時間記入。日記中所記和信
末落款日期不相一致者，原因大率在此。也因為大部分是寫於寫
完日記之後。以上為通常情況。許廣平前引話中說到補記：「重
回舊寓之後，他才能拿筆補記⋯⋯」其實這種情況並非逃難才
有，平時補記，或叫追記，並不少見。即在本年，就有好幾例。
如二月七日有「是日休假，云因元夜故也」的話，「是日」是這
一日的意思，如是當天所寫，何來「這一日」之說？應是「今日
休假⋯⋯」。三月四日用了同樣的說法：「⋯⋯是晚子佩來訪，
因還以泉五十。」這都明顯是隔了幾天才寫的。再如年初所作《詩
歌之敵》一文，日記記在一月三日，文末落款卻是一月一日。這
有兩種可能。一，文末落款不是寫完之後標的，而是後來標的，
這就有記憶的錯誤；二，日記非當天所寫，而是過了幾天才寫，
在排列事件時發生前後顛倒。再如七月二十七日記「得許廣平信
並稿」，可是許廣平的這封信卻是二十八日寫的，「得信」之日，
那信還沒有寫出，豈不怪哉？就在於那幾天的日記是後來追記的。

　　許廣平在《魯迅先生的日記》裏所說「很熟時常來往的人，
和他通信，日記裏是不大找得到的，《兩地書》的信箚往來，日
記就不盡寫出」等，是的確的。按照魯迅寫日記的不成文體例，
有許多應該記上，卻沒有記入。這算是「漏記」。如五月十七日
給李霽野信，九月三十日和十一月八日給許欽文信，日記上都找
不到蹤影。只是由於這幾封信留了下來，我們才得以看到。許廣
平所說跟政治人物的交往大都不記，發生在上海十年，北京時期

不大見到。從本年日記所見，屬於「漏記」的，大體有如下幾種
情況：

一種是帶有「例行」性質，不值得記。在八月十四日被章士
釗「免職」之前，魯迅任教育部僉事，應該去上班。荊有麟說：
「……倘若上課鐘點是在上午，那麼，下午總要到教育部轉一
轉。如果上課時間是在下午，那麼，上半天也許到教育部轉一
轉……」（《魯迅回憶錄》專著上冊第 167 頁）這些「轉一轉」，
《日記》上全部不見，九月十六日以前只有一次收到教育部薪水
的記載（一月五日）。再如《莽原》創刊以後，高長虹「奔走最
力」，用高長虹的話說，是「無論有何私事，無論大風潭雨，我
沒有一個禮拜不趕編輯前一日送稿子去」，又說來過「一百來
回」。《莽原》的編輯流程，從日記可以看出來。該刊定為星期
五出版，星期三必須把稿編好，由高取走送書局。如第一期是四
月二十四日出版，二十二日「夜編」完成，《兩地書》第三五信
說「還有一篇，今天已經發出去」（今天指七月二十九日，星期
三）都可說明。星期四是排版和校對，最忙，高長虹必須往返幾
次。《莽原》周刊從未延期出版過，可見星期三、四兩天他不止
一次來魯寓，這些日記上很少看到。許欽文在《〈魯迅日記〉中
的我》說，1926 年七月七日起到魯迅離京南下的五十一天裏，他
在魯寓搞校對，「有一天往返兩、三次的」，可是日記上一共只
記了十幾次，平均三天一次，亦屬這種情況。

另一種屬於半個家裏人，已不算「客」，不必記入。如許羨
蘇星期六或星期天經常來魯寓，暑假以後住在魯寓，許廣平從八
月以後也經常在魯寓，兩人一起住在南屋好多天，自然沒有必要
記上這些事。許欽文在《〈魯迅日記〉中的我》中說：「以後我
常到老虎尾巴去看魯迅先生，西三條胡同二十一號的情形就逐步

熟悉起來……每到星期六、星期日的晚上，老虎尾巴裏總是很熱鬧，同時魯迅先生母親的房間裏也總是很熱鬧的。他的母親也很喜歡同青年們談談，尤其是同鄉中的小姐。她曾經同我說：『我聽來聽去，總覺得紹興話有兩個特點：第一，聲音咬得實，第二是氣送得足，我落———一聲，這兩個特點就都有了！』因此，我的四妹，二房東俞家三姊妹和也稱作小姐的王順親（她的丈夫是北大的學生），就常常一道去講紹興話，嘰哩咕嚕地到了深夜還是歡笑著講個不停。我在老虎尾巴裏和別的小字輩一道聽魯迅先生的講話。夜深以後，別人告辭，我想跟著走，總是被魯迅先生搖著手阻止：『你還要給她們當衛兵呢！』因為從西三條胡同出宮門口，長長的一條路，高低不平，路燈燈光如豆，小姐們深夜走動，是要防意外的。我知道魯迅先生要做的事很多，晚上的時間很寶貴。他也知道我也要利用晚上的時間寫稿子，只是為著母親，就不再以此為意，揀點書刊給我看，他自己就做起校對樣張或者寫信等的工作來。老虎尾巴裏停止談話寂靜以後，正屋東間裏的談話聲就可以聽得很清楚了。只隔得當中的吃飯間，相距實在並不遠。在這種時候，也就可以聽到叫大師母（朱安夫人）的聲音，一天忙碌的主婦的家務，到此已經完成，她也就到老太太的房間裏來一道說說笑笑。她也是紹興人，當然也講紹興話。她話說得不多，可是說幾句，是富有風趣的。她對於老太太的飲食起居固然照料得很好；生活習慣相同，老太太和她在一起才覺得舒適，對於來往的小姐們和我們小字輩的男學生，她都親切地照顧，所以大家都敬重她。不止一次，我聽到四妹的聲音：『太師母，時候已經不早，我們該回去了！』可是接著起來的是阻止的話聲：『你阿哥還在老大那裏，他會陪你們出宮口，到了大街上，路就好走了。紹興話再講兩句（幾句的意思）去，大家高興高興！』

魯迅先生聽了，聳起肩胛，旋臉向我一笑，當即又旋回臉去繼續做他的工作⋯⋯」這裏明確說，他本人和幾個女孩子幾乎每個星期六、星期天都來魯寓玩耍、談天，並且常常到深夜，可是翻開《日記》一查，遠遠不是這麼多，俞家三姊妹同來全年只有三次。

　　第三種是由於種種原因，確實漏記了，如前引給李霽野和許欽文的信，即屬該記而未記。這自屬忘卻。再一種是寫作情況。這一種，多在寫完日記以後才寫，又由於要在篇末寫上日期，按照「互補法」，記與不記，都無不可，所以一般不記。

八

　　前邊說到，我寫這本書，是由高長虹說的「《民副》事件」引起的。「《民副》事件」是高「視為最痛心」的一件事。他在文中說到臺靜農，讀荊有麟的回憶，我們略知一點詳情。主要在後續發展，即高長虹受託為韋素園到《民報》去編副刊說情，反被當作多管閒事，使他慨歎人心已死。《日記》的記載表明，高長虹所說事情經過是可信的，他沒有說假話。他的那篇《1925，北京出版界形勢指掌圖》惹魯迅反感，主要在於有許多謾罵性、攻擊性語言，還在於把一些不應該公開的事情公佈了出來，客觀上起著挑撥魯迅和未名社安徽作家群關係的作用。

　　在寫這本書過程中，我深深感到，把一些有關的回憶跟《日記》對照著讀，是研究魯迅生平的一個好方法，這個方法可以用「互證法」名之。就是用《日記》驗證回憶是否準確，用回憶驗證、探尋《日記》簡略記載背後的詳細內容。知情人的回憶是重要的，但許多回憶的寫作主要靠記憶，這就難免記錯了時間，或張冠李戴，而如果把不準確的回憶當作「第一手材料」引用，就會發生訛誤，甚至以訛傳訛，永失真實。像四月十一日夜籌備《莽

原》，《日記》上寫有三人（加上自己是四人），荆有麟回憶又多了許欽文和韋素園兩個名字，高則明確說「五人吃酒」。顯然高長虹的說法是對的。魯迅漏記章衣萍，乃因章原本不在預定名單裏，是臨時來寓湊上入夥的，說因記憶不確而漏記也好，說有意不寫也說得過去。

　　再如把丁玲信當作沈從文化名所寫，荆有麟《魯迅所關懷的丁玲》一文提供的材料十分可貴。它說明，懷疑丁為沈從文化名，不全出於魯迅，也是其他幾個見過原信的人的「共識」，也是周作人的想法。讀過荆有麟的回憶，再讀《日記》，並以《周作人日記》相對照，孫伏園急急忙忙從周作人處趕來報信的情態便歷歷在目。這就使《魯迅日記》這本「流水賬」真正活起來了。丁玲在文章中把此事歸到荆有麟身上，多少使荆有些冤枉。那大約跟荆後來被當作文化特務給予鎮壓有關。荆有麟的《魯迅回憶斷片》和一些單篇文章，寫於四十年代，即在事情過去近二十年以後才寫，回憶不準確是可以理解的，不過絕大多數都經得起檢驗。如說《小說月報》印錯了照片，「哈哈哈論」的形成，有趣的會談（上年十二月二十八日）等，都跟《日記》所載相符。高長虹、許欽文、俞芳等人的回憶也都比較準確。許欽文所記「鐵門話別」具體而生動，勾畫了魯迅支援女師大學生進步鬥爭的一個面影。如果不用回憶「互證」，常常會使魯迅一些重要生活細節從傳記著作中泯滅，或不能顯出原貌。

　　把回憶和《日記》互證，既可以使《日記》活了起來，恢復了日記主人的生活「原形」，使其變得生活化，也可以使一些事件連貫起來，眉目清楚，還可以使一些人有意無意的誤記得以廓清。以《莽原》周刊的兩個作家群為例，即以高長虹為盟主的狂飆社作家群（即第一集團軍）和由李霽野、韋素園、韋叢蕪、臺

靜農四人組成的未名社安徽作家群（即第二集團軍）。前者可稱為魯迅的「諍友」，後者是魯迅的「好學生」，這兩個作家群卻如同水火，弄不到一起。高長虹和魯迅發生衝突，從根本上說，是這兩個作家群矛盾激化的結果。兩個作家群之間的矛盾又有兩條線，一是作為團體的「社」的線，一是尚鉞個人的線。雖然高長虹說過「《莽原》內部的派別無可諱言，當初是魯迅，有麐，尚鉞同我算是一派，素園，霽野，叢蕪又是一派」，但高長虹等人並沒有派別情緒，臺靜農的兩篇稿子由高歌和向培良在《豫報副刊》發表出來就是一個明證，至少說明他們是持團結態度的，正如高長虹所說，他們當時極力要建「聯合戰線」。後來發生了「《民副》事件」和韋素園刊登「以權威獻人」的《民副》廣告，高長虹也只是僅僅向魯迅表明了不同意見，並沒有影響到相互之間的關係。到《莽原》準備改為半月刊時，高長虹主動退出，固然主要在於他要搞他所喜愛的狂飆運動，自然也是為了息事寧人，防止衝突真正發生。應該承認，高長虹的這些做法是光明正大的，是好的。就尚鉞個人說，現存尚鉞從開封寫給魯迅的兩封信，對張目寒和曹靖華兩人發洩了很大的不滿，最後導致張目寒被從《豫報副刊》擠走。張目寒不是未名社成員，但他卻是未名社安徽作家群四人走向魯迅的引路人，尚鉞跟張目寒鬧矛盾，無異于跟安徽作家群鬧矛盾。曹靖華是韋素園的俄國同學，這年冬到了北京，應韋素園等人之約，參加了未名社，必然會把尚鉞跟他的衝突告訴韋素園等人。尚鉞既跟安徽作家群鬧矛盾，又想把他的小說集《斧背》編入《烏合叢書》，豈不是自尋釘子碰？《烏合叢書》將由未名社出版，既使魯迅同意，安徽作家群也會堅決反對。可能尚鉞聽到或意識到這一點，到十一二月間，便引發了一場小小的衝突，名義上嫌魯迅不給稿子，實則嫌魯迅偏向安徽

作家群。高長虹說：「《狂飆》不定期刊在 1925 年冬間的出版，魯迅本說要寫篇小說，後來又說翻譯，但最後連譯稿都沒有。狂飆朋友都攻擊起魯迅來。我時常為魯迅辯護，從中勸解。」又說：「當時的狂飆朋友們，越是年少的，也越是對魯迅不能諒解的。」而尚鉞正是狂飆社三個「小兄弟」之一。尚鉞寫文章表現他跟魯迅的「牴觸」，即在此時。有這樣的「歷史背景」，韋素園對高歌和向培良稿採取一拖再拖、最後予以「退掉」的處理辦法，就是十分自然的。有這樣的「背景」，讀尚鉞《懷念魯迅先生》文中「某詩人及某某報紙編輯」對「我」懷恨到要「我」「死去」的程度，就一點也不覺得奇怪。「高魯衝突」的根子就在這裏。

從本年八月以後，高長虹和魯迅在心理上逐漸產生了隔閡和不諧，這在本書的箋釋中一絲不露地表現了出來。但它不至於發展到發生衝突。「高魯衝突」實為兩個作家群的衝突，這是毋庸置疑的。這一點，我於二十年前拜訪李霽野時即親身感到，後來讀李霽野的《魯迅先生和未名社》一書及有關回憶，進一步加深了這個認識，因為他掩蓋事實真相的做法太露骨了，使人不得不追根溯源，設法弄清。李在《未名社出版的書籍和期刊》中說：「未名社的幾個成員確實同高長虹等『互不相識』，他們只有一二人向《莽原》周刊編者魯迅先生投寄過幾篇短稿……」（第 78 頁）讀有關魯迅的回憶文章，我還從未見事實「誤差」這麼大！且不說高長虹為韋素園編《民報副刊》「奔走」過，也不說臺靜農的兩篇稿子是由狂飆社的高歌和向培良在《豫報副刊》發表的，僅就未名社安徽作家群幾個人在《莽原》周刊發表稿件情況，就足以戳穿以上說法的虛假性。高長虹和李霽野等曾幾次在同一段時間（如七月十三日、十九日、八月十日、十月一日、十八日等）來到魯寓，他們又不是郵遞員送信，來了就走，總要坐下來

談談論論，見面是必然的，怎麼能說「互不認識」？1989年《高長虹文集》出版，反對最激烈的，也正是李霽野和遠在臺灣的臺靜農。李霽野發火到幾次退掉北京魯迅博物館《魯迅研究月刊》的顧問之職，可見他的氣到這時還沒有消。魯迅在寫了幾篇文章對高長虹的攻擊做了反擊之後，到三十年代寫《〈中國新文學大系〉小說二集序》時，大段引述了高長虹《本刊宣言》中的話，而且做了公正中肯的評價，等於為高長虹平了反，至少是用「奔走最力」代替了「你真是白來了一百多回」等說法。對照李霽野至死也不寬恕高長虹等人，這是很值得深思的。

再如未名社成立時間，魯迅明明說「另籌了一筆印費，就算開始」，這個「籌印費」時間，日記上有準確記載，在十月十八日。韋叢蕪說過相似的話：「十月十八日魯迅先生交素園和青君二百元印書費，這是印《出了象牙之塔》和《莽原》半月刊的錢，這時我們四人（素園、青君、霽野和我）也向同鄉臺林逸先生借來了二百元，於是未名社就算成立了……」可是為數不少的辭書（包括具有很大權威性的《中國大百科全書》）卻說是八月。後一個說法顯然來自李霽野的回憶。李說那是他們商議成立出版機構的開始。把開始當結果，是不妥當的，應該用日記來矯正。

看來，運用這種「互證法」，可以糾正一些人回憶中有意無意發生的錯誤，或單純根據回憶形成的錯誤。

生平事實是「硬體」，對其如何認識、評價，是「軟體」。「硬體」必須是確定無疑的，這才好建立各種不同的評價體系。利用「互證法」，是搞好「硬體建設」的一個較為有效和可靠的方法。本書的寫作，如果確有其意義，這也許是一個吧。

九

　　交往和著作是本書的兩大板塊。著作又分各類文章和書信。其結果都予以交代，比如書信，全年共寫多少，存佚情況如何等。交往，本書以這一年的日記為綱，力爭對所有條目給出解釋。完全從事實出發，不預設前提，不「為我所用」。對回憶文章，不取捨，不表態，所見必錄。有多人談及，儘量收入；有不同說法，正反並舉。筆者自有看法，明確說是一己之見，只供參考。

　　一個人的生活有顯性的也有隱性的。像魯迅在「女師大事件」中的活動和跟陳西瀅的論戰，就是顯性的，多年來人們已談得不少，而今天誰來、明天得到誰的信之類，卻屬於隱性部分，傳主的內心活動更是如此。因此，為各有關人回憶中的事件確定日期，就成了最困難的一項任務。像高長虹送稿取稿一類例行工作，大都來去匆匆，沒有閒談時間，日記上也很少記。而記下來的，卻往往是那例行工作以外的，閒談就在這個機會裏。回憶文章基本不寫日期，也是沒辦法寫日期的。這造成了「係時」的困難。還有一種情況，就是當年許多交往者沒有留下回憶文字，或者留下的回憶過於簡略，這跟各人從事的工作或說職業不同有關。像許壽裳，本應該有許多具體事情記下來，但他的回憶概括性很強，具體記述並不多，以至這本書裏引用他的材料少得可憐。他本人就說，他是不善撰述的。記述最多的，是荊有麟、高長虹、許欽文、許廣平、俞芳、李霽野、孫席珍等幾個人，都是作家。而為了給回憶中的事件確定日期，就需要進行考證。如尚鉞所記看校樣、改小說《黎明》、「多人夜談」等幾件事，提出的條件很多，本書就根據那些條件，一一給它安好位置。經過考證，肯定不屬於本年者，堅決排除，一概不收。如李霽野記陳源誣衊《中國小說史略》係抄襲日人鹽谷溫而來。陳的《剽竊與抄

襲》發表於 1925 年十一月二十一日，而《致志摩》的發表在 1926
年一月二十九日。李說他們是在讀了陳的《致志摩》後「同去訪
問魯迅」的，那麼這次談話發生在明年初無疑，本書就不記它了。
李《魯迅先生和未名社》所談《出了象牙之塔》用六號字做小標
題一事，也在明年初。考證自不限於確定日期，有關事項，亦不
放過。如二月二十三日記贈人《中國小說史略》和《吶喊》，屬
什麼版本？按《全集》第十五卷第 666 頁註，似為新潮社版，本
書據周國偉《魯迅著譯版本研究編目》，認為應是 1924 年五月
北新書局所出第三版（《全集》註說第三次印刷是在 1926 年 10
月，周國偉指出此說有誤，因為上海魯迅紀念館就存有北新書局
1924 年五月第三版的本子）。再如十一月二十八日記「寄贈洙鄰
《小說史略》一本」，筆者認為，現存有壽洙鄰和周作人題字的
一本，很可能並非魯迅寄贈的那一本，那一本「當是簽名本」，
因為「贈書給朋友，既不簽名又不寫信，只是光禿禿的一本書，
那是無法想像的」。

　　自然不是所有回憶中的事件都能給出準確的「定位」，除了
「係日」，本書還用了「掛月（或年）」、示例等幾種處理方法。
「掛月（或年）」，就是凡例已經說到的，不能確定日期但可以
確定月份的，記在當月之後，也就是掛到這個月裏，連月份也難
以確定的，就掛在年末。像孫伏園勸穿棉褲，就「掛」在一月之
末。孫伏園勸穿棉褲，在魯迅生活上是一件小事，但不可忽略，
不一定發生在本年，但又沒有理由排除在外，本書因之收入，特
別標明是「最後期限」。有些事件，發生在以本年為中心較大的
時間範圍以內，事件又多，只能舉例以代。孫席珍在其《魯迅先
生怎樣教導我們的》一文裏記了好幾次長篇談話。孫說，他是「在
1924 年上半年的學期中間，自由進去聽課的」，而「正式聽他講
課，是從 1924 年秋季開學起到 1925 年暑假為止，整整一年，從

未缺課」。即那幾次談話，發生在 1924 年秋到 1925 年夏的一年裏。即有些話可能發生在本年。但由於難以確定時間，本書摘錄了有關「割愛」的一段，這可跟李霽野所記聯係起來。同樣，許廣平所記，也有一些可能發生在 1926 年前半年，本書也只摘錄一二。

《魯迅研究資料》第十輯開頭為「北京魯迅博物館收藏的書信」共四十五封，其中有柔石致陳昌標一封屬於本年。不知這些信件是怎麼得來的，是魯迅博物館徵集來的還是從魯迅西三條寓清理出來的。如屬前者，跟本書無關。如屬後者，則就值得記入了。雖不是寄給魯迅，但能到魯迅住處，就有一定瓜葛。此信落款是本年七月八日。據《中國大百科全書》《中國文學》卷，柔石 1925 年初春由浙江來北京，從這封信看，他是七月七日到京的（看來說「初春」不妥，應是「夏」），第二天寫了這封信。《大百科全書》又說，柔石到京後，在北京大學旁聽，「常常」聽魯迅的課。當時正在暑期，聽課只能在下半年開學以後。據《日記》，魯迅九、十月未在「北大講」，十一月講五次，十二月講四次。《大百科全書》說柔石於本年底又回浙江當中學教師去了。那麼十二月最後一兩次講課他可能聽不到，一共約聽七次，最多八次。無論如何，柔石應算魯迅的學生。柔石是否在把那首詩送給魯迅請審閱時連帶把那封先前沒有寄出去的信也一併送給魯迅？信和詩是七月八日作的，一直放在手邊。到十一月聽課時才拿出來。因為不是寄到家裏，《日記》上也就不記了——是否這麼一回事？現暫記七月末。待查。

如此處理，是否得當，尚希教正。另：

本書輯出七封佚信殘句。一為一月六日致李秉中信，一為四月九日致鄭振鐸信，一為七月二日致尚鉞信，一為七月十三日致譚正璧信，一為八月二十六日致羽太重久信，一為「九至十月之

間」寫給平政院「要求將被告答辯書早日送來」的一封信，其殘句有近六十個字（見九月十二日補），一為九月二十八日箋中引許欽文回憶（不在本年）。輯出一篇佚文（十二月一日題復校照片，即〈偕行〉詩）和兩條佚文線索，一為《喪權辱國的安福系》，見三月一日箋，另一可能是載於《狂飆》周刊第十七期的一首譯詩，見三月十五日箋。

　　《魯迅全集》註釋，是寫這本書的主要參考資料，但有不少事實跟其他資料不同，筆者只得再三考索，擇一而從。如阮久孫卒年，《全集》註 1935，據《周作人日記》改為 1938。張邦華卒年，《全集》註約 1957，現據《魯迅回憶錄》散篇，刪去「約」字。據同上書，章衣萍卒年改為 1946，鄭奠卒年改為 1977。不再舉例。另外，通過這次箋釋，發現《全集》在編校和註釋上存在一些明顯錯誤，如說林語堂本年就是女師大的教務長，等等，相信再版時當會改正。

　　我幾乎沒有在北京生活過，魯迅故居也僅參觀過兩次，第一次還是四十年前，對魯迅當年的生活環境和交往情況所知甚少，寫這本書實屬「膽大妄為」。曾向幾位年輕的朋友做過推薦，希望他們來搞。本書「立項」後，本打算「不著急，慢慢來」，有閒空時弄一點，期以十年八年告竣。不想忽然看到一條資料，擔心忘掉，馬上記入。以後便放手不下，因為材料是互相聯係的，截斷不開。基本完稿後，寄給老友陳漱渝請教，承「糾錯、解惑、補新」不少。還有幾位朋友，熱情關懷，有問題及時解答，很為感激。現在拿出的這個本子，也只能說是初稿。切盼多加指正，如有機會再版時，將會改得更好一點。

一 月

大事記

一日,段祺瑞電邀孫中山、黎元洪出席「善後會議」,邀胡適等三十人列席。同日,中國國民黨中央執委會發表宣言,指出「廢除不平等條約」之極端迫切性和重要性。

十一至二十二日,中國共產黨第四次全國代表大會在上海舉行,著重討論加強對革命運動的領導,提出了無產階級對民主革命的領導權和農民同盟軍問題。

十七日,孫中山復電段祺瑞,反對段所包辦的「善後會議」,提出參加會議的兩大條件。(按,孫已於上年十二月三十一日扶病到京)隨後,成立於上年十二月二十日的廣州國民會議促成會組織十萬人遊行,反對「善後會議」。

近日以來,北京女子師範大學學生對校長楊蔭榆意見頗多。本月十八日(有說十六日、十七日者),女師大學生自治會召開緊急會議,討論驅逐楊蔭榆的方針。全校共有學生二百三十七人,其中一百七十二人態度積極,堅決要求驅楊,另六十五人缺席,聲明中立,但不反對驅楊的做法。會議決定,自本日起,不再承認楊為校長,並稱這一運動為驅「羊」運動。當時起草了《驅楊宣言》,但並沒有立即公佈,而是選派學生代表赴教育部訴述楊蔭榆治校以來種種黑暗情形,要求撤換,同時「婉勸」楊辭職。因未達目的,於二十一日將宣言發表。女師大風潮由此正式展開。

二十八日,中國國民黨中央政治委員會移駐北京。

　　三十日，北京美術專門學校學生反對北洋軍閥政府教育部委任的新校長到職，教育部派軍警將該校強行解散。

　　三十一日，作為中國革命統一戰線組織形式的國民黨中央總部，根據孫中山指示，通令全黨，抵制「善後會議」。

　　一日　晴。午伏園邀午餐於華英飯店，有俞小姐姊妹、許小姐及欽文，共七人。下午往中天看電影，至晚歸。

【箋】

　　伏園邀午餐於華英飯店，有俞小姐姊妹、許小姐及欽文　伏園（1894－1966），姓孫，名福源，後改伏園，字養泉，筆名柏生、松年等。著名編輯家，作家。浙江紹興人。四歲喪父，家境貧寒。1911 年入山會初級師範學堂，時魯迅任該校監督，成為魯迅的學生，後又做周作人任教浙江第五中學時的學生，對「二周」都以弟子稱。1918 年入北京大學國文系旁聽，次年改為正科生，並任北大圖書館館長李大釗的祕書。1921 年畢業。在校時參加新潮社，任幹事部幹事兼編輯部編輯。1919 年業餘任北京《國民公報》副刊編輯。1920 年任北京《晨報》副刊編輯，次年副刊獨立成為附刊（即《晨報副鐫》），為當時名刊之一。1921 年一月四日，跟鄭振鐸、沈雁冰（茅盾）、葉聖陶等人發起成立了我國五四後第一個文學社團文學研究會。1924 年夏以記者身份跟魯迅等人赴西安講學。十月，因魯迅《我的失戀》被代理總編劉勉己撤下憤而辭職，離開《晨報》。旋被《京報》邵飄萍請去。時在《京報》，主編副刊。俞小姐姊妹，即俞芬、俞芳、俞藻。浙江紹興人。其父俞英崖（1876－1955），民初在吉林省任延吉縣知事，後在中東鐵路局工作。因事到北京後跟魯迅相識。1923 年魯迅跟周作人失和後，搬到磚塔胡同六十一號暫住。此處房產屬俞英崖的一位同事所有，自家只有母女二人，空房較多。俞家三姊妹 1919 年由哈爾濱來到北京，住在這裏，現在跟魯迅成了鄰居。俞芬（1899－1960），字馨如，到京後入北京女高師附中讀書，1924 年畢業後任家庭教師，間或到北

京大學旁聽魯迅的課。俞芳，1911 年生，小大姐十二歲，1924 年由篤志小學轉入培根小學時，魯迅為其作保。本年在女師大附小讀書。1935 年畢業于北平師範大學數學系。在北師大肄業期間，經常到西三條魯寓照料，曾為魯母代筆給魯迅寫信。俞藻又小兩歲，1913 年生。1924 年入培根小學讀書時，魯迅同為作保。許小姐，指許羨蘇（1900－1968），字淑卿，《日記》又作璿蘇。浙江紹興人。許欽文四妹，周建人在紹興女子師範學校（原明道中學）教書時的學生。1920 年到京投考女子高等師範學校，住在八道灣魯寓。1921 年周建人赴上海工作後，由魯迅擔任她的監護人，並曾擔任上學的保證人。1924 年北京女子高等師範學校數理學系畢業，在私立翊教女中任數學教員，後魯迅介紹到私立華北大學附屬中學任教。女師大風潮平息後，魯迅又介紹她到女師大圖書館工作。她常在魯寓幫忙，跟魯太夫人相處甚好。欽文（1897－1984），姓許，原名繩堯，筆名欽文、蜀賓、田耳、遊山客。現代作家。浙江紹興人。浙江省立第五師範學校畢業後，留母校附小教書。1920 年到北京，入交通部鐵路職工教育講習會，畢業後被分派到津浦路浦鎮去創辦職工學校。後在北京給《法律評論》雜誌做抄寫、校對等雜務，在北京大學旁聽魯迅的課，同時開始寫小說。1923 年由孫伏園介紹跟魯迅相識，經常往來。俞芳在《雜憶魯迅先生與少年兒童》中詳細記敘了這次「請客」情景：

> 1925 年元旦，魯迅先生的學生孫伏園先生（當時任北京《京報》副刊編輯）邀請魯迅先生、許欽文、許羨蘇兄妹，還有我們三姐妹在北京華英飯店吃中飯。席間，孫先生熱情周到，點了許多名貴菜餚，大姐笑著說：孫先生今天請客，大先生（魯迅先生）是主客，許家兄妹和我是陪客，老二、老三（指我和三妹）大概是「吃客」了。我聽了大姐的話，心裏想，我應該吃得斯文點。想不到，魯迅先生卻接著說：「我認為老二、老三是主客，因為她們難得到館子裏來吃飯，我們大家都是陪客。」停了一下，他又說：如果在陪客中還

要分出「吃客」來，那麼，許家兄妹和房東（大姐）你，就算「吃客」了。魯迅先生幽默的話，引得大家都笑了。我一邊笑一邊想，大先生真好，處處幫我和三妹說話，他把大姐他們說成「吃客」，很有道理，本來嘛，我們這樣小，哪裏吃得過她們。飯桌上的氣氛，也因魯迅先生風趣的話語，活躍起來。

魯迅先生食量不大，每盤菜餚上來，只吃一點就放下筷子，但他很關心我和三妹，鼓勵我們放開肚量吃。他說：吃得好，吃得多，將來長得結實。他還和許家兄妹、大姐們開玩笑說：不要只管自己吃，要照顧照顧兩位小客人。這樣一講，孫、許兩位先生，許姐姐和大姐都給我們夾菜，我和三妹吃得好開心，一點都不拘束。

（《上海魯迅研究》第 6 輯第 52－53 頁）

華英飯店，在西長安街。

下午往中天看電影　前引俞芳話後接著說：「飯後，孫先生邀請魯迅先生和我們大家去看電影。到哪個電影院去呢？孫先生徵求魯迅先生的意見，魯迅先生想了一想說：還是到『中天電影院』去好，因為那裏放映的片子，是適合中、小學生看的，適合小客人們看。孫先生點頭稱是。那天放映的是美國片子，內容是體操表演，柔軟操、高低槓等等技巧表演，運動員們的動作靈活輕巧，姿勢優美。在電影休息時間，魯迅先生對我們說：這樣純熟的技巧，全是從小鍛鍊出來的。電影看完，魯迅先生對這部電影給以很高的評價，他說，以後有這樣好的片子，再來看。走出影院，天已傍晚，我們依依不捨地和魯迅先生告別。」（同上第 53 頁）中天電影院，地址不詳。

【補】

　　作散文詩《希望》，載《語絲》周刊第十期（十九日），副題《野草之七》，署名魯迅。作者在《〈野草〉英譯本序》中說：「因為驚異於青年之消沉，作《希望》。」此文以「我的心分外地寂寞」開頭，既寂寞又平安，平安是因為既沒有希望也沒有絕望，「絕望之為虛妄，正與希望相同」。有書上說它「表現了作者尋求新戰友，探索新道路，要同黑暗勢力戰鬥到底的決心。」筆者同意。但說它「表現了作者既感到希望的渺茫，更覺得絕望也是虛妄的思想矛盾」，還值得商榷。因為「絕望也是虛妄的」，正可以促進希望的實現。文中的「倘使我還得偷生在不明不暗的這『虛妄』中，我就還要尋求那逝去的悲涼飄渺的青春，但不妨在我的體外。」是全文主旨所在。既然絕望和希望同為虛妄，就還是唱起「『希望』之歌」，撒下希望的種子吧；儘管希望有些渺茫，有，總比沒有好。就連作者，「也總得自己來一擲我身中的遲暮」。《〈野草〉藝術談》作者李國濤幾次跟筆者說，他認為，李秉中南下參加革命，入黃埔軍校學習，是魯迅產生希望的一個原因；另一個原因，是女師大學生敢於挺身而出，對楊蔭榆的教育方針提出批評。在新的一年的第一天，魯迅捧給讀者一個《希望》，是特別具有象徵意義的。這是一個期待，也像一個宣言或誓言。收《野草》，《全集》第二卷。

　　二日　晴。下午品青、小峰來。夜有麟來。

【箋】

　　品青、小峰來　品青（？－1927），姓王，名貴珍，品青為字。作家。河南濟源人。本年北京大學物理系畢業，任北京孔德學校教員。《語絲》撰稿人之一。小峰（1897－1971），姓李，名榮第，小峰為字。出版家，新潮社成員。江蘇江陰人。1923 年北京大學哲學系畢業，經孫伏園介紹跟魯迅相識。1924 年十一月跟孫伏園、周作人等創辦《語絲》周刊。本年三月，在魯迅等人幫助下開設北新書局（三閒居曰，北新書局成立於本

年三月，已成公論，大家都這麼說，但魯迅《吶喊》第三版，即北新書局所出最早《烏合叢書》本，據周國偉《魯迅著譯版本研究編目》，卻是 1924 年 5 月出版的，這是怎麼一回事？），以後成為魯迅著作的主要出版人。當是新年來看望，順便談些出版之事。

　　有麟來　有麟（1903－1951），姓荊，又名艾雲、有林、織芳。山西猗氏（今臨猗）牛杜鎮人。行醫世家，較富有。在故鄉上學時組織過罷課等活動。後到運城、太原求學。1922 年冬赴京，在同鄉景梅九辦的《國風日報》幫忙，開始在該報《學匯》專刊發表作品，一年共發表十餘篇。1924年入北京世界語專門學校，成為魯迅的學生，十一月起常到魯寓請教。經魯迅介紹，到邵飄萍的《京報》任校對。同年十二月九日創辦《民眾文藝周刊》。本年春，奉邵飄萍之命，籌辦幾種附刊，魯迅所辦《莽原》，即為其一。以後擔任過多種職務，都不長久，屢屢失業，曾多次請魯迅託人求職。三十年代初，在河北懷遠縣和江蘇蕭縣任教。1936 年在同鄉王用賓的幫助下，在南京國民黨政府中央考試委員會任科員。1939 年祕密加入國民黨特務組織。十三歲時在故鄉娶一曹氏女，本年在北京跟上海美專學生莫瑛（又叫莫仙英，即金仲芸）相識，1927 年在上海正式結婚。生有二女一男。1949 年南京解放前夕，被作為潛伏特務留下，南京解放後被逮捕，1951 年鎮壓。其所辦《民眾文藝周刊》，為《京報》附刊之一種，是魯迅一塊重要陣地。同任編輯者為胡也頻（崇軒）、項拙（亦愚）。第十六號（本年四月七日）起改名《民眾文藝》，第二十五號（本年六月二十三日）改名《民眾周刊》，第三十一期（本年八月四日）改名《民眾》，出至第四十七期（本年十一月）停刊。今日來，當為經常性的拜訪。

　　三日　曇。晚服補瀉丸二粒。夜為《文學周刊》作文一篇訖。

【校】

　　瀉　手稿作「寫」。

【箋】

為《文學周刊》作文一篇訖　《文學周刊》為《京報》附刊之一，綠波社和星星文學社合編，孫席珍負責，1924年十二月十三日創刊。所作文為《詩歌之敵》，雜文，載《文學周刊》第五期（一月十七日），署名魯迅。文末註「一月一日」作，據《日記》，應為今日。本文是指斥「反詩歌黨」的，說：「豢養文士仿佛是贊助文藝似的，而其實也是敵。宋玉司馬相如之流，就受著這樣的待遇，和後來的權門的『清客』略同，都是位在聲色狗馬之間的玩物。」此文開頭說：「大前天第一次會見『詩孩』」。孫席珍回憶，「詩孩」是1924年春錢玄同跟魯迅、陳大悲三人閒談「詩哲」（徐志摩）時見孫從旁邊經過順手指孫說的，而魯和陳都表示了首肯。「大前天」當指上年十二月三十一日，而日記未記。孫席珍說：「一九二四年十二月二十九日（引者按，應為三十一日），我去拜訪魯迅先生，是請他為《文學周刊》撰稿，同時也有些問題求教於他。談話中間，他問我：『近來你還寫詩嗎？』我說：『不大寫了。』他問：『為什麼？』我回答說：『主要因為越寫越覺得寫不好，其次也怕受人指摘，說我寫詩是另有目的的，所以不敢寫了。』魯迅先生聽了，就很誠懇地對我說：『你覺得越寫越寫不好，可見你比從前已經有了進步。今後只要多讀些古人的和外國的詩篇，可以得到不少啟發，再多想想，多練習練習，自然會寫得好起來的。至於怕受人指摘，我看大可不必；你寫你的，他們指摘他們的，用不著理會他們。』過了幾天，他託許欽文先生帶了一篇稿子給我，就是《詩歌之敵》。在這篇文章裏，先生很慨歎於今日文壇上詩歌創作之冷落，說是：『戲曲尚未萌芽，詩歌卻已奄奄一息了，即有幾個人偶然呻吟，也如冬花在嚴風中顫抖。』我讀了很有感觸……」（《魯迅回憶錄》散篇上冊第367-368頁）收《集外集拾遺》，《全集》第七卷。

四日　晴。星期休息。午後有麟來。下午伏園來。紫佩攜舒來。夜衣萍來。譯彼象飛詩三篇訖。

【箋】

紫佩攜舒來　紫佩（1887－1952），姓宋，原名盛琳，更名琳，紫佩為字，魯迅也寫作子培、子佩。浙江紹興人。南社社員，也是南社之分社「越社」的骨幹分子。曾考取秀才。魯迅在杭州浙江兩級師範學堂教書時的學生，在該校理化科畢業後，回紹興在府中學堂任教務兼庶務，在山會初級師範學堂任修身教員，這兩處都跟魯迅同事。紹興光復後，跟越社同仁王文灝等創辦《越鐸日報》，魯迅給予支持。1913 年到北京，由魯迅推薦，到京師圖書館分館工作，直到逝世。魯迅在上海十年，北京家中即由宋照管，是魯迅一親密助手。舒，紫佩子。其名為魯迅所起。許羨蘇記下了他給起名的故事：「在以前，宋琳的妻子生了一個早產兒。這在結婚很久而初得孫兒的宋琳的母親原是一件可喜的事情，但因為早產，照孩子出生和宋琳回家的時間算起來，還不到十個月（實際上只應是九個月另十天），這就使宋琳的母親大發雷霆，把宋琳從北京叫回去，要開祠堂門。宋琳求教於魯迅先生，魯迅先生以科學的方法，從孩子的未完全成熟的生理上證明新生兒確實是個早產兒，並且給他起了一個名叫『舒』，一場風波才告平息。不久宋琳把妻子接到北京，組織了小家庭。」（《魯迅回憶錄》散篇上冊第 322 頁）

衣萍來　衣萍（1900－1946），即章鴻熙（《日記》又作章洪熙），衣萍為字。作家。安徽績溪人。八歲從父讀書，十四歲上師範學校。1917年到南京，後到北京，因無錢讀書，就到北京大學旁聽，認識了同鄉胡適等人。1924 年秋由孫伏園介紹跟魯迅相交。不久參加《語絲》籌辦，並為該刊十六個撰稿人之一。本年來寓次數甚多。當無別事，來看望而已。

譯彼象飛詩三篇訖　彼象飛，現通譯裴多菲（1823－1849），匈牙利著名詩人，革命家，是他的同胞渴望自由的象徵。1848 年匈牙利革命前一個時期，他在匈牙利文壇起領導作用。他熱情擁護法國大革命，怒斥匈牙利黑暗現狀，不遺餘力地抨擊貴族和王室特權。在政治上他是一個激進派，一個受靈感鼓舞的煽動家。他的詩，政治性強，總是充滿激情。詩三篇，即《太陽酷熱地照臨》、《墳墓休息著……》、《我的愛——並不是……》，

以《A.Petöfi 的詩》為題，載《語絲》第十一期（一月二十六日），署名
L.S.。這幾首詩是作者前期作品。當時正值民族壓迫和國內矛盾激化，作者
處在苦悶、彷徨，嚮往法國革命卻又不知如何是好的階段，心靈上籠罩著
一層「淡淡的哀愁」。是作者第一次被介紹到中國。初收 1938 年版《全集》
第七卷《集外集》，現收《譯叢補》，《魯迅譯文集》第十卷，題目有改，
篇數增加。

　　五日　晴。午後往女師校講並收去年二月分薪水泉五元。收
教育部前年七月分奉泉八十六元。收其中堂書目一本。收《支那
研究》第二期一本。收東亞公司通知信。下午至濱來香飲牛乳並
買點心。

【箋】

　　往女師校講　女師校，即北京女子師範大學。《日記》又作女師、
女子師校、女高師校、女師大、女子師範大學等。位於宣武門內石駙馬大
街。初為京師女子師範學堂，光緒三十四年成立。民國元年（1912）改名
北京女子師範學校。自民五（1916）起增設高等部，民八（1919）改為國
立北京女子高等師範學校。民十一年（1922）七月許壽裳任校長，秋起制
訂組織大綱，改革行政系統，增設新課程，成立評議會，出版周刊；許致
力於提高師資力量，多方延聘專家學者，並邀請北京大學教授來校兼課。
民十三年（1924）初，許辭校長職，返教育部，任編審。二月二十八日，
根據許壽裳建議，部令委任楊蔭榆為校長，五月二日，改稱女子師範大學。
本年度（1925）有正科生二百零一人，旁聽生五人。魯迅於 1923 年九月起，
應許壽裳聘，兼任該校國文系講師，給國文科第二、三兩班講授中國小說
史等課。其聘書曰：「北京女子高等師範學校敬請　周樹人先生于十二年
九月起至十三年六月止擔任本校國文學系小說史科兼任教員，每周一小
時，月薪十三元五角，按本校兼任教員例致送。此訂。校長許壽裳　中華
民國十二年七月」。聘期屆滿後，由楊蔭榆續聘。俞芳在《我記憶中的魯

迅先生》中說：「聽太師母說大先生搬到西三條不久，楊蔭榆來找過大先生，說是送聘書來的，當時大先生婉言謝絕。後來為學生的學業著想，才收下聘書的。」（第 13 頁）許廣平、陸晶清等也說到辭職和續聘之事。許說：「一致愛護的魯迅先生，在學生中找不出一句惡評。也曾經有過一次辭職的事，大家一個也不缺的，擠到教導處，包圍他，使得他團團地轉，滿都是人的城牆，肉身做的堡壘。這城堡不是預備做來攻擊他，正相反，是衛護他的鐵壁銅牆。接受了這一批青年熱誠的先生，終於重又執掌教務。」（〈許廣平文集〉第二卷第 11 頁）《日記》1924 年九月十四日：「上午楊蔭榆、胡人哲來。」即來續聘。

　　收教育部前年七月分奉泉八十六元　魯迅為中華民國教育部部員。1911 年辛亥革命成功，1912 年元旦，臨時政府在南京成立，臨時大總統孫中山任命蔡元培為教育總長。蔡元培邀許壽裳到部任事，許又推薦了時在紹興山會初級師範學堂擔任校長的魯迅，蔡當即同意，於是魯迅到部。先在南京，同年五月五日下午七時到達北京。次日報到。教育部設在原學部的「大衙門」裏，地址在西單南面教育街路北，宣武門內。教育部除總長、次長各一人外，設有一廳（先叫承政廳，後改總務廳）三司（普通教育司、專門教育司、社會教育司）。魯迅在社會教育司，當年八月二十一日公佈，魯迅為僉事（按當時規定，「僉事」由總長推薦，總統任免），二十六日被任命為科長（當時公佈為第二科，不久，教育部把原第一科負責的「宗教、禮俗」兩項職責移交內務部，原來的第二科便成第一科），擔負的職責是：「關於博物館、圖書館事項，關於美術館及美術展覽會事項，關於文藝、音樂、演劇等事項，關於調查及搜集古物事項，關於動植物園等學術事項」。初到教育部，所有部員每月發六十元生活費，沒有區別。被任為僉事和科長後，月薪二百二十元，1913 年二月起增為二百四十元（實領「九成」即二百一十六元），1914 年領「四等俸」二百八十元，1916 年三月改為三百元，以後再未變動。但常常欠薪。特別是 1917 年七月以後，開始大量拖欠，有時拖兩三年之久。1926 年魯迅統計，僅積欠他的

薪金即達兩年半以上，共計九千二百四十多元。本次所領，即為 1923 年七月分薪金。

收《支那研究》第二期一本　《支那研究》，日本社會科學季刊，河野彌太吉主編，大連支那研究會發行。創刊於大正十三年（1924）。

收東亞公司通知信　新書來到，通知去取。東亞公司，經銷圖書、文化用品，為日本人開，在東單牌樓。

下午至濱來香飲牛乳並買點心　濱來香，在西單北大街。

【補】

本日被代理部務的教育次長馬敘倫任命為清室善後委員會助理員。

六日　晴。晨寄三弟信。寄李庸倩信。午後往世界語校講。往東亞公司買《新俄文學之曙光期》一本，《支那馬賊裏面史》一本，共泉二元二角。欽文來，託其以文稿一篇交孫席珍。夜校《苦徵》印稿。有麟來。

【箋】

晨寄三弟信　信未見。為本年第一封佚信。三弟，周建人（1888－1984），原名松壽，字喬峰，筆名克士。生物學家，編輯家，社會活動家。原在本地僧立小學和明道女校任教，並研究生物學。1919 年在北京大學旁聽科學總論和哲學等課程。1921 年到上海，在商務印書館任編輯，編寫中小學動植物學教科書和《東方雜誌》、《婦女雜誌》等。以後從事反對蔣介石獨裁統治的民主運動。時在上海。

寄李庸倩信　信未見。為本年第二封佚信。李庸倩（約 1905－1940），名秉中，庸倩為字。四川彭山人。1924 年初在北京大學讀書時開始跟魯迅交往，是年畢業。因表示將赴南方參加革命，魯迅積極支持（詳三月二十七日「得劉弄潮信」註），熱情資助，四次給錢一百元（五月三十日五十元、七月六日十元、九月一日二十元、十月二十二日二十元）。十一月上

旬離京，不久有信從上海發，十二月初到廣州，入黃埔軍校。1925 年下半年，受派赴蘇，入莫斯科中山大學，次年到日本學陸軍，1932 年返國，在南京國民黨軍事部門服務。魯迅上年十二月二十六日「收李庸倩信，十四日發自廣州黃埔」，此為復。本年以後所收李庸倩信，述其在黃埔軍校學習和受訓情況，均未復，因其居址常變也。信已不存。但李秉中一月二十三日信中引有一句，曰「又現在你的方針我以為也好」，應屬此信。吳作橋《魯迅書信鈎沉》和劉運峰編《魯迅佚文全集》皆漏收。詳二月七日箋。

　　往世界語校講　世界語校，《日記》中又記為世界語學校，全稱為北京世界語專門學校。該校係由世界語愛好者馮廷璠（省三）、景梅九、陳聲樹、陳空三等人發起創辦，支援和資助者有蔡元培、李石曾、吳稚暉、張繼、胡景翼等著名人士。《全集》註說魯迅為「發起人和董事之一」，《日記》記有「午後往世界語學校籌款遊藝會」，時在 1923 年六月七日。《國風日報》的《學匯》專刊，於 1922 年十月二十二日第十二期發表《快來一同從事愛世運動》的專文，敲響了在我國開展世界語運動的號聲。第三十二期發表陳廷璠《創辦北京世界語專門學校的提議》，隨即發表了俄國盲詩人、世界語學者愛羅先珂的演說《世界語者之宣言》（景梅九翻譯，署名「老梅」）。據 1923 年九月二十日出版的《教育雜誌》（商務印書館）第十五卷第九期報導，該校設於西城錦什坊街孟端胡同三十九號，校長因蔡元培「出洋」暫由譚仲逵（即譚熙鴻，生物學家）代理，並已與瑞士日內瓦世界語總會取得聯係，又電邀愛羅先珂「從速歸任教課」。說「歸任教課」，含有愛羅先珂曾參與籌辦之意。該校教務由馮廷璠（省三）和陳空三負責。創辦時期，二人跟魯迅來往頻繁。當年九月，魯迅受聘擔任該校講師，「講文學史或文藝理論」（荆有麟）。上年繼續在世界語專門學校講課。據《日記》，本年到該校講課，僅此一次。下一次便是請辭了，詳三月十一日日記。

　　往東亞公司買……　所購均日文書。《新俄文學之曙光期》，是一本有關蘇聯早期文學的論著，日本文藝批評家升曙夢著，大正十三年（1924）東京新潮社出版。《新俄小叢書》之一。該叢書是作者遊蘇歸來所作，預

告三十冊，已出《赤俄見聞錄》、《革命時期的演劇和舞蹈》魯迅已購到，此為第三本。《支那馬賊裏面史》，又名《中國馬賊祕史》，矢萩富桔著，大正十三年東京日本書院出版。

欽文來，託其以文稿一篇交孫席珍　文稿，指前作《詩歌之敵》。孫席珍（1906－1984），原名孫彭，筆名丁飛、丁非等。現代作家。浙江紹興人。出身貧寒，十六歲中學畢業後到北京半工半讀，任《晨報》副刊校對，本年兼作《京報‧文學周刊》編輯。後《詩歌之敵》即在《文學周刊》發表。文中提到收稿人，見前三日箋。

夜校《苦徵》印稿　《苦徵》，即《苦悶的象徵》，日本文藝批評家廚川白村的文藝理論集，大正十三年東京改造社出版。全書分《創作論》、《鑒賞論》、《關於文藝的根本問題的考察》、《文學的起源》等四章。作者生前只發表了第一、二兩章，餘稿從廢墟中找到。其學生山本修二根據遺稿整理成書，書名根據第一、二章發表時的「端緒」而定。魯迅於上年四月八日從東亞公司買到此書，九月二十二日開始翻譯，十月十日譯完。魯迅認為這本書是「很有獨創力的」，而且「多有獨到的見地和深切的會心」，他翻譯此書，是為了召喚一種「天馬行空似的大精神」，以催促「大藝術的產生」，衝破當時因循守舊的思想束縛。許壽裳說：「魯迅譯廚川白村的《苦悶的象徵》時，曾對我說：『這是一部有獨創力的文學論，既異於科學家似的玄虛，而且也並無一般文學論著的繁碎。』」（《亡友魯迅印象記》第 55 頁）魯迅的譯文最早在上年十月一日至三十一日《晨報》副刊連載，為原書的一、二兩章。魯迅曾以此書為教材，在北京大學和女師大等校講文藝理論課。校印稿，為印製前最後一道工序。

【補】

前所譯日本廚川白村論文《描寫勞動問題的文學》載《民眾文藝周刊》第四號，五號續載，署名魯迅。為《出了象牙之塔》之構成部分。收《譯文集》第三卷。

　　附記：本日《京報》附設之《民眾文藝周刊》第四號載《更正》一文，高道一撰文，「疑為魯迅先生的文字」，原文如下：

　　　　上一期，我們也曾到印刷局去校正；但不知是我們去得太遲了，抑是那一次印刷局排得早了些，致錯誤之處，都未及更正，殊為抱歉之至！我們為節省篇幅起見，其中顯而易見的地方，及無關緊要的末節，我們以「由它去吧」四字了之，不來一一更正。惟最後標題為《難》的一篇文章後面所附帶的啟事內，既排錯了兩處很重要的標點，又排漏了幾個很關緊要的字，今特更正如下，請讀者諸君注意！

　　　　（一）「本刊意在表現民眾思想」下之「，」乃「。」之誤。

　　　　（二）「歡迎描寫第四階級的作品」下之「。」乃「，」之誤。

　　　　（三）「替世界被壓迫的民族呼籲」一句，上面漏去「及」一字，下面漏去「之呼聲」三字而此句下面之標點，乃「；」非「，」也。

作者高道一說：「我之所以產生這樣的疑問，是由於魯迅先生對該刊第十七號以前的文字，負責『校閱』和『通讀』。因之寫出《更正》的文字，乃是順理成章的事。」筆者未敢肯定，附此以供研究。

　　七日　晴。下午寄新潮社校正稿。

【校】

　　稿　手稿作「藁」。

【箋】

寄新潮社校正稿　新潮社是五四運動中有較大影響的一個文學社團，形成於 1918 年十月。社址設在北大一院，即沙灘紅樓一層。1919 年一月創辦《新潮》月刊，北京大學中文系學生傅斯年任主任編輯，英語系學生羅家倫任編輯。社員大多是北京大學學生，也有少數教員和校外人士參加。其中有江紹原、何思源、李小峰、俞平伯、郭紹虞、孫伏園、顧頡剛、葉聖陶、楊振聲等。在五四運動中，它與《新青年》相呼應，在提倡白話文、反對封建倫理和舊文學的戰鬥中發表了多篇犀利有力的文章。1920 年十月以後，因前期幹部大多出國留學，《新潮》改由周作人主編，顧頡剛、孫伏園任編輯。校正稿指《中國小說史略》上卷。魯迅於 1920 年八月起，應邀在北京大學、北京高等師範學校（後改為北京師範大學）等校講授中國小說史，每講完一段，就將講義稿交付刻印。油印本題為《小說大略》，共十七篇，由北大國文系教授會印發，約十六開，毛邊，共一百一十五頁。有「周樹人」署名。這是現存《中國小說史略》的最早版本。後由北大印刷科排印鉛印本，從內容到形式都有較大改動。篇幅增至二十六篇。線裝，二十四開。無封面，亦無著者署名。仍作為教學之用。在鉛印本基礎上，魯迅又做了全面修改。1923 年四月，《中國小說史略》上卷編成，十二月一日由新潮社出版。下卷於 1924 年六月出版。上卷（冊）十五篇，下卷（冊）十三篇。《史略》出版後，受到讀者歡迎，新潮社乃于本年二月將上冊再版。隨後新潮社解體，下冊未能再版。後《史略》改由李小峰的北新書局出版。所以本年九月出版的《史略》合訂本是由北新書局出版的。此校正稿，指新潮社再版本。

八日　晴。晚衣萍來。夜崇軒、有麟來。

【箋】

崇軒、有麟來　崇軒（1903－1931），即胡也頻，崇軒為原名。作家。福建福州人。小時當過學徒。因不甘忍受老闆的奴役，隻身赴上海，

考進浦東中學，家人又送到天津大沽口海軍學校學習機器製造。第二年海
軍學校停辦，跑到北京，考大學未被錄取，滯留數年。其間，愛上文學，
1924 年開始創作。同年十二月至本年五月，跟荊有麟、項拙等合編《京報》
之附刊《民眾文藝周刊》。後在上海參加「左聯」，1931 年二月七日被國
民黨祕密槍殺於龍華，為「左聯五烈士」之一。上年十二月二十八日，「荊
有麟邀午餐于中興樓，午前赴之，坐中有綏理綏夫、項拙、胡崇軒、孫伏
園。」此為胡第一次來寓拜訪。二人來，當是為《民眾文藝周刊》約稿。

【補】

作雜文《咬文嚼字（一）》，載十一日《京報副刊》，署名魯迅。本
文對「以擺脫傳統思想的束縛而來介紹世界文學的人，卻偏喜歡使外國人
姓中國姓」的現象做了嘲諷。收《華蓋集》，《全集》第三卷。

九日　晴。上午往師範大學講。午後往北京大學講。下午曇。
得伏園信，附王鑄信，晚復。夜衣萍、伏園來。有麟來。向培良、
鍾青航來。

【箋】

往師範大學講　1920 年八月二十六日，魯迅受北京高等師範學校之
聘，擔任該校講師。1921 年一月十二日開始授課，為國文系講中國小說史。
其間，於 1922 年參加了該校國文學會。《國文學會叢刊》第一卷第一期載
會員名單，共十六人，朱希祖、沈兼士、馬裕藻、黎錦熙、錢玄同、楊樹
達等均在內，魯迅名列第六。後又發展沈尹默、徐祖正、張鳳舉等人入會。
魯迅在該校講課凡五年半，直至 1926 年八月南下。本次為本年第一次講課。
北京師範大學，「創始於前清光緒二十八年京師大學堂附設之師範館，旋
改為優級師範科，及京師優級師範學堂。民國元年改為北京高等師範學校。
十二年七月改為國立北京師範大學。」（據《校史概略》）

往北京大學講　1920 年八月二日被北京大學聘為講師。其聘書為：「敬聘周樹人先生為本校講師，此訂。國立北京大學校長蔡元培，中華民國九年八月二日，第一百六十一號。」同年十二月二十四日開始授課，先講中國小說史，後以廚川白村的《苦悶的象徵》為教材，講授文藝理論。蔡元培回憶：「自陳獨秀君來任學長，胡適之，劉半農，周豫才，周豈明諸君來任教員，而文學革命，思想自由的風氣，遂大流行。」常惠回憶說：「魯迅先生到北京大學授課是在北大第一院文學院，就是現在的沙灘紅樓，地點是二樓第十九教室。『中國小說史』這門課是選修課，最初選的人不多，後來知道是魯迅先生講這門課，選修的人就多起來，甚至校外的人也來聽講。」（《魯迅回憶錄》散篇上冊第 421 頁）在北大授課凡五年半，直至 1926 年八月離京南下。本次為今年第一次講課，實為 1924 年下學期最後一課。魯迅在北大講課情形，孫席珍做了回憶，並詳細記述了幾次有關寫作的答問。孫說他正式聽魯迅講課，「是從 1924 年秋季開學起到 1925 年暑假為止，整整一年，從未缺課」。魯迅本年前半年在北京大學共講課十四次（一月九日，二月二十日、二十七日，三月六日、十三日、二十日、二十七日，四月三日、十日、十七日、二十四日，五月八日、二十二日、二十九日）。孫所記課堂答問已無法確定具體日期，估計在此次講課前後，茲引一例以見一斑：

　　有一次，下課鐘響過以後，先生剛把書本闔攏，向同學們點頭示意，準備離開教室，當他腳步尚未移動時，好多位同學一擁向前，在講桌邊圍成一個半圓形，問長問短，先生一一解答。這時人多口雜，有些提問，簡直分辨不出來。其中有位同學提高了嗓子說：「周先生，您的文章寫得這麼好，有什麼祕訣，可以教給我們嗎？」

　　先生聽了微微一笑，略為思索，答道：「我的文章寫得並不好，我也沒有什麼訣竅可以傳授給你們，我只會講點小

說史，不會講文章作法。目前市面上有《小說法程》、《文章作法》一類書籍出賣，但我從來沒有看過，因為我不相信看了這些書就能寫出好作品來，也沒有聽說過哪位有名的作家是看了這些書以後才從事創作的，所以現在也絕無訣竅可講。

「那麼，文章到底該怎樣才寫得好呢？我認為首先還是多讀一些大作家的作品，從這些作品中去領會、學習的好。記得從前俄國有位批評家，在《果戈里研究》一書中說過，要想知道應該怎麼寫，還須從不應該那麼寫那一面去考慮，這可以從一些不成熟的作品中去研究，哪些字句可以刪去，哪些段落應該縮短，哪些地方必須改寫，哪些地方還要加強，但加強並不是添油加醬，弄得臃腫累贅的意思，加強是要求增加表現力，文字的運用仍須力求精煉。大意如此，我認為這位批評家的話，對我們是很有用處的。」

講到這裏，先生略一停頓，平時我們從未見先生在課堂上吸過菸，但這時已經下課了，他破例拿出一枝來點上，吸了兩口，繼續說：「我剛才講要精煉，就是說，寫文章千萬要少說廢話，不要有敗筆，不要拖泥帶水，不要故意去拉長。什麼叫做敗筆呢？敗筆就是廢話。不要有敗筆，就是一切不必要、不相干的言語要儘量避免，一切可有可無的字句能不要就盡力不要，如果已經寫在上面，能去掉就儘量把它去掉。我自己寫文章，總是這樣：寧願將一篇小說縮短成為一篇小品隨筆，決不將一篇小品隨筆拉長成為一篇小說。總而言之，概括起來，就是一個『刪』字。」他在黑板上寫了個大大的「刪」字後，回過頭來接著說：「你們問我寫文章有什麼秘

訣，我也說不出；要說經驗，略有一點，這個『刪』字，就是從我的經驗中歸納出來的。」

以上這些話，後來先生在《答北斗雜誌社問》一文中，也曾說得非常明確，但那是幾年以後的事；當時我們聽先生這樣講，無不覺得十分新鮮，認為這些話，對我們確實具有極大的指導意義。不料這時鐘聲又響起來了，是上課鐘；下一節課是別位老師上的，別班的同學湧進來了，大家只好退出，先生也跟著我們出來，向那位老師招呼了一下，表示歉意。我們知道先生的話還沒有講完，但也只好懷著怏怏然的心情，無可奈何地各自走散。

這之後隔不多天，遇見了一位女師大的同學，談起寫作的事，我把先生指導我們的話告訴了她。她聽了，很得意似地笑道：「我們也問過先生，他也給我們作了指導，意思大致與你剛才所說一樣；不過他對我們講的話，比在你們那邊講的還要多些。」

我忙問：「真的嗎？他還講了些什麼？」

那位女同學見我似乎很著急，故意慢吞吞地說道：「你別急，待我告訴你。先生給我們闡明了『刪』的如何重要之後，回轉頭在黑板上寫了『割愛』二字，接著講：『要做到會刪，還須懂得割愛。割愛的意思是要能夠捨得，不要捨不得。我們寫文章，主要是為了把自己的思想感情傳給別人，只要這個目的能夠達到，其餘都是末節。比如說，我們拿起筆來，有時靈感一到，什麼美麗的詞藻呀，機智的言語呀，奇警的文句呀，源源而來，自己看了，覺得賞心悅目，得意

非凡。當此之際，你就應該有所評衡，知所抉擇。如果這些
麗詞、警句，有助於你達到寫作目的，自不妨予以保留，加
以利用；否則就該當機立斷，堅決把它刪掉，毫不可惜，這
就叫做割愛。因為倘不如此，文章就會弄得不成樣子，不是
頭重腳輕，就是尾大不掉，甚或渾身臃腫，反而變成四不像
的東西了。』先生給我們講的，大致就是這些，末了還加上
一句『可不慎哉』——這是故意讓我們笑一笑，透口氣的。」
最後她說：「我們聽了先生這番話，無比興奮，都說這是先
生教給我們的『作文三字訣』。今後只要隨時注意，照此做
法，即使文章不能馬上寫得很好，大概也不至於寫得很壞了，
所以一致認為，受益是很大、很大的。」

　　我聽了她頭頭是道的轉述，也相當興奮，便笑對她說：
「你講得這樣好，可見會心不遠，做文章的三昧你已得了。」
然後寒暄幾句，互相道別。回來的路上，仔細回味著她所轉
述的話，把先生的教導牢牢記在心頭，第二天便興沖沖地轉
告了別的幾位同學。一次課後，有位同學當眾問了先生，先
生從容地答道：「這些話，確是我對他們講的，那天在這裏，
因為時間到了，未能繼續下去，後來也沒有機會談到這上頭
來；現在你們既已知道，反正意思都差不多，我看也毋須重
說。要之，我不過談點自己的寫作經驗，聊供參考；至於是
否會有些用處，就全在諸君自己去揣摩、領會了。」

（《魯迅回憶錄》散篇上冊第 351－354 頁）

　　孫席珍另外記述了魯迅關於尼采的一段話，對研究魯迅的思想或有用
處，也引在這裏：「有一個時期，我也曾經想做超人，費了好久的功夫去
尋求做超人的方法。我想尼采是主超人說的，便買了一些尼采的書來看，

心想這總該可以得到的吧，但也沒有蹤影。後來終於找到了，據說是：在兩邊兩座絕壁萬丈的高山上，望下來是測不到深的深淵，我便須聳身一跳，從這個山頭跳到那個山頭。跳不過，跌死了，萬事全休；跳過去了，便成為超人。或者，把我身如箭一樣地射過去。我思量，我身既不是箭，萬萬沒有法子射得過去；而且我也找不到兩邊萬丈絕壁的那種境地，足以供我聳身一跳，於是我便灰心了。」（同上第 362 頁）

　　得伏園信，附王鑄信，晚復　來信未見。王鑄（1902－？），即王淑明。文藝批評家。安徽無為人。當時在家鄉讀書。他就《苦悶的象徵》題名含義函詢魯迅。復信以《關於〈苦悶的象徵〉》為題，載十三日《京報副刊》，署名魯迅。收《集外集拾遺》，《全集》第七卷。為本年第一封存信。兩人交往僅此一次。

　　夜衣萍、伏園來　《京報副刊》於本月四至六日發表了詩人徐志摩的文章《政治生活與王家三阿嫂》，由孫伏園持來給魯迅看。魯迅對徐志摩沒有好感，二十天前剛剛寫過一篇《「音樂」？》，對徐所寫《死屍》給與諷刺（兩文分別發表於《語絲》第三期和第五期）。荊有麟在《魯迅回憶斷片》中寫道：

　　　　北京《晨報副刊》主編孫伏園，在脫離了《晨報》，而去主編《京報副刊》時，剩下的《晨報副刊》，便由詩人徐志摩來接編了。徐志摩是伏園的朋友，所以他們倆，雖編著幾乎可以說是敵對的報紙，但並沒有因此減卻他們兩人見面的機會。相反地，因為志摩也編著副刊，為了拉稿的關係，倒容易常常與伏園碰頭。因此，他們倆便相互交換著意見，交換著批評，甚至交換著旁人對他們所編的副刊的好惡消息。

　　　　有一次，志摩寫了他那有名的雜感式論文：《政治生活與王家三阿嫂》。當時是志摩正向社會活動的時代，每月用茶點召集著賢人淑女的新月會議，在北大等校，又講授著英

國歷史上的詩人——拜倫與濟茲，而他的表揚他的客廳的新詩——《石虎胡同七號》，也正起著引誘青年去拜訪的作用。但他卻忽然高興，發表起有關政治的論文，多事的伏園，便將志摩的《政治生活與王家三阿嫂》，拿去給魯迅先生看，而且在魯迅看完後，還問了魯迅的意見。過幾天，志摩又與伏園相見了。志摩便問起：他那篇文章，不知魯迅先生的意見怎樣？伏園便直爽地答：

「魯迅先生說那篇文章寫得真好！」

然而，正以詩人在文壇上爭輝的志摩，感覺到魯迅的諷刺的批評了。他立刻說：

「他罵得我好苦呵！」

（《魯迅回憶錄》專著上冊第 130－131 頁）

荊有麟以上所記，發生在兩個時間裏，可能有的親見有的是事後聽說。今日，章衣萍和孫伏園來後，荊即來到，孫伏園給魯迅看徐志摩的論文當是親眼所見。「過幾天」的事則為聽說。

　　向培良、鍾青航來　向培良（1905－1961），現代作家、戲劇家。莽原社員，狂飆社主要成員。湖南黔陽人。1924 年在中國大學讀書時跟魯迅相識並有多次交往。同年冬跟高長虹相識，參加狂飆社。1928 年以後主要負責狂飆戲劇運動，1929 年初夏在南京演出後，受潘公展之約，為編《青春月刊》。狂飆社解體後，在無錫國學專修館教戲劇，抗戰期間隨「國專」到處遷移。抗戰勝利後在蘇州拙政園內社會教育學院專任戲劇課程。最初以寫小說、散文為主，後主攻戲劇和演劇理論。著作有《飄渺的夢》、《我離開十字街頭》、《人類的藝術》、《中國戲劇概評》、《沈悶的戲劇》等。鍾青航，四川人，1924 年冬為北京中國大學旁聽生。由向引來拜訪。

【補】

作《關於〈苦悶的象徵〉》，載十三日《京報副刊》，署名魯迅。是對讀者王鑄有關該書各篇發表經過和全書定名等問題的答復。收《集外集拾遺》。

十日　曇。上午寄伏園信。寄常維鈞信。寄李庸倩《語絲》第四至第八期。晚伏園來。收去年十二月分《京報附刊》稿費泉卅。

【校】

京報附刊　疑為「副刊」之誤。詳下。

【箋】

上午寄伏園信　信未見。為本年第三封佚信。

寄常維鈞信　信未見。為本年第四封佚信。常維鈞（1894－1985），名惠，維鈞為字。北京人。在北京大學法文系學習時選修魯迅的中國小說史課，曾幫助魯迅蒐集資料，協助整理出版了該書講義。1922 年參與創辦《歌謠》周刊並任編輯，曾請魯迅為該刊設計封面。參與組織了「歌謠研究會」。1924 年畢業後在北平研究院任職。

寄李庸倩《語絲》第四至第八期　李庸倩，見六日箋。《語絲》，現代文學史上一重要刊物，1924 年十一月十七日在北京創刊。先由孫伏園邀集了一批人在東安市場開成素餐館聚會，商定辦此刊物。為周刊，以發表短評、隨筆為主，先後由孫伏園、周作人主編。其特點是「任意而談，無所顧忌，要催促新的產生，對於有害於新的舊物，則竭力加以排擊，一但應該產生怎樣的『新』，卻並無明白的表示，而一到覺得有些危急之際，也還是故意隱約其詞。」（魯迅語）主要撰稿人有魯迅、周作人、川島、劉半農、章衣萍、林語堂、錢玄同、江紹原、王品青、李小峰等。1927 年十月，《語絲》被奉系軍閥張作霖查封。同年十二月在上海復刊，為第四卷第一期。先後由魯迅、柔石、李小峰主編。1930 年三月十日出至第五卷

第五十二期停刊。第四至第八期出版于上年十二月八日、十五日、二十二日、二十九日和本年一月五日。李在一月十五日信中說：「今日得《語絲》三、四、五三期，喜不可論⋯⋯」（詳下）即為此次所寄，但期數不符。

　　收去年十二月分《京報附刊》稿費　《京報》，日報，為中國近現代重要報紙之一。1918 年十月五日在北京創刊。邵飄萍主辦。該報激烈抨擊北洋軍閥政府，宣傳新思潮。對五四運動、二七慘案、五卅運動及三一八慘案等重大歷史事件均有詳略報導。1923 年五月五日曾出版《馬克思紀念特刊》。1924 年底革新副刊，由剛離開《晨副》的孫伏園主持，十二月五日正式面世。該副刊為綜合性刊物，哲學、歷史、經濟、倫理、宗教、自然科學、文學、藝術等各方面均有所涉及，偏重於文學。日出一號，每號印十六開紙八版。主要撰稿人有魯迅、孫伏園、周作人、高長虹、黎錦明、許欽文、陳學昭、向培良、荆有麟、尚鉞、林語堂、朱湘、馮文炳、章衣萍以及文學以外的張競生、吳稚暉、高一涵、王世傑、馬寅初、丁文江等，極受歡迎。每月合訂一冊，至 1926 年四月二十四日該報被奉系軍閥查封而停刊，共出四七七號。除出版正張外，該報同時發行以戲劇、詩文、小說等為主的「小京報」，隨報附送，人稱《京報附刊》。計有《民眾文藝週刊》、《婦女週刊》、《兒童週刊》、《文學週刊》、《科學與宗教週刊》、《戲劇週刊》、《圖畫週刊》（《中國大百科全書》還列有一《西北週刊》，缺《圖畫週刊》，不知孰是）等，共七種，每天一張，週而復始。魯迅去年十二月在《京報副刊》發表的稿件有《高尚生活》（譯文，載七日）、《觀照享樂的生活》及《譯後附記》（載十三日）、《無禮與非禮》（譯文，載十六日）、《〈未有天才之前〉小引》（載二十七日）等文。在「副刊」上發表作品，僅知有刊於《婦女週刊》週年紀念號上的《寡婦主義》一文。此似應為副刊，寫作「附刊」，疑誤。

　　十一日　晴。星期休息。午後有麟來。下午姚夢生來。紫佩來。夜得玄同信。

【箋】

　　姚夢生來　姚夢生（1905－1970，一說卒於 1969），即姚蓬子，原名夢生，曾用名姚方仁，姚杉尊，字裸人。浙江諸暨人。現代作家，翻譯家。作品有《一幅剪影》、《一侍女》、《浮世畫》等。1927 年加入中國共產黨，1930 年二月加入中國自由運動大同盟，並為發起人。同年三月二日「左聯」成立，為重要成員。1933 年被捕，發表《姚蓬子脫離共黨宣言》。時在北京。詳情不知。

　　夜得玄同信　來信未見。玄同（1887－1939），姓錢，初名師黃，字德潛，又曾名怡，辛亥革命前改名夏，字中季，玄同為號，後廢姓，稱疑古玄同，曾用筆名渾然異、王敬軒等。文字音韻學家。浙江吳興人。幼年隨父讀經，1905 年入上海南洋中學，1906 年赴日本，入早稻田大學習師範，曾跟魯迅、周作人等聽章太炎講文字學。1910 年回國。民初在浙江省教育總署做事。1913 年九月到北京，後任高等師範國文系教授兼北京大學教授。1917 年起為《新青年》撰稿，次年參與編輯，動員魯迅為該刊撰文，成《狂人日記》，後「一發而不可收」，寫了許多。1920 年《新青年》編委發生分化，跟魯迅逐漸疏遠。1923 年，北京高師改名為北京師範大學，錢仍任國文系教授，1928 年兼系主任，並在北京大學、清華大學、燕京大學等校兼課，直到因腦溢血而亡故。

　　十二日　晴。午後往女師校講並收去年三月分薪水泉六。下午寄李小峰以校正稿。復錢玄同信。晚有麟來。

【箋】

　　寄李小峰以校正稿　校正稿，同七日。

　　復錢玄同信　為本年第二封存信。收《書信》，《全集》第十一卷。來信問《出了象牙之塔》的出版和購買等問題，以詼諧幽默之語答之，用了許多「之乎也者」。結尾是「然而信紙已完也。於是乎魯迅乃只得頓首者也。」

十三日　曇。午後衣萍來。晚有麟來。

【箋】

午後衣萍來　章衣萍所記他跟魯迅就後園跑著三隻雞的閒談，可能在今天，或今天以後的某一天。原文如下：

> 我知道雞們是不忠厚的，這也不自今日始了。魯迅先生的後園養了有三隻雞，這三隻雞自然是朝夕相居，應該是相親相愛的了。然而也時常爭鬥，我親眼看見過的。

> 「雞們鬥起來了。」我從窗上看出去，對魯迅先生說。

> 「這種爭鬥我也看得夠了，由他去吧！」魯迅先生說。

> 「由他去吧！」是魯迅先生對於一切無聊行為的憤慨態度。我卻不能這樣，我不能瞧著雞們的爭鬥，因為「我不願意！」

> 其實「我不願意」也是魯迅先生一種對於無聊行為的反抗態度。《野草》上明明的說著，然而人們都說「不懂得」。

> 我也不敢真說懂得，對於魯迅先生的《野草》。魯迅先生自己卻明白的告訴過我，他的哲學都包括在他的《野草》裏面。

此文是章衣萍《古廟雜談》第五節的後半，發表在三月三十一日《京報副刊》上，原題《談魯迅》。前半寫自己偶然買到一隻母雞，送到一戶人家去，就跟那家 Y 小姐的三隻母雞鬥了起來。此事自為寫這節文章的觸發劑。「也不自今日始」句說明，在魯寓看雞鬥在較早之前，跟自己買雞不在同一時候。章跟魯迅交往，始於上年九月二十八日。文內提到「由他去吧」，出於《我的失戀》，上年十二月八日在《語絲》發表。又提到「我不願意」，

出於《秋夜》和《影的告別》。《秋夜》說：「我忽而聽到夜半的笑聲，吃吃地，似乎不願意驚動睡著的人……」《影的告別》說：「有我所不樂意的在天堂裏，我不願去；有我所不樂意的在地獄裏，我不願去；有我所不樂意的在你們將來的黃金世界裏，我不願去。……我不願意！」此二文分別於十二月一日和八日在《語絲》第三、四期發表。這又說明，看雞鬥當在十二月八日以後。從章的描寫看，此次談話只有他和魯迅二人，沒有他人在座。章十二月中下旬共來四次，其中兩次是「夜」，兩次是跟吳曙天，都不可能。本月四日、八日、九日來過，有兩次「夜」，一次「晚」，也都不會看到雞鬥。故最早只能在今天。也可能在三月五日——那是最晚的日子。這段話說到魯迅的哲學「都包括在他的《野草》裏」，而「不願意」和「由他去吧」是魯迅哲學的重要內容，因此應引起注意。

　　十四日　曇。午後衣萍來。下午往北大取薪水，計三月分者十三元，而四月分者四元也。夜成短文一篇。校《苦微》印稿。

【箋】

　　夜成短文一篇　即雜文《忽然想到（一）》，載十七日《京報副刊》，署名魯迅。舉「國粹家」三事，謂「天下之奇事」，予以諷刺。如第二：「牙痛了二千年，敷敷衍衍的不想一個好方法，別人想出來了，卻又不肯好好地學……」別人指西方。本文是一篇有關東西方文化的隨感。文末註寫於「一月十五日」，當因寫完時已是十五日凌晨。收《華蓋集》。

　　十五日　晴。午後欽文來。有麟來。下午寄小峰信並稿。晚伏園來。

【箋】

　　寄小峰信並稿　信未見。為本年第五封佚信。稿，當為《忽然想到（一）》。信當囑將稿給伏園。

【補】

作《〈忽然想到（一）〉附記》，載十七日《京報副刊》，署名魯迅。當日，《京報副刊》發表江震亞《學者說話不會錯》一文，中說「相信『學者說話不會錯』，是評論界不應有的態度。我想要免除這個弊病，最好是發表文字不署名。」所以《附記》主要談署名問題。自在讀到《京報副刊》後寫。文中說：「我所指摘的中國古今人，乃是一部分，別有許多很好的古今人不在內！然而這麼一說，我的雜感真成了最無聊的東西了，要面面顧到，是能夠這樣使自己變成無價值。」寫好後順便交給伏園，跟本文一起發表。初收《華蓋集》，現為《全集》第三卷《華蓋集》所收《忽然想到（一）》註釋。

十六日　晴。晚往季市寓飯。夜赴女師校同樂會。

【箋】

晚往季市寓飯　季市，即許壽裳（1883－1948），季黻（季茀）為字，號上遂。著名教育家。浙江紹興人。魯迅在日本弘文學院讀書時的同學，自此結為好友。1909 年回國，任杭州浙江兩級師範學堂教務長，邀魯迅任教，民國成立後又向教育總長蔡元培力薦魯迅入部，教育部遷京後被任為僉事、科長、參事。1917 年任江西省教育廳廳長，1920 年冬回部。1922－1924 年任北京女子高等師範學校校長，後由楊蔭榆接任，仍回教育部，任編審。季市寓，在西單保安寺八號（見《現代賢儒》許世瑛撰《先君許壽裳年譜》）。

夜赴女師校同樂會　據王景山《魯迅書信考釋》中《「琴心」疑案的揭穿》一文，這次會上演出了北京大學學生歐陽蘭作的獨幕劇《父親的歸來》，後被揭發為抄襲，魯迅在多次信中和文中提及。詳見四月二十三日致向培良信箋。

【補】

　　譯廚川白村論文《現代文學之主潮》，載《民眾文藝週刊》第六號（二十日），署名魯迅。收《出了象牙之塔》。

　　作《〈現代文學之主潮〉譯後附記》，跟上文同時同刊發表，署名譯者。初未收錄，現收《譯文集》第三卷附錄和《全集》第十卷《譯文序跋集》。

　　十七日　晴。上午得三弟信，十日發。午後衣萍來。夜有麟來。得李遇安信。

【箋】

　　得李遇安信　來信未見。李遇安，《日記》又作遇庵、一學生等。河北人。1924 年至 1926 年為北京師範大學學生。1926 年秋任廣州中山大學委員會職員，同年底辭職，隨郁達夫赴上海，不久往江西。從上年十一月下旬起，魯迅三次「得李遇安信並文稿」，三次復。他的第一次信，是讀了魯迅《記「楊樹達」君的襲來》之後。他跟楊樹達係北師大同學，稿中敘述了楊樹達的真實情況。魯迅收到後，寫了《關於楊君襲來事件的辯正》，又給孫伏園寫一信，和來稿一起在《語絲》第三期發表。第二次寄稿，當也由魯迅轉給《語絲》發表，是說「楊樹達」（真名楊鄂生）已死。這次來信，內容不詳。

【補】

　　作雜文《忽然想到（二）》，載二十日《京報副刊》，署名魯迅。由新出版的書不留空白，天地頭很短，想到中國人的習慣和精神，說此事雖小，「但究竟是時代精神表現之一端」，並由此可以「類推更大的事」。如果這種精神狀態不改變，「這民族的將來恐怕就可慮」。收《華蓋集》。

　　十八日　晴。星期休息。午後孫席珍來。下午欽文、伏園來。

【箋】

　　午後孫席珍來　是孫第一次來寓。當來看望。會由魯迅《詩歌之敵》談到詩歌創作情況，孫也可能說到在北大聽魯迅講課心得。

【補】

　　作散文詩《雪》，載《語絲》第十一期（二十六日），副題《野草之八》，署名魯迅。時當嚴冬，北京常有大雪，頭年十二月三十日即降兩次，《日記》有載，且第二日「大風吹雪盈空際」，給作者留下較深印象。文中對比了南方的雪和北方的雪的不同，說在朔方「凜冽的天宇下，閃閃地旋轉升騰著的是雨的精魂……」。作者愛南方的雪的明豔和潔白，更喜歡北方的雪的「奮飛」和「升騰」精神。有人說，「在這裏我感到作者似乎仍就[舊]保留著一點《在酒樓上》的哀愁和孤傲的情緒」（衛俊秀《魯迅野草探索》上冊第 69 頁）。實際上正如李國濤所說：「雪的下面有不可遏止的春意，雪中蘊蓄著蓬勃的生機。逝去的青春，身外的青春，猶如『雨的精魂』凝成的雪，仍在大地迴旋、閃爍、奮飛。魯迅把這種冬日裏的春意捕捉住，使之凝固在自己的詩的語言中。這是他循著《希望》的思路『尋求』到的第一篇青春的頌歌。」（《〈野草〉藝術談》第 53 頁）收《野草》。

　　十九日　晴。上午得李膺倩自黃埔所寄照片。夜有麟來。

【箋】

　　上午得李膺倩自黃埔所寄照片　李秉中在一月十六日信開頭說：「恨我總無多暇寫信，前曾奉上小影一幀，當已俯察。」即指此。

　　二十日　晴。下午寄許欽文、陶璿卿信。夜服補血丸二粒。

【箋】

　　下午寄許欽文、陶璿卿信　信未見。為本年第六封佚信。陶璿卿（1893－1929），名元慶，璿卿為字。畫家。浙江紹興人。自幼酷愛繪畫，

中西畫都學。在杭州第五師範學校讀書時，已頗有名氣，常有人求畫。師範畢業後在附小教書。後考入上海《時報》館任美術編輯，專為報紙作圖案畫。又考入上海師範專科學校深造。1924 年到北京，經許欽文介紹，十二月三日跟魯迅相識。1926 年夏後，先後任浙江臺州第六中學、上海立達學園教員，杭州美術專科學校教授。魯迅對陶元慶的畫十分喜愛，請陶為《苦悶的象徵》、《彷徨》、《墳》、《朝花夕拾》等多本著作設計封面。這次信是邀二人春節聚餐的，見二十五日箋引許欽文話。

【補】

作雜文《咬嚼之餘》，載二十二日《京報副刊》，後有附記，署名魯迅。前《咬文嚼字（一）》發表後，有名叫仲潛和潛源（唐山大學）者，寫信給《京報副刊》編者孫伏園，指那是「最無聊的一種」，並說「名人名聲愈高，作品也愈要鄭重」。此文給予回擊，說：「我並不覺得我有『名』，即使有之，也毫不想因此而作文更加鄭重，來維持已有的名，以及別人的信仰。縱使別人以為無聊的東西，只要自己以為有聊，且不被暗中禁止阻礙，便總要發表曝露出來……」收《集外集》，《全集》第七卷。

二十一日　曇。上午陳子良來。午後有麟來。夜衣萍來。伏園來。服仁丹廿。

【箋】

上午陳子良來　陳子良，名慶麟，子良為字。浙江象山人。1917 年北京大學畢業。時為教育部社會教育司一等額外部員。來往僅此一次。

二十二日　曇。上午得高歌信，十八日開封發。同母親往伊藤醫寓治牙。往東亞公司買《近代戀愛觀》一本，泉二。午後遊小市，買《轟天雷》一本，銅泉十枚。下午許欽文來並贈酒二瓶。伏園來。夜收《小說月報》一本。

【校】

夜收《小說月報》一本　此句手稿字的粗細和墨色跟前明顯不同，倒跟後兩天的相仿。是否「一行滿了，然而還有事，因為紙張也頗可惜，便將後來的事寫入前一天的空白中」？

【箋】

上午得高歌信　來信未見。高歌（1900－？），即高仰慈，乳名秋海，字普蓀，高歌為筆名。山西盂縣人。高長虹二弟。現代作家。莽原社員，狂飆社主要成員。1917 年考入位於太原的山西省立第一師範學校，畢業後回盂縣第一高級小學教書，寫了許多新式劇本，帶領學生演出。1924年赴北京，上世界語專門學校讀書，秋起跟高長虹一起開展狂飆運動。十二月二十日，已隨高長虹、張蘊吾（《日記》記為雲五）拜訪過魯迅。本年初，跟同學呂琦（詳一月三十一日）及向培良（詳一月九日）經人聯係，為在河南開封出版的《豫報》編輯副刊。此時即在開封。信當報告在開封工作進展情況。

同母親往伊藤醫寓治牙　母親，即魯瑞（1858-1943），浙江紹興人。伊藤，全名為伊東豐作，日本牙科醫生，診所在崇文門外八寶胡同。1923 年曾數次前往診療。本年僅此一次，是給母親治牙。

午後遊小市，買《轟天雷》一本　擺地攤而成的固定市場，為小市。據清末憂患生所著《京華百二竹枝詞》註，當時「東小市在崇文門外，西小市在宣武門外，擺攤售賣故物，色色俱備，真贋雜陳，入其中者，極宜留心察視，黎明交易，早九點收市。市俗或呼『鬼市』」。此次所遊「小市」，當為東小市。上午在伊藤醫寓治牙，治畢，在街上用飯，隨即逛小市。此時小市當已不是「九點收市」。《轟天雷》，小說，根據常熟人沈北山事蹟創作而成，十四回，一冊。原題藤谷古香（孫景賢化名）撰。光緒二十九年大同印書局鉛印，次年再版。

　　二十三日　晴。下午收《東方雜誌》一本。往留黎廠買石印王荊公《百家唐詩選》一部八本，泉二元四角。夜有麟來並贈甌柑十六枚，鯽魚二尾。李慎齋來並交所代領奉泉百九十八元，是為前年之七月及八月分。

【箋】

　　下午收《東方雜誌》一本　《東方雜誌》為近現代一重要綜合性刊物，由商務印書館主辦。1904 年（光緒三十年）三月十一日創刊，十六開。初為月刊，第十卷起改為半月刊，第四十卷後改回月刊。抗戰期間先後遷長沙、香港、重慶等地出版，1947 年一月遷回上海。1948 年十二月終刊，是舊中國出版時間最長的刊物之一。徐珂、孟森、杜亞泉、陶惺存、錢智修、胡愈之、李聖五先後任主編。清末發表《中國立憲之要義》等文，提倡憲政。新文化運動期間，主編杜亞泉主張東西文化調和，曾和《新青年》進行論戰。1921 年以後，發表過多篇魯迅著譯作品，如小說《白光》、《祝福》等。曾編輯出版有關立憲運動等重大事項的臨時增刊。該刊內容廣泛，資料豐富，是研究近代中國歷史和思想史的寶貴史料。

　　往留黎廠買石印王荊公《百家唐詩選》一部　留黎廠，現通作琉璃廠，在北京和平門（和平門於 1924 年前後開闢）外。是一古籍、文物集中流通之地，文人常喜來此採買。清乾隆年間李文藻《琉璃廠書肆記》說：「無甚應酬，又性不喜觀劇，茶園酒館，足迹未嘗至，惟日借書抄之，暇則步入琉璃廠觀書，雖所買不多，而書肆之不到者寡矣。」琉璃廠以海王村為中心，有東琉璃廠和西琉璃廠，接南北柳巷，大小店鋪相接。魯迅 1912 年五月五日到京，十二日就跟許壽裳等人「至琉璃廠，歷觀古書肆」。以後經常來此購書。王荊公（1021－1086），即王安石，北宋政治家、文學家，後封荊國公，世稱王荊公。江西臨川人。為唐宋八大家之一。《百家唐詩選》，即《唐百家詩選》，王安石選編，共二十卷，八冊。上海文實公司據雙清閣刻本石印。

　　李慎齋来　李慎齋（1868－1947），名懿修，慎齋為字。祖籍浙江紹興，生於河北清苑。民初即到教育部，初為會計，時為教育部社會教育司辦事員。曾幫助魯迅購置、翻修西三條寓所，並為設計「老虎尾巴」。

　　二十四日　晴。舊曆元旦也，休假。自午至夜譯《出了象牙之塔》兩篇。

【箋】

　　自午至夜譯《出了象牙之塔》兩篇　《出了象牙之塔》，文藝理論著作，日本廚川白村著，共有論文十篇。本日開始翻譯。

【補】

　　作散文詩《風箏》，載《語絲》第十二期（二月二日），副題「野草之九」，署名魯迅。住在「肅殺的嚴冬中」，卻想到「故鄉的風箏時節」，回到了二十年前，因為不懂兒童天性而踐踏、摧毀了弟弟正在做的風箏，此刻想起，對此種「精神的虐殺」感到了深深的追悔。周作人在《魯迅的青年時代》裏說：「這裏主要的意思是說對於兒童與遊戲的不瞭解，造成幼小者的精神上的虐待（原文云虐殺），自己卻也在精神上受到懲罰，心裏永遠覺得沉重。作者原意重在自己譴責，而這些折毀風箏等事乃屬於詩的部分，是創造出來的。事實上他對於兒童與遊戲並不是那麼不瞭解，雖然松壽喜愛風箏，而他不愛放風箏也是事實。」松壽，即三弟周建人。（止庵編《關於魯迅》第 467 頁）喬峰（周建人）在《略講關於魯迅的事情》中說：「魯迅有時候，會把一件事特別強調起來，或者故意說著玩，例如他所寫的關於反對他的兄弟糊風箏和放風箏的文章就是這樣。實際上，他沒有那麼反對得厲害，他自己的確不放風箏，可是並不嚴厲地反對別人放風箏，這是寫關於魯迅的事情的作者應當知道的。」（《魯迅回憶錄》專著中冊第 743 頁）收《野草》。

　　二十五日　晴。星期休息。治午餐邀陶璿卿、許欽文、孫伏園，午前皆至，欽文贈《晨報增刊》一本。母親邀俞小姐姊妹三人及許小姐、王小姐午餐，正午皆至也。夜譯文一篇。

【箋】

　　治午餐邀陶璿卿、許欽文、孫伏園……母親邀俞小姐姊妹三人及許小姐、王小姐午餐　俞小姐姊妹三人，指俞芬、俞芳、俞藻。許小姐，指許羨蘇。王小姐，指王順親。王，浙江紹興人，約1898年生。時為北京女子師範大學學生，跟許廣平同班。上年六月八日曾跟另四人同來一次。今日為舊曆正月初二，母子二人分別邀來同鄉親友聚餐。當同時聚餐，非兩次也。許欽文在《〈魯迅日記〉中的我》裏說：「1925年一月二十五日是春節的第二天，《魯迅日記》：『星期休息。治午餐邀陶璿卿、許欽文、孫伏園，午前皆至。』這是五天以前預約了的，『下午寄許欽文、陶璿卿信』。就是為著這個。我接到這信後送兩瓶酒去表示湊個熱鬧，《魯迅日記》上也寫著。」許又說：「魯迅先生請客，一般都在附近的菜館裏，這次在家治餐，顯得格外親切，自然以元慶為主。菜沒有什麼特別的，但正因此，家鄉的做法，有好些還是紹興的土產，家鄉的風味，這才覺得格外可口。」（第83－84頁）據鄧雲鄉《魯迅與北京風土》，北京人不到飯館，在自己家中或大的共公場所請客，叫「堂會」，由主人預訂，附近飯館按需送菜到家。大到幾桌酒席，都可挑了大圓籠、行竈來家中現燒，非常方便。這次是否也預訂了一部分飯菜？許欽文在另一處寫到這次聚餐所見：「1925年春節，我在老虎尾巴前面吃飯間裏，看到靠東一邊的壁上掛著一幅小中堂的畫像，一株樹底下立著個小孩子，頭上留著三仙髮，穿著米色斜領衣，捏著一朵蘭花的，據說是魯迅先生四弟的小影……」（同上書第51頁）俞芳在《我記憶中的魯迅先生》中記了一件事，全文如下：

　　　　魯迅先生住在北京西三條時，出門常乘坐二禿子的車（當時二禿子等人住在西三條西面的一座破廟裏）。每次回來，

　　魯迅先生給他的車費總是較多的。魯迅先生常說，人家是要養家活口的。又說，一個人平時用錢不可浪費，能節省的地方，應該儘量節省；但剋扣勞力錢是極不應該的。

　　　記得有一次，那是天寒地凍的冬天，魯迅先生早上乘車出去，由於路上結了冰，很滑，二禿子一不小心，跌了一跤。他跌傷了，魯迅先生也受了傷。二禿子連忙掙扎著起來，忍著傷痛，趕緊過來攙扶魯迅先生，問傷了哪裡，要不要緊？並且怪自己太不小心，一個勁兒說對不起；還忍著痛一直把魯迅先生送回了家，連連道歉而去。魯迅先生每次追述當時情景，心情總是很激動的，他說，二禿子那種負責態度真是少有的。事後二禿子一連好幾天沒有來，魯迅先生很記掛他，就問起二禿子的傷好了沒有？怎麼不來了呢？潘媽——照顧大師母的女工——說，二禿子年輕，身體好，傷早已好了；可是那天他拉車跌了一跤使您受了傷，又受了驚，心裏很過意不去，不好意思來啦。魯迅先生說：那天跌跤，是地上結了冰，路滑的緣故，這不能怪二禿子，況且他的傷勢遠比我重，出事後，還親自把我送到家裏，我感激他還來不及呢！於是要潘媽去叫他來。二禿子真是高興啊。

　　　　　　　　　　　　　　　　　　——第 55 頁

　　魯迅是上年春末夏初搬來西三條的，坐車受傷只能發生在現在還沒有結束的這個冬天，早則去年十一二月，遲則年初。談話既是「追述」的，自在受傷多日或至少數日以後。俞家三姐妹來寓，《日記》多不記，本年只記三次，今日是第二次，下一次遠在七月，故係於此。

　　　欽文贈《晨報增刊》一本　《晨報》，是二十世紀初北京最重要的大報之一。初名《晨鐘報》，1916 年八月十五日創刊於北京，1918 年十

二月改本名。創辦人梁啟超、湯化龍、蒲殿俊等，實為資產階級改良派團體──進步黨（後改為憲法研究會，即研究系）的機關報。李大釗一度被聘為主編。以報導政治新聞為主，較多地反映北洋軍閥政府的政治活動。在李大釗任主編期間，該報成為宣傳新思想新文化的一塊重要陣地。1920 年起，其第七版（副刊）由孫伏園主編。1921 年十月十二日該版宣告獨立，改出四開單張，魯迅為之命名《晨報附刊》。孫伏園在《魯迅和當年北京的幾個副刊》中說：「原來『附刊』這名字是魯迅先生取的。他認為《晨報》登載學術文藝的第七版，既然獨立地另出一頁四開小張，隨同《晨報》附送，那末就叫『晨報附刊』吧！『附刊』也就是另外一張的意思。《晨報》總編輯蒲伯英的字寫得不錯，他親自寫了一個漢磚字體的版頭，把『附刊』寫成了『副鐫』。為了尊重魯迅先生的原意，所以報眉仍用『晨報附刊』幾個字。」（《魯迅回憶錄》一集第 94 頁）該刊積極宣傳新文化運動，倡言社會主義，為新文化運動中四大副刊之一。魯迅先後在該刊發表了《阿Q 正傳》等六十餘篇作品。上年十月孫因魯迅《我的失戀》一詩跟代理總編劉勉己發生衝突離開後，副刊由徐志摩主編。1928 年六月五日停刊。

　　夜譯文一篇　指《出了象牙之塔》。

　　二十六日　晴，風，假。午後子佩來。下午至夜譯文三篇。有麟來。

【箋】

　　下午至夜譯文三篇　指《出了象牙之塔》。

　　二十七日　晴。休假。午後衣萍來。得三弟信，二十日發。

　　二十八日　晴。上午寄馬幼漁信。午後品青、衣萍來並贈湯圓三十。下午伏園來。晚寄三弟信。寄李遇安信。寄李小峰信並

校正稿及圖版。夜譯白村氏《出了象牙之塔》二篇。作《野草》
一篇。

【箋】

上午寄馬幼漁信　信未見。為本年第七封佚信。馬幼漁（1878－
1945），名裕藻，幼漁為字，亦作幼輿。文學史家。浙江鄞縣人。日本早
稻田大學、帝國大學畢業。1908 年跟魯迅等同聽章太炎講小學。回國後，
任北京大學教授兼研究所國學門導師，講授文字聲韻學綱要、清儒韻書研
究、經學史等。後兼北京女子師範大學講師。並先後擔任兩校國文系主任。

晚寄三弟信　信未見。為本年第八封佚信。

寄李遇安信　信未見。為致李遇安第四信，本年第九封佚信。

寄李小峰信並校正稿及圖版　信未見。為本年第十封佚信。「並」
後指《苦悶的象徵》清樣及插圖銅版。

夜譯白村氏《出了象牙之塔》二篇　白村氏，指廚川白村（1880
－1923），日本文藝批評家。畢業於東京帝國大學，又留學美國。先後在
熊本、京都和東京等地任教授，因重病截去一足。1923 年九月在關東大地
震中遇難。其著作除《苦悶的象徵》外，還有《近代文學十講》、《文藝
思潮論》等。《苦悶的象徵》魯迅已經譯完，即將出版。接著翻譯《出了
象牙之塔》。此二篇，即前二十四日所譯，今天續譯，並全部譯完。二月
四日至三月十一日（中間有空）在《京報副刊》連載，署名魯迅。

作《野草》一篇　即《好的故事》，載《語絲》第十三期（二月九
日），副題《野草之十》，署名魯迅。文末寫作時間註「二月二十四日」，
遲於發表日期，有多人對此做了考證、推測。李何林認為，作於一月二十
四日和二十八日都可，「二十四日為舊曆元旦，二十八日為初五」，是舊
俗「迎財神」的日子，「所以有『鞭爆的繁響在四近』」（《魯迅〈野草〉
註解》第 100 頁）閔抗生說：「近來見到幾位同志的文章或著作，都認為
它寫於 1925 年一月二十八日。綜合他們的理由有兩點：一、1925 年一月二
十八日魯迅日記有『作《野草》一篇』的記載；二、1925 年一月二十八日

為舊曆正月初五，舊風俗要在這一天『迎財神』，詩中『鞭爆的繁響在四近』的描寫，正是作於一月二十八日之證。但據此推斷《好的故事》作於一月二十八日是證據不足的。因為：一、『1925 年一月二十八日』與『1925年二月二十四日』，年、月、日三項竟有兩項不符，而且將『八』誤寫為『四』也錯得太離奇。二、『迎財神』固然四近會有『鞭爆的繁響』，但是送竈、除夕、正月初一，都是『鞭爆繁響』的日子。《集外集・〈奔流〉編校後記》說：『……社會上所珍重的「夏曆」過年，……必須大放爆竹……』可見正月初一更是大放爆竹的日子。我有這樣的猜想：《好的故事》會不會與《風箏》同是 1925 年一月二十四日所作的呢？從內容看，一是借敘事抒情，一是借寫景抒情；一是寫現實、寫往事，一是寫夢境、寫理想；一是寫『無可把握的悲哀』，一是寫『夢』雖破碎，而永存心中。內容兩相對照。其次，《風箏》作於 1925 年一月二十四日，與《好的故事》文後所署日期整整相差一個月，會不會魯迅先生在為《好的故事》簽署日期時誤將『一月』寫成了『二月』呢？這樣的錯誤，似乎比把『一月二十八日』誤作『二月二十四日』更近情理。第三，1925 年一月二十四日正是舊曆正月初一，四近有『鞭爆的繁響』也合情合理。至於 1925 年一月二十八日日記中所說的那篇《野草》，則可以暫時存疑，另行考證。」（《地獄邊緣的小花》第 103－104 頁）三閑居曰，此文發表原刊，文後沒有日期落款，顯係成書時所加。《日記》是當天寫的，其可靠性不容懷疑；也不可能另有一篇而未發表、未收入書中，因此這篇寫於今日，是應該予以肯定的。所以出錯，當是後來憑記憶所加，這就不管年、月、日三項錯了幾項。閔文係推測，姑存之。文內說：「這個好的故事」是「我」「坐小船經過山陰道」時「看」到的，當「碎影還在」，要把它「追回」、「完成」、「留下」時，卻「只見灰暗的燈光，我不在小船裏了」。「好的故事」原來只存在「朦朧」的想像裏、夢境裏，現實是另一種「故事」。這裏有著一種現實和理想兩重天地的矛盾，或者說阻隔。收《野草》。

二十九日　大雪。上午得孫席珍信並詩。午晴，風。晚有麟來。

【箋】

上午得孫席珍信並詩　來信未見。詩，亦未見做何處理。

三十日　晴。夜有麟來，取文稿去。

【箋】

夜有麟來，取文稿去　文稿，當為荊有麟所寫，他請魯迅為之修改的。

三十一日　晴。午後欽文來。下午收《東方雜誌》一本。晚伏園來。衣萍來。夜有麟同呂蘊儒來。

【箋】

夜有麟同呂蘊儒來　呂蘊儒，名琦，第一次來訪（1924 年三月三十日）時，《日記》寫作呂生，蘊儒為字。狂飆社成員。河南人。1924 年在北京世界語專門學校讀書，是魯迅的學生。跟高歌、荊有麟等是同學，也是好友。

本月

本月（最後時限），孫伏園勸穿棉褲。孫在《魯迅先生二三事》中寫道：「一天我聽周老太太說，魯迅先生的褲子還是三十年前留學時代的，已經補過多少回，她實在看不過去了，所以叫周太太做了一條棉褲，等魯迅先生上衙門的時候，偷偷地放在他的床上，希望他不留神能換上，萬不料竟被他扔出來了。老太太認為我的話有時還能邀老師的信任，所以讓我勸勸他。魯迅先生給我的答話卻是不平庸的：『一個獨身的生活，決不能常往安逸方面著想的。豈但我不穿棉褲而已，你看我的棉被，也是多少年沒有換的老棉花，我不願意換。你再看我的鋪板，我從來不願意換藤繃或

棕繃，我也從來不願意換厚褥子。生活太安逸了，工作就被生活所累了。』這是的確的，魯迅先生的房中只有床鋪，網籃，衣箱，書案，這幾樣東西。萬一甚麼時候要出走，他只要把鋪蓋一捲，網籃或衣箱任取一樣，就是登程的旅客了。他永遠在奮鬥的途中，從來不夢想甚麼是較為安適的生活……」（《魯迅回憶錄》專著上冊第 73－74 頁）文中說「褲子還是三十年前留學時代的」，「三十年」不妥，最長只有二十多年，但言其長卻不容置疑。從其描寫來看，是在西三條寓。說在「衙門」（顯指教育部）上班，現在這個冬天是在教育部上班的最後一個冬天（本年年尾因平政院尚未做出結論，故不去上班），最長也只能是這個冬天。又因確切日期無法肯定，故係於此。

本月，查證《小說月報》上一處錯誤。荊有麟在《魯迅回憶斷片》中說：

> 民國十三年冬，鄭振鐸主編的商務印書館印行的《小說月報》，某期上，誤將蘇聯人民教育委員長蘆那卡爾斯基像，排成另外一個文學家名字了。當時我將所買的一本《小說月報》，拿到魯迅先生家裏去，請他再查對一下看，究竟是不是錯，魯迅先生一看，說：
>
> 「他們真胡鬧，連照相也可以隨便安排。」
>
> 先生馬上跑到書房裏（先生住北屋，書放南屋），不特檢出蘆那卡爾斯基像，連錯的那個人（名字我現在記不起了）的像，也查出來了。我當時說了一句：那麼，代他更正吧，先生緊接著說：
>
> 「由你發現，就由你更正吧，證據我這裏有的是。」
>
> 結果：我就在伏園主編的《京報》上，指出那個錯誤來。因為先生曾說，《小說月報》自命為文學領導者，也時常板

起面孔，教訓青年，不應該有那樣錯誤，教青年人跟著他去錯。所以雖是一個像片的小錯，先生也是主張糾正的。

（《魯迅回憶錄》專著上冊第 146－147 頁）

查《小說月報》，「民國十三年冬」刊登蘇聯文學家照片的，是在第十二號目錄後插頁第三頁的正面，總題《新死的俄國詩人卜留沙夫》，照片下題《卜留沙夫像》（正面），另有一張側面剪影，題《卜留沙夫的影像》。筆者未找到蘆那卡爾斯基像，無法對照。荆有麟所說，殆即為此。本月有麟共來十七次，難以確定具體日期，故係於此。

二　月

大事記

一日，段祺瑞包辦的「善後會議」舉行「開幕式」，到會八十六人，不足法定人數，「舉行」八十天後「閉幕」。

同日，廣州留守府發佈總動員令，並做東征陳炯明的部署，以黃埔學生軍教導團兩個團為主力，粵、湘、桂、滇軍參加。接著舉行了第一次東征。由於共產黨員積極帶頭和英勇善戰，到三月底就擊潰了陳炯明的精銳部隊，佔領了汕頭。

同日，由成舍我主辦的《世界日報》創刊，地址在北京石駙馬大街九十號。

同日，女師大學生自治會在中山公園來今雨軒招待新聞界，發表了第二次驅楊宣言。

七日，全國鐵路總工會在鄭州舉行第二次代表大會，通過十項決議，要求恢復各地工會，謀求工會之統一等。九日起，上海日本內外棉八廠工人罷工，有多家工廠工人跟著罷工。二十七日，天津農民協會成立，發表宣言，提出「打倒軍閥……！」「打倒帝國主義！」等口號。

九日，女師大春季開學。學生自治會一面致函楊蔭榆，促其離校，一面致函全體教職員，請求照常任課，並提出組織臨時校務維持會。

同日，中共中央婦女部長向警予在上海《民國日報》副刊《婦女周報》發表公開信，對女師大學生運動表示同情和支持。

一日　晴。星期休息。晚衣萍、小峰同惠迭來。夜伏園來。

【箋】

晚衣萍、小峰同惠迭來　惠迭，即孫惠迪，浙江紹興人，1915 年生，孫伏園之子。時為北京孔德學校學生。

二日　晴。上午得李庸倩信片，一月十六日發。肋間神經痛作。

【箋】

上午得李庸倩信片　來信現存，收《魯迅研究資料》第十一輯。為李南下後第一封來信。信中說「前曾奉上小影一幀」，又說「今日得《語絲》3、4、5 三期」，問「未知何故無 1、2 兩期也？」十六日寫于黃埔陸軍軍官學校第一學兵隊。

三日　晴。上午往師大取去年一月份餘薪三元，二月全份三十六元，又三月份者十五元。略遊廠甸。在松雲閣買鴞尊一，泉一。又銅造像一，泉十，後有刻文云「造像信士周科妻胡氏」。買《羅丹之藝術》一本，一元七角。夜有麟來。

【箋】

略遊廠甸。在松雲閣買……　廠甸，地名，在和平門外。鄧雲鄉在《魯迅與北京風土》中說：「『琉璃廠』得名於元代在這裏建過燒琉璃磚瓦的窯，後來成為一條街，街名一直用到現在。『廠甸』就是過去琉璃窯廢基的一片空地，正在琉璃廠街的中心。」（第 33 頁）廠甸是廟會所在地，每年舊曆正月初一到十六舉行，熱鬧非凡。地點以東琉璃廠西頭的海王村為中心，東至火神廟，西至西琉璃廠中段，南至沙土園口，北至西河沿口。本日為舊曆正月十一，正當廟會期間。松雲閣，琉璃廠一文物商店

名，魯迅多次來此光顧。買「銅造像一」，花「泉十」，據鄧雲鄉書，超過十元，是「價錢稍貴」的。本年《日記》中另有一雲松閣，詳下。

買《羅丹之藝術》一本　《羅丹之藝術》，原文 The Art of Rodin，法國羅丹（F.A.R.rodin）作。1918 年紐約波尼和利夫萊特出版社出版，《現代叢書》之一。羅丹（1840－1917），法國著名雕塑家。

四日　曇，午晴。欽文來。夜校小峰譯文訖。

【箋】

夜校小峰譯文訖　指校李所譯《兩條腿》。《兩條腿》，童話，丹麥愛華爾特（C.Ewald）著。以德文本校改。隨後以《新潮社文藝叢書》之一，由北新書局出版。

五日　曇。下午寄小峰信並校稿。夜衣萍來。有麟來。伏園來。

【箋】

寄李小峰信並校稿　信未見。為本年第十一封佚信。校稿，指李所譯《兩條腿》校稿。

六日　曇。無事。

【補】

作雜文《再論雷峰塔的倒掉》，載《語絲》周刊第十五期（二十三日），署名魯迅。本文對存在於復古主義者和維持現狀的保守派頭腦中的「十景病」做了挖苦。指出「無破壞即無新建設」，但「有破壞卻未必即有新建設」，必須區分「寇盜式的破壞」、「奴才式的破壞」和「革新的破壞」；要求人們做「革新的破壞者，因為他內心有理想的光」。鼓勵人們要有理想。收《墳》，《全集》第一卷。

七日　晴。上午張鳳舉來，未見。得李庸倩信，一月二十二日發。夜有麟來取稿去。是日休假，云因元夜也。

【校】

末句說「是日」如何，顯為事後追記，非當天所記。

【箋】

上午張鳳舉來，未見　張鳳舉（1895－？），名黃，鳳舉為字，又字定璜。江西南昌人。日本東京帝國大學文學士。1921 年回國後任北京大學、中法大學教授及北京女子師範大學講師，孔德學校常務校董。常在《語絲》和《猛進》周刊發表文章。本年十二月至明年四月，跟魯迅輪流編輯《國民新報副刊》乙刊。「三一八慘案」後被北洋軍閥政府通緝。1929 年冬赴歐洲留學。

得李庸倩信　來信現存，收《魯迅研究資料》第十一輯。是李南下後第二封來信。信頗長。開頭說：「……只要寫信，又照例是長信，我也不知究竟是什麼原故，總覺對於先生有許多話說……」信中表示思想已有進步，「請先生恕我以前說的話，已經不是今天的我說得了那種意思」。又提到「先生常說欲嘯聚綠林而難於得適宜之地，我看黃埔要算是最好的了」。「先生常說」一句，當是在京時魯迅親口所說，時在上年冬。三閒居曰，看來，這確是魯迅寫《希望》動因之一。信中又有「來示中末云「又現在你的方針我以為也好」，此方針是什麼方針，竟想不起……」所引魯迅話不可能出在去年信中（《全集》收有六封），本年一月六日致李信一封，為《全集》所缺，這句話應在一月六日信內，是一殘簡。吳作橋《魯迅書信鈎沉》和劉運峰《魯迅佚文全集》均未收入。來信末落款「舊曆除日」，應為一月二十三日，《日記》說「一月二十二日發」，是魯迅一時記錯。

夜有麟來取稿去　所取稿，為《咬嚼未始「乏味」》，載十日《京報副刊》，署名魯迅。收《集外集》。當作於本日或本日以前。

　　是日休假，云因元夜也　元夜，舊曆正月十五元宵節。本日為星期六，當是節日休假。

【補】

　　作《咬嚼未始「乏味」》，十日《京報副刊》，署名魯迅。一月二十日作《咬嚼之餘》發表後，潛源又作《咬嚼之乏味》，再次提出不同意見。魯迅特撰此文反駁。收《集外集》。

　　八日　曇。星期休息。上午寄張鳳舉信。午後長虹、春臺、閻宗臨來。下午衣萍、曙天來。有麟來。夜伏園來，託其以校正稿寄小峰。風。

【箋】

　　上午寄張鳳舉信　信未見。為本年第十二封佚信。

　　午後長虹、春臺、閻宗臨來　長虹（1898－1957？），姓高，原名仰愈，乳名春海，字九死，號殘紅，長虹為筆名，以長虹行。筆名另有CH、長紅、高鴻等。現代詩人、作家。莽原社員，狂飆社盟主。山西盂縣人。生於山區農村的書香門第。清末在故鄉的新式學校讀書，1914 年高小畢業，考入山西省立第一中學。1916 年輟學後，到北京自學和在大學旁聽，約兩年，後在故鄉讀書。1919 年在北京《晨報》發表處女作《晚秋底公園落日》，以後在《小說月報》發表詩歌、評論和跟茅盾的通信。其間在山西省立圖書博物館跟石評梅之父石銘在一起工作。1924 年夏，聯合高沐鴻等共六人在太原成立「平民藝術團」，創辦《狂飆》月刊，該刊於九月一日問世。隨後赴京開展狂飆運動。于十一月九日利用《國風日報》創辦北京版《狂飆》周刊，以後其團體即以狂飆社為名。《狂飆》周刊問世後，於十二月十日首次拜訪魯迅，談得甚洽。同月二十日領二弟高歌和另一文學青年再訪魯迅，二十四日再來一次。以後回太原。本次來，為今年第一次交往。春臺，即孫福熙（1898－1962），春苔為字。畫家，作家。浙江

紹興人。孫伏園之弟。1921－1924 年在法國留學，其間，數次在《國風日報》的《學匯》專刊發表作品。時，剛剛回國。1926 年後任上海北新書局編輯。曾為魯迅設計《野草》及《小約翰》初版封面畫。閻宗臨（1904－1978），又名已然（或署已燃）。世界史學家。狂飆社員。山西五臺人。1924 年考入北京朝陽大學學法律，同時在《國風日報》社任校對。高長虹到北京開展狂飆運動時相識，結為友好，是狂飆社三個「小兄弟」之一。本年冬在高長虹等友人幫助下赴法國勤工儉學，又到瑞士，專攻世界史，獲博士學位。三人來，當是前來看望。談話中，孫可能說到他的計畫，魯迅給予幫助。孫在《魯迅‧藝術家》中說：「先生幼年就愛畫，一生不見稍減，與我相見時，談藝術的比較談文學的更多。他在北京時代，很愛線畫與黑白畫，他是介紹英國 Beardsley 到中國來的第一人。以後是介紹版畫，中國木刻的榮耀的前程，也是魯迅先生開闢的。因為我想學畫，大先生與二先生都很熱心的指示我……我於民國十四年回國後，想用法文寫一部《中國故事》，第一篇是關於龍的，大先生說：『我有中國最原始的龍』，於是找出他所藏漢碑拓片來看，這是我看到他的漢碑的第一次。他要我幫他整理成書……」（《1913－1983 魯迅研究學術論著資料匯編》第二卷第 190－191 頁）本年《日記》孫的名字共出現十五次，除本次外，通信五次（孫獨自寫信三次，和其兄孫伏園合寫信一次，魯迅復一次），其餘都跟其兄等人而來。孫在文章中記錄了魯迅不少談話內容，估計不會在本次，而是在以後。詳八月二十四日箋。

　　下午衣萍、曙天來　吳曙天（1903－1942），原名冕藻，後自改曙天。女。作家。山西翼城人。祖父曾任甘肅道尹。她為逃婚，跑到南京，發生了跟章衣萍和另一人的戀愛關係，成為章衣萍《情書一束》的題材。頭年到北京，跟章衣萍相愛，九月二十八日一同由孫伏園引領，跟魯迅相識。十二月，兩人相偕三次來訪。現在是第五次，當是閒坐。荊有麟在《魯迅回憶斷片》中寫了一個故事：「記得在《吶喊》出版後章衣萍夫人吳曙天女士將《吶喊》送給老太太看，而且在老太太面前，指明《故鄉》一篇特別好，老太太馬上帶起眼鏡，去讀《故鄉》，《故鄉》一讀完，原書交

還吳女士。還說：『沒啥好看，我們鄉間，也有這樣事情，這怎麼也可以算小說呢？』說的在座的人都笑了。因為根本，老太太不知有《吶喊》出版，更不知《吶喊》裏的《故鄉》，就是他的兒子寫的。」（《魯迅回憶錄》專著上冊第 123－124 頁）此處所說新版《吶喊》，指頭年五月北新書局出的第三版。據《魯迅日記》，荊有麟跟章衣萍、吳曙天夫婦同一個時段前來魯寓，今天是第三次。第一次在頭年十二月二十一日，那天章、吳二人上午來，荊有麟午後來，不一定能夠碰面。第二次在同月二十五日，「午後有麟來。欽文來。衣萍、曙天來。」而今天則是荊有麟緊跟在章、吳二人之後。這個故事可能發生在上年十二月二十五日，發生在今天的可能性則更大。

伏園來，託其以校正稿寄小峰　校正稿，當為《苦悶的象徵》校樣。

九日　晴，風。午後往女師校講。晚寄李小峰信。夜向培良來。

【箋】

晚寄李小峰信　信未見。為本年第十三封佚信。

【補】

作雜文《看鏡有感》，載《語絲》周刊第十六期（三月二日），署名魯迅。此文論中西文化交流問題，批評「國粹家」反對外來事物、抗拒外來文化的思想傾向。指出：「漢唐雖然也有邊患，但魄力究竟雄大，人民具有不至於為異族奴隸的自信心，或者竟毫未想到，凡取用外來事物的時候，就如將彼俘來一樣，自由驅使，絕不介懷。一到衰弊陵夷之際，神經可就衰弱過敏了，每遇外國東西，便覺得仿佛彼來俘我一樣，推拒，惶恐，退縮，逃避，抖成一團，又必想一篇道理來掩飾，而國粹遂成為孱王和孱奴的寶貝。」明確提出：「要進步或不退步，總須時時自出新裁，至少也必取材異域」。又高呼「放開度量，大膽地，無畏地，將新文化儘量地吸收」。收《墳》。

　　十日　晴。上午得李庸倩信，一月三十日發。下午寄伏園信並稿。寄北大註冊部信。往留黎廠買《師曾遺墨》第四集一本，一元六角。夜得李霽野信並文稿三篇。夜作文一篇並寫訖。服阿斯匹林片一。

【箋】

　　上午得李庸倩信　來信現存，收《魯迅研究資料》第十一輯。為李南下後第三封來信。開頭滿懷激情地說：「我的理想的生活將要實現了，就在日內，我們將要出發東江，現正試槍厲刃摩拳擦掌，準備去殺陳炯明。此時我的心情是怎樣的緊張，全身的血液都流注到兩拳和兩眼去了⋯⋯」信中有這樣的話：「我也如先生，並不愛人類，而且我頗恨人類，而且並不愛我，所以與其說我是革命，是為革命而戰，為革命去殺反革命的民賊，不如說我是夥著恨得較輕的人去殺恨得重的人，而且在戰場上去賞玩人類的相殺。」三閒居曰，「也如先生」者，當是李秉中所理解的魯迅。信中還交代了轉寄信件的人。他要求魯迅多寫信給他，因為「我覺得先生是唯一的能慰安我的人」。

　　下午寄伏園信並稿　信未見。為本年第十四封佚信。稿指《咬文嚼字（二）》，本日作，載十二日《京報副刊》，署名魯迅。收《華蓋集》《全集》第三卷。

　　寄北大註冊部信　信未見。為本年第十五封佚信。

　　得李霽野信並文稿三篇　來信未見。李霽野（1904－1997），又作季野、寄野。未名社員。翻譯家、教育工作者。安徽霍丘人。跟韋素園兄弟、臺靜農等同在霍丘葉家集明強小學畢業。後上阜陽省立第三師範學校。1923 年初受韋素園邀，到北京，跟韋叢蕪一同轉入崇實中學讀高中。上年（1924）夏翻譯《往星中》，由張目寒帶給魯迅。十二月二十六日，魯迅「晚收李寄野信」，是兩人交往之始。本次是李第二次寫信給魯迅。文稿當為臺靜農所作，魯迅於五月九日轉給在河南開封的呂蘊儒和向培良，不久兩篇在《豫報副刊》發表，詳五月九日箋。李霽野本人在《莽原》

第一期發表過作品，但那是譯文。《日記》中「文稿」（或「稿」）和「譯文」是分得很清楚的，故此稿絕非李作。

夜作文一篇並寫訖　文，指《青年必讀書》，載二十一日《京報副刊》，署名魯迅先生選。1921 年一月四日，《京報副刊》刊登啟事，徵求「青年愛讀書」和「青年必讀書」各十部的書目，有多位名家應徵。此為其中之一。因有人藉機引青年脫離實際，此文針鋒相對地提出：「我以為要少──或者竟不──看中國書，多看外國書」。因為「少看中國書，其結果不過不能作文而已。但現在的青年最要緊的是『行』，不是『言』」。此文發表後，支持者、反對者都頗不少。詩人汪靜之在五月一日致周作人信中說：「《京報》附刊上《青年必讀書》裏面魯迅說的『少看中國書，多看外國書』，我一見就拍案叫絕，這真是至理名言，是中國學界的警鐘的針砭，意見極高明，話語極痛快，我看了高興得很。」原信尚存（據《魯迅年譜》）。魯迅在《寫在〈墳〉後面》中說：「去年我主張青年少讀，或者簡直不讀中國書，乃是用許多苦痛換來的真話，決不是聊且快意，或什麼玩笑，憤激之辭。」收《墳》。

【補】

作《咬文嚼字（二）》，載十二日《京報副刊》，署名魯迅。本文反對在化學名詞的翻譯上生造「怪字」，說中國的化學家「省下造字的功夫來，一定於本職的化學上更其大有成績，因為中國人的聰明是決不在白種人之下的」。文中批評了因襲傳統觀念剝改北京胡同名稱的現象，嘲諷地說：「這很使我失望；否則，我將鼓吹改奴隸二字為『弩理』，或是『努禮』，使大家可以永遠放心打盹兒，不必再愁什麼了。」收《華蓋集》。

十一日　晴。午後許欽文來。晚往店買茶葉及其他。夜伏園來，取譯稿以去。衣萍來。有麟來並贈餅餌一盒。長虹來。得三太太信。

【校】

夜伏園來　「夜」手稿為「衣」。

【箋】

夜伏園來，取譯稿以去　譯稿，指《出了象牙之塔》，十四日起陸續在《晨報副刊》發表。

得三太太信　來信未見。三太太，名羽太芳子（1897－1964），羽太信子（周作人妻）之妹，周建人之妻。1912年來華。時在上海。

十二日　晴。休假。下午伏園、向培良、呂蘊儒來。晚王品青、小峰、衣萍、惠迪來。夜同品青、衣萍、小峰、伏園、惠迪至同和居飯。

【箋】

夜同品青、衣萍、小峰、伏園、惠迪至同和居飯　同和居，是一家老字號，主要經營山東風味的菜肴，開業於道光三年（1823），位於西四南大街三號。以其「三不沾」名噪京師，位居「八大居」之首。「晚」來者為四人，飯局上則加了孫伏園，當因孫提前到了同和居。

【補】

作雜文《忽然想到（三）》，載十四日《京報副刊》，署名魯迅。文中沉痛地說：「我覺得仿佛久沒有所謂中華民國。」「我覺得革命以前，我是做奴隸；革命以後不多久，就受了奴隸的騙，變成他們的奴隸了。」這是對辛亥革命以後共和推進不力、舊制度在各方面依然表現出來的現象的一種控訴。文中說，「希望有人好好地做一部民國的建國史給少年看」。收《華蓋集》。

十三日　晴。上午往北大取薪水四月全份，五月份六元。往東亞公司買《思想山水人物》一本，二元。晨報社送來《增刊》一本，三希帖景片三枚。夜有麟來。

【箋】

往東亞公司買《思想山水人物》一本　《思想・山水・人物》是日本鶴見佑輔（1885－1972）的雜文集，1924 年東京大日本雄辯會社出版，精裝本，收雜文三十一篇。

晨報社送來《增刊》一本，三希帖景片三枚　《晨報》，見前一月二十五日箋。《增刊》，即《晨報增刊》。三希帖，即《三希堂法帖》。

十四日　晴，風。上午東亞公司店員送來《露國現代の思潮及文學》一本，三元六角。晚 H 君來。得三弟信，九日發。脅痛向愈，而胃痛作。

【箋】

東亞公司店員送來《露國現代の思潮及文學》　《露國現代の思潮及文學》，日文著作，即《俄國現代的思潮及文學》，升曙夢著。本書原作於 1915 年，後經增訂，補充進蘇聯時代文學，大正十二年（1923）東京改造社出版。

晚 H 君來　H 君，羽太重久（1893－1980），羽太信子之弟。《日記》又作重君。曾多次來華。

十五日　晴。星期休息。下午伏園延母親觀劇。衣萍、曙天來。馮文炳來，未見，置所贈《現代評論》及《語絲》去。欽文來。收李霽野《黑假面人》譯本一。

【校】

衣萍、曙天來　「來」後的句號應為逗號，詳下。

【箋】

馮文炳來，未見，置……　馮文炳（1901－1967），筆名廢名。作家，文學史家。湖北黃梅人。《語絲》撰稿人。時為北京大學哲學系學生。「未見」，因出外「觀劇」。如是，則前邊「衣萍、曙天來」後應為逗號，他二人也「未見」到魯迅。《現代評論》，為一重要思想性刊物，1924 年十二月十三日創刊于北京，胡適主辦，陳西瀅（即陳源）等任主編。周刊。主要撰稿人還有王世傑、唐有壬、周鯁生等。內容包括政治、經濟、法律、哲學、教育、科學、文藝諸方面，以政論、時評居多。1927 年遷往上海。

收李霽野《黑假面人》譯本一　《黑假面人》，劇本，俄國安德烈夫作。李霽野譯畢，寄請魯迅校閱、修改，並聯係出版。

十六日　曇。午後往女子師校講並收薪水泉去年三月份者八元五角，四月份者十三元五角，五月份者五元。收《婦女雜誌》一本。晚得李霽野信。夜培良來。長虹來。伏園來。大風。

【箋】

收《婦女雜誌》一本　《婦女雜誌》，行世時間較長的一種有關婦女問題的期刊。1915 年創刊於上海。王蘊章、胡彬夏、章錫琛先後任主編。月刊。有論說、學藝、家政、名著、小說、譯海、文苑、雜俎等欄目。提倡發展女子教育，向婦女介紹自然科學、生理衛生等方面的新知識，冀婦女自立，「謀婦女解放」，在當時有一定影響。1931 年十二月停刊。

長虹來　高長虹在《一點回憶──關於魯迅和我》中說：「有一次《小說月報》上發表了一篇批評，大致是說中國的新文藝趕不上歐洲還很遠。魯迅氣苦地說：我們的作品真連歐洲的那些小國家的作品都趕不上嗎？這

裏特別指出小國家來，第一因為他們的作家在當時是很被重視的，第二因為它們的作品翻譯過來的多半是短篇小說。民族的尊榮心，我在那時久已根深蒂固的了。我對這問題的答復是，中國新文藝不會比任何一國次一點的。我們願意拿來比的是俄國的文藝。可是俄國文藝並沒有叫我們感覺到前途已受什麼威脅。厭世的情緒，在俄國文藝裏，甚至在高爾基的作品裏，也是時常流竄著的。」（《高長虹文集》下卷第 513 頁）《小說月報》本年第一號載任白濤《文藝底研究和鑒賞》，其第三節開頭說：「為甚麼要研究外國文藝？這大概不外下列底兩種理由：第一，我們固有底文藝作品，雖然不少，而求其適合於時代性底偉大的作品，實遠遜乎歐美；第二，縱令我們所產生底文藝作品，足以與歐美相頡頏，要是不受外來底新刺激，那文藝就像積滯到溝渠之水一般將不免於腐敗了……」兩人談對此文的感想，當在本次或前後兩次（本月十一日、二十四日）閒談中。

【補】

作雜文《忽然想到（四）》，載二十日《京報副刊》，署名魯迅。此文是對歷史經驗的反思和總結。文中說：「歷史上都寫著中國的靈魂，指示著將來的命運」，如果用野史雜記的記載同現狀對照，就會發現「現在的中華民國也還是五代，是宋末，是明季」。而那些復古派「伶俐人」「決不攻難古人，搖動古例」，因為他們「辯護古人，也就是辯護自己」。中國即使有一點「破例的復生的希望」，「也會勾消在許多自詡古文明者流的筆上，淹死在許多誣告新文明者流的嘴上，撲滅在許多假冒新文明者流的言動上」。作者下結論：這種「伶俐人」「生存著的時候，中國便永遠免不掉反復著先前的運命」。收《華蓋集》。

　　十七日　晴。下午伏園送來譯文泉卅。邵元沖、黃昌谷邀飲，晚一赴即歸。

【箋】

邵元沖、黃昌谷邀飲　邵元沖（1890－1936），字翼如。歷史學家。浙江紹興人。為清末己酉科拔貢。1911 年東渡日本，謁見孫中山。1912 年七月二十五日《民國新聞》在上海創刊，任主編，提倡共和，宣傳民主政治。為國民黨中央委員。1919 年奉命視察海外黨務，遍訪西方國家，後又隨蔣介石赴蘇考察。此時隨孫中山到北京辦理總理行館機要。跟馬敘倫、邵飄萍等商議辦一份孫中山北上後在北京的行轅的機關報。本月，國民黨政治委員會決定儘快組織日報，報名定為《北京民國日報》。邵元沖為社長、總編輯，黃昌谷為經理，鄒明初為副總編輯。又擬先辦晚報，並確定了編輯人員。黃昌谷，字貽蓀，湖北蒲圻人。邵、黃二人邀請北京報界和輿論界人士討論辦報事，在飯店聚餐。《邵元沖日記》載：「午前至帥府園商報紙之進行，因日報與晚報難以速決，宜再討論而散……晚在忠信堂宴《現代評論》及報界諸君。」魯迅應邀前往。但因不願跟《現代評論》諸君為伍，故「一赴即歸」。《民國日報》，詳後三月一日箋。

【補】

給李霽野寫信，為致李第一信。說「來信並文稿，《黑假面人》譯本，又信一封，都收到了。」譯稿「稍遲數日，看過一遍，當寄去」。又說這「《黑假面人》是較與實社會接觸得切近些，意思也容易明瞭」。收《書信》。

十八日　晴。上午寄王捷三信。寄李霽野信。午後收北京大學《國學季刊》卷一之四號一本。下午寄伏園信並稿。寄任國楨信。得李庸倩信片，東莞野營中發。晚伏園來。夜有麟來。譯《出了象牙之塔》訖。

【箋】

　　寄王捷三信　信未見。為本年第十六封佚信。王捷三（1898－1966），名鼎甲，捷三為字。陝西韓城人。自幼聰穎好學。1919 年考入北京大學，預科畢業後升入政治系，一年後轉入哲學系。1924 年擔任國立西北大學駐京代表。在校時聽過魯迅的課，通過王品青跟魯迅相識。在魯迅一行赴西安講學一事上，王出力頗大，《日記》中有「赴西北大學辦事人之宴」、「王捷三來約赴陝之期」、「赴西車站晚餐，餐畢登汽車向西安，同行十餘人，王捷三招待」、「晚王捷三邀赴易俗社觀演《人月圓》」等記載。本年畢業。

　　寄李霽野信　昨天所寫，見前，收《書信》。為本年第三封存信。

　　下午寄伏園信並稿　信未見。為本年第十七封佚信。稿即《忽然想到（四）》，在二十日《京報副刊》發表，署名魯迅。收《華蓋集》。

　　寄任國楨信　信未見。為本年第十八封佚信。任國楨（1898－1931），字子清，又作子卿。遼寧丹東人。上年北京大學俄文專修科畢業。約從本年冬起，歷任中共哈爾濱市委、奉天（今遼寧）省委書記等職，1931 年被國民黨殺害於太原。從二十一日「寄任國楨（信並）譯稿」看，任先已寄譯稿（可能只有部分）來，並可能有信，《日記》失載。

　　得李庸倩信片　來信未見。是李南下後第四封來信。

　　譯《出了象牙之塔》訖　此書全部譯完。發表於二月十四至十八日、二十一日、二十三日、二十五日、二十八日、三月二至五日、七日、九日、十一日《京報副刊》。後出單行本。

　　十九日　晴。午後衣萍來，同往中天劇場觀電影。夜培良、有麟來。

　　二十日　曇。上午往師大講並取去年三月份薪水泉十一。午後往北大講。下午得王捷三信。收《東方雜誌》一本。得任國楨信。得李霽野信。

二十一日　晴。午後欽文來。下午寄常維鈞信。寄任國楨信並譯稿。晚往博益書社買《新舊約全書》一本，一元。夜有麟來。

【箋】

下午寄常維鈞信　信未見。為本年致常第二信，本年第十九封佚信。

寄任國楨信並譯稿　信未見。為致任國楨第二信，本年第二十封佚信。譯稿，當為任所編譯《蘇俄的文藝論戰》。

晚往博益書社買……　博益書社，地址不詳。《新舊約全書》，基督教和猶太教的聖經，合《舊約全書》和《新約全書》而成。《舊約全書》亦稱《希伯來聖經》，有記事有訓誡，除個別段落外，都是西元前一千二百年至前一百年期間寫成。《新約全書》成書較晚，敘述耶穌的生平和言行，傳達上帝與教徒之間的誓約。只有基督教（包括天主教、東正教和新教）以《新約》為正典。

二十二日　晴，大風。星期休息。無事。

二十三日　晴。上午得吳[胡]萍霞信，十九日孝感發。得任國楨信。午後往女子師校講。下午寄蔣廷黻以《小說史略》及《吶喊》各一部。寄李濟之以《吶喊》一部。收《小說月報》一本。夜有麟來。伏園來。

【箋】

上午得吳[胡]萍霞信　胡萍霞，即胡人哲，女，湖北孝感人。1920年北京女子高等師範學校保母講習科畢業。為該校舍監。

下午寄蔣廷黻以……各一部　蔣廷黻（1895－1965），字綏章。歷史學家。外交家。湖南邵陽人。幼時入教會學校。1912年赴美留學，主修歷史。1923年獲博士學位。回國後在南開大學任教授，從事中外關係史研究，編有《中國近代外交史資料輯要》。後在清華大學任教授兼系主任，

跟胡適、丁文江等創辦《獨立評論》。三十年代從政。1924 年夏同赴西安講學，因而相識。《中國小說史略》，《日記》又作《小說史》、《小說史略》、《中國小說史》、《說史》。該書出版情況見一月七日箋。此處指北新書局剛出版的上冊。《吶喊》，魯迅的第一部小說集，收小說十五篇。它的初版於 1923 年八月由北京大學新潮社出版，列為《文藝叢書》之一。不久再版。從第三版起，改由北新書局出版，列為《烏合叢書》。周國偉《魯迅著譯版本研究編目》說：「不少文章認為，1926 年十月出第三版，書名改為魯迅自作美術字。這是失實的。1924 年五月，北新書局列為《烏合叢書》的第三版，封面與初版相同。扉頁上分三行豎印：『烏合叢書之一，《吶喊》，魯迅著，1924 年五月三版，4501－7500 本』。這與初版、再版的印數是相互沿接的。上海魯迅紀念館珍藏著原本，是可靠的佐證。1926 年五月，從第四版起，書名和著者名，由魯迅自書帶有隸書風味的美術字，比初版封面更顯活力了。」（69－70 頁）此處寄蔣廷黻《吶喊》，當即周國偉書中所說上海魯迅紀念館藏有「原本」的第三版。下句贈李濟之者，與此同。

　　寄李濟之以《吶喊》一部　李濟之（1896－1979），名濟，字受之，後改濟之。考古學家。湖北鐘祥縣人。1918 年畢業於清華學堂（清華大學前身），赴美留學，得哈佛大學人類學博士學位。1923 年回國，任南開大學人類學、社會學教授。本年回母校清華大學國學研究院任教。1928 年南京中央研究院成立後，到歷史語言研究所任考古組主任。其主要考古成就在安陽殷墟發掘上。後到臺灣。1924 年夏同赴西安講學，因而相識。

　　二十四日　晴。午後衣萍、曙天、小峰、漱六來。晚高歌來。伏園來。夜蘊儒、長虹、培良來。復任國楨信。

【箋】

　　午後衣萍、曙天、小峰、漱六來　漱六，即林蘭（1900－？），李小峰夫人。江蘇無錫人。1924 年初跟李小峰結婚後到北京，後協助李小峰經營北新書局。此為第一次來訪，以後經常前來。

　　晚高歌來　高歌此來，待的時間較長，直到「夜蘊儒、長虹、培良來」，相談甚歡。談話中，魯迅說：「《狂飆》，你們弟兄兩個包辦了吧？」高長虹說：「成了兄弟周刊了！我們也正想辦兄弟周刊呢！」此話出於《1925，北京出版界形勢指掌圖》，見《高長虹文集》中卷第 148 頁。據《魯迅日記》，在北京版《狂飆》周刊行世期間，高長虹、高歌二人同在魯迅寓有兩次，一次是上年十二月二十日，即高長虹第二次來，高歌第一次來。但高在文中明確說，這是在「進入了 1925 年的初間」的事，故只能在今天。這時，《狂飆》第十三期剛剛出版。高長虹向魯迅約稿，當在此次，或其前後。

　　復任國楨信　信未見。為致任第三信，本年第二十一封佚信。

　　二十五日　晴。下午收《婦女雜誌》一本。夜有麟來。風。

　　二十六日　晴。夜有麟來。

　　二十七日　曇。上午往師大講。午後往北大講。下午與維鈞、品青、衣萍、欽文入一小茶店閒話。夜伏園來。項亦愚、荊有麟來。

【箋】

　　夜伏園來　孫這次來，主要談《青年必讀書》發表以後的反響。柯柏森攻擊此文的稿子《偏見的經驗》，據楊燕麗《有關「青年必讀書」的材料介紹》一文，係由作者「寄給魯迅」（詳本月末），但《日記》不載，不排除由孫伏園「轉來」的可能，也許就在今日帶來。

項亦愚、荊有麟來　項亦愚，即項拙，亦愚為字。是胡也頻在海軍學校讀書時的同學。1924 年十二月至本年五月，跟荊有麟、胡也頻等合編《京報》之《民眾文藝周刊》，數次來訪。

二十八日　晴，午後曇。下午寄小峰信。夜大風。成小說一篇。

【箋】

下午寄小峰信　信未見。為本年第二十二封佚信。

成小說一篇　指《長明燈》。載三月五至八日《北京民國日報》，署名魯迅。文末註寫於三月一日，當寫完已是次日淩晨。此文以象徵著封建制度和封建傳統的「長明燈」為描寫中心，塑造了一個要撲滅長明燈的青年和一夥壓制那青年、誣那青年為瘋子的衛道者的形象，表現了覺醒者的堅忍不拔的反封建精神和所受到的圍攻。李大釗讀過此文後興奮地說：「魯迅先生發表《長明燈》，這是他繼續《狂人日記》的精神，已經挺身出來了！」（據劉弄潮 1955 年六月九日致人民文學出版社魯迅著作編輯室信）收第二本小說集《彷徨》，《全集》第二卷。

本月

約本月，許欽文向魯迅講了陶元慶創作《大紅袍》的經過。許在《〈魯迅日記〉中的我》中寫道：

> 一天晚上我陪元慶到天橋去看戲，當時北京，有些人還是叫做「聽戲」的，據說以前的劇場，有的觀眾的位置並不正面對舞臺，重在側耳而聽。我們看的已經正面對著舞臺，演的是古裝戲，劇中人多半穿著單色的青衣、綠衫或者大紅袍。看了戲已是半夜，元慶躺在床上，一夜沒有睡熟，搖動著兩腳咿咿唔唔地吟詩。我知道他已得到題材在構思，不多

說話去妨礙他。第二天他一早起身就作畫，沒有盥洗，也沒有吃點心。直到傍晚，《大紅袍》就畫好了。他把本已裝上了一張水彩畫的鏡框子拆開，換上了這新畫的圖案。元慶兩手捧著這個畫框，側著臉，這樣看，那樣看，擎遠點看，逼近點看，也倒豎著看，不久他就高興地叫我去看。「你看好不好？」他徵求我的意見。「很好！」我很自然地馬上回答，是出於真情的。元慶更高興，重新把那畫框檢查了一遍，試看有否弄牢固，因為沒有預備水彩畫紙，這是由臨時拆開兩個舊信封翻轉拼湊起來的，一不小心，鏡框子散開，就破壞，至少走了樣。

在和魯迅先生的閒談中，我提到了這事情。他聽了顯得很感動，昂著頭靜默了好些時候才感慨地說：「啊，是這樣的，璿卿是這樣的！」接著問我：「璿卿是一向愛看舊戲的麼？」我說他並不很多看，不過他對於無論什麼，看了以後，總要細細地想，把那特點深深地記住。魯迅先生又昂著頭靜默了一下，說：「這樣一氣呵成，好像是偶然的，其實早就積累了素材，甚至已經有了初步的腹稿；那天晚上的看戲，只是最後的促成。寫文章總要多看看，不看到一點就寫，才能寫得深刻，生動；繪畫也要這樣，有功夫的藝術家大概都是這樣的。」回到會館，我向元慶傳達了魯迅先生的這些話。元慶熱烈地表示同意，說是《大紅袍》那半仰著臉的姿態，當初得自紹興戲的《女吊》，那本是個「恐怖美」的表現，去其病態的因素，基本上保持原有的神情：悲苦、憤怒、堅強。藍衫、紅袍和高底靴是古裝戲中常見的。握劍的姿勢采自京戲的武生，加以變化，統一表現就是了。

（第 84－86 頁）

　　大約于月末接一青年攻擊信，寫《聊答「……」》。楊燕麗在《有關「青年必讀書」的材料介紹》中寫道：「先是一個叫柯柏森的青年，寫了一篇《偏見的經驗》寄給魯迅，文中直呼其名，言詞激烈。據稱，他對胡適等人的書名能夠天天堅持看，而對魯迅的書單卻無法看下去，甚至嚇了一大跳，害怕倒不在沒寫書目，而在附註欄內的經驗，他『百思不得其解』，故撰文名曰：《偏見的經驗》。文章寫於二月二十三日。魯迅閱後，回敬一文《聊答……》，對其謬論及謾罵給予了反駁……」（《魯迅研究資料》第二十二輯）

三　月

大事記

　　一日，為抵制段祺瑞炮製的「善後會議」，國民會議促成會全國代表大會在北京舉行。大會一致認為，真正的國民會議對外必須代表人民利益，反對帝國主義；對內必須打倒一切軍閥，解除其武裝。大會對國民會議運動的方針和組織大綱等做出了決議，發表了宣言，選出了執行委員會。

　　五日，《北京民國日報》創刊。該報係國民黨主辦，邵元沖主編。國民黨前已有《民國日報》，1916 年創刊於上海，為中國近現代著名報紙之一。主編葉楚傖、邵力子。初為中華革命黨的宣傳工具，力主反帝反封建反對袁世凱獨裁專制。1919 年創辦的《覺悟》副刊，在推進新文化運動上起過積極作用。1924 年初國民黨第一次全國代表大會後，成為改組後的國民黨的機關報，積極宣傳革命統一戰線。孫中山北上後，決定在北京辦一《民國日報》，為了跟廣州和上海同名報紙（已被禁止在北京發行）相區別，特加《北京》二字。十八日，京師警察總監朱深，以該報刊登的《上海國民會議策進會宣言》有礙當局為藉口，勒令停刊。次日，該報被封禁，三位編輯被羈押。

　　六日，政治文化刊物《猛進》（周刊）在北京創刊，徐炳昶（旭生）、李宗侗（玄伯）先後主編。

　　十二日，孫中山因病在北京鐵獅子胡同行轅逝世，享壽五十九歲。前一天，在二月二十四日口授的遺囑、家事遺囑和致蘇聯遺書

上簽字。遺囑指出：「必須喚起民眾，及聯合世界上以平等待我之民族，共同奮鬥。」強調「開國民會議及廢除不平等條約，尤須於最短時間，促其實現」。

十六日，北京臨時政府教育總長王九齡赴部就職。北京國立八校教職員及公立中小學教員百餘人至部阻王履新，段祺瑞以此事為教育部次長馬敘倫所鼓動，當晚令免馬職。

二十二日，北京印刷廠和隆華造紙廠工人舉行罷工，致使北京二十多家報紙不能出版。

本月，女師大學生自治會組織同學參加北京各界人士在中央公園舉行的孫中山公祭活動，被楊蔭榆橫加阻撓。楊說：「孫中山是實行共產共妻的，你們學了他沒有好處，不准去！」後女師大學生衝破重重障礙，堅持到中央公園參加了公祭。

一日 晴，風。星期休息。上午毛壯侯來，不見，留邵元沖信而去。有麟來。下午往民國日報館交寄邵元沖信並文稿。往商務印書館預約《別下齋叢書》、《佚存叢書》、《清儀閣古器物文》各一部，共泉三十六元七角五分。伏園來，未遇。夜有麟、蘊儒、長虹、培良來。

【箋】

上午毛壯侯來，不見，留邵元沖信而去　毛壯侯，名福全，壯侯為字。安徽清江人。時為《北京民國日報》副刊主任兼編輯。在北京大學讀書時曾聽魯迅講課。1922 年跟另八名同學組織「民治主義同志會」，刊行《民生》雜誌，任該組織宣傳部長。「不見」，當因那天開會事，或其他原因。邵元沖信，當仍持二月十七日「邀飲」時請求，為《北京民國日報》編輯副刊或寫稿。兩人交往僅此一次。

　　下午往民國日報館交寄邵元沖信並文稿　民國日報館（按，即《北京民國日報》），在香爐營四條二號。信未見，為本年第二十三封佚信。稿，即小說《長明燈》。時邵元沖恰在報館內，然未晤面。包子衍認為，係「為了擺脫邵元沖的糾纏，他在這天下午送去《長明燈》稿一篇，了結關係。」（見《〈魯迅日記〉箋記》第19頁）該報創刊未及半月，在孫中山逝世後不到一周，京師警察總監兼市政督辦朱深託詞手續不備，勒令停刊。又藉口所刊文件「反段」，毛壯侯、鄒明初等三名編輯被捕去。榮太之在《〈長明燈〉和〈北京民國日報〉》中說：「據鄒明初先生講，魯迅還有一篇雜文在《北京民國日報》上發表過，題目可能是《喪權辱國的安福系》，北洋軍閥段祺瑞執政府以此為藉口查禁此報。但十三天的報紙沒有全部見到，無法證實。」（《魯迅研究資料》第三輯）榮太之所記這一事，為尋找魯迅此一重要佚文提供了線索。

　　往商務印書館預約《別下齋叢書》、《佚存叢書》、《清儀閣古器物文》各一部　商務印書館，我國近現代一家歷史悠久、在出版史上起過十分重要作用的出版印刷機構。它的創辦人是夏瑞芳，地址在上海，最初以印刷為主，1902年張元濟進來，設立編譯所。張因勢利導，兩人真誠合作，改為以出版為主。接著蔡元培、杜亞泉、高夢旦等人加入，人才濟濟。到民初已是一家舉足輕重的出版機構。先後創辦了《教育雜誌》等十九種刊物，1903年編輯出版了我國第一部小學《最新教科書》，以後出版了中學、大學、師範等各級各類學校教材用書和許多辭典、字典。組織翻譯了許多哲學社會科學和自然科學的西方名著，如《天演論》、《黑奴籲天錄》以及漢譯世界名著二百多種。在古籍整理上同樣做出了巨大貢獻，輯印、校勘了《四部叢刊》、《百衲本二十四史》等十種大型叢書，影印了《四庫全書》珍本初集，輯印了《叢書集成》等。其北京分店，設在琉璃廠西街。《別下齋叢書》，為一古籍名，二十六種，附錄二種，共二十冊。清代蔣光煦輯。1923年商務印書館據海甯蔣氏重刻本影印。《佚存叢書》，古籍名，共十七種，三十冊，日本天瀑山人（林衡）輯。1924

年商務印書館據日本寬政至文化間刻本影印。《清儀閣[所藏]古器物文》，為金石學著作，十冊，清代張廷濟輯。本年商務印書館影印。

　　夜有麟、蘊儒、長虹、培良來　此次，向培良可能帶有一篇他新作的劇本。荆有麟在《魯迅回憶斷片》中說：「記得當時在中國大學求學的向培良，寫了一篇戲劇，送給先生看……」（《魯迅回憶錄》專著上冊第 164 頁）參見五日和十日致三弟信箋。

　　二日　晴。上午寄三弟信。得李遇安信。下午往女師講。得三弟信，二月廿六日發。

【箋】

　　上午寄三弟信　信未見，為本年第二十四封佚信。

【補】

　　作散文詩《過客》，載《語絲》周刊第十七期（九日），副題《野草之十一》，署名魯迅。本文採取對話體，在整本書中是很獨特的。主要人物就叫「過客」，「狀態困頓倔強，眼光陰沉」，是一個在路上「奮然」前行的不屈者的形象。即使前邊有墳墓，他也不會停下前進的步伐。他聽見「有聲音常在前面催促我，叫喚我，使我息不下」。他不聽「老翁」的勸告，謝絕了小女孩的「佈施」，執著地向前走去，「夜色跟在他後面」。作者在寫這個故事後不久，四月十一日致趙其文信中說：「《過客》的意思不過如來信所說那樣，即是雖然明知前路是墳而偏要走，就是反抗絕望，因為我以為絕望而反抗者難，比因希望而戰鬥者更勇猛，更悲壯。但這種反抗，每容易礎跌在『愛』——感激也在內——裏，所以那過客得了小女孩的一片破布的佈施也幾乎不能前進了。」在《北京通信》中說：「我自己，是什麼也不怕的，生命是我自己的東西，所以我不妨大步走去，向著我自以為可以走去的路；即使前面是深淵，荊棘，峽谷，火坑，都由我自己負責。」（五月七日）在五月三十日寫給許廣平的信（《兩地書》二四信）

中說：「同我有關的活著，我倒不放心，死了，我就安心，這意思也在《過客》中說過。」收《野草》。

　　三日　晴，風。下午得李濟之信。夜伏園來。有麟來。

【箋】

　　下午得李濟之信　來信未見。當是收到贈書後表示感謝。

　　夜伏園來　魯迅於最近所寫回擊熊以謙和柯柏森的文章當於今日帶走，或分別帶走。

　　四日　晴。午後欽文來。夜有麟來並贈水果四罐。長虹來。是晚子佩來訪，因還以泉五十。

【校】

　　末句說法跟二月七日同（加「是」是這個晚上之意），本日日記應為後來追記。

　　五日　晴。午後衣萍來。晚往東亞公司買《新俄美術大觀》一本，《現代仏蘭西文芸叢書》六本，《最新文芸叢書》三本，《近代劇十二講》一本，《芸術の本質》一本，共泉十五元八角。夜有麟來。培良來。

【校】

　　《現代仏蘭西叢書》之仏　手稿作「佛」。

【箋】

　　午後衣萍來　本月三十一日《京報副刊》載章衣萍一文，記他在魯迅家所見後園雞鬥情形，最早發生在一月十三日，前已引用。最遲發生在今天。

晚往東亞公司買……　所購均日文書。《新俄美術大觀》，為升曙夢所作《新俄小叢書》之一種，是所購這套叢書的第四種。東京新潮社剛剛出版。《現代仏蘭西文芸叢書》，大正十二年至十五年（1923－1926）東京新潮社編輯出版。共十二冊。《最新文芸叢書》，全名《泰西最新文芸叢書》，東京新潮社出版。《近代劇十二講》，楠山正雄著。大正十三年東京新潮社十四版，《思想、文藝講話叢書》之一。《芸術の本質》，金子筑水著。大正十四年東京東京堂書店出版。《思想叢書》之一。

夜有麟來。培良來　荆有麟來後不會很快離開，當跟後來的向培良相遇。荆在《魯迅回憶斷片》中說魯迅讀了向培良的一個劇本後「認為很滿意，便來告訴培良……」一節，當發生在今夜。參見一日箋和十日致三弟信箋。

【補】

雜文《聊答「……」》（書信體）載本日《京報副刊》，署名魯迅。前作《青年必讀書》發表後，有人支援，也有人攻擊，柯柏森所作《偏見的經驗》為攻擊文之一。遂作致柯的公開信「聊答」。寫作日期不詳。現存手稿二頁。文中說那些攻擊者「連近時近地的事都很不了了」，如此謾罵「倒反更丟國粹的臉」。後來在《〈華蓋集〉題記》中說：「我今年開手作雜感時，就碰了兩個大釘子：一是為了《咬文嚼字》，一是為了《青年必讀書》。署名和匿名的豪傑之士的罵信，收了一大捆，至今還塞在書架下。」收《集外集拾遺》，柯文附。

六日　晴，風。上午往師大講。午後往北大講。下午同小峰、衣萍、曙天至一小店飲牛乳閒談。夜伏園來。有麟來。

【箋】

下午同小峰、衣萍、曙天至一小店牛乳閒談　地址不詳。

夜伏園來　當係擬發一篇跟魯迅有關的文章，前來商量，並請魯迅閱稿。詳八日補。

　　七日　晴。午後有麟來。下午新潮社送《苦悶之象徵》十本。夜衣萍來。

【箋】

　　新潮社送《苦悶之象徵》十本　此應看作《苦悶的象徵》已經出版。該書標明初版於 1924 年十二月，其實本年一月十四日魯迅仍在校對之中，見前日記。《語絲》和《京報副刊》所載廣告中說，此書「實價五角，初出之兩星期內（三月七日至二十一日）特價三角五分，但在此期內，暫不批發」。可見三月七至二十一日為「初出」之日。書中有插圖五幅，前有魯迅作《引言》。許壽裳在前引話（見一月六日箋）後接著說，魯迅告他：「我現在用直譯法把它譯出來。」許說：「我照例將原文對照一讀，覺得魯迅的直譯工作較前更進步了。雖說是直譯的，卻仍然極其條暢，真非大手筆不辦。他深歎中國文法的簡單，一個『的』字的用處，日本文有『ノ』，『處』，『的』等等，而中國文只有一個的字。於是創造出分別來：『其中尤須聲明的，是幾處不用「的」字，而特用「底」字的緣故。即凡形容詞與名詞相連成一名詞者，其間用「底」字，例如 Social being 為社會底存在物，Psychische Trauma 為精神底傷害等；又，形容詞之由別種品詞轉來，語尾有 tive、tic 之類者，於下也用「底」字，例如 Speculative, romantic，就寫為思索底，羅曼底。』本書中所引英詩的翻譯，我曾效微勞，他在《引言》中還特別提到。」（《亡友魯迅印象記》第 55 頁）譯本為三十二開道林紙毛邊本，其封面畫由陶元慶作，也是陶為魯迅繪製封面最早的一幅。

　　夜衣萍來　衣萍可能得到贈書《苦悶的象徵》，而《日記》未記。

　　八日　晴。星期休息。上午得楊[李]遇安信並文稿。寄師大講義課信。午後大風。下午李宗武來，贈以《苦悶之象徵》一冊。寄許、袁、俞小姐《苦悶之象徵》各一冊。夜伏園來。

【箋】

寄師大講義課信　信未見，為本年第二十五封佚信。

下午李宗武來　李宗武（1895－1968），又名季谷，浙江紹興人。李霞卿之弟。先後在日本、英國留學。1924 年回國後，在北京師範大學、北京大學、北平大學女子文理學院等校任教。曾請魯迅校閱過他跟別人合譯的日本作家武者小路實篤的《人間的生活》。早有交往。此來，當是看望。

寄許、袁、俞小姐《苦悶的象徵》各一冊　許，許羨蘇。袁，袁志先（約 1899－？）浙江紹興人，袁陶盦（見四月五日箋）之女，1924年時為北京女子師範大學附中學生，是俞芬同學。許羨蘇在《回憶魯迅先生》中說：「這時候魯迅先生開始送給我們自己出版的書籍如《吶喊》（初版本）、《中國小說史略》等，有時也送袁小姐一本，她是女高師附中的學生，比俞芬高一班，學名袁志先⋯⋯」（《魯迅回憶錄》散篇上冊第 315頁）這時候，指在八道灣時期。袁本年僅出現一次。俞，即俞芬。

夜伏園來　當係送當日《京報副刊》樣報。詳下補。

【補】

雜文《報〈奇哉所謂⋯⋯〉》載本日《京報副刊》，署名魯迅。是對攻擊者的反擊。對象為熊以謙，其攻擊文為《奇哉！所謂魯迅先生的話》。寫作日期不詳。文中指出：「國的存亡是在政權，不在語言文字」。「如果外國人來滅中國，是只教你略能說幾句外國話，卻不至於勸你多讀外國書，因為那書是來滅的人們所讀的。但是還要獎勵你多讀中國書，孔子也還要更加崇奉，像元朝和清朝一樣」。這話涉及文化的作用。只有進步文化，才能保國保種，促進社會進步。一味迷戀中國傳統文化，以為凡是傳統的都是好的，都要學習、發揚，那是十足的「亡國」論調。楊燕麗在《有關「青年必讀書」的材料介紹》中說：「在此期間，還有一個叫熊以謙的青年，二月二十一日看了魯迅登在《京副》上的書單後，同時寫了兩封信，一封寄給魯迅，一封寄給孫伏園。給魯迅的一封起名為《奇哉！所謂魯迅先生的話》。文章認為，魯迅這位素負學者聲名，引起青年瞻仰的先生，

卻說出這樣『淺薄無知識』的話來，真是奇怪！對魯迅的『少看中國書』
『多看外國書』提出了很多不同的意見。針對此文，魯迅作《報〈奇哉所
謂……〉》，與熊以謙文一起登在了三月八日的《京報副刊》上。熊以謙
在另一封給孫伏園的信中也大斥魯迅的經驗，『有誤一班青年，有誤中國』。
要求將他的信發表，孫伏園未予發表卻轉給了魯迅。魯迅也將其『塞在書
架下了』。」（《魯迅研究資料》第二十二輯）收《集外集拾遺》，熊文
附。關於這個熊以謙，荊有麟在《魯迅回憶斷片》中有一段生動描寫：

　　　　還有一件，是北京《京報副刊》向全國學者發出徵求指
　　示青年必讀書。當時應徵的，當然是很多的。有的勸青年人
　　讀經，有的勸青年人讀幾何學，真是洋洋大觀，美不勝收。
　　而魯迅先生的應徵，則竟說：

　　　　「我勸青年人多讀外國書，少讀中國書，甚至不讀中國
　　書，因為……」

　　　　他雖然在因為之下，還說了外國書多是入世的，而中國
　　書多是出世的理由。但有人反對了。開始發表意見的，是一
　　個中國大學名叫熊以謙的學生。由熊開頭。接著維持世道人
　　心的國粹家都出來了。這場筆墨官司，打了好幾個月。先生
　　勤奮地應戰，一直沒有表示休息的樣子，因為據先生當時說：

　　　　「你只要有一篇不答復他，他們就認為你失敗了。我就
　　篇篇都答復他們，總要把他們弄得狗血淋頭，無法招架，躲
　　回他們老巢去為止。」

　　　　在此事過後的四、五年中，我在上海一個友人處，忽然
　　碰到那筆戰挑動者熊以謙，高高的個子，紫紅色的臉，講話

總是慢吞吞，看樣子，倒是非常老誠的青年，於是在碰到魯
迅時，便把我看見熊以謙的事，告訴了他，不料先生竟說：

「你說他老實麼？那就是他騙取社會同情的手段。凡遺
少，都有那一手，怎麼樣？現在還在上海麼？喊他來，我把
他腦子中的中國書蟲，都要打乾淨。」

可惜，我當時沒有帶熊以謙去看先生。否則，不知道先
生要怎樣教訓他一頓呢。

（《魯迅回憶錄》專著上冊第 133－134 頁）

本文引魯迅所說「你只要有一篇不答復他」一段話，可能就在近幾日談到。
近來，荊有麟經常來寓閒談。像本月一日、三日、四日、五日、六日、七
日、九日、十日都來過，而且除七日外都在夜裏，有閒談時間，有時向培
良或高長虹等隨後來到，都是熟人，能夠談到一起。加之魯迅有些文章在
這幾日發表，也許那報紙就擺在人們面前，更容易把話題引到《青年必讀
書》上來。收《集外集拾遺》。

復孫伏園信，僅兩句：「來信收到。（另行）那一篇所記的一段話，
的確是我說的。」載本日《京報副刊》，署名迅，在 Z. M.《魯迅先生的笑
話》之後，原無標題。現以《通訊（復孫伏園）》為題，收《集外集拾遺
補編》，附 Z. M.文章。Z. M.在文中說，「讀了許多名人學者給我們開的必
讀書目，引起不少的感想；但最打動我的是魯迅先生的兩句附註」，即「少
讀中國書」兩句，他並由此想起魯迅講過的一個故事，內容為「講話和寫
文章，似乎都是失敗者的徵象」。魯迅在《〈華蓋集〉後記》中說，此文
是「給我解圍」的。孫伏園來信，未見記載。復孫伏園信和 Z. M.文章是同
時見報的，那麼復信中所說「那一篇所記的一段話，的確是我說的」，怎
麼得見？揣想，六日「夜伏園來」，必持 Z. M.文稿給魯迅看過，魯迅當即
寫了那封短信，交給伏園，這才同時發表出來。有無如下可能：那封短信

是孫伏園按照魯迅的意思代擬的。Z. M. 據《全集》註，係北京師範大學學生，原名未詳。為本年第四封存信。

　　九日　晴。上午得三弟信，四日發。午後往女師校講。下午贈季市《苦徵》兩本。寄李遇安信並文稿。夜有麟來，贈以《苦徵》一本。閻宗臨、長虹來並贈《精神與愛的女神》二本，贈以《苦徵》各一本。得自署曰振者來信並詩稿。

【箋】

　　下午贈季市《苦徵》兩本　此「贈」，是在何處？在學校講完課後，還是在教育部，抑前往許壽裳寓？如是後者，當會寫明。據前引荊有麟回憶，以在教育部為是。許在辭去女師大校長職務後，回到教育部任編審。見面後，兩人談了些什麼？本年一二月份，兩人僅見一次，是一月十六日「晚往季市寓飯」。自今日起，見面多了。

　　寄李遇安信並文稿　信未見。為致李遇安第五信，本年第二十六封佚信。當說明把稿退還之意。

　　閻宗臨、長虹來並贈《精神與愛的女神》二本　是閻宗臨隨高長虹第二次來訪，主要任務當是贈書。《精神與愛的女神》是高長虹出版的第一本書，共五篇，除首篇《精神的宣言》外，均為詩，原載於《狂飆》月刊。三月一日由北京貧民藝術團編輯，永華印刷局印行。後於 1928 年收入《從荒島到莽原》，題目中的「女神」改為「憧憬」，其他未變。魯迅將譯詩兩首交高長虹，其中日本伊東幹夫《我獨自行走》在《狂飆》第十六期（十五日）刊出，另一首當載第十七期，該刊已不存。高長虹在《1925，北京出版界形勢指掌圖》中說：「魯迅只給我的一個日本朋友譯了兩首詩。還是他好，他時常說想法給《狂飆》推廣銷路。」（《高長虹文集》中卷第 148－149 頁）

　　得自署曰振者來信並詩稿　振，或「曰振」者，僅此一見。詩稿如何處理，不詳。

【補】

　　雜文《論辯的魂靈》載本日出版的《語絲》第十七期，署名魯迅，寫作日期不詳。本文從有關《青年必讀書》等問題的論辯中，概括了文化保守主義者的各種詭辯手法，剖析了他們的「魂靈」，直指其拉社會倒退的實質。收《華蓋集》。

【附記】

　　據《魯迅研究資料》第二十二輯《有關「青年必讀書」的一組材料》所載，本日，一名叫張空空者除撰寫《真是偏見的經驗》一文攻擊魯迅《青年必讀書》外，又寫一謾罵信給魯迅，全文為：「魯迅先生：這篇稿子，本想請孫伏園先生代為發表，勸告先生，不要過於崇拜外國書。後又轉想，不如直接寄給先生好，又因為謄寫太費時間，所以就把草稿寄給先生了，不恭之處，請先生原諒。並祝先生的健康！」落款為：「十四年三月九號張空空寫於東城」。又據同一材料，同日，柯柏森再次致信魯迅，以「謝謝」之名，仍施攻擊。信長八九百字。有「總之，中國鬧得『烏煙瘴氣』，雖然在軍閥政客官僚無道德無良心；而推醉心外國文明打洋人馬屁的學者，卻也難辭其咎。」以及「你們留學外國『得魚忘筌』一流人物，我要看為一個奴……而已」等話。楊燕麗在《有關「青年必讀書」的材料介紹》中前引柯作《偏見……》和魯迅作《聊答……》一事（詳上月末）後接著說：「……這兩封信一起登在三月五日的《京報副刊》上。柯柏森看後，又寫《謝謝！》一文，於三月九日寄給孫伏園，託其轉給魯迅。柯柏森的所謂『謝謝』，是對魯迅在《京報副刊》上給與《聊答》，表示謝謝，但對『少看中國書』『多讀外國書』的經驗，仍有不同意見。孫伏園將信轉給了魯迅，這一次魯迅沒有作答，將其『塞在書架下了』。在這同一天，又有一個叫張空空的青年也寫了一文《真是偏見的經驗》，也託孫伏園轉給魯迅。從題目上看，仍然是反對魯迅的意見，而對柯柏森表示聲援。魯迅閱後，可能覺得沒有什麼新鮮意見，也沒有回答，也將其『塞在書架下了』。」楊文以下談熊以謙，已見前引。接著說：「當魯迅將上述兩人的

部分來信做為『備考』，與自己的答文一起登在《京報副刊》上以後，又引來了化名為『可歎』的青年三月八日的一信。信中可歎魯迅『身為中國人，不讀中國書，不若外國人』，並託孫伏園將信轉給柯柏森與熊以謙。可惜孫伏園沒有滿足他的要求，而將信交給了魯迅。在這之後又有化名為『瞎嘴』的兩封來信，『笨伯』的一封來信和袁小虛的一封來信，魯迅都未予回答。」（《魯迅研究資料》第二十二輯）

　　十日　晴，風。下午寄小峰信。寄三弟信並劇本一卷。晚理髮。夜得趙其文信並文稿。有麟來。新潮社送來《苦悶之象徵》九本。

【箋】

　　下午寄小峰信　信未見，為本年第二十七封佚信。

　　寄三弟信並劇本一卷　信未見，為本年第二十八封佚信。劇本，疑為向培良作。一日箋引荊有麟在《魯迅回憶斷片》中說「記得當時在中國大學求學的向培良，寫了一篇戲劇，送給先生看」後，接著說：「先生看過認為很滿意，便來告訴培良，立刻用掛號寄給當時在上海出版的《東方雜誌》的編者，還寫了正式的推薦信。指明培良戲劇的優點之所在，培良那篇東西，自然很快地發表了。」（《魯迅回憶錄》專著上冊第 164 頁）筆者查過本年《東方雜誌》，未見刊有向培良劇本，可能載另一種雜誌，或未發表。

　　夜得趙其文信並文稿　來信未見。趙其文（1903－1980），四川江北人。1922 年到上海，次年春考入北京大學附屬音樂傳習所，學半年後，考入北京美術專科學校，不久因參加學校風潮被開除，再度入北京大學附屬音樂傳習所學習。本年初，被迫輟學，在郁達夫幫助下，一面在創造社北京分社工作，一面繼續聽魯迅講課。後回四川，1936－1940 年在成都《華西日報》任編輯。建國後在人民文學出版社任古典文學組副組長。《野草》各篇在《語絲》發表後，多次來信請教作品的含義。為趙第一次來信。文

稿為小說《零》，後載《京報副刊》第一一五、一一六號（四月十一日、十二日）。

【補】

　　為《苦悶的象徵》所做廣告，載本日《京報副刊》，署名魯迅。現收《集外集拾遺補編》附錄一，題《〈苦悶的象徵〉廣告》。

　　收到《猛進》第一期，見十二日致徐旭生信。

　　十一日　晴。上午訪李小峰。午後大風。伏園持來《山野掇拾》四本。得許廣平信。夜衣萍、伏園來。寄世界語專門學校信辭教員職。

【箋】

　　伏園持來《山野掇拾》四本　《山野掇拾》，散文集，孫福熙（孫伏園弟）著，收文八十餘篇。魯迅為之校閱。北京新潮社版，為《新潮社文藝叢書》之一。初版封面為作者自作彩畫，三色版。本年又出開明版。

　　得許廣平信　為《兩地書》第一信，是兩人通信的開始。許廣平（1898－1968），號景宋，廣東番禺人。1922 年夏，從天津「直隸第一女子師範學校」畢業後，考入北京女子高等師範學校國文系。1923 年十月十三日，許廣平上二年級時第一次聽魯迅講中國小說史，留下深刻印象。同年十二月二十六日，魯迅應女高師文藝會之邀，做了《娜拉走後怎樣》的講演，在學生中引起震動。以後魯迅又開文藝理論課，講日本廚川白村的《苦悶的象徵》，很受歡迎。自上年冬起，許以學生自治會總幹事身份，積極參與領導了「女師大風潮」。此刻她因「有許多懷疑而憤懣不平的久蓄於中的話，這時許是按抑不住了罷，所以向先生陳訴。」許後來在《欣慰的紀念》中說：「動機是這樣的：我們都感覺到一個個學期的過去，使得就學的時間逐漸減少，而直面著人生的開始卻瞬間來臨，在感到學識的空虛，和處世應對事物的渺茫無所指引之際，談起來就想從比較欽仰的教師中尋

求些課外的導師，因此在快畢業的前一年，即 1925 年三月，就首先動手寫第一封通信。寫好之後，給林君看過同意了……」（《許廣平文集》第二卷第 108 頁）許廣平此信寫於當天上午。三閒居曰，信長約一千三百字，至少需一個多小時才可寫出。如果再「認真地謄抄一遍」（倪墨炎、陳九英著《魯迅與許廣平》有此說法，不知何所據），加在一起，就得兩小時，或更長。這天是星期三，不停課。把信寫好，最早在十點以後。魯迅是「午後」收到的。「午後」當在——以現在標準時間說——下午一點至兩點之間。從許寫完信到魯迅收到信，不足三小時。它是怎樣送達魯迅的？通過郵局絕不可能，因為郵局上午從各處（郵筒）收回信，下午一點前後送達，中間就沒有了分揀的過程。倪、陳二人書中說許「鄭重其事地設法在當天送到了魯迅手裏」，也排除了交郵寄遞的可能，但說親送，似缺乏根據。一者，既寫信，就不必請往，既親往，就無需寫信；二，從許所記四月十二日到魯寓「探檢」情形看，她此前未去過那裏；三，此刻颳「大風」，不適於外出。交郵不可能，親送亦不大可能。最大的可能，是有專人送達。按，《兩地書》，現編《全集》第十一卷。

寄世界語專門學校信辭教員職　信未見，為本年第二十九封佚信。魯迅辭世界語校教員職，據荊有麟回憶，主要因該校內部發生衝突，難以繼續辦下去。荊在《魯迅回憶斷片》中說：

先生當時擔任北京世界語專門學校講師，這學校裏的學生，完全籠罩在政治活動中，記得當時學生中分三派，國民黨，共產黨和無政府黨。因為有這些黨派關係，在第二學年，便爆發了不可收拾的學潮，整整鬧了半年，學校還是無法上課。於是有些人，便找代理校長譚熙鴻，預備另外成立一外國語專門學校，以結束其風潮。當時曾邀請與學校有關之董事，教授等，在中央公園開會商決。先生為教授之一，自亦參與其會，會議中，多數以為為解決風潮起見，還是另改學校名稱，學生從新舉行登記。此主張，以馬夷初主張最力，

後來李石曾提出：為防止再有風潮起見，學生中，凡係某黨
某黨，一律不予接收，先生以此，有失教育青年之旨，便激
烈反對，始遭打銷。事後，先生曾說：

「石曾先生革命精神是可佩服的，但他那種方法，我卻
反對。革命不能不估計犧牲，因革命是為拯救大多數。犧牲
少數，自然可以。若犧牲多數，所解放者，僅是少數，那我
一向是不贊成的。」

（《魯迅回憶錄》專著上冊第 126－127 頁）

荊有麟是世界語專門學校學生，並因此而跟魯迅相識。他的記述應當是可
信的。說在中央公園開會討論，「先生為教授之一，自亦參與其會」，為
推理性質，非記事，日記亦不載，錄此以供參考。所記魯迅一段話，較重
要。是「事後」說的，荊那一時期經常在魯寓，無法確定具體日期。

【補】

收到許廣平信後即復，為《兩地書》第二信。開頭以「兄」相稱。三
閒居曰，此乃神來之筆，它一下子把兩人關係「定格」在朋友份上。許廣
平甚覺詫異，寫信來問。魯迅在下次信上做了解釋，說：「這回要先講『兄』
字的講義了。這是我自己制定，沿用下來的例子，就是：舊日或近來所識
的朋友，舊同學而至今還在來往的，直接聽講的學生，寫信的時候我都稱
『兄』；此外如原是前輩，或較為生疏，較需客氣的，就稱先生，老爺，
太太，少爺，小姐，大人……之類。總之，我這『兄』字的意思，不過比
直呼其名略勝一籌，並不如許叔重先生所說，真含有『老哥』的意義。」
三閒居曰，魯、許之間，不僅有師生之分，還有男女之別。如在同性之間，
即使年齡相差很多，以「兄」相稱，在中國文人中亦屬多見，並不奇怪。
但許為異性，又是師生關係，按理應是很嚴肅的，雙方寫信所論也是嚴肅
的社會問題，人生大問題。如在寫信人心裏不以特殊情況或朋友視之，當
不會出此玩笑筆墨。不知其中可有深意否？

　　十二日　晴。上午寄趙其文信。復許廣平信。得梁生為信。
午高歌來，贈以《苦悶之象徵》一本。下午寄徐旭生信。以《山
野掇拾》及《精神與愛之女神》各一本贈季市。晚為馬理子付山
本醫院入院費三十六元二角。晚呂蘊儒、向培良來，贈以《苦悶
之象徵》各一本。

【箋】

　　上午寄趙其文信　信未見。為復趙第一信，本年第三十封佚信。當
是回答來信所提有關《野草》的一些問題。

　　復許廣平信　為《兩地書》第二信，是昨日所寫，屬「即復」性質。
此「復」，當為寄出之意。（附記：魯迅寫給許廣平的信，不在本書魯迅
信存佚統計之中）

　　得梁生為信　梁生為（1904－？），一名繩褘，字容若，又字子美。
河北行唐人。早年去臺灣，在大學教中國語文，後定居美國。據梁在香港
《七十年代》1977年六月號所刊《從魯迅先生讀小說史》一文，1924年他
在北京師範大學國文系讀書時，奉系主任楊樹達之命，訪謁魯迅，請補填
教員調查表，《日記》未載。後因「為中華書局編一個石印的全部註音的
兒童周刊，想找古書上的神話，改寫成兒童故事」，于上年十二月十四日
和同學傅作楫（又名築夫、永年，後研究經濟史，在南開大學任教）聯名
致函魯迅，請教有關神話的資料問題。本次來信，仍以談神話資料為主，
提到沈雁冰（茅盾）的《中國神話研究》等文。又問京師圖書館所藏神話
書及其查閱方法。

　　下午寄徐旭生信　為本年第五封存信。徐旭生（1888－1976），名
炳昶，旭生為字，筆名虛生、遯庵等。考古學家。河南唐河人。1906年北
京豫學堂肄業，是年冬入京師譯學館學法文，1911年畢業。1913年赴法留
學，1919年回國。1921年在北京大學教西洋哲學史。1926年任北京大學教
務長。1927年中國學術團體協會與瑞典斯文赫定合作，組成西北科學考察
團，徐任該團中方團長，以日記體詳細記述了考察經過及重大發現。以後

在考古上屢有成就。時除任北京大學教授外，還兼任北京女子師範大學講師，又新創辦《猛進》周刊。此次寄信，是收到《猛進》第一期後，有感於「現在的北京的人家，都在建造『活埋庵』，還要自己拿出建造費」而寫，提出「現在的辦法，首先還得用那幾年以前《新青年》上已經說過的『思想革命』。」在《猛進》周刊第三期（三月二十日）發表，同時載徐三月十六日復信，同意開展一場「思想革命」。是提倡「思想革命」較早、較重要的文字。後跟另一通信（詳下）以《通訊》為題，收《華蓋集》，編為「一」。

　　以《山野掇拾》及《精神與愛之女神》各一本贈季市　此「贈」，又是如何贈法？前一句給徐旭生信是「寄」，再前一句贈高歌《苦徵》是因高「來」，都比較清楚，唯這句不明不白。照前一句，郵寄是不會的。那麼是許來，還是親送？兩人見面，談些什麼？

　　晚為馬理子付山本醫院入院費　山本醫院，為日本人山本孝忠所開設，地址在西城復興門內大街路北，舊刑部街上，門牌四十一號，今民族文化宮西側。其主人山本忠孝（1876－1952），京都市人。1896 年畢業於京都府立醫學校（現京都府立醫科大學），隨父行醫，曾被選為京都市醫師會常務議員兼上京區第五聯合幹事。1907 年赴德國留學，1910 年獲博士學位。1911 年到北京行醫，在東城崇文門內八寶胡同開山本醫院。後又三次赴歐洲，一次赴美國實習、考察。1919 年四月遷現址。其護士長永井花子後來跟羽太重久結婚。《魯迅日記》1920 年即有山本名字出現。以後全家人經常來此看病。馬理子，即周鞠子（1917－1976），又名晨、馬理，浙江紹興人。魯迅侄女，周建人、羽太芳子之女。

　　十三日　晴。午後往北大講。得趙其文信。往小峰寓。下午得三太太信。

【箋】

　　得趙其文信　為趙第二次來信。

往小峰寓　小峰寓，地址不詳。

十四日　晴。下午寄三弟信並李霽野譯文一卷。得紫佩信。
夜伏園來。

【箋】

　　下午寄三弟信並李霽野譯文一卷　信未見，為本年第三十一封佚
信。李霽野譯文，即《黑假面人》譯稿。魯迅已校閱、修改，現寄周建人
轉商務印書館編譯所審處。後未被採用。1927 年三月由未名社出版。信當
談寄稿事。

十五日　曇。星期休息。上午雨雪。寄梁生為信。寄贈俞小
姐、許小姐以《山野掇拾》各一本。午後有麟來。下午欽文來。
夜培良來。衣萍、伏園來。

【箋】

　　寄梁生為信　為本年第六封存信。就梁氏來信（見十二日日記）所
提問題，做詳細答復。梁生為在前引《從魯迅先生讀小說史》中說，他們
只是「想找古書上的神話，改寫成兒童故事。先生高估我要上下古今作一
部研究中國神話的書。告別之後，還寫了一封長信來指示……」梁發表此
文同時，在香港《七十年代》雜誌六月號上刊發了魯迅復信的手跡。收《書
信》。

　　寄贈俞小姐、許小姐以《山野掇拾》各一本　俞小姐，俞芬。
許小姐，許羨蘇。

　　午後有麟來　荊有麟此來，可能是想編一期紀念孫中山專號，向魯
迅徵求意見。荊在《魯迅回憶斷片》中寫道：

　　　　殆中山先生逝世後，各報章，雜誌雖多有紀念文字發表，
　　　但《勞動文藝周刊》，還是沒有紀念中山先生文字。有一天，

我將這種情形，告訴了魯迅先生，並問他，究竟勞動文藝上應不應該歡迎或紀念中山先生？魯迅先生是這樣答復的：

「毛壯侯主張出專號，固大可不必。因為一出專號，對於政治沒有興趣的人，他一定不要看，反而減少宣傳力。紀念或歡迎文章，是可以登載的，中山先生雖不是文藝家，更不是勞動文藝家，但中山先生創造民國的功勳，是值得紀念，也值得歡迎的。那麼：對於中國勞動者，介紹一下中山先生，不是應該的麼？胡也頻他們，也太重視文藝二字了。這定是上了『為藝術而藝術』的當。」

這，可以看出魯迅先生對於中山先生的態度。

（《魯迅回憶錄》專著上冊第 172 頁）

魯迅話中說到毛壯侯和胡也頻，當是荊有麟先說的。兩天後，《北京民國日報》被查封，毛壯侯被逮去，故這次談話發生在今天。

【補】

所譯日本伊東幹夫作《我獨自行走》（詩），載本日北京版《狂飆》周刊第十六期，署魯迅譯。係高長虹約譯。高在《1925，北京出版界形勢指掌圖》中說：「郁達夫說過要給《狂飆》寫的感想，當然沒有寫。魯迅只給我的一個日本朋友譯了兩首詩。」此處說「譯了兩首」。另一首可能載《狂飆》第十七期（北京版最後一期）。該期刊物未找到。初未收集，現收《譯文集》第十卷《譯叢補》。

十六日　晴。上午得許廣平信。午欽文來。寄任國楨信。夜長虹來。

【箋】

　　上午得許廣平信　即《兩地書》第三信，許寫於三月十五日。開頭說：「十三日早晨得到先生的一封信，我不解何以同在京城中，而寄遞要至三天之久？」許的第一封信是十一日寫的，魯迅復信寫於當天下午，十二日發出，許於十三日早晨收到，只有一天多時間，許這樣責怪郵遞工作，乃錯怪人耶，可見許之心情是多麼急迫！倪墨炎等二人書中說「當年北京城內一封信的郵遞是三天」（第16頁），當據此而來，是完全錯了的。當時北京郵政工作效率極高，魯許二人通信，大都不到二十四小時即收到。

　　寄任國楨信　信未見。是致任第四信，本年第三十二封佚信。

【補】

　　作《〈陶元慶氏西洋繪畫展覽會目錄〉序》，載十八日《京報副刊》，署名魯迅。陶元慶西洋繪畫展覽，本月十八、十九兩天在北京西四帝王廟中華教育改進社舉行，共展出水彩油畫等二三十幅。序中讚揚了陶元慶繪畫的藝術風格及其把西洋畫法融合到「東方情調」中的做法。收《集外集拾遺》。

　　十七日　曇。無事。收《東方雜誌》、《婦女雜誌》、《小說月報》各一冊。

　　十八日　晴。晚往商務印書館取稿費十五元。往新明劇場觀女師大史學系學生演劇。得任國楨信。北大送來《社會科學季刊》一本。有麟來，欽文、璿卿來，衣萍來，均未遇。夜作小說一篇並鈔訖。

【箋】

往新明劇場觀女師大史學系學生演劇　據《全集》註，本日史學系學生演出的劇目為《卓文君》和《環珢璘與薔薇》。新明劇場，地址不詳。

欽文、璿卿來，衣萍來　此三人來，跟陶元慶舉辦個人繪畫展覽有關。許欽文在《〈魯迅日記〉中的我》中說：「元慶的個人展覽會，得到魯迅先生等的熱心幫助，迅速籌辦成功。1925 年三月十九日在西四帝王廟內舉行。當時章洪熙在這廟內的中華教育改進社工作，會場好像是通過他借用的。」（第 88 頁）章洪熙，即章衣萍。

夜作小說一篇並鈔訖　小說為《示眾》，載《語絲》第二十二期（四月十三日），署名魯迅。該作以北洋軍閥統治下的北京為背景，描寫一個「示眾」場面，著重表現眾看客麻木不仁和相互漠不關心的精神狀態，是魯迅小說中「看—被看」模式的一個完整體現。收《彷徨》。

【補】

雜文《犧牲謨》載本日出版的《語絲》第十八期，副題《「鬼畫符」失敬失敬章第十三》，署名魯迅。寫作日期不詳。本文藉一個「闊人」的獨白，做「犧牲主義的宣傳」——他要一個「已經九天沒有吃東西」、窮得「還剩一條褲」的人把那褲子送給自己收養的一個災民的女兒。此文不僅對「犧牲」這一社會行為做了鞭辟入裡的分析，諷刺了高叫他人做出「犧牲」的偽君子，而且對「精神」與「物質」兩個概念做了反諷。五四運動中，國粹家們抵制人類現代文化的一個「法寶」，便是「外國物質文明雖高，中國精神文明更好」。魯迅在《隨感錄三十八》等篇中，對這種論調做了批判。在此篇中，更把「精神」與「物質」形象化了。那個「闊人」（即獨白者）是精神文明的化身，而窮人則是物質文明的化身。這是富有的精神文明對貧窮的物質文明的訓話，其特點是自視偉大，邏輯混亂，強詞奪理。這也是那些國粹家們真實面目的寫照。謨，謀劃之意。《尚書》中有《大禹謨》、《皋陶謨》等題。收《華蓋集》。

　　復信給許廣平，解釋了以「兄」相稱的原由，前已引用。信末「時候不早了，就此結束了」，當寫於深夜。後編為《兩地書》第四信。

　　十九日　曇。上午得任國楨信。得李遇安信並文稿。復許廣平信。午後晴。陶璿卿、許欽文來，少坐即同往帝王廟觀陶君繪畫展覽會。遇張辛南、王品青。下午同季市再觀展覽會。夜有麟來。衣萍、伏園來。

【箋】

　　復許廣平信　為《兩地書》第四信，昨日所寫。

　　許欽文來……　陶元慶繪畫展覽，見前十六日箋。帝王廟，在宮門口西三條魯迅住處往東約一里多地，明嘉靖十年（1531）興建，供奉歷代帝王。規模宏大，氣宇軒昂。多年來為一五九中學校舍。魯迅《陶元慶氏西洋繪畫展覽目錄序》發表，許多人看到，都前來參觀，王品青也來了。魯迅自己，一日之內，兩次前往觀賞，每次都在《大紅袍》和《農女》前停留較長時間，這是他最喜愛的兩幅畫。

　　遇張辛南、王品青　張辛南（？－1949），名毓桂，辛南為字。河北平鄉人。1921年北京大學英文系畢業。1924年為陝西省省長公署祕書兼西北大學講師，魯迅一行赴西安講學時負責接待。時在北京師範大學任講師。

　　二十日　曇。上午往師大講並收薪水三月份十元，四月份八元。午後往北大講。劉子庚贈自刻之《濯絳宦詞》一本。晚衣萍來。夜有麟來。長虹來並贈《精神與愛的女神》十本。

【箋】

　　劉子庚贈自刻之《濯絳宦詞》　劉子庚，名毓盤，子庚為字。浙江江山人。時為北京師範大學國文系教員。《濯絳宦詞》，即《濯絳宦存稿》，詞別集，劉子庚作，宣統元年（1909）刻。《日記》僅見此一次。

　　長虹來……　本日來，跟魯迅交換過對另幾種刊物的意見。高長虹在《1925，北京出版界形勢指掌圖》中說：「最先，那三個周刊並沒有明顯的界線，如《語絲》第二期有胡適的文字，第三期有徐志摩的文字，《現代評論》有張定璜的《魯迅先生》一文，孫伏園又在《京副》說這三種刊物是姊妹周刊，都是例證。徐旭生給魯迅的信說，思想革命也以《語絲》，《現代評論》，《猛進》三種列舉，而辦文學思想的月刊又商之於胡適之。雖然內部的同異是有的，然大體上卻仍然是虛與委蛇。最先對於當時的刊物提出抗議的人卻仍然是狂飆社的人物，我們攻擊胡適，攻擊周作人，而漠視《現代評論》與《猛進》。我們同魯迅談話時也時常說《語絲》不好，周作人無聊，錢玄同沒有思想，非攻擊不可。魯迅是贊成我們的意見的。而魯迅也在那時才提出思想革命的問題。」（《高長虹文集》中卷第 150 頁）魯迅於本月十二日致徐旭生信中提出「思想革命」，故今日為談這一問題的第一時間。

　　二十一日　曇。上午得許廣平信。午吳曙天、衣萍、伏園邀食於西車站食堂，同席又有王又庸、黎劭西。晚小雨。有麟來。夜濯足。

【箋】

　　上午得許廣平信　即《兩地書》第五信，為許前一日收到魯迅復信後所寫。

　　午吳曙天、衣萍、伏園邀食於西車站……　王又庸，江西人。剛由日本回國。章衣萍、吳曙天、孫伏園等擬從其習日語，設宴招待時邀魯迅作陪。兩人交往僅此一次。西車站食堂，在前門外西火車站。黎劭西（1890－1978），即黎錦熙，劭西為字。語言學家。湖南湘潭人。黎錦明之兄。出身於書宦世家，四歲即從師讀經，十一歲讀完《十三經》、諸子及唐宋文百篇詩萬首。後上新式學校，1911 年起主編過報紙，當過記者和教員。1915 年到北京，任教育部教科書特約編纂員及文科主任、國語統一

籌備會委員等職，力主改「國文科」為「國語科」，提倡白話文，反對小學讀經。1920 年起，先後任北京高等師範學校國語文法課教員，北京大學、燕京大學、北京女子師範大學等校國文系教授、系主任、文學院長等。本年在女師大為國文系代主任。何以請黎出席，不詳。

　　夜濯足　《魯迅日記》上偶有「濯足」記載，本年除本次外，另有兩次（六月八日，十二月十一日），有人認為是隱語。陳漱渝在《時代的剪影　生活的實錄——讀〈魯迅日記〉》中說：「魯迅日記的文字，我以為存在三種情況。一種是文意直露，如 1935 年七月十七日：『晴，大熱，上午寄母親信。』一讀就懂，無需深究。另一種很可能是隱語，如『夜濯足』。此類隱語，與研究作家的思想創作無涉，自然也不必深究……」（《倦眼朦朧集》第 28 頁）陳漱渝後來在《魯迅的婚戀——兼駁有關訛傳謬說》中說：「四、『濯足』係手淫自慰或其他性行為說。在魯迅日記中，間或有『夜濯足』的記載。濯，洗滌之意。《孟子・離婁上》：『清斯濯纓，濁斯濯足矣。』意思是清水用以洗滌帽子上的絲帶，渾水則用來洗腳。《楚辭・漁夫》：『滄浪之水清兮，可以濯吾纓；滄浪之水濁兮，可以濯吾足。』後來就用濯纓表示清高自守的行為，而以濯足作為被道學家視為污濁的性行為的隱語。因為一般人有每天洗腳的衛生習慣，但在魯迅日記中卻有時大半月、甚至幾個月才出現『濯足』的記載，於是有人懷疑這並不是一般意義上的洗腳，而是性生活或性行為的隱語。這種理解也是一種妄測。因為魯迅日記並非皇帝的起居註，是寫給自己看的，有很大的隨意性。生活中的要事經常有意或無意不錄，小事則經常失記，更何況魯迅生前也並不是每天都洗腳，特別是在寒冬。魯迅日記中濯足的記載時斷時續，其中並沒有什麼隱密之處。比如魯迅 1915 年至 1918 年獨居於北京紹興縣館時，日記中有『夜濯足』的記載，而在與許廣平開始同居的 1927 年十月日記中反無『濯足』的記載，可見『濯足』與性行為並無關聯。再如，魯迅臨終前不久的日記中（如 1936 年九月二十一日，十月十二日）都有『夜濯足』的記載。當時魯迅正在發燒，病情嚴重，當然不會有性生活的雅興。所以，

應該把魯迅日記中的『濯足』如實地解釋為洗腳，而不應作其他的奇想和發揮。」（謝泳編《胡適還是魯迅》第 278 頁）

【補】

作散文詩《戰士和蒼蠅》，載《民眾文藝周刊》第十四號（二十四日），署名魯迅。本文是對孫中山一類「戰士」的歌頌。孫中山於十二日逝世，各界群眾無不痛惜，可是也有人在污衊。此文即針對這種現象而發。作者在隨後寫的《這是這麼一個意思》中說：「所謂戰士者，是指中山先生和民國元年前後殉國而反受奴才們譏笑糟蹋的先烈；蒼蠅則當然是指奴才們。」文中說：「有缺點的戰士終究是戰士，完美的蒼蠅也終究不過是蒼蠅。」以蒼蠅反襯戰士，愈顯得所頌者偉大。收《華蓋集》。

　　二十二日　曇。星期休息。上午許詩荃、詩苟來，贈以《苦悶的象徵》、《精神與愛的女神》各一本。長虹來。目寒、霽野來。高歌、培良來。有麟來。午後璿卿、欽文來。下午小雨，晚晴，風。有麟來持去短文一篇。

【箋】

上午許詩荃、詩苟來　許詩荃，名世瑝，詩荃為字。浙江紹興人，1895 年生。許壽裳侄（行二）。1917 年北京大學理科畢業，在北京女子高等師範學校任職。本年底赴甘肅省政府任秘書。詩苟，名世珣，詩苟為字。詩荃弟，1900 年生。1922 年北京大學化學系畢業，後在北洋軍閥政府實業部任職。二人此來，當為看望。

長虹來　此次，當會談到《狂飆》周刊第十七期。該期應於本日出版，是該刊最後一期。高說魯迅為他譯了兩首詩，其中一首已在第十六期刊出，本期應刊有另一首。但這期刊物未能見到。第十六期發表《我們的聲明》，擬進行改革，擴大篇幅，增加內容。本期是否如願改革，不得而知。前日

箋所說對幾種刊物的評價，本次亦可能談及。長虹此次來，不會很快離開，
而跟後來的張目寒、李霽野相遇。

　　目寒、霽野來　是李霽野第一次拜訪魯迅，張目寒引領。張目寒（1903
－1983），安徽霍丘人。是魯迅在北京世界語專門學校教書時的學生。上
年曾有多次來往，並「持示《往星中》譯本全部」，該譯本即為李霽野所
譯。李霽野說：「我在 1924 年七月，翻譯了俄國安特列夫的《往星中》，
很想向魯迅先生請教，但又怕太冒昧。我的一個小學同學張目寒，是先生
在世界語專科學校的學生，他說先生喜歡青年人，常感歎少見青年人的翻
譯或創作，他便把《往星中》譯稿送給先生了。我從《魯迅日記》得知，
這是 1924 年九月二十日。先生第二天便開始看了。1924 年初冬的一個下午，
目寒領我去訪魯迅先生。從先生的文章風格看，我原想他對人的態度一定
是十分嚴肅，令人只生敬畏之心的吧。不料像先生說章太炎一樣，他『絕
無傲態，和藹若朋友然』。」（《魯迅先生與未名社》第 7－8 頁）是魯迅
約他去的，李本人幾次說到。川島在《和魯迅相處的日子》中也說：「魯
迅……看了一遍，以為『在這個時候，青年中竟有愛好俄國文學的人，而
且下了這麼大的功夫譯成中文，很是難得』。就約他們來談，答應出資給
他們印出來……」（第 3 頁）魯迅談話中，講到對李《黑假面人》譯稿的
修改情況。李說：「《黑假面人》的人物譯名，幾乎全給先生改正了，他
笑著解釋說，以中國的名姓譯外國人的名字，也許在懶惰的讀者看著很順
眼，但在譯者是絕對不可以的，譯名是可以隨意寫上幾個字的嗎？這裏也
需要一點斟酌：長體和扁體的字要間雜起來，一律長體或扁體不好看。」
（《魯迅先生與未名社》第 219－220 頁）安徽霍丘另幾人來訪魯迅，也多
由張引領，詳後。目寒這次來，可能還帶了韋叢蕪一篇譯稿。韋叢蕪在《未
名社始末記》中說到李霽野二十六日將他的一篇小說稿寄給魯迅時，接著
說：「記得大約在這前後，目寒曾把我譯的並經過素園對照俄文修改的《窮
人》送給魯迅先生看，曾蒙修改若干處，但日記上竟未記。」（《魯迅回
憶錄》散篇上冊第 296 頁）目寒下一次來，是四月二十一日，一個月以後，
顯然以此次為宜。李又記這次談話總的印象：

　　……笑話是常有的，但卻不是令人笑笑開心的笑話，那裏面總隱藏著嚴肅和諷刺。他的談鋒和筆鋒一樣，隨時有一針見血的地方，使聽者覺得這是痛快不過的談吐。這是魯迅先生所給我的最初的印象，在以後的接談中除了他有時偏于抑鬱，有時偏於愉快外，我覺得沒有什麼大改變。

　　魯迅先生是不斷吸煙的，所以這間小屋裏早就充滿了濃馥的煙了。看出我是怕煙的了，便笑著說，這不免太受委曲，隨即就要去開窗子。我說不怕的，也就趁談話有一段落，起來告辭，因為怕久坐耽擱他的工作。他說，既不怕，那就無妨再坐一時了。所以第一次的訪問經過的時間頗長久，送我們走時他還叮囑常去談天。

　　　　　　　　　　　　　　　　　　（同上第 175 頁）

李、張來之前，有高長虹來訪，後又有高歌和向培良相偕而來，均為狂飆社主要成員。李說他這次來「經過的時間頗長久」，必會跟高長虹或高歌、向培良相遇。不一定交談，但主人會做介紹。

　　有麟來持去短文一篇　本日有麟來兩次，上午來，可能跟高歌等二人相遇。傍晚又來，是為取稿，但不會很快離開。荊在《魯迅回憶斷片》中所記親見魯迅跟許欽文及其朋友有關許的小說集的談話很可能就在這次，也可能聽魯迅講述。荊寫道：

　　許欽文約在民國十一、二年時候，陸續在北京雜誌報章上，發表他以學生為題材的短篇小說，記得在他的第二個集子出版後，他挾著初印成的樣本，與某氏兩個來訪魯迅先生了。某氏當時，講了一個笑話，他說：

「許欽文的第一集短篇小說，只有一個青年太太買了一本，而且看後，到處對人講：說她佩服的不得了。甚至表示，想同欽文作朋友。」

魯迅當即對欽文說：

「那以後再出新集子，我看你還是送她一本罷，不必再要她買了。」

某氏卻說：

「那可糟糕！欽文第一集小說，就賣掉一本呵！」

在場的人，都笑了，魯迅先生也笑了，在笑聲還未了時，魯迅又對許欽文說：

「那不要緊！你更應該送她。為保持你的利益起見，我這裏一本，可不必送了，反正我總得買。」

在欽文與某氏他們走後，我問先生對於欽文的小說意見，先生嚴肅地說：——

「在寫學生生活這一點上，我不及他。」

（《魯迅回憶錄》專著上冊第 131 頁）

這裏所說「某氏」，指陶元慶。所說許欽文新出小說集，指《短篇小說三篇》，北京沉訥齋出版。《莽原》第一期即刊登廣告，說許欽文的《短篇小說三篇》已經出版。這次是送「樣本」，後許送來十本（見四月二十七日日記），魯迅於五月二日「贈長虹及劉君以許欽文小說各一本」。荊有麟所記魯迅說「在寫學生生活這一點上，我不及他」，高長虹後來奉魯迅之命為許欽文小說集《故鄉》所作《小引》，亦說到，可見其真實可靠。持去短文一篇，為《戰士和蒼蠅》。

【補】

　　作啟事《白事》，載《民眾文藝周刊》第十四號（二十四日），署名魯迅。聲明「本刊雖說經我『校閱』，但歷來僅於聽講的同學和熟識的友人們的作品，時有商酌之處，餘者但就筆誤或別種原因，間或改換一二字而已。現又覺此種舉動，亦屬多事，所以不再通讀，亦不更負『校閱』全部的責任。」所謂「聽講的同學」，指荊有麟等在世界語專門學校讀書的人。此聲明當寫於「有麟來」之時，或即同時為有麟「持去」。收《集外集拾遺補編》附錄一。

　　二十三日　曇。午後寄孫伏園信。寄李小峰信。往女師校講。得高歌信。得蔣廷黻信。黎劭西寄贈《國語文法》一本。收前年八月分奉泉百六十五元。夜向培良偕一友來，贈以《苦悶之象徵》一本。復高歌信。

【箋】

　　午後寄孫伏園信　信未見。為本年第三十三封佚信。

　　寄李小峰信　信未見。為本年第三十四封佚信。

　　得高歌信　來信未見。為高歌第二次來信。

　　得蔣廷黻信　來信未見。當是對贈書表示感謝，或另有他事陳述。

　　黎劭西寄贈《國語文法》一本　《國語文法》，黎錦熙著，1924年商務印書館出版。

　　夜向培良偕一友來　向培良友為何人，不知。此來，當有事商榷，魯迅未能說出肯定意見。

　　復高歌信　信未見。為本年第三十五封佚信。

【補】

　　給許廣平寫信，即《兩地書》第六信。信中鼓勵收信人抱著「對於時代環境，懷著不滿，要它更好，待較好時，又要它更更好」的態度，投入

到「打破」舊染缸的偉大事業中，因為「這種漆黑的染缸不打破，中國即無希望」。

　　二十四日　曇。上午得長虹信。午後訪培良不值，留函而出。下午寄李遇安信並文稿。寄蔣廷黻信。寄許廣平信。晚得三弟信，十九日發。欽文來。夜有風。李小峰、孫伏園及惠迭來。寄贈《苦悶之象徵》一本與錢稻孫。

【箋】

　　上午得長虹信　來信未見。為高第一次來信。高辦《狂飆》周刊所依靠之《國風日報》此時遇到困難。《國風日報》是景梅九等幾個山西人於 1911 年二月十日創辦的，景任主筆。它積極宣傳民主主義革命，宣傳孫中山學說，在辛亥革命中發揮了重大作用，孫曾為頒發勳章。以後由景梅九獨力支撐。因反對袁世凱稱帝和張勳復辟，它兩度被查封。景氏在民初信奉無政府主義，1922 年創辦《學匯》專刊，成為國內無政府主義者的一塊最重要的陣地，連續兩年，發表了許多譯介文章和詩文作品，也是石評梅、荊有麟和高長虹等人這一時期發表作品的主要地盤。由於它對北洋軍閥政府的毫不妥協的鬥爭，一直受到軍閥的迫害。前不久孫中山逝世，時在開封的景梅九立即趕回奔喪。接著又發生了幾起變故，使景身心疲憊，經濟情況亦日趨緊張，報紙已難辦下去。《狂飆》周刊第十七期於二十二日出版之時，突接通知，要求停辦。高長虹準備進行的改革只能付諸東流。此次給魯迅寫信，當是報告這一情況的。

　　午後訪培良不值，留函而出　此次往訪，當跟昨天「培良偕一友來」有關。培良住處，不詳。留函，當為便條，不書不計。

　　下午寄李遇安信並文稿　信未見。為致李遇安第六信，本年第三十六封佚信。當說明退還文稿之意。

　　寄蔣廷黻信　信未見。為本年第三十七封佚信。兩人通信僅此一次。

　　寄許廣平信　為《兩地書》第六信，昨日所寫。

　　晚得三弟信　近日出版之《現代評論》第十四期刊有北京大學教授陳百年《一夫多妻的新護符》一文，指周建人和章錫琛發表於上海《婦女雜誌》上的兩篇文章宣揚「一夫多妻」制。疑周建人來信中談及此文，或說已撰文駁答。詳五月六日箋。

　　欽文來　許在《〈魯迅日記〉中的我》中寫道：

> 　　元慶舉辦了個人展覽會以後不久，我到老虎尾巴去，一見面，魯迅先生就認真地對我說：「欽文，我正想和你談談，璿卿的那幅《大紅袍》，我已親眼看見過了，有力量；對照強烈，仍然調和，鮮明。握劍的姿態很醒目！」
>
> 　　「構圖新穎」，我補充，「也平衡。」
>
> 　　這次談話比往常的嚴肅，魯迅先生又認真地說：「我已想過，《大紅袍》，璿卿這幅難得的畫，應該好好地保存。欽文，我打算把你寫的小說結集起來，編成一本書，定名《故鄉》，就把《大紅袍》用作《故鄉》的封面。這樣，也就把《大紅袍》做成印刷品，保存起來了。」
>
> 　　這很出我的意料，暗自驚異，不知道怎樣說才好。
>
> 　　「就這樣吧，」魯迅先生堅決地接著說，「別的以後再說，且先把《大紅袍》做成印刷品，而且要趕快做！」
>
> 　　　　　　　　　　　　　　　　　　　　（第86頁）

展覽會以後，三月下旬，許欽文共來三次，二十二日的一次是跟陶璿卿一起來，二十七日的一次是幾個人「至一小肆飲牛乳」，都不適於談這個題材，因係於此。

　　寄贈《苦悶之象徵》一本與錢稻孫　錢稻孫（1887－1962），字介眉。日本文學研究家。浙江吳興人。錢玄同（見前一月十一日箋）之侄。

其父錢恂為駐日外交官員。本人在日本長大，畢業於東京高等師範學校附中。後又留學意大利，在羅馬大學畢業。回國後，在杭州工作。1912 年四月到北京，在教育部任主事。1915 年兼任京師圖書館分館主任，後改任視學，並在北京大學東方文學系和清華大學等校兼課。抗戰期間墮落為漢奸。

二十五日　晴，風。上午訪李小峰選定雜感。往北大取前年五月分薪水八元，六月分五元。往東亞公司買《學芸論鈔》、《小說研究十二[六]講》、《叛逆者》各一本，共泉四元六角。晚往新民[明]劇場觀女師大哲教系遊藝會演劇。

【箋】

上午訪李小峰選定雜感　選定雜感，即編好《熱風》目錄。送李小峰。由李著手編印，本年十月校閱清樣。

晚往新民[明]劇場觀女師大哲教系遊藝會演劇　據《全集》註，該系學生為往外地實習籌款，在新明劇場演出《愛情與世仇》（即莎士比亞的《羅密歐與茱麗葉》）等劇。魯迅四月八日給許廣平信（《兩地書》一〇信）談及此事：「這回演劇，每人分到二十餘元，我以為結果並不算壞，前年世界語學校演劇籌款，卻賠了幾十元。但這幾個錢，自然不夠旅行，要旅行只好到天津。其實現在也何必旅行，……不如買點心，一日吃一元，反有實益。」

二十六日　晴。上午得培良信。得霽野信並蓼南文稿。午後有麟來。

【箋】

得霽野信並蓼南文稿　來信未見。蓼南，韋叢蕪筆名。韋叢蕪（1905－1978），又名立人。未名社員。安徽霍丘人，韋素園之弟，翻譯工作者，亦搞創作，其長詩〈君山〉在《莽原》半月刊連載多日。韋叢蕪在《未名

社始末記》中說：「1925 年三月二十二日，目寒帶霽野去見魯迅先生，二十六日霽野把我署名蓼南的短篇小說《校長》寄給先生，二十八日先生即轉寄鄭振鐸先生，後來刊登在《小說月報》上，這就是我同魯迅先生的最初關係。」（《魯迅回憶錄》散篇上冊第 296 頁）霽野來信，自是推薦叢蕪文稿的。

　　二十七日　晴。上午往師大講。午後往北大講。得劉弄潮信。同小峰、衣萍、欽文至一小肆飲牛乳。得東亞公司信。下午得孫伏園信。得許廣平信。夜李人燦來。有麟來。復劉弄潮信。雨。

【箋】

　　得劉弄潮信　劉弄潮，四川灌縣人，1905 年生。跟李秉中是四川成都一中同學。1924 年到北京，從事革命活動。唐天然在《對用「火與劍」進行改革者的支援——劉弄潮談魯迅和早期黃埔軍校》中說：「……十一月間，有一天李秉中忽然跑到劉弄潮住的公寓來辭行，說要到廣州去投軍，入黃埔軍校。李說，介紹他去的是魯迅先生，還拿出魯迅親筆寫的一封介紹信給劉看。那信是寫給當時在廣州的中共中央委員，並跨黨兼任國民黨中央執行委員會常委和國民政府中央組織部長的譚平山同志的……他當時親眼看過這封信，留下了深刻的印象。」（《魯迅研究文叢》第二輯第 135 頁）劉本人於本年底被派到吉林長春，做社會主義青年團的工作，後來也到了廣州，黨組織派到黃埔軍校任政治教官，但蔣介石拒不接受，便被安排到南昌行營教導團朱德處工作。魯迅到廣州後，劉正住在中山大學學生宿舍，曾去拜訪，並請魯迅到黃埔軍校做了「文學與革命」的演講。時任北京女師大社會主義青年團交通員，因受李大釗指派，請魯迅指導青年工作，而跟魯迅聯係。是劉第一次來信。文中所說致譚平山信，不計。

　　得許廣平信　為《兩地書》第七信，許於昨「晚」所寫。許當於今日早晨發出，魯迅於「下午」收到。

夜李人燦來　李人燦，時為北京大學學生。上年跟魯迅已有數次來往，曾兩次帶小說稿給魯迅看。跟北京大學的旭社有聯係。

復劉弄潮信　信未見。為本年第三十八封佚信。

二十八日　曇。上午得高歌信。新潮社送來《苦悶之象徵》十本。午後大風，晴。寄三弟信，附致鄭振鐸信並蓼南稿。寄《苦悶之象徵》四本分贈振鐸、堅瓠、雁冰、錫琛。收十二年八月分奉泉十七元，又九月分者百六十五元。還季市泉百。夜劉弄潮來。有麟、崇軒、陸士鈺來。

【箋】

上午得高歌信　來信未見。為高歌第三次來信。

寄三弟信，附致鄭振鐸信並蓼南文稿　兩信均未見。為本年第三十九封、第四十封佚信。如二十四日「得三弟信」中談及陳百年文章，則此「寄三弟信」亦會談及。詳五月六日箋。鄭振鐸（1898－1958），筆名西諦、C.T.郭源新。文藝學家、版本目錄學家、考古學家。文學研究會發起人之一。福建長樂人。因家庭困難，勉強讀到中學畢業。1917 年考上免費的北京鐵路管理學校。後與瞿秋白、耿濟之、許地山結為好友。1920年創辦《人道》月刊，又跟沈雁冰（茅盾）、葉聖陶等發起成立文學研究會，被推為書記幹事。1921 年四月在上海編《時事新報・學燈》，曾函請魯迅為《小說月報》寫稿。五月到商務印書館編譯所工作，主編《文學旬刊》、《戲劇月刊》、《文學研究會叢書》。1922 年創辦《兒童世界》，並在上海大學任教。1923 年調任《小說月報》主編後，經常跟魯迅通信。本年參與主編《公理日報》，參加發起「中國濟難會」，和郭沫若等四十三人聯名發表〈人權保障宣言〉。致鄭信，當主要是推薦韋叢蕪（即蓼南）文稿的。

寄《苦悶之象徵》四本分贈振鐸、堅瓠、雁冰、錫琛　振鐸見前。堅瓠，不詳。《日記》僅此一見。雁冰（1896－1981），姓沈，原

名沈德鴻，雁冰為字，筆名茅盾、方璧、郎損、玄珠等。現代傑出作家。文學研究會發起人之一。浙江桐鄉人。1913 年考入北京大學預科第一類。1916 年到上海商務印書館編譯所任職，從此開始了早期的文學活動。1920年十一月，和鄭振鐸、葉聖陶等發起成立文學研究會，提倡「為人生」的現實主義文學。1921 年任《小說月報》編輯。1924 年四月起，常跟魯迅有書信來往。錫琛，（1889－1969），姓章，字雪村。出版家。浙江紹興人。1921 年至 1925 年在上海商務印書館編輯《婦女雜誌》。1926 年初辭去《婦女雜誌》編輯職務，自行創辦《新女性》雜誌，又跟章錫珊創辦開明書店，後又設美成印刷公司。以前偶有來往。此時發生因討論「新性道德」問題而展開的爭論，章跟周建人觀點相同。現在贈書給章，顯有支持之意。詳五月六日箋。

　　還季市泉百　此「還」，是在何處？從《日記》看，全天沒有外出。前一句「收奉泉」亦不明地點，或由何人送來。當不會由許帶來、順便還錢，應是兩回事。有可能「赴部」。總之，跟許見了面。本月，得許廣平信前見面一次，得許信後見面三次（包括同看陶元慶繪畫展覽的一次），而除參觀展覽的一次都寫得不夠清楚。

　　夜劉弄潮來　是劉第一次來寓。談話題目當在政治上，涉及社會主義等意識形態。

　　有麟、崇軒、陸士鈺來　陸士鈺，為荊有麟、胡也頻編輯《民眾文藝》的助手。僅此一見。胡崇軒一月八日曾來一次。那以後，胡去煙臺，寫一同性戀小說，據荊有麟回憶，魯迅對那篇小說甚為讚賞，立即轉給《語絲》發表。但《日記》不載，《語絲》也無胡作發表。三人此來，當是看望，並談《民眾文藝》情況和約稿。是否會帶有此一小說？

　　二十九日　晴，風。星期休息。午後有麟來。下午曙天、衣萍來。伏園、惠迭來。收京報社二月分稿費四十。夜劉弄潮來。培良來。長虹來。

【箋】

　　夜劉弄潮來　是劉第二次來寓。當繼續昨天話題。

　　培良來。長虹來　二人先後來到。談話可能集中在刊物上，並涉及「思想革命」。《狂飆》週刊已停辦，高長虹是否會說到他開展狂飆運動的計畫？

【補】

　　作致徐旭生信，談對收信人十六日信（對魯迅十二日信的回復，同載《猛進》週刊第三期）的讀後意見，徐於收到後又作一復信，同載《猛進》第五期（四月三日），繼上次議論開展「思想革命」後，本次討論辦一個「專講文學思想的月刊」之事。徐在來信中提議將《語絲》和他主編的《猛進》跟《現代評論》「集合起來」，「辦一個專講文學思想的月刊」，魯迅表示反對。他說，那樣一來，「即不免有互相遷就之處」，使刊物「變為和平中正，吞吞吐吐的東西，而無聊之狀於是乎可掬」。這話成了後來寫《論「費厄潑賴」應該緩行》的前奏。跟上次通信一起，以《通訊》為題，附徐的復信，收《華蓋集》，編為「二」。

　　三十日　晴。上午寄徐旭生信。午後往女師校講並收去年五月分薪水八元五角。

【箋】

　　上午寄徐旭生信　為本年第七封存信。見昨日補。

　　午後往女師校講　本次，或本次前後幾次，在講《苦悶的象徵》時，講到直系軍閥吳佩孚。劉弄潮在《甘為孺子牛，敢與千夫對——緬懷終身難忘的魯迅先生》中說：「……如吳佩孚『秀才』，當他橫行洛陽屠殺工人的時候，他並沒有做所謂的『詩』，等到『登彼西山，賦彼其詩』的時候，已經是被迫下臺『日暮途窮』了，豈非苦悶也哉？！先生的話音剛落，全場哄堂大笑不止，因為當時北京各報，正登載吳佩孚逃竄河南『西山』，

大做其詩的趣聞。魯迅早就注意教育青年打倒封建軍閥，所以隨口成趣，大有『哀其無聊，付之一笑』的神態，而他自己卻莊重沉著，臉上沒有絲毫笑意，使我在這特有的感慨中，領悟兇惡必斃，正義必勝的信念，在我的腦海裏深深地留下了他那『外冷內熱』的革命者的高大形象。」按，吳為直系軍閥首領。上年九月十八日，第二次直奉戰爭爆發，一個多月後戰敗，馮玉祥部回師北京，包圍「總統府」，曹錕被囚，顏惠慶內閣被推翻，溥儀被驅逐出故宮，當時稱為「首都革命」。本年一月十五日，吳佩孚下野，居於河南洛陽。此時正在大做其壽。

三十一日　晴。上午衣萍來。下午寄小峰信。晚往廠甸。夜有麟來。

【補】

給許廣平寫信，即《兩地書》第八信。當寫於夜裏。信中對辛亥革命的經驗教訓做了總結。說：「最初的革命是排滿，容易做到的，其次的改革是要國民改革自己的壞根性，於是就不肯了。所以此後最要緊的是改革國民性，否則，無論是專制，是共和，是什麼什麼，招牌雖換，貨色照舊，全不行的。」魯迅堅持「對於根深蒂固的所謂舊文明，施行襲擊，令其動搖，冀于將來有萬一之希望」。他表示「我現在還要找尋生力軍，加多破壞論者」。

讀本日《京報副刊》趙雪陽給孫伏園信，有感而作《這是這麼一個意思》。趙雪陽信中轉述某學者的話，說「他們弟兄（自然連周二先生也在內了）讀得中國書非常的多」，「如今他們偏不讓人家讀……這是什麼意思呢！」文中說，勸青年「要少──或者竟不──看中國書」，猶如知道酒喝多了會害腸胃，勸青年「你不要喝酒」而自己「有時戒除，有時也還喝」一樣。載三日《京報副刊》，署名魯迅。收《集外集拾遺》。

四　月

大事記

　　七日，全國私立大學聯合會在北京成立。

　　十二日，全國女界各團體在北京女子師範大學舉行聯席會議，一致決議成立「中國女界聯合會籌備會」，推夏之栩、石道璠等三十二人為籌備委員，女師大學生李桂生、張平江、蒲振聲在內。以女師大為辦事處。

　　十四日，章士釗以司法總長兼任教育總長，揚言要「整頓學風」。

　　十八日，劉百昭被任為教育部專門教育司司長。

　　同日，《京報》被禁止發行。二十三日，《民生周刊》出至第八十八期，被警署查封。

　　二十二日，中共中央機關刊物《新青年》改為不定期刊，本日出版第一號，為《列寧專號》，譯載了列寧的三篇文章，並發表《中國共產黨第四次代表大會對於列寧逝世一周年紀念宣言》，號召工農大眾要努力瞭解列寧主義，實行列寧主義。

　　一日　曇，風。上午寄許廣平信。寄伏園短文。下午還齊壽山泉百。收《東方雜誌》一本。收《支那二月》第二期一分。晚孫席珍來。張鳳舉來。

【箋】

　　上午寄許廣平信　為《兩地書》第八信，昨日寫。

　　寄伏園短文　即《這是這麼一個意思》。

下午還齊壽山泉百　齊壽山（1881－1965），名宗頤，壽山為字。河北高陽人。是著名戲劇家齊如山的弟弟。留學德國。1912 年任教育部社會教育司第三科科員，後改任視學。兩人共事近十五年，有深厚的友誼，交往甚多。齊對魯迅在經濟上常有幫助，魯迅買八道灣房子和西三條房子，都曾得過齊的援手。當在教育部見面時還。

收《支那二月》第二期一分　《支那二月》，中文文學雜誌，為月刊。應修人等編，湖畔詩社出版。本年二月創刊，五月出至第四期停刊。

二日　晴，午後曇。馮文炳來。紫佩來。夜衣萍來。

【箋】

馮文炳來　是馮第二次來。馮在本年十二月十四日發表於《京報副刊》的《從牙齒念到鬍鬚》中寫道：

> 　　魯迅先生我也只見過兩回面，在今年三四月間。第一次令我非常的愉快，悔我來得遲。第二次我覺得我所說的話完全與我心裏的意思不相稱，有點苦悶，一出門，就對自己說，我們還是不見的見（引者按，疑此字為「好」之誤）罷，——這是真的，我所見的魯迅先生，同我在未見以前，單從文章上印出來的，能夠說有區別嗎？
>
> 　　從此我沒有見魯迅先生，然而有時我還是覺得要見一面的，記得一天傍晚，我在大路旁閒步，從我後面馳過去一乘洋車，坐車的好像是魯迅先生，特別是因為那鬍子同外套，我預備急忙的去拉他的手，——車子走得遠了。
>
> 　　……

此處作者說他跟魯迅「見過兩回面」，「第一次令我非常的愉快」。但那次來，魯迅並不在家，因而「未見」，見前二月十五日。本次，在作者看

來應是「第二次」，談得「有點苦悶」，以致不想再見。如果說這是第一次，那第二次便失記了。如果說這是第二次，那第一次便是二月十五日，《日記》說「未見」是誤記。馮後來寄過一次信（九月十七日），在上引文章發表一星期後（十二月二十二日）還來過一次，亦「未見」。詳後。

　　三日　晴，風。上午往師大講。午後往北大講。淺草社員贈《淺草》一卷之四期一本。夜有麟來。雲松閣李慶裕來議種花樹。得趙其文信。

【校】

　　淺草社員……　「贈」字後手稿有一「我」字，後刪去。

【箋】

　　淺草社員贈《淺草》一卷之四期一本　淺草社，為一文藝社團，由林如稷於 1922 年冬在上海發起組織，成員有陳煒謨、陳翔鶴等。1923 年三月編輯出版《淺草》，為文藝季刊，上海泰東書局發行。十六開本。共出四期。第一、二期由林主編，第三、四期陳煒謨主編。同時在上海《民國日報》編輯《文藝旬刊》，後改周刊，先後由王怡庵和陳承蔭負責。後林如稷赴法國留學，陳翔鶴到北京，淺草社名存實亡。第四期陳煒謨早已編好，直到本年二月才出版。本年秋天，陳煒謨從南京旅行回來，馮至也從故鄉重返北京，他們和陳翔鶴、楊晦等另行組成沉鍾社。此「淺草社員」為誰？魯迅 1926 年四月十日作《一覺》，云：「我忽然記起一件事：兩三年前，我在北京大學的教員預備室裏，看見進來了一個並不熟識的青年，默默地給我一包書，便出去了，打開看時，是一本《淺草》。」即指此事。馮至在寫於 1978 年八月十五日的《魯迅與沉鍾社》中說，《淺草》為他所贈：「那天下午，魯迅講完課後，我跟隨他走到教員休息室，把一本用報紙包好的《淺草》交給他。他問我是什麼書，我簡短地回答兩個字『淺草』。他沒有問我的名姓，我便走出去了。」（《魯迅回憶錄》二集第 7 頁）《全

集・一覺》註釋和《馮至全集》第十二卷附《馮至年譜》，均沿襲此說。《博覽群書》2002 年第十二期趙麗霞《送給魯迅的書》，詳述「贈」刊過程。龔明德在《清泉》撰文，認為：一，那本《淺草》為陳煒謨所編，馮至看到後，以「錯誤太多」，很不滿意，曾在給楊晦信中談及，他「絕對不會送給魯迅」，馮於魯迅收到刊物第二天寫給楊晦信中，亦未提及送魯迅刊物事；二，魯迅說送刊物者「並不熟識」，其意是「似曾相識，印象中晤過面，但沒有熟到一見就可以叫出名字的地步。這個人，只能是陳煒謨。」陳於 1924 年七月三日隨陳翔鶴跟郁達夫一起訪魯迅，魯迅記得他是淺草社員，姓陳，名字未記住，正是「不熟識」。而馮至，第一次見魯迅是在一年之後的 1926 年五月一日，這時《一覺》也已寫出，他應是「一個陌生的青年」；三，馮至的回憶跟魯迅「一覺」不符，從馮至給他人信中所說魯迅收到《淺草》前一夜他跟陳煒謨談話情形看，「我敢說，當時馮至壓根兒就一點兒不知道陳煒謨給魯迅送了一本《淺草》，直到馮至讀到《一覺》才知道。」龔此考證甚有力。龔又指出，早在 1946 年「已有當年知情人公開刊佈此事史實真相的輪廓」，1956 年「再一次地著文更加明確地強調此事史實真相」。可見，馮至乃有意竄改史實，趙麗霞在《博覽群書》文中把魯迅《一覺》中「並不熟識」改為「並不熟悉」，亦「可能係有意為之」。

　　雲松閣李慶裕來議種花樹　李慶裕，北京琉璃廠雲松閣店主。此人七十年代尚在。《魯迅研究資料二輯》載吳鳳崗函稱：「1976 年十月訪問原琉璃廠『雲松閣』主人李堯臣之子李慶裕老先生（現年七十九歲），他是魯迅當年所熟識的人。《魯迅日記》1925 年四月三日曾提到他。《文物參考資料》1956 年十期《魯迅對歷史文物的研究》一文中也介紹了李和魯迅的事蹟。據李說魯迅常去他家開的文物店購物。他家門上的橫匾是『李竹庵』三字，是他祖父的名字，兩橫匾是何人題字，已記不清。窗上的橫匾是『雲松閣』三字，是店名。據告雲松閣古玩鋪在西琉璃廠路南一百四十九號，一間門面，門靠西，窗靠東。門東西兩邊各懸一長匾，文字相同：『雲松閣收買古錢』。此外，琉璃廠當時並無李竹齊、或李竹泉其人其店。」

「看來《魯迅日記》中凡寫李竹齊、李竹泉處，均是誤筆。只有 1924 年九月十八日一條所記『李竹庵』是正確。」顯然該店為一文物商店，鄧雲鄉在《魯迅與北京風土》第 19 頁的註釋中推測其為「花廠」，恐不當。但它似也經營庭院花木種植，或因長於此，魯迅有求，便也答應了。《日記》中另有「松雲閣」之名，見前二月三日箋。

　　得趙其文信　來信未見。為趙第三次來信。

　　四日　晴。午後欽文來。得孔憲書信。下午收《婦女雜誌》一本。夜培良、有麟來。

【箋】

　　夜培良、有麟來　二人來，可能談到《狂飆》的出路。《狂飆》出到十七期（三月二十二日）因《國風日報》之故突然停刊。高長虹說：「當由兄弟周刊而變成朋友周刊的《狂飆》停刊之後，便是快入於《莽原》時期的時候了。但中間也還又有一點牽連，頗有一述的必要。當時有一個朋友願意介紹《狂飆》到《京報》做一附屬物，條件卻是要他加入狂飆社。培良是偏於主張這樣辦的。聽說那時魯迅也贊成這樣。我同高歌是反對這樣辦法。因為這個朋友，我們知道是不能合得來的，再則我們吃盡了附屬的苦，而且連自己的朋友都隔膜太多。《狂飆》遂不得再出。」（《高長虹文集》中卷第 149 頁）此處說「當時有一個朋友願意介紹《狂飆》到《京報》做一附屬物」，即指荊有麟。說「聽說那時魯迅也贊成這樣」，當為這次議論時所談。三閒居曰，這段話透露出以下幾點：（一）荊有麟在向魯迅提出到《京報》辦一附刊（即後來的《莽原》）之前，先向高長虹等人提出，把《狂飆》移到《京報》去出，而高長虹沒有同意。（二）高長虹之所以沒有同意，一因荊有麟以他參加狂飆社為條件，而高長虹對荊有看法，不願意吸收荊參加狂飆社；二因先前《狂飆》附屬《國風日報》，已經吃到苦頭，他不想再依附他人，而失去自己的獨立性。（三）荊有麟和向培良把《狂飆》移到《京報》的計畫受挫，於是轉向魯迅，提出另辦

一個刊物，這才催生了《莽原》，高長虹頭腦中《莽原》代替了《狂飆》的想法即由此而來。（四）因為這事由荊有麟居中跟《京報》的邵飄萍聯係，而向培良是幫著荊有麟說話的，所以在籌辦《莽原》時這兩人都被邀參加。此次談話，也可能發生在七日晚上，今晚是最早日子。參看十一日「夜買酒」箋。

【補】

作雜文《夏三蟲》，載《民眾文藝》周刊第十六號（七日），署名魯迅。所謂夏三蟲，指蚤、蚊、蠅。作者把為北洋軍閥政府叫好的文人比作蚊和蠅，說它在吸血之前總「要哼哼地發一篇大議論」，或者喜歡「舔一點油汗」，又愛在「無論怎麼好的，美的，乾淨的東西」上拉屎。收《華蓋集》。

　　五日　晴。星期休息。上午得三太太信。得李庸倩信，三月廿日粵寧縣發。雲松閣來種樹，計紫、白丁香各二，碧桃一，花椒、刺梅、榆梅各二，青楊三。午後孫席珍來。收俞小姐所送薄荷酒一瓶，袁陶盦所送自作山水一幅。下午得趙其文信，即復。寄李小峰信。晚衣萍來。夜培良等來。長虹等來，以《苦悶之象徵》二本託其轉寄高歌。

【箋】

得李庸倩信　來信未見。為李南下後第五封來信。

收俞小姐所送薄荷酒一瓶，袁陶盦所送自作山水一幅　俞小姐，俞芬。袁陶盦，浙江紹興人，畫家，善作山水花鳥，袁志先父。上年五月十三日，魯迅「託俞小姐乞畫於袁陶盦先生，得絹地山水四幀」。這次是袁「自作」。「託俞小姐乞畫」之俞小姐，仍為俞芬。此處薄荷酒和山水畫，當一起託人送來。許羨蘇在《回憶魯迅先生》中寫到此人：「她父親袁陶盦是個國畫畫家，魯迅先生曾通過俞芬託他畫過畫（從日記上查

到共五張，但整理故居並無此類畫）。」（《魯迅回憶錄》散篇上冊第315頁）她，指袁志先，見三月八日箋。

　　下午得趙其文信，即復　來信未見。為趙第四次來信。復信亦未見。為復趙第二信，本年第四十一封佚信。

　　寄李小峰信　信未見。為本年第四十二封佚信。

　　六日　曇。補昨清明節假。上午孔憲書來。下午欽文來，贈以《精神與愛之女神》一本。得李遇安信並詩文稿。夜得許廣平信。

【箋】

　　夜得許廣平信　為《兩地書》第九信，許廣平當日所寫。此信原來長約近三千字。由校中情形說到人生態度，鬥爭方法。有「現在呢，革命分子與頑固派打成一起，處處不離『作用』，損人利己之風一起，惡劣分子也就多起來了」之慨。信中說：「我每日自上午至下午三四時上課，一下課便跑到哈德門之東去作『人之患』，直至晚九時返校，再在小飯廳自習，至午夜始睡。」此信當寫於上午。編入《兩地書》時，刪去了《現代評論》作者背景的一句，刪去了丘八何嘗不是「發財主義」之後的一大段議論，刪去了對錢玄同的評論。

　　七日　晴。下午寄女師校註冊部信。寄許廣平《猛進》五期。晚得李遇安信並詩稿。夜有麟、培良來。得鄭振鐸信。衣萍來。

【箋】

　　下午寄女師校註冊部信　信未見。為本年第四十三封佚信。

　　寄許廣平《猛進》五期　《猛進》，由徐旭生、李玄伯等人主辦的政治性綜合刊物。1925年三月六日創刊。徐任主編，北京大學猛進社發行。每周五出版。以自由討論、追求真理為宗旨。內容側重於時事政治評

議和對國家現狀與發展的討論，以及對政治制度、哲學思想、教育思想、歷史等方面的研究，也刊登小說、散文、詩歌等文學作品。不分欄目。共出五十三期，1926 年三月十九日停刊。第五期出版於本月三日。

　　夜有麟、培良來　這次可能談到《狂飆》的出路。詳四日箋。

　　得鄭振鐸信　來信未見。據九日箋，鄭氏此次來信，是他「想看看《西湖二集》……問他有沒有此書」的。

【補】

　　作《一個「罪犯」的自述》，載《民眾文藝》周刊第二十號（五月五日），署名魯迅。前有附記，說「《民眾文藝》雖說是民眾文藝，但到現在印行的為止，卻沒有真的民眾的作品」，現在「我竟有了介紹這一類難得的文藝的光榮」，是「一個被獲的『搶犯』做的」。收《集外集拾遺》。

　　八日　晴，大風。休假。午後矛塵來。下午衣萍、曙天來。品青、小峰、惠迭來。得趙其文信。靜恆來。

【箋】

　　午後矛塵來　矛塵（1901－1981），原名章廷謙，矛塵為字，筆名川島。浙江上虞人。散文家。《語絲》主要撰稿人。1915 年隨親友到太原，入山西省立一中讀書，後入山西大學預科，又升哲學系。1919 年轉北京大學哲學系。1922 年畢業後留校，任校長室西文秘書兼哲學系助教，開始在《晨報副鐫》發表作品。上年十一月二日，參加由孫伏園、周作人等發起的聚餐會，商議創辦《語絲》周刊，為最初列名撰稿的十六人之一。跟魯迅相交於 1923 年四月八日，那天「伏園攜惠迪來，因並同二弟及豐一往公園，又遇李小峰、章矛塵，同飲茗良久」。後魯迅每出書，都贈一本。在魯迅跟現代評論派和章士釗等人的鬥爭中，他一直跟魯迅在一起。1926 年魯迅南下廈門後不久，他也到廈門大學任教。上次交往是在《語絲》籌辦期間和問世之初。決定創辦《語絲》後，他跟伏園三次來訪。十二月他來兩次。章在《魯迅先生生活瑣記》中說：「當魯迅先生住在北京西三條時，

你去訪問他，一敲大門，出來開門的往往是他；辭出時送出來關大門的也是他自己；坐下談天，給你泡茶倒茶的是他自己；湊巧家裏有炒花生，有糖果點心時，拿出來盛著食物的餅乾盒餉客的也是他自己。」（《魯迅回憶錄》散篇上冊第 327 頁）

　　得趙其文信　來信未見。為趙第五次來信。

　　靜恒來　靜恒，十日還來一次，姓唐，不詳。共兩見。

【補】

　　給許廣平寫信，即《兩地書》第一〇信。繼續對孫中山領導的辛亥革命進行總結。說「改革最快的還是火與劍，孫中山奔波一世，而中國還是如此者，最大原因還在他沒有黨軍，因此不能不遷就有武力的別人。」

　　給趙其文寫信，現存。為復趙第三信。係據 1939 年十月十九日成都《華西日報·華西副刊》所載《感激是於自己有害的——關於魯迅先生的兩封信》一文抄錄。稱呼在發表時被收信人略去。收《書信》。

　　給劉策奇寫信，載《歌謠》周刊第八十七期（十九日）。劉策奇（1895－1927），又名小珍，筆名嘯真。廣西象縣（今象州）人。出身于書香門第，其父為清朝拔貢，胞兄曾在廣州孫中山大元帥府供職。自幼聰穎好學，興趣廣泛。在府中學堂畢業後，先後到廣州、南寧求學和謀職，1923 年回故鄉教書，同時致力於民俗學研究。曾在北京大學《國學》和《歌謠》周刊發表《瑤俗零簡三二》、《瑤人的婚姻》、《劉三姐的故事》等文。鍾敬文稱其為「中國民俗學開倡時代的致力者」。本年初，拋棄教書生涯，投身革命鬥爭，在當地組織「象州革命青年社」，初步接觸了馬克思主義。魯迅因讀到劉在《歌謠》周刊第八十五期（五日）發表的《明賢遺歌》而寫此信，稱對方「留心此道」，談及好幾本書，提供了一些研究線索。劉在《明賢遺歌》中介紹了清初愛國詩人歸莊的《萬古愁曲》，表現了強烈的反帝反封建精神和民族主義思想，發出了「民眾啊！快起！」的呼聲。收《書信》。

　　　九日　晴。上午寄趙自成信。寄趙其文信。寄劉策奇信。寄許廣平信。寄任國楨信。下午寄鄭振鐸信並《西湖二集》六本。

【箋】

　　上午寄趙自成信　信未見，為本年第四十四封佚信。趙自成，廣西靈川人。曾在北京大學俄文系讀書。僅此一見。

　　寄趙其文信　為昨夜所寫，見前。為本年第八封存信。

　　寄劉策奇信　為昨夜所寫，詳昨日註。為本年第九封存信。

　　寄許廣平信　為《兩地書》第一〇信，為昨日所寫。見前。

　　寄任國楨信　信未見。為致任第五信，本年第四十五封佚信。

　　下午寄鄭振鐸信並《西湖二集》六本　信已不存，為本年第四十六封佚信。但留有殘句。收信人在魯迅逝世後作《永在的溫情》，內說：「後來，我很想看看《西湖二集》（那部書在上海是永遠不會見到的），又寫信問他有沒有此書。不料隨了回信同時遞到的卻是一包厚厚的包裹。打開了看時，卻是半部明末版的《西湖二集》，附有全圖。我那時實在眼光小得可憐，幾曾見過幾部明版附插圖的平話集，見了這《西湖二集》為之狂喜！而他的信道，他現在不弄中國小說，這書留在手邊無用，送了給我吧。……」（《魯迅回憶錄》一集第 90 頁）吳作橋《魯迅書信鈎沉》和劉運峰編《魯迅佚文全集》，均以「我現在不弄中國小說，這書留在手邊無用，送了你吧。」為文本，作為殘簡收入。《西湖二集》，小說，明末「武林濟川子」周楫（字清源）撰，共三十四卷，每卷平話一篇。內容多演古今故事，且都與西湖相關。為「借他人之酒杯，澆自己之塊壘」而作，文筆流暢，氣味亦佳。附《西湖秋色一百韻》，分訂六冊。名為二集，當有初集，但未見著錄，《西湖二集》第十七卷提到。周楫，曾撰《西湖說》，才華「舉世無兩」，卻「懷才不遇，蹭蹬厄窮，而至願為優伶……」

十日　晴。上午得任國楨信。往師大講。午後往北大講。贈矛塵、斐君以《苦悶之象徵》各一本。寄李小峰信。下午寄衣萍信。得三弟信，七日發。夜唐靜恒來。

【箋】

贈矛塵、斐君以《苦悶的象徵》各一本　斐君，姓孫，名桂丹，斐君為字。章矛塵妻子。黑龍江安達人，1897 年生。1922 年北京女子高等師範學校畢業，1924 年跟川島結婚。本年在河北省立高級中學任教。

寄李小峰信　信未見。為本年第四十七封佚信。

下午寄衣萍信　信未見。為致章衣萍第一信，本年第四十八封佚信。

【補】

據荊有麟《魯迅回憶斷片》，他今天應來一次。《斷片》中說，為籌備《莽原》而「五人吃酒」，在「第二天」。詳明日。

十一日　晴。上午得趙其文信，午復。寄三弟信。欽文來。午後俞芬、吳曙天、章衣萍來，下午同母親遊阜成門外釣魚臺。夜買酒並邀長虹、培良、有麟共飲，大醉。得許廣平信。得三弟信，八日發。

【校】

章衣萍來　此句後用何標點，可兩讀。如用句號，意味著俞等未「同母親遊」。《全集》用逗號，當根據手稿「來」後未隔斷也，為一種理解。

【箋】

上午得趙其文信，午復　來信未見。為趙第六次來信。為復趙第四信，本年第十封存信。據收信人《感激是於自己有害的──關於魯迅先生的兩封信》一文抄錄。收《書信》。

寄三弟信　信未見。為本年第四十九封佚信。

午後俞芬、吳曙天、章衣萍來　魯迅昨天寄信給章衣萍，當有事，章衣萍等人來，自在讀到來信之後。

下午同母親遊阜成門外釣魚臺　釣魚臺，在阜成門外四里許，是北京西郊遊覽勝地。早在金代，就很有名，金章宗曾在此釣魚，故稱釣魚臺。元代稱玉淵潭。1914 年溥儀出宮後，此地遂成為一般市民的遊樂場所。據川島《和魯迅相處的日子》，「有一年的春天，我們有八九個人跑去要魯迅先生和我們一起騎驢去玩，魯迅先生就和我們一起出來，騎驢到釣魚臺。」（第 8 頁）因此這至少是魯迅第二次遊釣魚臺了。

夜買酒並邀長虹、培良、有麟共飲，大醉　係籌備出版《莽原》周刊。孫伏園因魯迅《我的失戀》被代理總編撤下憤而辭《晨報》而到《京報》後，《京報》發行量大增，邵飄萍受到啟發，決定在副刊外，完善附刊，做到每天一張，周而復始。此事委託荆有麟籌劃。荆和向培良先跟高長虹商量，提出把《狂飆》移到《京報》去，做一附屬物，遭高長虹拒絕，見前四日箋。前計不成，才找魯迅。遂有這次「買酒共飲」。高長虹在四日所引話後接著說：「過了幾天，我便聽說魯迅要編輯一個周刊了。最先提議的，大概是魯迅，有麟，培良吧。我也被邀入夥，又加了衣萍，這便組成了那一次五人吃酒。」（《高長虹文集》中卷第 149 頁）荆在《魯迅回憶斷片》中說：

> 《語絲》一發刊，伏園在《晨報》辭職的事，被《京報》主人邵飄萍曉得了。便聘了伏園去，為他編副刊。當時的《京報》，以消息靈通見長，故在政界上很有勢力。但因編輯方法呆板，又少學術空氣，所以在青年界沒有引起注意。可是伏園一進去，情景便大不同了。當時報紙的銷量增加，連邵飄萍本人，都為之吃驚，他看出了文化的力量。便約我去為他計畫七種附刊。——即副刊之外，每天有一種周刊，一星期周而復始，這辦法，在上海《民國日報》實行過，但在北方，還係創舉。——當時共出了文學、婦女、圖畫、戲劇、

民眾文藝等等。俟後，因思想關係，我們很反對專捧女戲子的戲劇周刊，飄萍很痛快地將戲劇周刊停刊，要我約魯迅先生。他很贊成，他當時說：

「我們還應該擴大起來。你看，《現代評論》有多猖狂，現在固然有《語絲》，但《語絲》態度還太暗，不能滿足青年人要求。稿子是豈明他們看的，我又不大管。徐旭生先生的《猛進》，倒很好，單槍匹馬在戰鬥，我們為他作聲援罷。你去同飄萍商議條件，我就寫信約人寫文章。」

第二天晚上，我們便聚集在魯迅先生家裏吃晚飯，當時到場的，我記得有：許欽文、章衣萍、高長虹、向培良、韋素園，等等……

（《魯迅回憶錄》專著上冊第 200－201 頁）

荊所列名單有誤，許欽文和韋素園沒有參加。高長虹在《給魯迅先生》中說：「《莽原》本來是由你提議，由我們十幾個人擔任稿件的一個刊物，並無所謂團體，形式上的聚會，只有你，衣萍，有麟，培良及我五人的一次吃酒。」即在魯迅所記四人外，加章衣萍。情況可能是：魯迅本來只邀了高長虹、荊有麟和向培良，連他共四人。可巧章衣萍來寓，便也參加進來，所以在高長虹看來，成了五人。前引高在《1925，北京出版界形勢指掌圖》所說「又加了衣萍」，其口氣，跟前幾人明顯不同。說到自己，是「我也被邀入夥」，顯得自己出於被動，這恐怕正是高長虹的心理狀態——他對辦《莽原》並不是很積極的。從魯迅方面說，他顯然更看重高長虹，所以《日記》中把他寫在前面。說「共飲，大醉」，其興奮之情可見。高長虹本來是想開展狂飆運動，又想出國，現在受魯迅邀請，而且受到器重，便接受下來，努力完成。這是魯迅第一次跟青年人合作，也是他所編第一個重要刊物。

　　得許廣平信　為《兩地書》第一一一信，許前一晚寫。亦為長信，有「風潮鬧了數月，不死不活」的慨歎。寫到今日「女文學家的特徵」時，舉了評梅、晶清、冰心、盧隱等人，編入《兩地書》時全刪去。署名前加「（魯迅先生所承認之名）小鬼」字樣。以前稱「學生」或「小學生」，有的加字首。此後寫信，署名前大都加「小鬼」二字。

　　十二日　晴，大風。星期休息。下午小峰、衣萍來。許廣平、林卓鳳來。晚寄李遇安信並還詩稿一篇。

【箋】

　　許廣平、林卓鳳來　是許廣平第一次來訪。林卓鳳，女，字悟真，廣東澄海人，1906 年生。時為北京女子師範大學國文系學生，跟許廣平同鄉、同室。後轉入北京師範大學。1928 年畢業後曾任中學教員。她是許、魯最初交往的主要見證人。許寫第一信，給她看過；許這次初訪魯寓，邀她相陪。魯寓在阜成門西三條胡同二十一號，上年（1924）五月二十五日遷來。是一所三開間小四合院，正房當中一間的後面接出十多平米的小間，俗稱「老虎尾巴」，是魯迅的書房兼臥室。朝北開窗，上半裝滿玻璃。窗下是一硬板單人床。一桌一椅（藤製）一書架。牆上掛有司徒喬等人的畫作、日本藤野先生的照片及對聯。陳設簡樸而素雅。許廣平在《魯迅先生與女師大事件》開頭詳細寫到了這次探訪的情形：「並不需要很多時間的等待，由一位花白頭髮的女工友招呼，走進黑漆的大門，經過點綴著兩三棵棗樹之類的不很寬大的院子，朝南就是三開間，特別的卻是當中的一間後面還緊接著有像上海普通的亭子間大小的一間房子，那就是孫伏園先生在《哭魯迅先生》的文章裏所說的『鞭策全民族往前猛進的偉業』的『先生的工作室老虎尾巴』（引者按，『老虎尾巴』是他人的叫法，魯迅自己以『灰棚』相稱，見許羨蘇《回憶魯迅先生》）。小小的房間裏被一層朝霧似的煙瀰漫著，走進煙霧裏看見魯迅先生站起來打招呼，叫我們坐在僅有的兩張預備給客人坐的木椅子上，同時又分明看到坐在床上的兩三位先

到的客人。」（見《欣慰的紀念》，《許廣平文集》第二卷第 109 頁。引者按，許在《魯迅先生的香菸》一文中，寫了她「頭一次到他北京寓所訪問之後」的「深刻的印象」，是抽煙很多，從略）事後許廣平寫信（《兩地書》一三信）說：「『尊府』居然探檢過了！歸來後的印象，是覺得熄滅了通紅的燈光，坐在那間一面滿鑲玻璃的室中時，是時而聽雨聲的淅瀝，時而窺月光的清幽，當棗樹發葉結實的時候，則領略它微風振枝，熟果墜地，還有雞聲喔喔，四時不絕。晨夕之間，時或負手在這小天地中徘徊俯仰，蓋必大有一種趣味，其味如何，乃一一從縷縷的菸草煙中曲折的傳入無窮的空際，升騰，分散……。是消滅！？是存在！？（小鬼向來不善於推想和描寫，幸恕唐突！）」（此信改動較大，原信對雞聲有很生動的描寫）魯迅在復信（《兩地書》一五信）中提及「自己忽而變了別人的文章的題目」時，說：「即如『小鬼』們之光降，在未得十六來信以前，我還未悟到已被『探檢』而去」。（許原信用「探險」，又在「險」字後加問號，魯迅改為「探檢」）魯迅又耍笑說：「但你們的研究，似亦不甚精細，現在試出一題，加以考試：我所坐的有玻璃窗的房子的屋頂，是什麼樣子的？」許立即作復（《兩地書》一六信），對「那房子的屋頂」做了她想像中的描繪，隨即也出一題，問「我們教室天花版的中央有點什麼？」並且懸出獎懲辦法：「倘答電燈，就連六分也不給，倘俟星期一臨時預備夾帶然後交卷，那就更該處罰（？）了。」兩人都是開玩笑口吻。三閒居曰，兩人第一次通信，魯迅對許以「兄」相稱，從形式上打破了師生界線和一般的性別界限；許第一次來寓後兩人在信上開玩笑，從心理上、感情上徹底拆除了師生界線，甚至一般朋友界線。兩人關係的發展好快！這只能印證筆者的猜測：兩人之交往，疑有第三者事先為之牽線。不是像「介紹人」那樣正經、鄭重，而是向雙方透露：對方的生活是需要你的支持和幫助的。尤其因為魯迅是有家室的人，一個年輕女子在弄清對方的婚姻根本不算婚姻之前，她是不可能如此過分暴露自己的情感的。

　　晚寄李遇安信並還詩稿一篇　信未見。為致李遇安第七信，本年第五十封佚信。當說明退還詩稿之意。「還詩稿一篇」，尚有詩稿留下備

用。原來昨天晚上剛商定為《京報》辦一文學附刊，有遂年輕人願之機。留下的詩稿當為《無名的希望》，載《莽原》第二期（五月一日）。

【補】

夜作《〈蘇俄的文藝論戰〉前記》，未見在報刊發表，最初收入本年八月北京北新書局出版的《蘇俄的文藝論戰》。《蘇俄的文藝論戰》，任國楨譯，《未名叢刊》之一。1923 年到 1924 年間，蘇聯文藝界就文藝政策問題展開辯論，參加論爭的有以《列夫》、《在崗位上》和《紅色處女地》等雜誌為代表的文藝團體。1925 年七月一日聯共（布）中央為此做了《關於在文藝領域內黨的政策》的決議。該書收入三派各一篇代表性論文，又附瓦勒夫松的論文《蒲力汗諾夫與藝術問題》，共四篇文章。本文介紹了蘇俄文藝流派的鬥爭和發展。說：「中國至今于蘇俄的新文化都不了然，但間或有人欣幸他資本制度的復活。任國楨君獨能就俄國的雜誌中選譯文論三篇，使我們藉此稍稍知道他們文壇上論辯的大概，實在是最為有益的事……別有《蒲力汗諾夫與藝術問題》一篇，是用 Marxism 於文藝的研究的」，「可供讀者連類的參考」。收《集外集拾遺》。

十三日　晴。午後往女子師校講。下午寄三弟信。晚欽文來。夜培良來。長虹來。

【箋】

下午寄三弟信　信未見，為本年第五十一封佚信。

晚欽文來　許在《〈魯迅日記〉中的我》裏寫到一件事：「有一天傍晚，我到老虎尾巴去看魯迅先生，在臺門口碰到他的母親，穿著一件由藍毛線編成的旗袍一般的長衣，她見到我就表示高興地問我：『你看，我穿著這樣的長毛線衣好不好？』我說：『很好。我還是第一次看到這樣長的毛線衣呢！』『這是我自己想出來的，』她顯得更加高興了，『我一說，她們（陪著她看戲的兩個小姐）就很快給我打起來了！』」許欽文本年季春傍晚時分來魯寓共三次，即三月二十四日、四月十三日（本日）和二十

七日，按節令說，似以此時穿這種長毛線衣為宜。本年夏天，許即去了浙江臺州，直到明年夏天才又來到北京，那是不適於穿毛線衣的。因係於此。不排除此事發生在三月二十四日或本月二十七日。許廣平和俞芳均說到織毛線衣。許在《欣慰的紀念》的〈母親〉一篇裏說：「忽然覺得年輕人拿織針編東西有趣了，她也要學習。待預備好了一切，就從頭學起，做得不好就拆掉，重新學過，一次又一次，日夜如此，坐下來也拿著織針，半夜睡醒也拿著織針。終於很複雜的花紋都給織出來了，衣服也能編成功了。」（《許廣平文集》第二卷第 5 頁）俞芳在《我記憶中的魯迅先生》中說：「太師母的好學精神，還表現在她七十多歲學習編結毛線。過去，太師母會繡花，會做針線，但不會編結毛線。後來她老人家看見許羨蘇姊姊等編結毛線，發生興趣了，也不顧七十多歲的高齡，下決心編結毛線。許羨蘇姐姐和我先後都教過她……」（第 76－77 頁）這都說的是穿上長毛線衣以後的事。

　　夜培良來　高長虹在《1925，北京出版界形勢指掌圖》中說：「……《莽原》還沒有出版時，培良已留下幾篇《檳榔集》離京他去……」向培良「留稿」，當在今日，或明日告別之時。所留稿總題《檳榔集》，共六篇，《莽原》第一期（二十四日）發表兩篇，第五期（五月二十二日）發表兩篇，第二十九期（十一月六日）和第三十期（十一月十三日）各發表一篇。

　　十四日　晴。上午得李遇安信。晚培良以赴汴來別，贈以《山野掇拾》一本及一枝鉛筆。夜劉弄潮寄來文一篇。收《東方雜誌》、《小說月報》各一本。

【箋】

　　晚培良以赴汴來別　向為籌辦《豫報副刊》將前往開封。高長虹在《1925，北京出版界形勢指掌圖》中所說「留」稿事，亦可能在今天。見昨日箋。

夜劉弄潮寄來文一篇　文稿去向不明。

【補】

　　給許廣平寫信，即《兩地書》一二信。對來信中提出的一些鬥爭方法表示了不同意見。認為改革中國社會需要韌性的戰鬥，「也就是『鍥而不捨』。逐漸的做一點，總不肯休，不至於比『踔厲風發』無效的」。又說到宣傳的社會功用及重要性。

　　作《魯迅啟事》，載十七日《京報副刊》，內容同三月二十二日《白事》，聲明對《民眾文藝》稿件的「校閱」，已經停止，「自第十七期起，即不負任何責任」。收《集外集拾遺補編》附錄一。《全集》第八卷。

　　作雜文《忽然想到（五）》，載十八日《京報副刊》，署名魯迅。指出封建傳統勢力「使人們變成死相」。文末提出：「世上如果還有真要活下去的人們，就先該敢說，敢笑，敢哭，敢怒，敢罵，敢打，在這該詛咒的地方擊退了可詛咒的時代！」收《華蓋集》。

　　所譯日本鶴見佑輔雜文《自以為是》，在《京報副刊》發表，題《沾沾自喜》，署魯迅譯。鶴見佑輔（1885－1973），日本評論家。曾留學美國，並多次赴美講學。著有隨筆《思想・山水・人物》、《歐美名士之印象》等書。本文即《思想・山水・人物》的一篇。收該書，《譯文集》第三卷。

　　十五日　晴。上午寄許廣平信。寄李小峰信並稿。午後得臧亦蓮信，詩稿一本附。有麟來。欽文來。夜人燦來並交旭社信。

【箋】

　　上午寄許廣平信　為《兩地書》第一二信，昨日寫。

　　寄李小峰信並稿　信未見，為本年第五十二封佚信。稿，即《魯迅啟事》和《忽然想到（五）》。據《全集》註，自本月初至下旬，《京報副刊》編輯孫伏園離京，該刊由李小峰代編。信當跟寄稿有關。

　　午後得臧亦蘧信，詩稿一本附　臧亦蘧（1903－1946），名瑗望，亦蘧為字，筆名一石。山東諸城人，詩人臧克家叔父。時為北京中國大學預科學生，先後自費印行了兩本詩集，一曰《弦響》，一曰《碎鞋集》。上年十二月二日，臧曾來一信，次日復。這次送來了稿子。

　　夜人燦來並交旭社信　旭社，北京大學學生的文學團體，出版《旭光》旬刊。來信係約稿。人燦，即李人燦，見三月二十七日箋。《旭光》第一期於五月初出版。

　　十六日　曇。午後衣萍來。晚遊小市，買《烏青鎮志》、《廣陵詩事》各一部，共泉一元二角。風。夜胡崇軒、項亦愚來，不見。校《蘇俄之文藝論戰》訖。

【箋】

　　晚遊小市，買……　小市，地址不詳，當在附近，跟一月二十二日所遊小市不同。《烏青鎮志》，地理學著作。十二卷二冊。清代董世甯等纂修。有乾隆二十五年（1760）刻本。此處為1918年鉛印本。《廣陵詩事》，別集。十卷，二冊。清代阮元（1764－1849）撰。光緒十六年（1890）重刻本，標京師揚州老館藏板。

　　夜胡崇軒、項亦愚來，不見　何以「不見」，不詳。

　　校《蘇俄之文藝論戰》訖　《蘇俄之文藝論戰》，任國楨編譯，本年八月由北新書局出版。詳見前十二日箋。由魯迅親校。

　　十七日　晴。上午往師大講。午後往北大講並收薪水十三元，去年六月分訖。下午得許廣平信。夜長虹同常燕生來。風。得孫斐君信。得李庸倩信。

【箋】

下午得許廣平信　為《兩地書》第一三信，許前一晚寫。開頭寫「探檢」魯寓的印象。

夜長虹同常燕生來　常燕生（1898－1947），名乃悳（德），燕生為號，字士忱，筆名平子、仲安等。祖籍山西榆次，生於北京。歷史學家。狂飆社主要成員。1913－1915年在太原陽興中學讀書，1916年入北京高等師範學校史地部，1919年組織「平民教育社」，辦《工學雜誌》，在《新青年》發表論文和跟胡適、陳獨秀的通信。1921年遊學日本，回國後任北京高師附中、上海吳淞中國公學、北京燕京大學等校教師，商務印書館編輯等職，並創辦《山西周報》，任主編。本年創辦私立愛國中學，任校長，兼辦《學園周刊》。跟高長虹相友善，高辦起北京版《狂飆》周刊，即參加到狂飆運動中來。著作極多，有《法蘭西大革命史》、《西洋文化簡史》、《中國財政制度史》等。後參加青年黨。臺灣有《常乃悳先生全集》（十卷本）行世。此為第一次拜訪。

得李庸倩信　此信現存，收《魯迅研究資料》第十一輯。為李南下後第六封來信。信中說「月來經大小十餘戰，不自意能馳驅彈雨中，神色毫不動，衝鋒陷陣，居然勇者」。又說：「淡水之後，我得金牌獎並大洋三十元。」落款「在興寧縣多雨之日」，無日期，從信封上辨認出寄於四月九日。四月十一日，李又寫一信，亦存，收《魯迅研究資料》第十一輯。為李南下後第七封來信。內云：「前日奉一緘，計達（另行，擡頭）道席，比日大雨，悶坐殊苦，數年久別之家庭乃竟夜夜入夢，等是有家歸未得，轉自憐孤苦豈非『傻子』耶（引者按，此處原無標點，以下另段）軍中生活，戰場風味。又復厭嘗，實欲及早脫離　但橫亙目前之第一大問題，即『去此又將安之』？嗚呼！欲罷不能，欲去不得，欲留不可，顛倒惶惑，蓋未有痛苦於斯者……」亦寫于興寧縣。按其他幾封信寄收日期推算，本日應收前一封信，本信應於後三日左右收到，《日記》當為漏載。一併附此。

十八日　曇。午後有麟來。曙天來。晚風。夜衣萍來。

【補】

作雜文《忽然想到（六）》，載二十二日《京報副刊》，署名魯迅。本文對文化保守主義者做了深刻的批判。指出：帝國主義侵略者「希望中國永是一個大古董以供他們的賞鑒」；中國「不革新，是生存也為難的，而況保古」。「我們目下的當務之急，是：一要生存，而要溫飽，三要發展。苟有阻礙這前途者，無論是古是今，是人是鬼，是《三墳》《五典》，百宋千元，天球河圖，金人玉佛，祖傳丸散，秘制膏丹，全都踏倒他。」收《華蓋集》。

十九日　晴。星期休息。上午得鄭振鐸信。得三太太信。午後有麟來。下午小峰、衣萍、惠迭來。胡崇軒、項亦愚來。晚雨。

二十日　晴。午後往女師校講，並領學生參觀歷史博物館。往中央公園。下午得三弟信，十七日發。夜劉弄潮來。有麟來。

【箋】

領學生參觀歷史博物館　此事許廣平在《關於魯迅的生活》中有細緻描寫：「魯迅先生授課時很認真，不過絕不會隨便罵學生，這一層我們很有把握。有一天，趁新的講義還沒有印出來，先生正預備講書時，姑且和他鬧一下罷，如果成功，就有得玩了。課室前排的幾個人最愛搗亂：『周先生，天氣真好哪！』先生不理。『周先生，樹仔吐芽哪！』還是不理。『周先生，課堂空氣沒有外面好哪！』先生笑了笑。『書聽不下去哪！』『那麼下課！』『不要下課，要去參觀。』『還沒有到快畢業的時候呢，不可以的。』『提前辦理不可以嗎。』『到什麼地方去？』『隨便先生指定罷！』『你們是不是全體都去？』測驗是否少數人搗亂，全體起立，大家都笑了：『先生，一致通過。』先生想了想，在黑板上寫出『歷史博物館』幾個字，又告訴我們在午門——是皇宮的一部——聚齊，各人分頭去，在那裏聚齊。大家都去了。原來這個博物館是教育部直轄的，不大能夠走

進去，那時先生在教育部當僉事，所以那面的管事人都很客氣的招待我們參觀各種陳列：有大鯨魚的全副骨骼，各種標本，和古時用的石刀石斧、泥人、泥屋，有從外國飛到中國來的飛機，也保存在一間大房子裏。有各種銅器，有一個還是魯迅先生用周豫才名捐出的。其他平常看不到的東西真不少，勝過我們讀多少書，因為有先生隨處給我們很簡明的指示。……」（據《許廣平文集》第二卷第 155 頁）

　　往中央公園　中央公園，即今中山公園，位於故宮西南方，長安街路北。直到民國肇建，北京尚無公園。籌建公園，正是魯迅所在社會教育司職責，1912 年魯迅曾做過考察，以便籌建。1914 年十月十日，將明清兩代皇帝祭祀土地和五穀之神的社稷壇闢為公園，即此地。隨後增建了長廊、假山、來今雨軒和「唐花塢」等，愈益雅致完美。據鄧雲鄉《魯迅與北京風土》，「在中央、北海兩公園初開時，就招商承辦了茶座、飯館業務，一年比一年興旺，至一十年代末、二十年代初，就盛極一時了。」（第 93 頁）魯迅常來中央公園，或休息，或跟友人晤談，1926 年夏還跟友人齊壽山在此翻譯《小約翰》。日記中所寫「公園」，即中央公園。1928 年為紀念孫中山，改稱中山公園。

　　下午得三弟信　來信未見。疑提出把一篇稿子寄來在《莽原》發表，問是否可以。詳五月六日箋。

　　夜劉弄潮來　是劉第三次來寓。

【補】

　　本日，《京報》刊登如下廣告：「思想界的一個重要消息：如何改造青年的思想？請自本星期五起快讀魯迅先生主撰的《□□》周刊，詳情明日宣佈。本社特白。」魯迅讀到後，認為這一廣告「誇大可笑。第二天我就代擬了一個別的廣告，硬令登載，又不許改動……」（《兩地書》一五信）。所「代擬」廣告載二十一日《京報》廣告欄。現以《〈莽原〉出版預告》為題，收《集外集拾遺補編》附錄一。魯迅信中說是「第二天」代擬的，筆者以為不可能，應是讀到《京報》廣告後立即（即今日）「代擬」，這才能在第二天報上刊出。

　　二十一日　晴。上午得廷璠信，十三日南陽發。以譯稿寄李小峰。以詩稿寄還臧亦蓮，附箋一。目寒來並交譯稿二篇。寄三弟信。下午得許廣平信。收《東方雜誌》一本。得紫佩信。夜有麟來。長虹來。得臧亦蓮信。得梓模信並《雲南周刊》。得常燕生信。

【箋】

　　上午得廷璠信　來信未見。陳廷璠，字空三。陝西戶縣人。1922 年北京大學哲學系畢業。1923 年與陳聲樹、景梅九、馮省三等合辦北京世界語專門學校，任董事，為校務負責人之一。從辦學起，即跟魯迅多有交往。時世界語專門學校已停辦。

　　以譯稿寄李小峰　譯稿，即隨筆、日本鶴見佑輔作《徒然的篤學》，載二十五日《京報副刊》，署魯迅譯。收《思想・山水・人物》。

　　以詩稿寄還臧亦蓮，附箋一　箋未見，為本年第五十三封佚信。臧，見前十五日箋。詩稿當為其第二本或第三本詩集。附箋，為讀後意見。潘頌德《魯迅殘簡一則》引臧克家《我的詩生活》一書中的話，說：「詩人說這位叔叔『在北平讀書的時節，辛辛苦苦的把吃飯的錢省下來印書。自己寧肯叫肚皮捱餓，這樣，他快樂，他安慰』。當他揣著自費印書的第一本詩集『抱著求賞識的忐忑的心去請教胡適先生』，結果遭到胡適的揶揄。詩人回憶說：後來，這位族叔又自費印出了第二、第三本詩集。他寄給魯迅先生求教，得到的批評是：「太質白，致使詩味掩沒」。這個回信他一直保存著，我看過」。臧克家這裏提到的魯迅復亦蓮信，未見其他人談及，顯然是一封散失的殘簡。又因它並非是一般互道平安的書信，而是表露了魯迅一個重要的詩歌美學觀點，故話雖寥寥無多，僅僅九個字，實亦彌足珍貴。」（按，此佚簡，吳作橋《魯迅書信鈎沉》不載，劉運峰編《魯迅佚文全集》收入）潘文又說，過了兩個月，魯迅六月二十八日給許廣平信中，便把有沒有詩味作為評價標準了，可見其重要。（《魯迅研究動態》1986 年第 4 期）

　　目寒來並交譯稿二篇　此譯稿當為李霽野譯《馬賽曲》和韋素園譯
《門檻》（詩），均在《莽原》周刊第一期（二十四日）刊出。李霽野曾
於二月十日寄來「文稿三篇」，又於三月二十六日寄來「蓼南文稿」，但
是，第一，那是「文稿」，不是「譯稿」；第二，「蓼南文稿」隔天即寄
給鄭振鐸設法處理，而再早寄來的「文稿三篇」後來都有了著落，詳下。
此前李霽野僅來一次，韋素園還沒有來過。當是安徽霍丘幾個人得知魯迅
要編一份刊物，立即湊起兩篇稿子，託跟魯迅最熟的張目寒送來。前一篇
落款「1925 年四月於北京譯」，後一篇是上年譯的，但文後有《補記》，
寫於四月二十日晚上，說明他們是急急忙忙拿出稿子的。

　　寄三弟信　信未見，為本年第五十四封佚信。疑讓把有關「性道德」
稿寄來。詳五月六日箋。

　　下午得許廣平信　為《兩地書》第一四信，許前一晚寫。開頭提及
《莽原》創刊之事（當時還沒有名稱），說希望「先睹為快」。近幾個月，
《京報副刊》上常有署名「琴心」和「雪紋女士」為北大學生歐陽蘭辯護
的文章（歐陽蘭所作獨幕劇《父親的歸來》，被揭發抄襲日本菊池寬《父
歸》，除歐陽本人答辯外，署名「琴心」的女師大學生也作文辯護；不久
又有人揭發歐陽抄襲郭沫若譯的雪萊詩，『琴心』和『雪紋女士』又撰文
為之開脫），許信中揭破祕密：「近來忽然出了一個想『目空一切，橫掃
千人』的琴心女士，在學校中的人固然疑惑，即外面的人，來打聽這悶葫
蘆的也很多。現在居然打破了：原來她軀殼是 S 妹，魂靈是司空蕙。哈哈，
無怪她屢次替司空辯護，原來是一鼻孔出氣。我想她起這『三位一體』─
─琴心──雪紋──司空蕙──的名字的最大目的，即在所謂……」司空蕙
即歐陽蘭，「S 妹」即女師大學生夏雪紋，她跟歐陽是好友。《魯迅全集》
註說，「事實上，『琴心』和『雪紋女士』的文字，都是歐陽蘭自己作的。」
（見第七卷第 76 頁）

　　長虹來　當是看《莽原》第一期編輯情況。其間說到高歌在開封籌辦
《豫報副刊》進展。魯迅二十三日復高歌信說：「你的消息，長虹告訴過
我幾句，大約四五句罷，但也可以說是知道大概了。」

得梓模信並《雲南周刊》 梓模，據賈玉民《〈魯迅日記〉中的「梓模」》，本名陳楷（1911－1931，楷，又寫作凱），字仲模，一說紹模，梓模為筆名。1924 年入雲南省立第一師範學校，同學有聶守信（即著名音樂家聶耳），是學生運動的積極分子，常化名在當地報紙上發表文章，鼓吹革命。1928 年在上海參加地下黨，後英勇就義。《雲南周刊》，不詳。

得常燕生信 來信未見。為常燕生第一次來信。

【補】

所擬《〈莽原〉周刊出版預告》今日在《京報》刊出。它說明《莽原》是一種思想性雜誌，內容為「思想及文藝之類」，追求「率性而言，憑心立論，忠於現世，望彼將來」的藝術風格。《〈華蓋集〉題記》中說：「我早就很希望中國的青年站出來，對於中國的社會，文明，都毫無忌憚地加以批評，因此曾編印《莽原周刊》，作為發言之地。」在寫給許廣平信（《兩地書》一七信）中說：「中國現今文壇（？）的狀況，實在不佳，但究竟做詩及小說者尚有人。最缺少的是『文明批評』和『社會批評』，我之以《莽原》起鬨，大半也就為了想由此引些新的這一種批評者來，雖在割去敝舌之後，也還有人說話，繼續撕去舊社會的假面。」關於刊物的名稱，荊有麟在《魯迅回憶斷片》中說：「在我報告了同飄萍接洽經過之後，當時便想到刊物的名稱。最後還是培良，在字典上翻出『莽原』二字，報頭是我找一個八歲小孩寫的，魯迅先生也很高興那種雖然幼稚而確天真的筆迹……」（《魯迅回憶錄》專著上冊第 201 頁）魯迅說：「那『莽原』二字，是一個八歲的孩子寫的，名目也並無意義，與《語絲》相同，可是又仿佛近於『曠野』。」（《兩地書》一五信）

二十二日 晴。上午得呂琦信，附高歌及培良箋，十八日開封發。欽文來。下午訪衣萍。晚衣萍、曙天來。夜雨。編《莽原》第一期稿。

【箋】

上午得呂琦信，附高歌及培良箋　三人信、箋當是報告《豫報副刊》籌辦情況的，未見。高歌信中詳細寫了他在路上碰到的兩件事。他說，他在列車上買了兩碗元宵，未及付錢，車就開了，他聽見車外傳來賣元宵的孩子的哭叫聲和謾罵聲，他感到難過。他內疚自責，謂之曰「搶人」。到洛陽以後，他卻遭到「灰衣人」（當兵的）的搶劫，錢物被掠一空。他謂之「搶我」。後來他把這個故事寫在短篇小說《五天》裏，成為長篇小說《壓榨出來的聲音》的一節。

編《莽原》第一期稿　《莽原》，即本月十一日晚「五人飲酒」所議辦的刊物，亦即二十日《京報》廣告中所說《□□》周刊，二十四日創刊。第一期共七篇文章，即霽野《馬賽曲》（譯文）、長虹《綿袍裏的世界》、冥昭《春末閒談》、素園《門檻》（譯詩）、培良《檳榔集》、有麟《走向十字街頭》、魯迅《雜語》。十六開，豎排，分三欄。最後刊通訊處（北京錦什坊街九十六號）和報費。本年共出三十二期，格式相同。《莽原》亦為《京報》之「附刊」，它代替了先前的《圖畫周刊》。

【補】

給許廣平寫信，即《兩地書》第一五信，時間在晚上（見落款）。信中說到章士釗（章於本月十四日以司法總長兼任教育總長）：「今之教育當局，則我不知其人。但看他輓孫中山對聯中之自誇，與對於完全『道不同』之段祺瑞之密切，為人亦可想而知。所聞的歷來的言行，蓋是一大言無實，欺善怕惡之流而已。要之，能在這混濁的政局中，居然出為高官，清流大約無這種手段。……此人之來，以整頓教育自命，或當別有一反從前一切之新法（他是大不滿於今之學風的），但是否又是大言，則不得而知……」信中談及近日編刊情況：「我的意見，以為做編輯是不會有什麼進步的，我近來常與周刊之類相關，弄得看書和休息的工夫也沒有了，因為選用的稿子，也常須動筆改削……」魯迅已從當天《京報副刊》上讀到署名「琴心」的一篇《批評界的「全捧」與「全罵」》（該文把芳子的《廖

仲潛先生的〈春心的美伴〉〉作為全捧的代表,把向培良的《評〈玉君〉》
作為全罵的代表),信中也談到:「他的『橫掃千人』的大作,今天在《京
報副刊》上似乎也露一點端倪了;所掃的一個是批評廖仲潛小說的芳子,
但我現在疑心芳子就是廖仲潛,實無其人,和琴心一樣的……」這一現象
寫入《雜語》中。

　作雜文《春末閒談》,載《莽原》周刊第一期(二十四日),署名冥
昭。此文以「細腰蜂」把毒針刺入小青蟲體內,使其處在不死不活狀態為
例,對中國歷代統治者特別是北洋軍閥當局實行文化專制主義和愚民政
策,做了深入的分析,提出有力的控訴。文中發出了強烈要求言論自由的
呼聲。收《墳》。

　作雜文《雜語》,載《莽原》周刊第一期(二十四日),署名魯迅。
本文以「神」和「魔」爭奪「地獄的統治權」開頭,以「兩大古文明國的
藝術家握手」、「『文士』和老名士戰鬥」等幾件事為例,用反諷手法,
諷刺了調和主義等現象。末段「新的創作家要站出來麼?您最好是在發表
過一篇作品之後,另造一個名字,寫點文章去恭維:倘有人攻擊了,就去
辯護。而且這名字要造得豔麗一些,使人們容易疑心是女性。」即來自許
廣平來信和從昨日《京報副刊》上所讀「琴心」文章。後多次談到。詳明
日箋。收《集外集》。手稿二頁現存。

　　二十三日　曇。晨有麟來。寄許廣平信。復梓模信。午後得
李遇安信,即復。下午有一學生送梨一筐。夜有麟來。復蘊儒、
高歌、培良信。

【箋】

　寄許廣平信　為《兩地書》第一五信,昨天晚上寫。

　復梓模信　復信未見,為本年第五十五封佚信。梓模,見前二十一
日箋。

　　午後得李遇安信，即復　復信未見，為致李遇安第八信，本年第五十六封佚信。內容當針對來信。

　　復蘊儒、高歌、培良信　此三信為本年第十一、十二、十三封存信，分別載五月六日、八日和六日《豫報》副刊，署名迅（據陳子善、王自立《〈魯迅書信集〉部分編者註辨正》，「致呂蘊儒信發表時信末署名已略去」，致高歌信「後還附有高歌五月五日對此信的復信」）。以《通訊》後加（復某某）為題，收《集外集拾遺》。針對高歌來信中所說自己「搶人」和被「搶」的故事（見昨日箋），說：「『以為自己搶人是好的，搶我就有點不樂意』，你以為這是變壞了的性質麼？我想這是不好不壞，平平常常……」在復蘊儒信中說：「罵人是中國極普通的事，可惜大家只知道罵而沒有知道何以該罵，誰該罵，所以不行……」在致向培良信中談及「琴心」疑案。王景山有《「琴心」疑案的揭穿》一文，對此梳理甚詳，引述如下：

　　　　魯迅在 1925 年四月二十三日致培良信中說：

　　　　「『琴心』的疑案揭穿了，這人就是歐陽蘭。以這樣手段為自己辯護，實在可鄙；而且『聽說雪紋的文章也是他做的』。想起孫伏園當日被紅信封綠信紙迷昏，深信一定是『一個新起來的女作家』的事來，不覺發一大笑。」

　　　　魯迅同年七月十二日致錢玄同信中提到歐陽蘭，同月十六日致許廣平信中提到「文藝」是「整個」的，同月二十日致錢玄同信中又提到「偷文如歐陽公」，以及 S 妹、「捏蚊轟文，即雪紋耳」，等等，都和「琴心」一案有關。同時期《兩地書》中亦一再涉及。因此，把「琴心」疑案的經過弄清楚，看來還是有必要的。

　　　　查《魯迅日記》1925 年一月十六日記：「夜赴女師校同樂會。」事情即從這次同樂會引起。這次同樂會上演出了當

時北京大學學生歐陽蘭作的獨幕劇《父親的歸來》。五天以後，即一月二十一日，《京報副刊》第四十三號上登出了署名許子所作的《〈父親的歸來〉和〈父之回家〉》一文，揭發歐陽蘭的《父親的歸來》是抄襲日本作家菊池寬的《父之回家》而成。次日，即一月二十二日，《京報副刊》第四十四號上發表歐陽蘭《關於〈父親的歸來〉》一文，進行辯解，同時又有一位署名琴心的女師校學生也撰文為他辯護。這是第一個回合。

同年二月四日《京報‧婦女周刊》第九期又發表歐陽蘭詩作《寄 S 妹一篇——有翅的情愛》。四月十日《京報副刊》第一一四號刊出陳永森作《抄襲的能手》一文，揭發歐陽之詩係抄襲《創造季刊》第四期郭沫若譯雪萊詩《歡樂的精靈》，指出兩詩有「三分之二相同」。四天後，即四月十四日，《京報副刊》第一一八號，即同時刊出署名「雪紋女士」的《「細心」誤用了！》和署名「琴心」的《又一個不平鳴》，為歐陽蘭辯護。「文學是整塊的」之類，即雪文中的話。同月十九日《京報副刊》第一二三號載歐陽蘭作《我心裏常常想》，當然也是為自己辯解的。這是又一個回合。

魯迅四月二十三日給向培良寫信時，則是已經看到了當天《京報副刊》第一二七號上發表的甘人所作《希望自愛的青年勿學歐陽蘭》一文。甘文說：「我知道雪紋女士在女師大讀書，聽說不長於撰文，凡署名雪紋的東西，大都是『歐公』代筆。至於琴心女士呢，我也曾聽說雪紋女士已經承認就是她自己的別號。」又說：「我們現在不問雪紋、琴心、歐陽蘭，三個名字是一個人還是三個人，我們只問這次三篇答辯的文字究竟是三個人做的呢？還是一個做的？我把這三篇東西看了幾遍，決定他們是一個人的手迹。」

　　　因此，魯迅信中認為：「『琴心』的疑案揭穿了。」

　　　　　　　　　　　（《魯迅書信考釋》第 125－126 頁）

【補】

　　作散文詩《死火》，載《語絲》第二十五期（五月四日），副題《野草之十二》，署名魯迅。寫「我」墜入「大冰谷中」所遇所見。此篇象徵性極強，也是《野草》中最難解讀的一篇，歷來有多種說法。李何林在《魯迅〈野草〉註解》中說：「在《死火》中所見的，正如在《影的告別》和《希望》中所表達的，是魯迅當時這樣的一種思想和心情，即：我決心向黑暗勢力作拼死的一戰，我願意犧牲，但希望人們和未來的世界有光明，『希望』是有的。」（第 135 頁）1980 年五月三日《人民日報》刊登了新發現的魯迅寫於五四時期的十一篇佚文，其中有一篇《火的冰》，李國濤、閔抗生等都認為《死火》是《火的冰》的發展。李說：「我以為，《死火》所指的是當時的青年，而本篇的主旨在於抒寫作者對青年的殷切的希望。」（《〈野草〉藝術談》第 80 頁）蔣荷貞、李秀貞在《〈死火〉象徵意義新解》中說：「筆者認為，《死火》中的『死火』並不是革命者或革命激情的象徵，《死火》也不是描寫革命者或『革命情懷的表白』。作品抒發的是作者思想中曾經閃現的關於愛情的一些小感想。被『遺棄』在冰谷中凍滅了的『死火』經『溫熱』後『驚醒』、『燃燒』，其象徵意義是被壓抑、扼殺，『死滅』了的愛情在一定條件下的復生。『死火』出冰谷時的猶豫，便是在愛情問題上的顧慮和思想矛盾的折光反映。」（《魯迅研究動態》1988 年第五期）吳曉鈴、吳華在《〈死火〉的符號詩學解讀》中，認為是「一個從形象到隱喻，再從隱喻到玄奧的含義的複雜的過程」（李歐梵語）的一個很好的例子，它「探討的是生與死這一永恒的主題，而統治全文的基質是生與死的對立」（《魯迅研究動態》1989 年第十二期和《魯迅研究月刊》1990 年第一期）。收《野草》。

　　作散文詩《狗的駁詰》，載《語絲》第二十五期（五月四日），副題《野草之十三》，署名魯迅。收《野草》。

二十四日　雨。午後往北大講。下午寄許廣平信並《莽原》。夜有麟來。

【箋】

下午寄許廣平信並《莽原》　此信《兩地書》不載，亦未見收入1996年出版的《兩地書真迹（原信、手稿）》，有關研究著作均未談及。《莽原》周刊於是日問世，魯迅收到樣刊後立即贈許一份，其關切之情可見。許在回信（即《兩地書》第一六信）開頭說，「先後的收到信和《莽原》」，顯指收到刊物時並沒有信，信是先收到的。魯迅於前一天寄出一信，即《兩地書》第一五信，許「先」收到者殆即此。則今日信之有無，成一問題。當記憶有誤。

二十五日　晴，大風，午後曇。無事。

二十六日　晴。星期休息。上午得孫永顯信並燕志儁詩稿。午寄小峰以文稿。下午衣萍、曙天來。小峰來。伏園來並交春臺信及所贈德譯洛蒂《北京之終日》一本，畫信片二枚，糖食二種，乾果一袋。夜長虹、有麟來。

【箋】

上午得孫永顯信並燕志儁詩稿　孫永顯，字俊揚，山東泰安人，1904年生。北京大學理預科學生。他受中學同學燕志儁之託將詩稿轉寄魯迅。燕志儁（1907－1982），後改名遇明，詩人。山東泰安人。時為濟南第一中學學生，因病在家休養。從本年開始，在《小說月報》、《文學周報》、《新女性》和《語絲》等多處發表詩作。其詩為《夢的林》，在《莽原》第十七期（八月十四日）發表。兩人交往僅此一次。

午寄小峰以文稿　即《死火》、《狗的駁詰》兩篇。

伏園來並交春臺信及所贈德譯洛蒂《北京之終日》 洛蒂（P. Loti），法國作家。《北京之終日》，德文 Die letzten Tage von Peking，洛蒂著，德國奧佩恩－布龍尼科夫斯基（F. von Oppeln-Broni-kowski）譯。德累斯頓阿累茨出版社出版。春臺，即孫福熙。春臺來信未見，內容當為撰寫《中國故事》或跟整理龍的拓片有關。詳二月八日箋。

夜長虹、有麟來 談話中勸高多寫些批評文字。高長虹在《批評工作的開始》中說：「這時正是《莽原》周刊初出版的時候，魯迅也同我說，輿論是歡迎我的批評，不歡迎我的創作，所以讓我多做批評。但我是愛我的創作，不愛那樣的批評，所以我不大高興那種輿論……」（《高長虹文集》上卷第 400 頁）

二十七日　晴。晨得許廣平信。得向培良信並稿。上午得李遇安信，知前日之梨，其所贈也，在定縣名黃香果云。晚欽文來並贈小說集十本。夜目寒、靜衣來，即以欽文小說各一本贈之。得任國楨信並譯稿一本。

【校】

夜目寒、靜衣來　「衣」，手稿作「農」，為《全集》誤植。

【箋】

晨得許廣平信　為《兩地書》第一六信，許廣平二十五日晚寫，談讀《莽原》後感想。內有：「看了第一期，覺得『冥昭』就是先生，此外《綿袍裏的世界》頗有些先生的作風在內，但不能決定」，即懷疑《綿袍裏的世界》亦為魯迅所作。接著就《綿袍裏的世界》揪住朋友來審問一節發了一通感慨：「在《綿袍裏的世界》中，作者揪住了朋友來開始審判，以為取了他的『思想』，『友誼』……甚至於『想把我當做一件機器來供你們使用』。我當時十分慚愧，反省，我是否也是『多方面掠奪者』之一？唉，雖則我不敢當是朋友，然而學生『掠奪』先生，那還了得！明目張膽

的『掠奪』先生，那還了……得！！！此人心之所以不古也。有志之士，盍起而防禦之！？」

　　得向培良信並稿　向培良信內容，見本日給孫伏園信（下補）引，說「《晨報》二十日所載開封軍士，在鐵塔姦污女生之事，我可以下列二事證明其全屬子虛」（例略）。魯迅五月四日在《啟事》中說：「我於四月二十七日接到向君來信後，以為造謠是中國社會上常有的事，我也親見過厭惡學校的人們，用了這一類方法來中傷各方面的，便寫好一封信，寄到《京副》去。」稿當為《檳榔集》之第五節（實第四節，因原第三節是「斥朱湘的」，「因為朱湘似乎也已掉了下去，沒人提他了」，「可以刪去」，見魯迅四月二十三日復向培良信，以後各節向前推移），後跟第四節（實第三節）載《莽原》第五期（五月二十二日）。

　　夜目寒、靜衣來　靜衣，為靜農之誤，即臺靜農。臺（1902－1990），《日記》又作靖農、靜、青曲、青辰，字伯簡。未名社成員。安徽霍丘人，跟李霽野和韋素園兄弟為老鄉，又自小在一起讀書。先到北京大學文學系旁聽，後轉該校國學研究所半工半讀。是第一次來訪，亦由張目寒引見。當主要是相識。目寒這次來，當攜有一稿，題《紳士與狐》，載《莽原》第二期（五月一日）。疑臺靜農亦帶稿一篇，題《死者》，剛寫起，載《莽原》第三期（（五月八日）。《日記》均漏記。

　　晚欽文來並贈小說集十本　小說集，指《短篇小說三篇》，許欽文作，北京沉訥齋出版。

【補】

　　致信孫伏園，就《晨報》二十日所載河南開封女學生在鐵塔被軍士強姦事，轉述向培良來信中的幾段話，是魯迅第一次談這一問題，以《來信》為題，載五月四日《京報副刊》，署名魯迅。前引「……便寫好一封信，寄到《京副》去」，即此。初收《集外集》，被書報檢查人員抽去，後以《通訊（致孫伏園）》為題，收《集外集拾遺》。有手稿四頁，尚存。

二十八日　晴。上午寄伏園信。寄李遇安信。有麟來。午後得許廣平信並稿。下午收奉泉百六十五元，前年九月分訖。還齊壽山泉百。夜向（尚）鉞、長虹來。寄伏園信。

【箋】

上午寄伏園信　昨日寫。為本年第十四封存信。

寄李遇安信　信未見。為致李遇安第九信，本年第五十七封佚信。當說明昨天信收到，並對贈梨之事表示感謝。

午後得許廣平信並稿　此信《兩地書》不載，亦未見收入《兩地書真迹》。魯迅當天復許（《兩地書》第十七信），開頭是：「來信收到了。今天又收到一封文稿……」「收到」來信是昨天事，「今天」收到的是「一封文稿」。稿為雜感《亂七八糟》，在《莽原》第三期（五月八日）發表，署名非心。可能共四段，許寄來時未署姓名。魯迅在「今天又收到一封文稿」後說：「拜讀過了，後三段是好的，首一段累贅一點，所以看紙面如何，也許將這一段刪去。但第二期上已經來不及登，因為不知『小鬼』何意，竟不署作者名字。所以請你捏造一個，並且通知我，並且必須於下星期三上午以前通知，並且回信中不准說『請先生隨便寫上一個可也』之類的油滑話。」許於四月三十日回信（《兩地書》第一八信）中，說自己在向《晨報副刊》投稿時曾用過「非心」等好幾個筆名，自己「難以取捨，還是『請先生隨便寫上一個可也』罷。」此「非心」為魯迅選用。稿刊出後，許在五月九日信（《兩地書》第二〇信）中說：「《莽原》上，非心出來了。這個假名，在先前似乎還以為有點意思，然而現在時代已經不同，在『心』字排行的文學家旗幟之下，我配不上濫竽，而且著實有冒充或時髦之懼。前回既說任憑先生『隨便寫下一個』，那當然是默認的，以後呢，也許又要更換。」「有點意思」一句，原信中是：「在當時因為這字合起來成一悲字，分開去成『是非之心，人皆有之』的一句成語」。這篇《亂七八糟》，為《許廣平文集》所未收。

夜向（尚）鉞、長虹來　尚鉞（1902－1982），原名仲吾、宗武，後改鍾吾。作家、歷史學家。狂飆社主要成員。河南羅山人。1921 年考入北京大學預科，後轉入本科英國文學系。曾經聽過魯迅的課。據尚鉞《我的一段學習生活》，「大概是民國二十三年的春季吧」，他寫好一篇小說叫《黎明》，想請魯迅指正，便在一次課間休息時，找見魯迅，說「我想寫一篇東西」，講了計畫，魯迅「立刻笑著」說「趕快把它寫出來」，他卻又沒有勇氣給魯迅看，便給了另一位先生，結果那位先生把稿子轉給魯迅，魯迅還寫了一封信，提了幾點意見，在另一次上課時交給他，後來這封信丟了。那是一年前的事。這次是第一次拜訪。尚在《懷念魯迅先生》中，說他這次患氣管炎十多天，略好以後，「帶著在病中寫的幾篇短稿子，跑到先生家中去」，魯迅已從朋友處知道了他患病的消息，見面後便問病情如何，又要給他診脈、開處方。「最後我起身走的時候，大概是由於我問他藥的價錢，他立刻覺出我的窮困，從抽斗中取出三塊錢給我，慎重地叮嚀著：『你剛好不能多跑路，坐車去，有三塊錢大概差不多了。』」（《魯迅回憶錄》二集）所說從一個朋友處得知他患病，指高長虹。此文寫於 1939 年十月，寫於 1940 年九月的《我的一段學習生活》也談到這一次來訪，引述如下：

> 在先生決定辦《莽原周刊》的時候，一日夜，我便和長虹一塊到先生家中去了。在我的計畫中，見了先生似乎有很多話要說。可是到了他家中，在他在《秋夜》散文詩中所描寫的小書齋中坐下後，我卻一句話也想不出來了。（以下對「老虎尾巴」的描寫略）我們走進門時，先生正坐在書案前的藤椅上，轉身向外看。大概是聽著腳步聲，要看看是誰來打擾了。我們走進了小房間，他笑著站起身來，讓我們坐。於是他便和長虹談起辦《莽原周刊》的問題來。我一面嚼著娘姨送進來的鹹花生仁，一面透過窗上的玻璃看後園的夜風搖動著的棗樹的依稀身影。

　　整個的小房間很清潔，清潔得恰如先生的文章一樣，沒有堆積，沒有華彩，只使人恰好明白。我在沉默中，聽著他和長虹的談話，也如我讀著他的文章和看著他的小房間一樣，一切都是坦白的平凡的，絲毫不覺著夾雜……

　　《1913－1983魯迅研究學術論著資料匯編》第三卷第194頁

此文以下所寫似把下一次來訪混在一起，詳五月九日箋。這次三人談話中提到向培良昨天來信中所述河南開封鐵塔女生被強姦事，高、尚兩人有不同看法。《啟事》中說：「次日，兩位C君來訪，說這也許並非謠言，而本地學界中人為維持學校起見，倒會雖然受害，仍加隱瞞，因為倘一張揚，則群眾不責加害者，而反指摘被害者，從此學校就會無人敢上；向君初到開封，或者不知底細；現在切實調查去了。」（參見下五月四日箋）兩位C君，即指尚鉞和高長虹。

　　寄伏園信　就河南開封鐵塔女生被強姦事對昨天信有所更正。上條引《啟事》中「……現在切實調查去了」後，接著說：「我便又發一信，請《京副》將前信暫勿發表……但當我又寫信，去抽回前信時，則已經付印，來不及了。」為本年第五十八封佚信。

【補】

　　讀許稿後復許，即《兩地書》第一七信。信中說到《綿袍裏的世界》的作者：「長虹確不是我，乃是我今年新認識的，意見也有一部分和我相合，而似是安那其主義者。他很能做文章，但大約因為受了尼采的作品的影響之故罷，常有太晦澀難解處，第二期登出的署著CH的，也是他的作品。至於《綿袍裏的世界》所說的『掠奪』問題，則敢請少爺不必多心，我輩赴貴校教書，每月明明寫定『致送修金十三元五角正』，夫既有『十三元五角』而且『正』，則又何『掠奪』之有也歟哉！」高長虹《精神與愛的女神》出版後，許廣平曾寫信給作者購書，並因此通起信來，前後通信「八

九次」（高長虹語，見《一點回憶》）。許初次寫信給高，當在此後幾天。
詳下月五日箋。

二十九日　晴。上午寄許廣平信。寄陳空三信。午後有麟來。
晚往留黎廠商務印書館買《說文古籀補補》四本，四元。夜得培
良信，二十七日發。

【箋】

上午寄許廣平信　為《兩地書》第一七信，昨日寫。

寄陳空三信　信未見，為本年第五十九封佚信。陳空三，即陳廷璠，
見前二十一日箋。

往留黎廠商務印書館買《說文古籀補補》四本　《說文古籀補
補》，文字學著作，十四卷，附錄一卷，共四冊。丁佛言撰。1921 年北京
商務印書館石印。

【補】

作雜文《燈下漫筆》，載《莽原》周刊第二期（五月一日）、第五期
（五月二十二日），署名魯迅。本文共分兩節。第一節，把中國歷史概括
為「想做奴隸而不得的時代」和「暫時做穩了奴隸的時代」兩個時代的循
環。結尾是：「自然，也不滿於現在的，但是，無須反顧，因為前面還有
道路在。而創造這中國歷史上未曾有過的第三樣時代，則是現在的青年的
使命！」第二節，由一些外國人讚美中國的文明說起，論及中國的等級制
度，說「大小無數的人肉的筵宴，即從有文明以來一直排到現在，人們就
在這會場中吃人，被吃……」「這人肉的筵宴現在還排著，有許多人還想
一直排下去。掃蕩這些食人者，掀掉這筵宴，毀壞這廚房，則是現在的青
年的使命！」這是魯迅對他中國歷史觀的高度概括。兩節文章最後提出「現
在的青年的使命」，既是對青年一代的希望，也是魯迅自己的奮鬥目標。
收《墳》。

三十日　曇。午後衣萍、小峰來，並送三月分《京報》稿費
卅。得丁玲信。得蔣鴻年信。夜小酩來。H君來。有麟來。

【箋】

得丁玲信　丁玲（1904－1986），原名蔣偉，字冰之，別名蔣瑋、
丁冰之。現代女作家。湖南臨澧（原安福）人。1922 年初離家到上海，由
瞿秋白介紹，入上海大學中文系。1924 年春到北京，在北京大學等校旁聽，
同時學習繪畫。後跟胡也頻、沈從文等相識。信中訴說自己感到世事日非、
奔波求知而找不到出路的心境。是第一次用丁玲這個筆名。魯迅誤以為沈
從文化名寫信給他（見七月二十日致錢玄同信，本書該條有引用），不予
理睬。不久，丁玲回湖南老家，胡也頻隨後追蹤而去。返回北京，人們傳
說他二人已同居，遂結婚。丁玲在《魯迅先生于我》中說：「……我想來
想去，只有求助於我深信指引著我的魯迅先生，我相信他會對我伸出手的。
於是我帶著無邊的勇氣和希望，給魯迅先生寫了一封信，把我的境遇和我
的困惑都仔仔細細坦白詳盡的陳述了一番……信發出之後，我日夜盼望
著，每天早晚都問公寓的那位看門老人『有我的信嗎？』但如石沉大海，
一直沒有得到回信，兩個星期之後，我焦急不堪，以致絕望了……唯一能
係留我的只是魯迅先生的一封回信，然而這只給我失望和苦惱。我還住在
北京幹什麼呢？歸去來兮，胡不歸？母親已經快一年沒有見到我了……」
又說：「我聽人說，魯迅收到我信的時候，荊有麟正在他的身邊。荊有麟
說，這信是沈從文化名寫的，他一眼就認得出這是沈從文的筆跡，沈從文
的稿子都是用細鋼筆尖在布紋紙上寫的這種蠅頭小楷。天哪，這叫我怎麼
說呢？我寫這封信時，還不認識胡也頻，更不認識沈從文。我的『蠅頭小
楷』比沈先生寫的差遠了……」（《魯迅回憶錄》散篇上冊第 390－392 頁）
荊有麟於 1942 年七月二十二日在重慶《新華日報》撰文（署名艾雲），題
《魯迅所關懷的丁玲》，說：「接到丁玲的信，魯迅先生很奇怪，說他並
沒有認識這樣一個人，也沒有聽說有這樣一位女士，要我們幾個熟識的人，
相幫打聽一下。在魯迅說過這話以後的次一天晚上，孫伏園就來報告消息

了，說，豈明先生那裏也有同樣的一封信，而且筆迹很像休芸芸。（沈從文當時名休芸芸，曾有稿給周豈明看，故豈明記得他的字）於是在座的章衣萍便說，不要又是什麼琴心女士與歐陽蘭的玩意罷。於是魯迅先生便認為：丁玲即休芸芸，所謂找事云云，不過是開玩笑而已。丁玲那封信先生便不作復了⋯⋯」（《1913－1983 魯迅研究學術論著資料匯編》第三卷第1049頁）

得蔣鴻年信　來信未見。蔣鴻年，不詳。兩人交往僅此一次。

夜小酩來　小酩，姓李，四川人，其他情況不詳。

H君來　H君，即羽太重久。

五 月

大事記

一日，第二次全國勞動大會在廣州開幕，七日閉幕。會上建立了中華全國總工會，選舉林偉民等二十五人為執行委員，林偉民任委員長，劉少奇等為副委員長，鄧中夏為秘書長兼宣傳部長。

七日，是日本帝國主義強迫中國政府簽訂「二十一條」賣國條約的十周年紀念日，北京各校學生在天安門舉行國恥紀念。警察總監朱深、教育總長章士釗派軍警阻撓，紀念會被迫改在景山公園舉行。會後學生三千人（一說九百人）結隊前往魏家胡同十三號章士釗住宅責問，章拒見，學生忿而搗毀章宅門窗用具，因此又跟被召來的警察發生衝突。為了援救被捕學生，北京各校相繼罷課，並於九日赴段祺瑞執政府請願，提出釋放被捕學生，罷免章士釗、朱深，撫卹受傷學生，廢止《出版法》和《治安警察法》、恢復言論集會自由等四項要求。十二日，章士釗提出請辭本兼各職，被挽留。

十四日，上海日商紗廠工人再度舉行罷工。十五日，日本資本家槍殺工人顧正紅，傷十餘人。二十一日，上海文治大學學生為救濟工人舉行募捐，被「租界捕房」逮捕數人，次日又有多名追悼顧正紅的學生被捕。美、日、英、法等帝國主義決定於三十日公審被捕學生。三十日，上海工人、學生數千人舉行遊行示威，高呼「打倒帝國主義」、「收回外國租界」等口號，英國巡捕竟開槍屠殺，當場死十餘人，傷數十人。是為「五卅慘案」。

　　本月，女師大風潮日益發展。五月七日，楊蔭榆利用學生舉行
「國恥紀念會」的愛國熱情，在校內佈置一個講演會，由她主持，
藉以維持她的校長地位。楊蔭榆進場後，當即為全場學生的噓聲趕
走。下午她在西安飯店糾集黨羽商量，以搗亂「國恥紀念會」為名，
迫害學生。第二天，楊假借女師大評議會名義，將學生自治會幹部
劉和珍、許廣平、蒲振聲、張平江、鄭德音、姜伯諦六人開除。十
日，楊蔭榆在《晨報》登出《本校學生公覽》，說九日的開除學生，
是因為「少數學生滋事，犯規至於出校」。女師大學生自治會跟楊
蔭榆針鋒相對，於五月十一日召開全體緊急大會，議決驅逐楊蔭榆
出校，封鎖校長辦公室，並在校門口張貼「行矣楊蔭榆」的大幅啓
事，上寫：「楊蔭榆先生注意！同仁等早已否認先生為校長，請以
人格為重，幸勿擅入校門。」二十日，楊蔭榆又在《晨報》發表《對
於本校暴烈學生之感言》，誣衊學生，為自己壓迫學生辯護。二十
一日晚，在太平湖飯店糾集死黨，繼續策劃。二十八日，女師大教
務長薛培元（變元）按楊旨意，從各級點名冊上塗去學生自治會六
幹部名字，學生譁然，議決拒絕薛培元入校，急請全校教職員維持
校務。

　　一日　曇。午後訪李小峰，見贈《從軍日記》及《性之初現》
各一本。夜有麟來。寄李小峰信。得許廣平信。為《語絲》作小
說一篇成。

【箋】

　　見贈《從軍日記》及《性之初現》各一本　《從軍日記》，小
說，作者謝文翰，北新書局出版。《性之初現》，不詳。

　　寄李小峰信　信未見。為本年第六十封佚信。

　　得許廣平信　為《兩地書》第十八信，許前一晚寫。內云：「現在確乎到了『力爭』的時期了！被尊為『兄』，年將耳順，這『的確老大了罷，無論如何奇怪的邏輯』，怎麼竟『謂偷閒學少年』，而邊加『少爺』二字於我的身上呢！？要知道硬指為『小姐』，固然辱沒清白，而尊之曰『少爺』，亦殊不覺得其光榮，總不如一撇一捺這一個字來得正當。至於紅鞋綠襪，滿臉油粉氣的時裝『少爺』，我更希望『避之則吉』，請先生再不要強人所難，硬派他歸入這些族類裏去了！」三閒居曰，對許既以「兄」相稱，「小姐」二字就必須努力「避之」，改用「少爺」，實乃順理成章之事。

　　為《語絲》作小說一篇成　指《高老夫子》。載《語絲》第二十六期（十一日），署名魯迅。文中的高老夫子，說是「順應世界潮流」，卻打著「整理國史」的旗號，整天鑽在故紙堆裏，搞著無補現在，反誘使青年走入歧途的勾當。收《彷徨》。

　　二日　曇。下午得三弟信，附久巽及梁社乾箋，四月二十九日發。夜有麟來。長虹及劉、吳二君來，贈長虹及劉君以許欽文小說各一本。

【箋】

　　下午得三弟信，附久巽及梁社乾箋　來信未見。久巽（1886－1938），即阮久蓀，又寫作阮久孫、九孫。浙江紹興人。魯迅大姨母之四子，阮和孫之弟。原在山西做幕友，後因神經錯亂，到北京經魯迅延醫治療無效，派人送回原籍。公認他是阿Q的原型。梁社乾（1898－？），廣東新會人。出生於美國新澤西州大西洋城，1918年畢業于大西洋城中學，到紐約研究戲劇和音樂。後又熱心於京劇、粵劇和話劇的研究，曾用英文寫了《梅蘭芳的美國旅行記》和《梅蘭芳》等書，向美國讀者介紹京劇。返國後曾在北京、上海、廣州、杭州等地居住。上年先譯了蘇曼殊的《斷鴻零雁記》，由商務印書館出版。現在他擬將《阿Q正傳》譯為英文，跟

魯迅通信。（附記，關於梁社乾的生年，現有兩種說法。一說生於 1889 年，如《全集》註和戈寶權《談魯迅生前〈阿 Q 正傳〉的外文譯本》都持此說，此說當據《密勒氏評論報》所編《中國名人錄》；一說生於 1898 年，見陳江作《魯迅與商務印書館——魯迅在商務印書館出版的著譯》。筆者以為，如按前一說，則梁氏中學畢業時已經三十一歲，不合情理。故取後一說）

　　夜有麟來　兩人談到河南開封鐵塔女生被強姦事。五月四日作《啟事》中說：「五月二日 Y 君來，通知我開封的信已轉，那確乎是事實……」Y 君，即荊有麟。

　　長虹及劉、吳二君來　劉、吳二君，不詳。均僅此一見。

　　三日　晴。星期休息。上午目寒來，託其以小說稿一篇攜交小峰。午後欽文來。有麟來。唐君來。下午衣萍、曙天及吳女士來。晚寄許廣平信。長虹來。得向（尚）鉞信二。得金天友信。

【箋】

　　上午目寒來，託其以小說稿一篇攜交小峰　小說，即《高老夫子》。

　　唐君來　唐君，不詳。僅此一見。

　　下午衣萍、曙天及吳女士來　吳女士，不詳。僅此一見。

　　晚寄許廣平信　為《兩地書》第一九信。於是夜所寫，「寄」乃「寫」之意。信中論及《婦周》和《莽原》。說：「然而咱們的《莽原》也很窘，寄來的多是小說與詩，評論很少，倘不小心，也容易變成文藝雜誌的。」原信中說到「琴心」：「……北大學生的信，都插在門口，所以即非學生，也可以去取，單看通信地址，其實不能定為何校學生。惟看他的來信上的郵局消印，卻可以大略推知住在何處。我看見幾封上署『女師大』的『琴心』的信面，都是東城郵局的消印，可見琴心其實是住在東城。」這一段，收到《兩地書》時刪去了。

　　得向[尚]鉞信二　來信未見。是尚鉞第一次來信。疑「信」後漏「並稿」二字。一，尚既是初識者，又無緊急事，不可能同時寄兩封信來，而

寄「稿二」是可能的。二，《莽原》周刊第一次發表尚鉞作品，正是兩篇，即載於第四期的《小小一個夢》和詩《昨晚獨步》，這兩篇應同時送達魯迅。下次來訪，說魯迅「從書案抽出我前幾天請他看的兩篇稿子」即此。

　　得金天友信　　來信未見。金天友，為金仲芸（詳七月五日箋）兄，安徽無為人。

　　四日　晴。午後寄孫伏園信。往女師大講。夜小峰、矛塵、伏園、惠迭來。

【箋】

　　午後寄孫伏園信　　信未見。為本年第六十一封佚信。

　　往女師大講　　八天後，即五月十二日，呂雲章致信保定育德中學國文教師謝采江，引用魯迅和她的兩次談話：「黃、白的花兒藏在《苦悶的象徵》裏，那本書是用大紅紙包的，上課時魯迅先生說：『呵，你的書怎麼是紅的？』我說，我將先生所著，所譯的書都用紅紙包起來了。後來又上課他說：『我用的東西——包帶……大都是紅、黑色的』，我說我包書可不是學的先生呀！他忍不住的笑了。他說我是個搗亂的學生，可以搗亂的學生，我不承認，他說他早就看出來了。你說他厲害不厲害？他的為人的確使人佩服，不是因為他的文已出名，乃是人的『人格』，我們和他閒談時，不見他有一點像近來這般自命為文豪家的氣習，說話雖然含蓄，無一句不誠懇的。他這樣偉大的『人格』，真是中國少有呵！可惜我們受教的時候不多了。」後一段談話，即「後來又上課他說」以下的一段，最遲發生在今天這次課上。原信還有一段涉及魯迅當時的思想和文學觀，一併引述如下：「魯迅先生近來也想改革青年的思想由文學入手，梁啟超先生亦不贊成空言紀念。能夠感動人的才是文學作品——這種作品感人的力量最大，也就是我們中國現在最需要的東西了！文學最能感動人，要改革青年的思想，非提倡文學不可，我的見解大概和你一樣吧。」（申春《呂雲章筆下的魯迅》，《魯迅研究動態》1986年第三期）

夜小峰、矛塵、伏園、惠迭來　幾人閒談間，魯迅前「得丁玲信」事可能會談到，也可能會順便要「幾個熟識的人，相幫打聽一下」。詳九日箋。

【補】

作《啓事》，敘述上月二十七日致孫伏園信轉向培良所告消息（河南開封鐵塔女生被強姦）後「所續得的矛盾的消息，以供讀者的參考」。文內稱：「……這四位都是我所相信的誠實的朋友，我又未曾親自調查，現既所聞不同，自然只好姑且存疑，暫時不說什麼……」這四位指向培良、高長虹、尚鉞和荆有麟。載六日《京報副刊》，署名魯迅。初收《集外集》，被書報檢查人員抽去，後收《集外集拾遺》，附有關報導多篇。手稿一頁現存。

五日　小雨。晨得張目寒信。上午伏園來。有麟來。午後得張目寒信。得培良、蘊儒信。晚衣萍來。夜長虹、玉帆來。

【箋】

晨得張目寒信、午後得張目寒信　一天兩得張目寒信，當有要事、急事。不詳。

夜長虹、玉帆來　玉帆，姓紀，綏遠人，時為北京大學學生。為一文學愛好者，由高長虹引見。來寓僅此一次。長虹此來，很可能讀到許廣平的第一次投稿。高在《一點回憶——關於魯迅和我》中說：「一天的晚上，我到了魯迅那裏，他正在編輯《莽原》，從抽屜裏拿出一篇稿子來給我看，問我寫得怎樣，可不可修改發表。《莽原》的編輯責任是完全由魯迅擔負的，不過他時常把外面投來的稿子先給我看。我看了那篇稿子覺得寫得很好，贊成發表出去。他說作者是女師大的學生。我們都說，女子能有這樣大膽的思想，是很不容易的了。以後還繼續寫稿子來，此人就是景宋。」（《高長虹文集》下卷第 519 頁）稿子，當指《亂七八糟》，魯迅於上月二十八日收到。今日為星期二，明天就要集稿，所以先看夠不夠用。許廣

平此稿原共四段，後發出三段，第一段未用。參看前二十八日箋。高長虹
接著說：「我那時候有一本詩集，是同《狂飆》周刊一時出版的。一天接
到一封信，附了郵票，是買這本詩集的，這人正是景宋。」高的詩集，指
《精神與愛的女神》，三月一日出版。許廣平寫信給高長虹買書，時間無
法確定。據推測，有兩個可能。一在三月，即詩集出版後不久。那時給高
長虹寫信購書者很多，女士也不在少數，石評梅、冰心都寫過信（石評梅
跟高是熟人，寫信並非購書，當為談讀書界文學界事之類）。另一個可能，
是在本日之前三四天內，根據有二：一，許廣平讀到《莽原》第一期後，
覺署名「長虹」的《綿袍裏的世界》「頗有些先生的作風在內，但不能決
定」（《兩地書》一六信），即她懷疑那篇文章為魯迅所作，而用了一個
筆名發表。魯迅在復信中說了「長虹確不是我……」（《兩地書》一七信）
一段話，化解了許的懷疑。魯迅的復信是四月二十八日寫的，她應於第二
天收到。弄清了「長虹確不是我」，寫信購書是很自然的。在以後的通信
裏，許又談了對高那本詩集的總體意見。二，五月一日出版的《莽原》第
二期上刊有《精神與愛的女神》的廣告，明白揭示了高長虹的地址，為直
接寫信給作者提供了方便。從《兩地書》一六信、一七信看，後一個可能
性略大一些，即許於五月初給高寫信購書，以後便通起信來。但這時高長
虹並不知道景宋即是他在魯迅處所讀稿的作者，因為魯迅只說是「女師大
的學生」，沒有告訴姓名，那篇稿子發表出來，也沒有署「景宋」之名，
而是署了「非心」二字。他是後來才知道的。

【補】

作《雜感》，載《莽原》第三期（八日），署名魯迅。文中說，「死
於不知何來的暗器」，比「死於敵手的鋒刃」更加「悲苦」，而最悲苦的
是「死於戰友亂發的流彈」。對於生者來說，應「執著現在」，不要「忘
卻了憤怒」；應當「抽刃向更強者」，而不應「向更弱者」。收《華蓋集》。

得劉弄潮信。此信現載《魯迅研究資料》第十輯。落款五月四日。內
說他「要到長春去調查一下關外的風土人情，不及面辭」。又說：「我的

朋友蕭君華清（師大教育研究科）今年要畢業回去服務了，要到先生那裏來領教一下，託我致意先生，來時望先生賜教。」按當時北京城內一封信最遲第二天收到，故係於今日。那個蕭華清似乎沒有來看望魯迅。

六日　小雨。上午有麟來。得三弟文稿。得趙善甫信並稿。下午得李霽野稿。夜有麟來。寄金天友信。得趙蔭棠信。

【箋】

得三弟文稿　指周建人《答〈一夫多妻的新護符〉》一文。在先，章錫琛為上海《婦女雜誌》編輯「新性道德號」，發表周建人《性道德之科學的標準》和他自己寫的《新性道德是什麼？》宣傳羅素的思想，主張戀愛時應有較多的自由，「不妨」同時「戀愛二人以上」，「只要本人的意志如此而不損害他人時，決不發生道德問題」。先後有《晶報》、《青光》等刊載文章，不同意二人觀點，接著北京大學教授陳百年在《現代評論》第十四期發表《一夫多妻的新護符》，把周、章二人的主張跟封建社會的「一夫多妻制」聯係起來，使周有「為一大夥道德家所包圍」之感，乃「特地作一篇答文」，於陳文發表次日寄給《現代評論》。但該刊壓住不發，一個多月後，周掛號質問，依然不理不睬。這才寄來。在《莽原》第四期（十五日）發表。同時刊有章錫琛《駁〈一夫多妻的新護符〉》一文。日記中不見「得」章稿記載，可能是一起寄來的。陳百年，詳十八日箋。

得趙善甫信並稿　趙善甫，即趙赤坪，安徽霍丘人。時為北京俄文法政專門學校學生。中共地下黨員。為第一次來信。稿，題目不詳，係請魯迅為之修改。

下午得李霽野稿　稿為《樂觀主義》，載《莽原》第四期（十五日），署名霽野。

寄金天友信　未見，為本年第六十二封佚信。

得趙蔭棠信　來信未見。趙蔭棠（1893－1970），又名同光，字憩之，筆名老鐵。音韻學家、作家。河南鞏縣人。1924－1926 年在北京大學

研究所國學門讀研究生，師從沈尹默、錢玄同、沈兼士、徐炳昶、周作人等。聽過魯迅的小說史課程。曾任北京師範大學國文系講師。又先後在河南大學、天津中日學院、孔德中學等校任教。北平淪陷後，沒有外出，繼續在「偽」字號的北京大學任教授。來信跟開封鐵塔女學生被強姦案有關。本日《京報・婦女周刊》載《那幾個女學生真該死》一文，署名即為「蔭棠」。作者肯定「開封鐵塔案」確有其事，並對開封教育界、封建禮教以及地方軍閥做了嚴詞抨擊，強烈要求開封女師校長「把這項事情宣諸全國，激起輿論，攻擊軍閥，而為死者鳴冤」。本次為第一次交往，當述自己對鐵塔案看法。但隨後《婦女周刊》再發表趙蔭棠以讀者來信形式所寫《謠言的魔力》，採取完全相反的看法，認為那是一個謠言。以上二文，魯迅五月四日作《啟事》一文後附。

　　七日　晴。上午有麟來。得燕生信。午後得春臺信。

【箋】

　　得燕生信　來信未見。為常第二次來信。

　　午後得春臺信　來信未見。為孫本年第二次來信。參見二月八日箋。

【補】

　　收到《豫報》兩份，見明日給呂蘊儒、向培良信。

　　八日　晴。上午往師大講並取去年薪水四月分者二十八元，五月分者三元。午後往北大講。得曹靖華信。下午得費同澤信。晚有麟來。夜長虹來。

【箋】

　　得曹靖華信　曹靖華（1897－1987），原名聯亞，化名亞丹、鄭汝珍等，靖華為字，以字行。翻譯家、散文家、教授。未名社成員。河南盧氏人。「五四運動」前後在故鄉讀中學。1920 年，被河南學生聯合會選為

代表，赴上海參加第一屆全國學生聯合會代表大會。旋受社會主義青年團
（S.Y.）指派，跟韋素園等同赴蘇聯，在莫斯科東方大學學習。1922 年回
國後，在北京大學旁聽過魯迅講課。大革命期間參加北伐，大革命失敗後
再次赴蘇。時在開封國民革命軍第二軍。在國民革命軍第二軍擔任顧問的
俄人王希禮，「現在已著手翻譯《阿Q正傳》，打算在莫斯科出單行本」，
四月二十五日自漢口致信「老友」（此信載《民眾文藝》）曹靖華，希望
魯迅作序和寫自傳。為此事跟魯迅通信。曹靖華在《好似春燕第一隻》中
寫道：「《阿Q正傳》初稿譯完時，為了詳實，我把所有疑難都列舉出來，
並寫了一封信給魯迅先生，信內附了王希禮的一頁信。信中除請魯迅先生
解答疑難之外，還請他給俄譯本寫一篇序、自傳，並請他附寄最近照片等
等給俄譯本用。據《魯迅日記》，這封信是 1925 年五月八日收到的。」（《花》
第 135 頁）此為第一次交往。

　　下午得費同澤信　費同澤，字荑九，湖北沔陽人。時為北京師範大
學國文研究科學生。交往僅此一次。

　　晚有麟來　在有麟之後，是高長虹來。四月三十日註引荊有麟話，
魯迅在收到丁玲信後，因感到奇怪，要他們「幾個熟識的人，相幫打聽一
下」，當在此時。

【補】

　　是日給許廣平一信，見《兩地書》一九信後說明（原話：（其間缺魯
迅五月八日信一封。）又見許九日信開頭（「收到五三、五八的信」）。
未見公開。

　　給呂蘊儒、向培良寫信，說「昨天收到兩份《豫報》」，使他「非常
快活，尤其是見了那《副刊》。因為它那蓬勃的朝氣，實在是在我先前的
預想以上。你想：從有著很古的歷史的中州，傳來了青年的聲音，仿佛在
預告這古國將要復活……」信中解釋了前所說「一要生存，二要溫飽，三
要發展」的人權觀，說：「我之所謂生存，並不是苟活；所謂溫飽，並不
是奢侈；所謂發展，也不是放縱。」特別指出，「惟獨半死半生的苟活，

是全盤失錯的」。文中透露出對自由的渴望。信長兩千字。以《北京通信》
為題，載五月十四日《豫報副刊》，署名魯迅。收《華蓋集》。

　　**九日　晴。上午目寒、叢蕪來。下午寄蘊儒、培良信並稿。
寄曹靖華信，附致王希禮箋。晚有麟來。夜長虹、鍾吾來。小酩
來。衣萍、小峰、漱六來。伏園來。得鈍拙信。得三弟信並稿，
六日發。**

【箋】

　　上午目寒、叢蕪來　是韋叢蕪第一次來訪，由張目寒領見。

　　下午寄蘊儒、培良信並稿　信即昨日所寫。此處信、稿分開，當
是兩樣。《全集》注稿「即《北京通信》」，不妥。《北京通信》應是信，
不是稿。如是稿，信又何在？為本年第十五封存信。魯迅二月十日「得李
霽野信並文稿三篇」，「文稿」當為臺靜農作。當時無刊物可發。臺靜農
四月二十七日第一次來訪，引魯迅想起，等到《豫報副刊》創刊，現在將
稿隨信寄給呂、向二人。《豫副》六月二十一日載臺靜農《北京通訊》，
六月二十五日載臺靜農《當下的覺悟》，即由魯迅轉給。

　　寄曹靖華信，附致王希禮箋　信未見，為本年第六十三封佚信。
王希禮，蘇聯人，原名波·阿·瓦西里耶夫（Б·А·Васильев），生年不
詳，1937 年去世。時為馮玉祥國民軍第二軍俄國顧問團成員。通過曹靖華
向魯迅表示，他已將《阿Q正傳》譯完，準備出版，希望魯迅作序和寫自
傳。昨日箋引潘德延文後接著說：「次日，《魯迅日記》載：『寄曹靖華
信，附致王希禮箋。』在信中，魯迅回答了曹靖華提出的問題。比如較為
難懂的像紹興民間賭博中的什麼『天門』啦，什麼『角回』啦等等。當曹
靖華接到魯迅第一封復信時，心情無比激動，他在回憶中說：『在風沙呼
嘯中，魯迅先生的復信來了，現在還清楚地記得當時急忙打開信的心情。
魯迅先生不但詳盡地解答了所有疑難，而且關於賭博還繪了一張圖，按圖
說明「天門」等等的位置及如何賭法。這種懇切、認真的嚴肅態度，實令

人感佩。這些第一手的圖解材料，恐怕是《阿Q正傳》所有外文譯本都不曾得到的最詳實的材料了。』（曹靖華：《飛花集‧好似春燕第一隻》）」。附箋，為本年第六十四封佚信。當是表示同意、感謝和將按照要求寫出自傳等。

晚有麟來　荊有麟此來，不會很快離開，可能一直坐到孫伏園來後。四月三十日箋引荊有麟《魯迅所關懷的丁玲》中所說「在魯迅說過這話以後的次一天晚上，孫伏園就來報告消息了……」一事，當發生在今晚。「說過這話」即昨日要「幾個熟識的人，相幫打聽一下」。查《周作人日記》，本日「晚孫伏園來」。在魯迅「得丁玲信」以後，孫已於四日、五日來過兩次，魯迅自會要他「相幫打聽一下」，他知道這回事。在周作人處也看到同樣的來信，又聽說「筆迹很像休芸芸」，於是他當即從周作人處趕來。

夜長虹、鍾吾來　是尚鉞第二次來訪，仍由高長虹引領。尚鉞於1940年九月作《我的一段學習生活》所記一次他在魯迅家被冷落，當不是第一次，而是這次，因為此後有好幾位客人來訪，符合所記情形；文中所說兩篇稿子，見前三日箋。

　　……許久，先生大概是怕我孤坐寂寞吧，從書案抽出我前幾天請他看的兩篇稿子，拿出一篇轉向我說：「這裏邊還有幾點可商議的地方。」

　　我走到桌前，在綠紗罩的燈光下，先生打開稿子一頁一頁仔細尋找著。每找到一個錯字，或別字，或是不通，或是不適當的句子時，他都指著錯處的額頭和我說：「這個地方，我以為這樣改一下比較更好一點。」

　　我仔細看，額頭上都精細地註著小字，或點著小點，這是等待徵求我的同意後，準備正式改正的。但稿子還未看完，又有幾位先生陸續走進小書齋來。這幾位先生中，有我認識的，也有我不認識的。但從樣子上看，與先生對照起來，似

乎都各人賦有一種特權：不是「我應該看不見你」，就是「我只會看見我自己的鼻子」，或者，眼角中故作驚訝地問「這是誰呀？」或者鼻孔溝中不客氣地流出「你跑到這裏來幹嗎呀？」總之「你是什麼人也來麻煩魯迅先生嗎？」這些先生們，長虹因為時常發表小說和文章，還能和他們談兩句，聽聽他們的「煙士披里純」，我則有「仰之彌高，鑽之彌堅」之感了。同時，小書齋這時也確顯得太小了，魯迅先生被擠得向後退了兩次，還有腳在地板上無所措置地散步。我真感到寂寞了，於是便約著長虹，從先生家中退了出來。

（《1913－1983魯迅研究學術論著資料匯編》第三卷第195頁）

小酩來　這次可能帶了一篇小說，題為《未婚時》，在《莽原》第五期（二十二日）發表。

得鈍拙信　鈍拙，為壽洙鄰化名。壽洙鄰（1871－1961），名鵬飛，洙鄰為字。浙江紹興人。魯迅在紹興「三味書屋」讀書時的塾師壽鏡吾的次子。1914－1928年在北京平政院任記錄科主任兼文牘科辦事書記。魯迅《中國小說史略》出版後，他化名鈍拙提出修改意見。壽曾任熱河都統府祕書等職，瞭解熱河情況。魯迅《史略》第二十二篇誤以灤陽即今河北灤陽，壽來信指出，灤陽即是承德，在熱河。魯迅在《再版附識》中特別提到，「鈍拙及譚正璧兩先生未嘗一面」。據葛濤《魯迅、壽洙鄰與周作人的一則佚文考論》，「魯迅先生與壽洙鄰先生交往頻繁，是至交，但魯迅先生至死都不知道曾給他的《中國小說史略》匡正謬誤的『鈍拙先生』竟是自己恩師的次子，也是自己好友的壽洙鄰先生，於是就有了壽洙鄰先生在一本《中國小說史略》『再版附識』邊上」（《魯迅研究月刊》2001年第四期）做題記和周作人又在該書扉頁上做題記的一段佳話。詳見十一月二十八日箋。

十日　曇。星期休息。午後有麟、金天友來。下午得許廣平信。雨一陳即霽也。

【箋】

午後有麟、金天友來　當是前來看望，因金天友將離開北京也。

下午得許廣平信　為《兩地書》第二〇信，許前晚寫。信中談到《莽原》第三期所刊《亂七八糟》一稿，已見前。

【補】

作雜文《忽然想到（七）》，載十二日《京報副刊》，署名魯迅。此文由武者君發表在昨天《京報副刊》上的一篇題為《溫良》的文章所引發。武者君在文中說：「魯迅先生曾在教室裏指示出來我們是溫良，像這樣外面塗著蜜的形容詞，我們當然可以安心的承受，而且，或者可以嘗出甜味來。」「然而突然出了意外的事，……我的心是被刺刺傷！」原來那裏面含著毒。作者「在途中」「迎送著來來往往的這老國度的人民」，「發現了兩批東西：兇獸和羊，踐踏者和奴隸。」魯迅此文即從兇獸和羊寫起，說武者君只發現了一部分，因為大道上的東西還有另外一種，即「兇獸樣的羊，羊樣的兇獸」。「他們是羊，同時也是兇獸；但遇見比他更兇的兇獸時便現羊樣，遇見比他更弱的羊時便現兇獸樣，因此，武者君誤認為兩樣東西了。」《華蓋集·後記》說：「武者君登在《京報副刊》（約十四年五月初）上的一篇《溫良》中，所引的就是我那時所說的這幾句話。我因此又寫了《忽然想到》第七篇，其中所舉的例，一是前幾年被稱為『賣國賊』者的子弟曾大受同學唾罵，二是當時女子師範大學的學生正被同性的校長使男職員威脅。」這把權勢者的兩副面貌畫得非常生動。收《華蓋集》。

十一日　晴。下午訪季市。夜有麟來。李渭濱來。得李遇安信並稿。

【箋】

下午訪季市 是《莽原》創刊以後兩人第一次見面，談話中當提出請許為《莽原》撰稿。許在《亡友魯迅印象記》中說：「魯迅編《莽原》雜誌和《國民新報副刊》時，曾經幾度慫恿我去投稿，勸我多寫雜文，不要矜持，但是我因行文拙鈍，只投過幾篇：《論面子》、《論翻譯之難》……而已。」（第 52 頁）以後見面，亦當談及。現《莽原》第三期載《愛國》，署名上遂，即為許作。該期出版於本月八日，在本次見面之前。《日記》四月未見交往記載，疑有漏記，或在別處（如教育部或女師大）見面時相約和得稿。《爭面子》（許先生記為《論面子》）載第十五期（七月三十一日）。第十八期（八月二十一日）載《「有功文律」？》第二十二期（九月十八日）載《讀「每下愈況」》。第二十三期（九月二十五日）載《「胡說」》。後三篇亦署名上遂。《論翻譯之難》一文，《莽原》未見。

李渭濱來 李渭濱，不詳。《日記》僅此一見。

得李遇安信並稿 稿當為《那兒是國？》，前一日寫於琉璃窯。載《莽原》第五期（二十二日）。

【補】

作《編完寫起》，載《莽原》第四期（十五日），署名魯迅。原文共分三段（也有說是四段的，今按魯迅 1935 年二月十五日所加案語，當年在《莽原》發表時第一、二兩段之間的隔離號是錯的），後第一段改題《導師》，第三段改題《長城》，收《華蓋集》，第二段保留原來題目，收《集外集》，後加案語，說明這段沒有編入《華蓋集》的原因。《導師》一文提出，「青年又何須尋那掛著金字招牌的導師呢？不如尋朋友，聯合起來，同向著似乎可以生存的方向走。」此係針對一些被稱為青年的「導師」的人而言。文中對青年做了分析，說：「青年又何能一概而論？有醒著的，有睡著的，有昏著的，有躺著的，有玩著的，此外還多。但是，自然也有要前進的。」在《長城》一文裏，既稱頌了長城的「偉大」，又說「我總覺得周圍有長城圍繞」，而這卻是該詛咒的。有手稿三頁，現存。

　　十二日　曇。午後欽文來。下午往女師校開會。得常燕生信片。晚欽文來。

【箋】

　　下午往女師校開會　北京女子師範大學於五月七日舉行國恥紀念大會，校長楊蔭榆進行干擾破壞遭到學生抵制後，即非法開除學生自治會職員劉和珍、許廣平等六人，致使學潮進一步擴大。十一日下午，學生自治會致函本校教員，稱楊蔭榆「數月以來，不聽學生自治會職員之婉勸，自行引退，以讓賢能，而竟任情專橫，利用私黨三、五人所把持之評議會，妄開除學生自治會職員六人。生等受盡摧殘，忍無可忍，故本終始一致之精神，誓與楊氏勢不兩立，一致奮起，茲於今日上午，已驅逐蔑視教育，魚肉青年之楊氏離校，並封閉校長辦公室矣……」函中說，定於明日「午後三時，在本校大禮堂開會，「敬懇本校主持公道之諸先生出面維持校務，以免此唯一之女子高等學府有陷於危亡之虞。」魯迅收到此函，赴校開會。會上，報告了驅楊經過，討論了應急措施。

　　得常燕生信片　來信未見。為常第三次來信。

【補】

　　本日擬《為北京女師大學生擬呈教育部文（第一次）》，即由女師大學生自治會送交教育部。該文說明女師大學潮的真相，斥責楊蔭榆「視學生如土芥，以大罰為兒戲」，宣佈「自其失蹤之日起，即絕對不容再入學校之門」。收六月三日北京女師大學生自治會編輯出版的《驅楊運動特刊》，題為《學生自治會上教育部呈文》。初未入集，現跟第二次文一起，收《集外集拾遺補編》。有手稿二頁，無標題、標點，現存。

　　十三日　雨。上午得培良信。下午寄常燕生信。寄三弟信。

【箋】

　　上午得培良信　來信未見。當是報告《豫報副刊》面世後的反應之類。

　　下午寄常燕生信　信未見，為本年第六十五封佚信。

　　寄三弟信　信未見，為本年第六十六封佚信。

【補】

　　作雜文《忽然想到（八）》，載十八日《京報副刊》，署名魯迅。此文以李大釗曾被誤作李大劍而遭誣陷，對北洋軍閥政府「專用高壓手段」對付學生和人民，做了諷刺和挖苦。收《華蓋集》。

　　十四日　晴。上午得尚鍾吾信。有麟來。午後張辛南、張桃齡字冶春來。下午理髮。晚長虹來。夜索非、有麟來。衣萍、品青來。靜農、魯彥來。

【箋】

　　上午得尚鍾吾信　來信未見。是尚鉞第二次來信。

　　午後張辛南、張桃齡字冶春來　張桃齡，不詳。僅此一見。

　　夜索非、有麟來　索非，原姓周，安徽績溪人，約 1900 年生。時為北京《國風日報・學匯》專刊編輯。荆有麟為《國風日報》作者，以此跟索非相識，故領來拜訪。僅此一見。

　　靜農、魯彥來　魯彥（1902－1944），原名王衡，字忘我，魯彥為筆名，也常署名王魯彥。作家，翻譯家。文學研究會成員，狂飆社成員。浙江鎮海人。幼小家境貧寒，小學未能卒業就到上海當學徒，後到北京參加蔡元培、李大釗等創辦的工讀互助團，並在北京大學旁聽，聽過魯迅講「中國小說史」課。不久開始文學翻譯，1923 年開始文學創作。小說以描寫農民生活見長，魯迅稱為「鄉土文學」作家。曾擔任愛羅先珂的世界語助教。同年秋到長沙，在平民大學、周南女校等校任教。本年在北京從事創作和翻譯。本次隨臺靜農來，是第一次拜訪。跟高長虹、向培良等相識

後參加狂飆社。陳漱渝在《魯研一得錄》中說：「當時靜農、魯彥為什麼要同訪魯迅？這次會見有什麼收穫？時隔半個多世紀，上述問題本來已難稽考，可幸的是，魯迅保留的《莽原》周刊未刊稿中，有一篇靜農的散文——《人燹》，記敘的就是這次會見。文章開頭寫道：『這次魯彥北來，真是我所夢想不到的；因為我從不會幻覺到江南的詩人，又重行來到這長天遼闊的北京！從黃昏我們握手以後，直到晚鐘十下，我們絮語卻沒有一刻的停止。我偶然將魯迅先生對他作品的稱讚告訴了，他便瘋狂一般的要同我去作魯迅先生的「晚間來客」』」。（《魯迅研究資料》第十六輯）

【補】

作雜文《忽然想到（九）》，載十九日《京報副刊》，署名魯迅。文中揭露了北洋軍閥政府用機關槍對付徒手請願的學生的暴行，提醒人們「不要用普通的眼光看中國」。收《華蓋集》。

十五日　曇。上午往師大講。午後往北大講而停課。往張目寒寓。下午雨，至夜有雷。得李宗武信，十三日天津發。

【箋】

往張目寒寓　內情不詳，或跟十日前得張兩信有關。

得李宗武信　來信未見。內情不詳。

十六日　曇。上午有麟來。午後得李庸倩信，七日梅縣發。下午雨一陳。晚衣萍來。夜欽文來。收《小說月報》一本。

【箋】

午後得李庸倩信　來信現存，收《魯迅研究資料》第十一輯。為李南下後第八封來信。寫於「五七國恥」之日。時在梅縣。信中有「我的生命尚附在我的軀殼，不可謂非幸不幸之事」的話。

　　夜欽文來　許欽文在《〈魯迅日記〉中的我》中寫道：「有一天晚上，我吃過晚飯到西三條胡同去看魯迅先生。走近吃飯間，就聽到嘻嘻哈哈的鼎沸的人聲。打開風門一望，老虎尾巴裏已經擠滿了人，其中有一對是新婚的夫婦。在煙霧騰騰中，好些人指手劃腳地都有輕浮的表現，形成了一種太不嚴肅的空氣。忽然，魯迅先生的位置空起來了，我坐在老虎尾巴的門口外面，望得見魯迅先生母親房間裏的情形，知道魯迅先生坐在那裏。大家感到詫異以後，談笑聲就停止。我聽得很清楚，魯迅先生用紹興話表示厭惡地對他的母親說：『他們同我開玩笑！』不久他的母親走到老虎尾巴的門口來說：『今天時候已經不早，老大喝了點酒，也得早點休息；大家就都回去吧，要談談，以後再來。』於是，有的伸伸舌頭，有的眨眨眼睛，爭先恐後地溜走。」（第53頁）此事寫得十分逼真，也記下了魯迅生活的一個方面。據《日記》，許欽文晚上來寓，1924年共兩次，一次是七月一日，一次是九月一日，都不可能。本年夏天以後許南下教書，直到明年暑假才回來，而魯迅很快南下，所以也不可能在明年。本年前半年，許晚上來寓，共七次，其中三月十八日（因魯迅出外而未遇）和六月九日（許來告別），可以排除。三月二十四日，李小峰、孫伏園都在，他們未記，亦可排除。四月十三日，前已有織毛衣一事係入。本月二十四日、六月五日，荊有麟等在，而荊未記，亦可能性不大。後半年的八月八日，有此可能，但時值盛夏，從描寫看，又有點不像。唯今日較為適宜，故係入。序中已說，許屬於半個家人，有時來寓而《日記》不記，因此也可能在漏記的某一日。所記是怎麼一回事，筆者無法索解。

　　十七日　曇。星期休息。午有麟來。午後雨。魯彥、靜農、素園、霽野來。下午晴。夜得許廣平信並稿。得張目寒信並稿。

【箋】

　　魯彥、靜農、素園、霽野來　韋素園（1902－1932），後改素園為漱園。翻譯工作者。未名社員。安徽霍丘人，跟李霽野等是同鄉又是同

學。先讀私塾，又上小學，1915 年秋到阜陽上第三師範學校。1918 年加入段祺瑞的軍隊。不久到安慶安徽省立法政專門學校讀書。1921 年初參加社會主義青年團（S.Y.）組織的代表團赴蘇出席第三國際召開的會議，同去者還有曹靖華，會後二人進莫斯科東方勞動大學學習。1922 年回國，進北京一專科學校（李霽野《魯迅先生與未名社》中一處說是北京俄文專科學校，見 153 頁，一處說是北京法政專門學校，見 102 頁，未知孰是）學俄文。1926 年八月魯迅南下後，主持未名社工作。這次是韋素園第一次來訪，李第二次來（第一次在三月二十二日），臺第三次來（前兩次在四月二十七日、五月十四日）。當主要是將韋素園引見給魯迅，韋素園是安徽霍丘四人中最後一個拜訪魯迅的人。魯迅說：「我的認識素園，大約就是霽野紹介的罷……」（《憶韋素園君》）李霽野在《魯迅先生對文藝嫩苗的愛護與培育》中記述了魯迅跟他們幾個人的談話要點。談話對象除他而外，不能缺了臺靜農。並且是多次談到。這次他們幾個人都在，是最早談這話的可能時間，因係於此，以後不再。李說：「魯迅先生同我們談話時，多次對我們說，自己讀中國古書時心情容易消沉，容易脫離現實鬥爭，勸我們千萬注意，因為臺靜農那時在北京大學中國文學系旁聽，天天要和中國舊書接觸，我也在燕京大學中國文學系掛名上學，只私下讀點自己願讀的書，他深怕我們上胡適之流的圈套，陷進泥潭，迷失了政治方向。但是魯迅先生絕不是對中國文化遺產持虛無主義的態度。他指導靜農繼續研究中國文學，後來通信時……」（（《魯迅先生與未名社》第 9－10 頁）這時李霽野剛有一篇文章（《樂觀主義》）在《莽原》周刊發表，魯迅可能由這篇文章，勸李多讀一點英國的隨筆。李在同一篇文章中說：「這時期，我只寫過幾篇短文，寫完總寄給先生看，現在我自己連題目也記不起來了。但是還記得先生勸我似乎可以多讀點英國的 Essay，因為他那時正在譯廚川白村的《出了象牙之塔》，其中就有論及英國這種文體的文章。由於魯迅先生的教導，我較多地讀了一點這種文章，對《出了象牙之塔》的文章風格，也覺得新鮮活潑。但是我對先生說，我毫無寫這種文章的才力。先生對於我的多方面的幼稚，當然是瞭解的，但是帶著勉勵的意思說，天下沒有一

蹴而就的事，寫文章既要有豐富的生活經驗，也要有藝術方面的修養，前者尤為重要。」（同上第 23 頁）說魯迅這時「正在譯廚川白村的《出了象牙之塔》」，不確，該書已於二月十八日「譯訖」。李又說，「在魯迅先生故居『老虎尾巴』的東牆上，掛著一張日本人的照相，我們問起，先生說他是教過自己醫學的老師藤野嚴九郎。先生為我們敘說過他如何認真負責，把自己的聽課筆記連文法錯誤也一一細改……」（同上第 25 頁）這應是在最初幾次見面時，亦係於此。

　　夜得許廣平信並稿　信為《兩地書》第二一信，許當天寫，是談讀了魯迅《編完寫起》後的感慨。稿為《懷疑》，在《莽原》第五期（五月二十二日）發表，署名改為景宋。收《許廣平文集》第一卷。許此文發表以後，據孫伏園回憶，錢玄同便來打聽：「景宋的文字像是一個熟人所寫，景宋到底是誰呢？」孫答：「是許公。」錢說：「啊，我知道了，當然是她。她要景仰宋廣平，所以自號『景宋』嘍。」孫把這話告訴魯迅，魯迅說：「玄同完全錯了，你對他說，他的推理是完全靠不住的。我告訴你：許公的母親姓宋，她為景仰母親，所以自號『景宋』；至於她名廣平，也和宋廣平全不相干，只是廣東的風氣，常常喜歡把地名放在名字當中，例如她名『廣平』，她的妹妹名『東平』，何嘗有宋廣平的影子呢？」（《魯迅先生二三事》，此處據《魯迅回憶錄》專著上冊第 87 頁）

　　得張目寒信並稿　來信未見。稿為《讀大報》，是批評《現代評論》的，載《莽原》第六期（二十九日）。因「連日陰雨，不能出門一步」，故寄出。信當極簡單。是張在《莽原》發表的第二篇作品。也僅二篇。

【補】

　　給李霽野寫信，說對李的小說稿《生活》（六日收到）的意見，擬將結末一句裏的「這喊聲裏似乎有著雙關的意義」的「有著雙關」改為「含著別樣」或「含著幾樣」，特跟作者商榷。當寫於上午，可能未曾寄出，「午後」交給李本人。為本年第十六封存信，收《書信》。李的小說，載《語絲》第二十八期（二十五日）。

　　十八日　曇。午得衣萍信。午後寄錢玄同信。寄山川早水信。往女師校講並收去年六月分薪水泉十一元。晚陳斐然來。夜有麟來。目寒來。得陳百年信。

【校】

　　收去年六月……　手稿中「去年」後「月」字被刪去。

【箋】

　　午得衣萍信　來信未見。是章衣萍第一次寫信給魯迅。

　　午後寄錢玄同信　信未見，為本年第六十七封佚信。

　　寄山川早水信　信未見，為本年第六十八封佚信。山川早水，日本人。時為日本某報社駐北京通訊員。二人交往僅此一次。

　　晚陳斐然來　陳斐然，即陳文華，斐然為字。河北安次人。本年北京師範大學國文研究科畢業。

　　得陳百年信　陳百年（1886－1983），即陳大齊，百年為號。心理學家。浙江海鹽人。早年留學日本東京帝國大學、德國柏林大學。回國後，先後任浙江高等學校校長、北京大學第二院主任、哲學系主任、心理學系主任、教務長等職。以後擔任過北京大學代理校長、考試院祕書長、考試委員會委員長、臺灣大學校長等職。陳在《現代評論》第十四期發表《一夫多妻的新護符》，對《婦女雜誌》上周建人和章錫琛二人文章提出批評，周章二人寫出反批評文章寄給《現代評論》，但該刊遲遲不做處理，周章寫信質問，亦不理睬，過了幾天，陳才寫出一封給周章二人的短信，把《現代評論》遲遲不發的原因歸結到自己身上。文末對周章二人的批評表示不滿，說：「我萬萬想不到我的信口胡說竟會引起這樣的惡影響，萬萬想不到不值一文的教授頭銜竟會這樣作怪，魯迅先生也說：『……《婦女雜誌》上再不見這一類文章了。』這不但使魯迅先生毛骨悚然，連我也不免要毛骨悚然。我早知這樣，我當時決不多嘴。但我也要吃飯，不能為了要胡說而犧牲教授的頭銜，所以我以後對於這個討論，只好暫時不參加了。」此文載於《現代評論》第二十二期。文中並說兩位先生的文章「一直到了《現

代評論》第二十二期始得發表」，即周建人和章錫琛的答辯文章也曾刊於
《現代評論》，跟陳的這封公開信同時刊出，也跟《莽原》發表在同一時
候。陳跟魯迅早有交往。此《給周章二先生的一封短信》，魯迅編在《莽
原》第六期（二十九日）。所說信，當不指此，疑有一封給魯迅的信，附
了《給周章二先生的一封短信》，信中要求將這封信發表。

【補】

　　給許廣平寫信，即《兩地書》第二二信。當寫於夜裏。此信是對權勢
者進行鬥爭的宣言。信中說：「我現在愈加相信說話和弄筆的都是不中用
的人」，當權者「即使怎樣無理，事實上卻著著得勝」。他說：「我要反
抗，試他一試」！談及女師大風潮時，信中說：「教員之類該有一番宣言，
說明事件的真相，幾個人也可以的。」

　　得女師大學生自治會函。詳明日箋。

　　十九日　晴，風。上午寄許廣平信。寄陳文華信。午後欽文
來。夜長虹來。

【箋】

　　上午寄許廣平信　為《兩地書》第二二信，昨日寫。

　　寄陳文華信　信未見，為本年第六十九封佚信。陳文華，即陳斐然。

　　二十日　晴，風。上午有麟來。得三弟信，十五日發。午後
得許廣平信。得靜農信並稿。寄孫伏園信。晚魯彥、靜農來。小
酩來。夜得王志恒信並稿。得曹靖華信。看師範大學試卷。

【箋】

　　午後得許廣平信　此信《兩地書》不載，亦未見收入《兩地書真迹》。

得靜農信並稿　來信未見。是臺第一次來信。稿，即作者記敘他跟魯彥來訪的那篇《人彘》，稿末註明五月十九日晚，即昨天晚上寫。（據陳漱渝《魯研一得錄》中《臺靜農、王魯彥同訪魯迅》一節）此稿未刊用。

寄孫伏園信　信未見，為本年第七十封佚信。

夜得王志恒信並稿　來信未見。王志恒，未詳。亦無回信。以後無來往。

得曹靖華信　來信未見。為曹第二次來信。當仍以談王希禮翻譯《阿Q正傳》為主。

二十一日　晴。下午往女師校學生會。晚得臺靜農信。夜寄呂雲章信。長虹、有麟來。崇軒來。品青、衣萍來。得小酩信。

【箋】

下午往女師校學生會　昨日女師大學生自治會致函魯迅，全文為：「樹人先生鈞鑒。敬啟者。旬餘以來，校務停頓，百廢待興。若長此遷延，不特虛擲數百青年之寶貴光陰，而本校前途亦岌岌不可終日矣。言念及此，實為心痛。故日前曾專函教務長薛培元先生，質問其是否能盡維持教務之職責。茲據其復函，意謂教務停頓原因複雜，非教務長一人之能力所能振興，是薛先生有維持之心而力有不足也。生等亦鑒於此，特訂於月之二十一（星期四）下午四時在本校大禮堂恭請本校全體教職員開校務維持討論會，俾學校之生命安全，而復圖謀前途之發展。諸先生等熱心教育，務懇撥冗駕臨，不勝盼禱之至。」遂屆時前往。《「碰壁」之後》記述了到校開會的全過程。「一進門就覺得陰慘慘，不知其所以然，但也常常疑心是自己的錯覺。後來看到楊蔭榆校長《致全體學生公啟》裏的『須知學校猶家庭，為尊長者斷無不愛家屬之理，為幼稚者亦當體貼尊長之心』的話，就恍然了，原來我雖然在學校教書，也等於在楊家坐館，而這陰慘慘的氣味，便是從『冷板凳』裏出來的。」由此想到「這家族人員——校長和學生——的關係是怎樣的，母女，還是婆媳呢？」又想到「現在我可以大膽地用『婦

姑勃谿』這句古典」來稱這次風潮了。四點半「又走進教員休息室」，跟兩個人談了一會兒話後，「瞥見坐前有一張印刷品」，是「國立北京女子師範大學」要「全體主任專任教員」開會的，在太平湖飯店。「因為我不過是一個『兼任教員』」，自然不必去參加那個會，而赴了學生召開的會議。「這一種會議是照例沒有結果的，幾個自以為大膽的人物對於婆婆稍加微辭之後，即大家走散。」

　　晚得臺靜農信　來信未見。是臺第二次來信。

　　夜寄呂雲章信　信未見，為本年第七十一封佚信。呂雲章（1891－1974），女，字倬人，別名澐沁（一說字），《日記》有時寫作呂小姐。作家。山東福山人。當女師大還是北京女子初級師範學校時呂就在此讀書。一度在北師大學生暑期補習班補習英文和數學，跟許廣平同住。升入女高師後，仍跟許同班同桌，前後三年。據散木《魯迅與呂雲章》，呂「以喜新文學，與女高師教師的二周、二沈、錢玄同、徐祖正、黎錦熙等接近，呂雲章寫新詩就請周作人修改，寫小說就請魯迅修改……」上年九月即來過魯寓。她也是女師大學生中參加社會活動最早者之一。在楊蔭榆任女師大學監時，呂受到重視，任總寢室長和總年級長。「女師大風潮」中呂不同意「倒楊」，後楊率軍警入校，毆打學生，呂才轉為「倒楊派」。其知名作《漫雲》，即是悼念亡友死於楊的「寡婦主義」的嚴厲管制的。為國民黨員，孫中山進京，曾前往車站迎接。後任國民黨浙江省黨部委員、北京師範大學齋務課分課主任。

　　崇軒來　崇軒，即胡也頻。胡也頻此來，從日記口氣看，是見了面的。胡已來過幾次，應算熟人。丁玲在《魯迅先生於我》中說：「後來，胡也頻告訴我，我離北京後不久，他去看過魯迅。原來他和荊有麟、項拙三個人在《京報》編輯《民眾文藝周刊》，曾去過魯迅家，見過兩三次面。這一天，他又去看魯迅，遞進去一張『丁玲的弟弟』的名片，站在門口等候。只聽魯迅在室內對拿名片進去的傭工大聲說道：『說我不在家！』他只得沒趣的離開，以後就沒有去他家了。我聽了很生氣，認為他和我認識才一個星期，怎能冒用我的弟弟的名義，幼稚的在魯迅先生面前開這種玩

笑……」（《魯迅回憶錄》散篇上冊第 391－392 頁）丁玲所記這次吃閉門羹，應是真實的，魯迅七月二十日給錢玄同信說：「……又有一人扮作該女人之弟來訪……」，指同一件事，筆者疑在本月二十九日，或六月十三日，詳後。

【補】

作雜文《「碰壁」之後》，載《語絲》第二十九期（六月一日），署名魯迅。文中對楊蔭榆以「婆婆」自居，把學生當「童養媳」看待的封建家長制作風，給予揭露和批判。由在教員休息室裏「舉目四顧，兩個教員，一個校役，四面磚牆帶著門和窗口，而並沒有半個負有答復的責任的生物」產生聯想，指出：「教育家在杯酒間謀害學生」，「殺人者於微笑後屠戮百姓」，「中國各處是壁，然而無形，像『鬼打牆』一般，使你隨時能『碰』。」文章明確地說：「我個人的意見，是反對楊先生的辦法的。」收《華蓋集》。

在最近幾日（自今日始）擬《對於北京女子師範大學風潮宣言》，參見二十七日箋。

在最近幾日（自今日始）為北京女師大學生擬呈教育部文（第二次），未另發表。現據手稿，跟第一次呈文以《為北京女師大學生擬呈教育部文二件》為題，收《集外集拾遺補編》。手稿無標題、標點，現存。

二十二日　晴。上午往師大講並交試卷。午後往北大講。下午得培良信二封，十九、二十發。晚任國楨來，字子卿。鄒明初、張平江來。夜有麟來。

【箋】

下午得培良信　來信未見。當跟編輯《豫報副刊》有關。

鄒明初、張平江來　鄒明初，名德高，明初為字。四川長壽人。教育部社會教育司二等額外部員，北京《民國日報》編輯。三月十七日，因刊發「反段」文件而被北洋軍閥政府捕去，章士釗主張嚴辦，後經邵元沖、于右任等設法而獲保釋。張平江，四川廣安人，1903 年生。時為北京女子

師範大學國文系學生，跟許廣平同班。學生自治會六幹部之一。此來，詳情不知。

　　二十三日　晴。上午雲松閣送來月季花兩盆。午後魯彥來。下午寄李小峰信。晚有麟來。夜小峰、衣萍來。雨。

【箋】

　　午後魯彥來　是魯彥第一次獨自前來。

　　下午寄李小峰信　信未見，為本年第七十二封佚信。

　　二十四日　雨。星期休息。午後晴。訪幼漁。下午得趙其文信。晚小酩來。寄李小峰信。夜有麟、目寒來。欽文來。有電，已而雷雨。

【箋】

　　訪幼漁　當是請馬幼漁（裕藻）在宣言上簽字，順便閒談。這次在馬寓待的時間較長。馬幼漁之女馬玨這年十五歲，在孔德學校讀書。她寫了《初次見魯迅先生》一文，在明年三月《孔德學校旬刊》發表，詳細記述了魯迅這次來訪情景：

　　　　有一天，我從學校裏回來，聽見父親書房裏有人說話似的，我問趙增道：「書房有什麼客？」「周先生來了一會了，」我很疑惑地問道：「周先生？哪個周先生？」「我也說不清！」我從玻璃窗外一看，只見一個瘦瘦的人，臉也不漂亮，不是分頭，也不是平頭。我也不管是什麼客人，見見也不妨，於是我就進去了。

　　　　見了，就行了一個禮，父親在旁邊說：「這就是你平常說的魯迅先生。」這時魯迅先生也點了點頭，看他穿了一件

灰青長衫，一雙破皮鞋，又老又呆板，並不同小孩一樣，我覺得很奇怪。魯迅先生我倒想不到是這麼一個不愛收拾的人！他手裏老拿著菸捲，好像腦筋裏時時刻刻都在那兒想什麼似的。

我呆了一會兒，就出來了；父親叫我拿點兒點心來，我就拿碟子裝了兩盒拿了去，又在那兒呆著。我心裏不住地想，總不以他是魯迅，因為腦筋裏已經存了魯迅是個小孩似的老頭兒，現在看了他竟是一個老頭似的老頭兒，所以不很相信。這時也不知怎麼一回事，只看著他吃東西，看來牙是不受什麼使喚的，嚼起來是很費力的。

後來看得不耐煩了，就想出去，因為一個人立著太沒意思；但是剛要走，魯迅先生忽然問我道：「你要看什麼書嗎？《桃色的雲》你看過沒有？這本書還不錯！」我搖了搖頭，很輕地說了一句「沒有」。他說：「現在外面不多了，恐怕沒處買，我那兒還有一本，你要，可以拿來。」我也沒響。這麼一來，又罰了我半天站，因為不好就走開。但是我呆著沒話說，總是沒有意思，就悄悄走出來了。看見衣架上掛了一頂氈帽，灰色的，那帶子上有一絲一絲的，因為掛得高，看了不知是什麼，ㄅㄧㄞˇ起腳來一看，原來是破的一絲一絲的。

自鳴鐘打了五點了，魯迅先生還沒有走的樣子。我就只等著送，因為父親曾對我說過，我見過的客，送時總要跟在父親後頭送的，所以老等著，不敢走開。

噹！噹！⋯⋯打了六下了，還是不走，不走倒沒有什麼關係，叫我這麼呆著啊，可真有點麻煩。玩去，管他呢，不送也不要緊的！不行呀，等客走了，又該說我了。等著罷！

「老爺，車雇好了，」趙增進來說。我父親應了一聲，這時聽見椅子響，皮鞋響，知道是要走了，於是我就到院子裏來候著。一會兒，果然出來了，父親對我說：「送送魯迅先生呀！」魯迅又問我父親道：「他在孔德幾年級？」我父親答了，他拿著菸捲點了點頭。我在後頭跟著送，看見魯迅先生的破皮鞋格格地響著，一會回過頭來說：「那本書，有空叫人給你拿來呀！」我應了一聲，好像不好意思似的。一會送到大門口了，雙方點了一點頭，就走了。我轉回頭來暗暗地想：「魯迅先生就是這麼一個樣兒的人呵！」

按，魯迅訪馬幼漁，本年共三次。八月十九日和九月七日都在上午，而馬珏回憶中明確說在下午放學以後，直至六點，因此只能在今日。《日記》上出現馬珏名字，是在這篇文章發表近三個月以後，（1926 年）六月一日「寄贈馬珏小姐《癡華鬘》一本」，三日「夜得馬珏小姐信」。

下午得趙其文信　來信未見。為趙第七次來信。

寄李小峰信　信未見，為本年第七十三封佚信。

有麟，目寒來　目寒即將到開封參加《豫副》編輯，當來告別。

二十五日　晴。午後往女師校講。下午得三弟信並稿，二十一日發。晚寄李小峰信。寄邵飄萍信。夜長虹、鍾吾來。大風。
【箋】

下午得三弟信並稿　來信未見。稿為《再答陳百年先生論一夫多妻》，載《莽原》第七期（六月五日）。載於同期的還有章錫琛的《與陳

百年教授談夢》，亦屬於「再答」。魯迅為刊發這兩篇文章，特寫了《編者附白》，述其原委。詳見六月一日補。

　　晚寄李小峰信　信未見，為本年第七十四封佚信。

　　寄邵飄萍信　信未見，為本年第七十五封佚信。當是把宣言寄邵，請求發表的。邵飄萍（1884－1926），原名鏡青，後改振青，飄萍為字，筆名有阿平、素昧平生等。著名報人、記者和新聞學家。浙江金華人。1905年起在杭州浙江高等學堂讀書時開始為報紙撰稿。1912年在杭州跟人合辦《漢民日報》，任主編，因反對袁世凱獨裁，而遭查禁。出獄後逃往日本，創辦東京通訊社，向國內發稿。1916年春回國，擔任《申報》、《時報》和《時事新報》主筆。後為《申報》駐京特派員。1918年先後創辦新聞編譯社和《京報》，宣傳社會主義，因揭露北洋軍閥政府弊端而被通緝，再逃日本。1920年七月回國，復刊《京報》，後增出多種周刊（見前一月十日箋）。明年四月二十六日，被奉系軍閥以「宣傳赤化」罪名殺害。

　　夜長虹、鍾吾來　是尚鉞第三次來訪。閒談中可能會說到性格、愛好之類。針對尚鉞性情過急，魯迅以「忍耐」二字相勸（見《懷念魯迅先生》）。尚鉞說：「……他的大意是在兩個字：『忍耐』。因先生知道，而且向我說過幾次，我的性情過急，我都忽略地聽罷，忽略地忘卻了。」即說過不止一次。此後見面，還會說到。

　　二十六日　晴。上午復趙其文信。寄小酩信並譯稿。得章錫箴稿。下午雨（一）陳即霽。晚有麟來。夜得小酩信。

【校】

　　下午雨……　手稿「雨」後有「一」字，《全集》補入「一」為多餘。

【箋】

　　上午復趙其文信　復信未見。為復趙第五信，本年第七十六封佚信。
　　寄小酩信並譯稿　信未見，為本年第七十七封佚信。

　　得章錫箴稿　章錫箴，即章錫琛。章稿，指《與陳教授談夢》，繼續跟陳百年辯論，長約一萬四千字，分六節，十八日寫完。載《莽原》第七期（六月五日），同期載有周建人《再答陳百年先生》。是二人的第二次答辯文章。

【補】

　　作俄文譯本《〈阿Q正傳〉序》。內說，創作《阿Q正傳》，是想「寫出一個現代的我們國人的魂靈來」。對中國老百姓精神上所受到的毒害，和他們在高壓下「默默的生長，萎黃，枯死」的可悲境遇，他說，「在將來，圍在高牆裏面的一切人眾，該會自己覺醒，走出，都來開口的」。文章談及《阿Q正傳》發表後出現各種批評和議論，在於「看人生是因作者而不同，看作品又因讀者而不同」。參見二十九日箋。

　　二十七日　晴，風。下午寄三弟信。寄曹靖華信。寄李小峰信。收奉泉六十六元。夜小峰、衣萍等來。得許廣平信。

【箋】

　　下午寄三弟信　信未見，為本年第七十八封佚信。當是告新寄稿和章錫琛稿都將在《莽原》上刊出。

　　寄曹靖華信　信未見。為致曹靖華第二信，本年第七十九封佚信。

　　寄李小峰信　信未見，為本年第八十封佚信。

　　得許廣平信　為《兩地書》第二三信，是許讀到報上所載《對於北京女子師範大學風潮宣言》後所寫。該宣言為魯迅擬稿，魯迅與馬裕藻等七人聯合署名。現收入《集外集拾遺補編》，為《全集》第八卷。宣言於二十七日發表，許此信寫於二十七日晚上，《日記》所記，顯然有誤。當是後來追記，係日出錯，應在明天。

【補】

以七人名義所作《對於北京女子師範大學風潮宣言》在本日《京報》發表。署名者為：馬裕藻、沈尹默、周樹人、李泰棻、錢玄同、沈兼士、周作人。《全集》註：馬裕藻，已見前註，當時是北京大學國文系教授兼北京女子師範大學講師和國文系主任。沈尹默（1883－1971），浙江吳興人，當時是北京大學國文系教授兼女師大國文系講師。李泰棻，河北陽原人，當時是北京大學教授兼女師大史地系主任。沈兼士（1885－1945），沈尹默之弟，當時是北京大學研究所國學門主任兼女師大國文系講師。又據《全集》註，許廣平在她所保存的這一宣言的鉛印件旁寫有附註：「魯迅擬稿，針對楊蔭榆的《感言》仗義執言，並邀請馬裕藻先生轉請其他先生連名的宣言。」其寫作日期，從其內容看，當在二十一日至二十四日之間。鄭奠在《魯迅先生在女師大風潮中的鬥爭》中說：「魯迅先生於 1923 年十月開始到女師大講課（十三日第一次講課），每周任課的時間不多，因而對學校的腐敗情形是不很清楚的，所以，當女師大風潮發生的時候，他是頗為沉默的。那時候，許壽裳先生因為前後任的關係，也保持了旁觀的態度。後來魯迅先生得知校內理科幾位主任憤而辭職，有時也發些感慨（我因擔任國文學科主任，也於五月二十六日提出辭職）。但是到了楊蔭榆壓迫學生、無理地把學生自治會職員六人開除學籍時，魯迅先生便再也忍耐不住了，就於二十七日同幾位教師一起聯名發表了宣言，反對楊蔭榆的措施。」此宣言文本初未入集。現收《集外集拾遺補編》附錄一。

二十八日　曇。午後往容光照相。往商務印書館取《別下齋叢書》、《佚存叢書》各一部。晚許廣平、呂雲章來。夜魯彥來，贈以《苦悶之象徵》一本。

【箋】

午後往容光照相　係應《阿Ｑ正傳》俄文譯者王希禮之索而照。容光照相館，地址不詳。

往商務印書館取……　見前三月一日箋。

晚許廣平、呂雲章來　是許第二次來寓，呂為陪同。

二十九日　曇。上午往師大講並收去年五月份薪水泉五。午後往北大講。晚有麟來。趙蔭棠來。長虹、鍾吾來。夜作《阿Q傳序及自傳略》訖。

【箋】

趙蔭棠來　係為聯係交換廣告事。據張泉《魯迅同時代人趙蔭棠及其後來的道路》，趙於 1944 年歲末發表《回憶魯迅》一文，詳細寫到他跟魯迅的交往。關於此次來訪，張文寫道：

> 趙蔭棠與幾位同學合辦了一個小型刊物《微波》，主要操持人是他和一位魏姓同學。那位同學要他去找魯迅，請魯迅為刊物介紹交換廣告的地方。於是，趙蔭棠利用下課的時間去教員休息室，與魯迅約好了見面的時間。趙的文章說：「是在一年的春夏之交吧？在黃昏時候，我立在他的門前了」。與《魯迅日記》相對照，估計這就是 1925 年五月二十九日那次訪問。下文印證了這一點。趙蔭棠記述說，進屋後，有一青年在座，通姓名，得知是荊君。剛談完交換廣告的事宜後，又進來高長虹、尚鉞兩同學。

> 荊君，即荊有麟。原在北京世界語學校讀書時，他就與魯迅往來，請教寫作和翻譯方面的問題。此時該校已停辦，經魯迅介紹，他正在《京報》館做校對，並兼編《莽原》周刊，與魯迅的過從更為密切了。高長虹，狂飆社的主要成員。尚鉞，字鍾吾，狂飆社成員。1925 年前後，狂飆社得到魯迅

的支持，處在影響比較大的活躍時期。趙蔭棠的回憶與魯
迅的記載相一致。

（《魯迅研究月刊》2002 年第六期第 52－53 頁）

長虹、鍾吾來　是尚鉞第四次跟高長虹一起來訪。尚鉞在《懷念魯
迅先生》中詳細寫到一次夜談和拒絕胡也頻來訪，當在今天，也有可能發
生在六月十三日。原文如下：

　　一日夜飯後，幾個朋友集在先生的小書齋中，談起《莽
原》外來稿件的問題。據先生說外來的稿件並不少，但大多
都是「言中無物」之類，只要「言中有物」，即使文字技巧
差一點，《莽原》也是非常歡迎的。因《莽原》本身並不是
一種什麼「純文藝」或具有什麼崇高水準的刊物。但有一點
似乎是先生與我們一致的感覺：就是「脂粉骷髏」式的散文
或小說和「祖母教訓」式的大小詩，即使文字技巧上很優美，
作者的名望也很大，《莽原》為著自身不願作隔靴搔癢的無
病呻吟，和保持它的粗糙潑辣的青年態度，也不得不向作者
表示歉意。因此，先生提出一位當時發表文字很多的作家來。
這位作家第一次的投稿當然是用原名，看罷之後，先生說「不
必借重」，後來大概是退回了。不久變了名字，又投來一篇，
先生說還是那位作家的，但為著這位作家的熱心，不得不多
看幾遍來稿。而結果還是「《莽原》無須有這種光榮。」遲
些時，這位作家的稿子又來了，可是這次不光是變了名字，
而且連稿子也請人另外抄過。於是這稿子便成了「編輯」的
苦痛了。當時有人說：「他何必一定要來這裏當『文學家』
呢？」

於是大家便把這位作家擱在一邊由文學家的問題亂扯開了。從託爾斯太直到高爾基，以及林紓做的許多名西洋家的著作，的確，文學史和文學外史或野史中的花頭真不少。記得我曾向先生提出一個這樣的問題：

「文學史上許多文學家為什麼大多都要前一輩的老文學家來提拔？好像拔蘿蔔一樣，即使拔起來許多鬚根都被拔斷了，就讓被拔出頭也很痛苦呵。」

先生笑著回答我：「所以拔，還是因為他有塊莖，如果沒有這點塊莖，」先生說著還用手向上一提表演著，「像那位作家一樣，提起來只是像所有的草一樣的一點細根，誰又肯費這個氣力？」

同時又有一個朋友問他：「像林紓有那樣的文字技術，為什麼不創作幾本中國名作，而偏偏去做西洋名作呢？」

先生很幽默的笑著說：「如果沒有一個『西洋通』作助手，給他設計取材，恐怕林先生做的西洋名著也很難出版，那麼，這些名著的作者是誰，還得有『考古癖』的人去研究一下。」

但這時候，娘姨突然拿進一張名片來，先生接過來就燈光下一看，立時又把片子交給了娘姨：「說我不在家。」

先生於是又繼續說：「林先生之所以要做這些西洋名著，大概是想著危言重言的問題，利用某些中國人自庚子以後的『崇洋』心理。」

娘姨又笑著手擎片子跑進來：「他說他下午看見先生回來的，有事要見先生。」

　　　先生立刻沉下臉來，拿過片子走到門前去提高嗓子向娘
姨說：「你再去和他說：我說不在家是對他客氣。」

　　　這人是誰？我立刻在幻想。也許是那位作家吧？我心中
說。但是先生對青年從來沒有過這樣嚴厲態度。先生回來後，
顏色似乎有些改變，我們也未詢問。……

　　　　　　　　　　　　　（《魯迅回憶錄》二集第 194－195 頁）

尚鉞此文寫「多人夜談」，符合今晚情況。長虹、鍾吾來時荊有麟尚在，
他不會很快離開，即使趙蔭棠已走，尚有三人。來人說「他下午看見先生
回來的」，魯迅下午「往北大講」，曾經出去過，亦與丁玲所說相符。其
中寫到正談話間，有人來訪，魯迅看了名片，拒不接見。尚鉞說，那人已
是「一位當時發表文字很多的作家」，這是尚鉞的「感覺」，實際情況不
一定如此。究竟那個持名片來訪者是不是那位「當時發表文字很多的作
家」，魯迅沒有明說，因此不排除持名片者為胡也頻。按前引丁玲文章（見
二十一日箋），胡是在「我發信的三個星期以後」，又是在胡自己跟魯迅
「見過兩三次面」以後，此次吃閉門羹後「就沒有去他家了」，因此以這
次為宜。丁玲此文是在 1981 年寫的，跟事實發生相距五十多年，說「三個
星期」只是個約數，發生在六月十三日，也只是六個星期，其可能性不能
完全排除。那一次，荊有麟和尚鉞先來，接著有高長虹和張希濤，都是熟
人。

　　　夜作《阿 Q 傳序及自傳略》訖　係應《阿 Q 正傳》俄文本譯者
王希禮之約而作。《序》已於二十六日寫出，今又寫出《著者自敘傳略》。
以《俄文譯本阿 Q 正傳序及著者自敘傳略》為題，載《語絲》第三十一期
（六月十五日），署名魯迅。收《集外集》，附《自傳》。

　　　三十日　晴。上午訪季市。下午大睡。宗武寄贈《文錄》一
本。夜衣萍來。

【箋】

上午訪季市　當是請許代抄新作。許壽裳在《亡友魯迅印象記》中寫道：「記得 1925 年，他做了《自傳》和《俄文譯本〈阿 Q 正傳〉序》，屬我代寫一份，因為譯者王希禮要把它影印出來，登在譯本的卷頭。」（第53 頁）

下午大睡　大睡，當因太過勞累。

宗武寄贈《文錄》一本　宗武，即李宗武，見三月八日箋。《文錄》，不詳。

【補】

作雜文《並非閒話》，載六月一日《京報副刊》，署名魯迅。此文係針對陳西瀅《粉刷毛廁》一文而作。陳文即刊於今日出版的《現代評論》一卷二十五期上，標明為「閒話」。陳文說，「女師大的風潮，有在北京教育界占最大勢力的某籍某係的人在暗中鼓動」，影射攻擊魯迅等人「挑剔風潮」。魯迅針鋒相對地指出，陳「雖然吞吞吐吐，明眼人也會看出他暗中『偏袒』那一方，所表白的不過是自己的陰險和卑劣」；「所謂『挑剔風潮』的『流言』，說不定就是這些伏在暗中，輕意不大露面的東西所製造的」。文中用「自在黑幕中，偏說不知道；替暴君奔走，卻以局外人自居；滿肚子懷著鬼胎，而裝出公允的笑臉」來描寫那些人的虛偽性。收《華蓋集》。

給許廣平寫信，即《兩地書》第二四信。內云：「今天看見《現代評論》，所謂西瀅也者，對於我們的宣言出來說話了，裝作局外人的樣子，真會玩把戲。我也做了一點寄給《京副》，給他碰一個小釘子。」談及自己的思想，魯迅說：「我的意見原也一時不容易了然，因為其中本含有許多矛盾，教我自己說，或者是人道主義與個人主義這兩種思想的消長起伏罷。」此信開頭說「午回來，看見留字。」則知許上午曾來寓，而《日記》不載。《兩地書》第二三信後、二四信前，加「（其間缺廣平留字一紙。）」一句，即指此。楊蔭榆在開除許廣平等女師大學生會六名幹事的布告中，

有「即令出校，以免害群」的話，此信以「待『鬧潮』略有結束，你這一匹『害群之馬』來多發一點議論罷」作結。此後常以「害馬」戲稱許廣平。

三十一日　雨，上午霽。陳翔鶴、陳煒謨來。張平江等來。午李宗武來。寄許廣平信。寄許季市信。午後欽文來。下午季市、詩荃來。晚品青來。有麟來。雷雨。

【箋】

陳翔鶴、陳煒謨來　陳翔鶴（1901－1969），現代作家、教授。淺草社和沉鐘社成員。四川巴縣人。1920 年入上海復旦大學外語系學英文，1923 年轉入北京大學當特別生（即研究生），選學美國文學和中國文學，長時間聽魯迅講課。陳煒謨（1903－1955），現代作家，教授。淺草社和沉鐘社成員。四川瀘縣人。1917 年畢業於瀘縣中學。1923 年考入北京大學英文系。先跟林如稷、陳翔鶴、馮至在上海創辦淺草社，本年秋又創辦沉鐘社。此時，沉鐘社尚未成立。陳煒謨 1948 年在一次講話中談了他「所知道的魯迅先生」。他說魯迅在北大講《中國小說史略》的時候，他曾聽過課，但平時「很少談到他」。後來，「我同幾個朋友，是常常到他的寓所的。那時候，我們有一個小小的文學團體叫作『沉鐘社』……」《魯迅日記》所見陳來訪，1924 年七月三日一次，和陳翔鶴隨郁達夫「來談」，本次為第二次，明年五、六、七月來四次，另外通過信。陳在這次講話中提到魯迅兩次談話。「有一回他恭維《語絲》，說它『的確可愛』。為什麼呢？因為公然有書呆子（大概是徐旭生先生）給『教育當局』上起條陳來了。可惜，錯了！錯處在：你以為他是辦『教育』，其實他是來做『當局』的。不錯，有些教育當局是喜歡屬員上條陳的，於是真也有聽話的屬員去上種種條陳的，但是，當局也者當真看過這些條陳麼？也許看的。那麼實行的功效呢？全如『石沉大海』。」「又如有一回，魯迅先生說：與名流學者談話，最好裝作偶有不懂狀。因為全不懂被看輕，全懂了遭人厭，偶有不懂最妙！」（《魯迅回憶錄》散篇上冊第 231－240 頁）第一段談話當

在這次。陳第一次拜訪魯迅，《語絲》尚未創刊。這兩年內《語絲》發表徐旭生文章僅一次，題為《胡說亂道》，確有「上條陳」的意思，文載第四期，在這次談話將近半年之前。

　　寄許廣平信　為《兩地書》第二四信，昨日寫。

　　寄許季市信　信未見，為本年第八十一封佚信。

六　月

大事記

　　三日，帝國主義調軍艦來華，企圖用武力鎮壓中國革命。美國揚言其在華之三十餘艘軍艦將全部或大部調往上海。其代言機關《新共和周報》叫囂，「以英、法、美、日聯軍二十萬直攻北京而佔據之，徐圖瓜分辦法。」

　　「五卅慘案」激起全國人民的公憤，各省市相繼發生遊行示威、罷工、罷課和罷市，形成了聲勢浩大的反帝愛國運動。十日，北京各界群眾十萬人召開「對英日帝國主義慘殺同胞雪恥大會」。十四日，長辛店一帶鐵路工人五千餘人乘三列專車到京遊行，北洋軍閥政府驚恐萬狀。

　　十九日，香港工人為了聲援上海工人的鬥爭，在共產黨人鄧中夏、蘇兆徵領導下，舉行大罷工。至月底，罷工人數增加到二十五萬，並有十餘萬陸續回到廣州。二十三日，回到廣州的香港罷工工人和廣州工人、四郊農民、青年士兵、學生等十萬人，召開援助五卅運動大會，會後舉行盛大的示威遊行，高呼反帝口號。當遊行隊伍行進到沙面租界對岸的沙基村時，遭到英帝國主義者的機槍掃射，死五十二人，重傷一百七十餘人，輕傷不計其數。是為「沙基慘案」。這次罷工，被稱為「省港大罷工」，共堅持了一年零四個月。

　　三十日，世界被壓迫民族國民大會在北京舉行，到會十餘萬人，有德意志、朝鮮、土耳其、印度等國人士演說，並議決收回香港等各條。

　　一日　小雨。午後往女師大講並收薪水二元五角，去年六月分訖。得許廣平信。得三太太信。夜有麟來。大雨一陳。

【箋】

　　得許廣平信　為《兩地書》第二五信，當日寫。開頭說：「接到卅一日的信，尚未拆口，就感著不快：它們居然檢查郵件了！」

【補】

　　作《編者附白》，載《莽原》第七期（五日）章錫琛《與陳百年教授談夢》和周建人《再答陳百年先生論一夫多妻》兩文之後，無署名。章、周二人因發表關於性道德問題的文章，受到北京大學教授陳百年非難，章、周二人寫出答辯文章，因「無處可登」，《莽原》「偏要給他登出」，「但因此又不得不登了相關的陳先生的信，作一個結束。這回的兩篇，是作者見了《現代評論》的答復，而未見《莽原》的短信的時候所做的，從上海寄到北京，卻又在陳先生的信已經發表之後了，但其實還是未結束前的話。」編者便「於詞句間換了幾個字，並且將《附白》除去了」。《編者附白》即是對此做說明的。收《集外集拾遺補編》附錄一。

　　譯文、日本長谷川如是閒作雜文《聖野豬》載本日出版的《旭光》第四號，署魯迅譯。初收 1952 年三月上海出版公司版《魯迅全集補遺續編・續編拾遺》，現收《譯叢補》。

　　二日　曇。上午得張目寒信，五月三十日開封發。午有麟來。下午寄許廣平信。寄師範大學註冊部信。晚晴。

【箋】

　　下午寄許廣平信　為《兩地書》第二六信，開頭說：「拆信案件，或者它們有些受了冤，因為卅一日的那一封，也許是我自己拆過的。那時已經很晚，又寫了許多信，所以自己不大記得清楚，只記得將其中一封拆開（從下方），在第一張上加了一點細註。如你所收的第一張上有小註，

那就確是我自己拆過的了。」原信第一張上未見小註。信中說：「從西瀅的文字上看來，此輩一得志，則不但滅族，怕還要『滅系』，『滅籍』了。」

　　寄師範大學註冊部信　信未見，為本年第八十二封佚信。

【補】

　　作雜文《我的「籍」和「系」》，載《莽原》第七期（五日），署名魯迅。此文係由陳西瀅《粉刷毛廁》一文中「女師大的風潮，有北京教育界占最大勢力的某籍某系的人在暗中鼓動」一事而來。魯迅考索了「籍」與「系」的來源（「因為應付某國某君的囑託，我正寫了一點自己的履歷」，其中說到了自己的「籍」和「系」）後，說「我常常要『挑剔』文字是確的，至於『挑剔風潮』這一種連字面都不通的陰謀，我至今還不知道是怎樣的做法」。接著拈出陳文中的「尊敬」一詞，說這是「我們的乏的古人想了幾千年，得到一個制馭別人的巧法：可壓服的將他壓服，否則將他擡高。而擡高也就是一種壓服的手段」。最後說到「流言」和說「流言」者的用心。「然而無論如何，『流言』總不能嚇啞我的嘴。」表示了將要戰鬥下去的決心。收《華蓋集》。

　　三日　曇。上午得培良等信。晚長虹來。夜魯彥、有麟來。夜雨。

【箋】

　　上午得培良等信　來信未見。當是向培良、高歌等人報告《豫報副刊》編輯情況的。

　　晚長虹來　長虹此來，是取稿子的，不會即刻離去，必跟入夜來的荊有麟、魯彥二人相會。大家說說笑笑。可能魯彥是個很隨和的人，又會跟人相處，他跟魯迅認識不久，就處得十分融洽、親熱。高長虹在《一點回憶──關於魯迅和我》中說：「魯彥和魯迅是比我更厮熟的朋友，到了魯迅家裏，隨便躺在躺椅上的，魯迅說笑話時，把他當作兄弟，稱為吾家

魯彥。」（《高長虹文集》下卷第 521 頁）高和魯彥同時在魯寓約有三次，以上現象不會僅見一次。今日為第一次，特係於此。

　　四日　小雨，午晴。下午同季市往中天[劇]場觀電影。鄭振鐸寄贈《太戈爾傳》一本。李小峰寄贈《兩條腿》二本。得三弟信，一日發。夜有麟來。

【箋】

　　下午同季市往中天[劇]場觀電影　中天劇場，地址不詳。

　　鄭振鐸寄贈《太戈爾傳》一本　《太戈爾傳》，鄭振鐸編著，本年由商務印書館出版。《文學研究會叢書》之一。太戈爾，通譯泰戈爾（1861—1941），印度大詩人，神祕主義者。1913 年獲諾貝爾文學獎。1924年四月十二日來中國，先後在上海、北京等地演講，後在廬山避暑。約住四個月。

　　李小峰寄贈《兩條腿》二本　《兩條腿》，見前二月四日箋。

　　五日　曇。上午得李遇安信。得仲平信。午後林卓鳳來，為上海事募捐，捐以五元。晚欽文來。有麟來。夜雨。得趙赤坪信。

【箋】

　　得仲平信　仲平，姓柯，原名柯維翰。詩人。狂飆社員。雲南廣南縣人。北京政法大學法律系肄業。1924 年前後開始寫詩。1926 年秋天在上海創造社出版部工作期間，跟高長虹相遇，於是參加了狂飆社，其詩作在上海版《狂飆》周刊發表，其詩集或長詩編入《狂飆叢書》出版。為第一次寫信給魯迅。

　　為上海事募捐　指為「五卅慘案」難友募捐。「五卅慘案」消息傳到北京，各大學一致罷課，聲援上海工人階級。女師大學生自治會於六月四日召集全體大會，決定發起募捐，以慰恤受傷受害者。另據《紀念魯迅

誕辰百周年文學論文集及魯迅珍藏有關北師大史料》，本年五月，北師大
滬案後援會舉辦籌款遊藝會，魯迅購票認捐以示支持。該書附有北師大滬
案後援會籌款遊藝會寄給魯迅的募捐信及遊藝會入場券。日記未見記載，
附此以誌。

　　得趙赤坪信　來信未見。為趙第二次來信。內容不詳。趙赤坪，見
五月六日趙善甫箋。

【補】

　　作雜文《咬文嚼字（三）》，載七日《京報副刊》，署名魯迅。六月
二日《晨報》發表女師大「哲教系教員兼代主任汪懋祖」之《意見書》，
說：「楊校長之為人，頗有剛健之氣，欲努力為女界爭一線光明，凡認為
正義所在，雖赴湯蹈火，有所不辭。今反楊者，相煎益急，鄙人排難計窮，
不敢再參末議。」這是用曹植「萁豆相煎」的典故，把楊蔭榆比作豆，把
學生比作「萁」，弄錯了人物關係，因而也模糊了這場鬥爭的性質。魯迅
略作分析後，「活剝」曹植《七步詩》為：「煮豆燃豆萁，萁在釜下泣——
我燃你熟了，正好辦教席！」揭穿了那些人為楊辯護的居心。收《華蓋集》。

　　六日　晴，風。上午得許廣平信。品青來。午後衣萍來。下
午往中天看電影。晚往容光取照相。得尚鍾吾信。夜小雨。

【箋】

　　上午得許廣平信　為《兩地書》第二七信，是許「六月五夕」寫。
信中談到「五卅慘案」後北京的反應：「在萬人空巷的監視之下，排著隊
遊行，高喊著不易索解的無濟於事的口號，自從兩點多鐘在第三院出發，
直至六點多鐘到了天安門才算一小結束……」

　　得尚鍾吾信　是尚鉞第三次寫信來。

七日　曇。星期休息。午得任子卿信。午後欽文來。下午小峰、衣萍來。得李桂生信並稿。晚子佩來。夜有麟來。

【箋】

午得任子卿信　任子卿，即任國槙，見二月十八日箋。

得李桂生信並稿　來信未見。李桂生（1904－1948），字潔華，安徽太平人。北京女子師範大學國文系學生，跟許廣平同班。在八月二十二日楊蔭榆率隊「毀校」衝突中受傷，曾帶頭聯名告狀。稿，不詳。

八日　晴。上午寄尚鍾吾信。寄任子卿信。濯足。下午以《阿Q正傳序、自敘傳略》及照相一枚寄曹靖華。尚鍾吾來。寄李遇安信並文稿二篇。晚長虹來。有麟、魯彥來。夜得有麟信。

【箋】

上午寄尚鍾吾信　信未見。為致尚鉞第一信，本年第八十三封佚信。內容不詳。

寄任子卿信　信未見，為致任國槙第六信，本年第八十四封佚信。

下午以《阿Q正傳序・自敘傳略》及照相一枚寄曹靖華　戈寶權在《談魯迅生前〈阿Q正傳〉的外文譯本》中說：「魯迅在五月二十九日的日記中寫道：『夜作《阿Q傳序及自傳略》訖』，六月八日又有這樣的話：『下午以《阿Q正傳序、自敘傳略》及照像一枚寄曹靖華』，這就是我們現在通稱的《俄文譯本〈阿Q正傳〉序及著者自敘傳略》。魯迅在復信中，詳盡地解答了所有疑難，而且還畫了一張關於賭博的圖。這是魯迅為外國譯者所畫的第三張賭博圖。當曹靖華1926年初離開開封去廣州參加北伐時，他把這些信件寄存在友人家裏，孰知在白色恐怖下，代存信的人為了安全起見把它完全燒毀，這樣我們就再也不能看見這些珍貴的文物了。」（《魯迅研究集刊》第一輯第389頁）

尚鍾吾來　是尚鉞獨自來的，這種情況很少見。

寄李遇安信並文稿二篇　信未見。為致李遇安第十信，本年第八十五封佚信。當說明寄還文稿之意。文稿二篇附。

　　九日　曇。午前得任子卿信。晚許欽文來別。夜得李遇安信並文稿。

【箋】

　　晚許欽文來別　係赴浦鎮。許原在浦鎮鐵路職工學校工作，一度停辦，張作霖入京後恢復。此時陶元慶在浙江臺州第六中學教書，有了空位，要許前往任教。許乃前往辦理退職手續。（見《〈魯迅日記〉中的我》第60頁。）

　　夜得李遇安信並文稿　此君真不怕麻煩，魯迅一次又一次退稿，此君便一次又一次寄稿。剛收到退稿，便將新稿寄來。此次寄稿，當為《講演之後》，當天所寫，地址改為琉璃炕。魯迅收到，馬上在《莽原》第八期（十二日）刊登出來，是李遇安第三次在《莽原》發表作品。

【補】

　　在本日出版的《民眾文藝》周刊第二十三期發表雜文《我才知道》，署名魯迅。寫作日期不詳。收《集外集拾遺》。

　　十日　晴。上午得朱宅信。有麟來。下午大雷雨，有雹。夜作短文二。

【箋】

　　上午得朱宅信　信未見。朱宅，指朱安的娘家。

　　夜作短文二　短文，指《田園思想》和《〈敏捷的譯者〉附記》。兩篇均載《莽原》第八期（十二日），署名魯迅。前者是給白波的復信。白波，當時在上海東亞同文書院。他讀了《語絲》，又讀了《莽原》前四期，對魯迅在《編完寫起》第一段有關「青年和導師」的話甚有同感，寫

信求教。信中批判了「現今」「充斥」在「青年頭腦」中的「田園思想」。復信收《集外集》，來信附。手稿一頁，現存。後者只有兩句話，說明此譯文係從世界語重譯，所以有兩個名字的「煞尾的音和原文兩樣」。第二句開頭有「『吾家』彥弟」之稱。彥弟，指《敏捷的譯者》譯者魯彥。魯迅平時也這樣稱呼，見三日箋。收《集外集拾遺補編》附錄一。

【補】

得上海同文書院白波來信。

十一日　晴。下午寄任子卿信。夜作雜感一。

【箋】

下午寄任子卿信　信未見。為致任國楨第七信，本年第八十六封佚信。

夜作雜感一　指《忽然想到（十）》，載十六日出版的《民眾文藝》周刊第二十四號，署名魯迅。五卅運動後，《京報》主筆邵飄萍發表社論和時評，說中國並未「赤化」，參加反帝愛國運動的學生也不是「暴徒」。對這種「辯誣」的做法，魯迅一針見血地指出，這是錯了的，本身就處在「屈辱」的地位，「如果真使中國赤化，真在中國暴動，就得聽英捕來處死刑？」魯迅進而指出，面對強敵，有兩種辦法，一靠「民氣」，一靠「實力」。「前者多則國家終亦漸弱，後者多則將強。」「民氣」和「實力」，也就是「精神」和「物質」。魯迅主張，「在不得已而空手鼓舞民氣時，尤必須同時設法增長國民的實力」。收《華蓋集》。

十二日　晴。下午寄三弟信。寄小峰信並稿。晚有麟來。夜風雨。

【箋】

下午寄三弟信　信未見，為本年第八十七封佚信。

　　寄小峰信並稿　　信未見，為本年第八十八封佚信。稿指《俄文譯本
〈阿Ｑ正傳〉序及著者自敘傳略》，是交《語絲》發表的。

　　十三日　晴。午後往大學買各種周刊並訪小峰。下午得許廣
平信並稿。得尚鍾吾信並稿。小酩來。收《社會科學季刊》一本。
晚鍾吾、有麟來。長虹及張希濤來。夜得任子卿信並《煩惱由於
才智》原文一本。得蔡丏因信並《諸暨民報五周年紀念冊》一本。

【箋】

　　下午得許廣平信並稿　　為《兩地書》第二八信，「十二夕」寫。述：
「日來逢人發脾氣」，「幸喜素好詼諧」，乃於「今夕『微醉』（？）」
後，「即景命題」，作《酒癮》。信約二百餘字，主要談稿，跟前信談社
會談學潮者不同。信末「敬領罵好」，加四個感歎號。稿在《莽原》第九
期（六月十九日）刊出，署名景宋。收《文集》。

　　得尚鍾吾信並稿　　來信未見。是尚第四次來信。稿為《死女人的祕
密》和《八哥兒》，前者載《莽原》第十期（七月三日），後者載《莽原》
第十二期（七月二十四日）。《死女人的祕密》為譯文，按魯迅《日記》
記法，譯文應寫作「譯稿」，此處缺「譯」字，不排除僅僅是後一篇，前
者是高長虹「帶」去的。高在《1925，北京出版界形勢指掌圖》中說過，
狂飆社幾個人的稿子多是他帶去的，因此尚鉞直接寄給或送給魯迅極少。
尚在《莽原》周刊共發表文稿（包括一篇譯文）二十四篇，是第二發表最
多者，就《日記》所見，他「寄」給魯迅稿件僅三次。本次為第二次，五
月三日的一次為推測。另一次在十月二十七日。

　　收《社會科學季刊》一本　　《社會科學季刊》，見前三月十八日箋。

　　晚鍾吾、有麟來　　尚鉞剛寄過信，可能碰到有麟，便一起來了。他
二人不會很快離開，必跟隨後而來的高長虹和張希濤碰面，造成了「多人
閒談」的好機會。在魯迅指導校對的談話中（詳十月一日箋），他「忽然
想起前不久許多朋友都在這小書齋中閒談的時候，先生突然幽默地提出稿

子字體清晰的比較問題來」，「前不久」即在今天。尚鉞寄來的稿子魯迅必然看過，對其字體不清印象深刻，談話中順便提及，是很自然的。尚鉞在《懷念魯迅先生》一文中所記另一次「多人閒談」的情形，上月二十九日箋已引用，發生在今天的可能性也不能排除。今天至少有四人在一起閒談。見前引。

長虹及張希濤來　張希濤，又叫永祿，狂飆社成員，太原晉祠人，約生於 1904 年。僅此一見。他們兩人一定參加了尚鉞所記述的這次閒談。

夜得任子卿信並《煩惱由於才智》一本　任子卿，即任國楨。《煩惱由於才智》，即《聰明誤》，劇本，俄國格里鮑耶陀夫（А.С.Грибоедов）著。1921 年在上海出版。

得蔡丏因信並《諸暨民報五周年紀念冊》一本　蔡丏因，名冠洛，丏因為字。浙江諸暨人。魯迅在紹興府中學堂教書時的學生，上海世界書局編輯。《諸暨民報五周（年）紀念冊》，諸暨民報社編，剛剛出版。

【補】

夜寫信給許廣平，為《兩地書》第二九信。許在「十二夕」信中，有「學校的一波未平，上海的一波又起，小鬼心長力弱，深感應付無方，日來逢人發脾氣」的話，魯迅勸其在鬥爭中「要緩而韌，不要急而猛」，一急「就難於耐久（因為開頭太猛，易將力氣用完），也容易碰釘子」。魯迅說：「人於現狀，總該有點不平，反抗，改良的意思。只這一點共同目的，便可以合作。」並表示自己「即使明知道後來的運命未必會勝於過去」，也還是要戰鬥下去。信後附記中說，「我近來收到一封信，署名『捏紋』，說要加入《莽原》」，未見記載。

十四日　晴。星期休息。上午寄許廣平信。下午許廣平、呂雲章來。晚鍾吾、有麟來。得曹靖華信。夜伏園來並交《京報》四月分稿費廿，五月分十。得梁社乾信並謄印本《阿 Q 正傳》二本。

【箋】

上午寄許廣平信　即《兩地書》第二九信。昨夜寫。

晚鍾吾、有麟來　是尚鉞第五次來訪，第一次由荊有麟陪同。

得曹靖華信　來信未見。為曹靖華第三次來信。

孫伏園來……　孫這次來，很有可能談及許廣平何以以「景宋」為筆名，魯迅做了詳細的解釋。參見五月十七日箋。

得梁社乾信並謄印本《阿Ｑ正傳》二本　來信未見。本，指梁社乾所譯英文《阿Ｑ正傳》的謄印本。是請魯迅校訂的。

十五日　晴。晚矛塵來。夜修整舊書。

十六日　晴。上午仲侃來。晚有麟來。長虹、已燃來。得胡祖姚信。得毛坤信。收《小說月報》、《婦女雜誌》各一本。夜得三弟信，十三日發。

【箋】

上午仲侃來　仲侃，即李宗裕（1887－1931，其名《日記》誤植為「宗洛」），後改名仲侃，字霞卿。浙江紹興人。魯迅在紹興府中學堂任教時的學生和同事，《越鐸日報》的創辦人和編輯。後與宋子佩等退出《越鐸日報》，另辦《民興日報》。1915年考入北京大學國文系，1918年畢業。時做什麼，不詳。

長虹、已燃來　已燃，即閻宗臨，詳二月八日箋。當談閻擬出國留學事。

得胡祖姚信　來信未見。胡祖姚，浙江永康人。時為北京師範大學英文系學生。僅此一見。

得毛坤信　來信未見。毛坤，四川宜賓人。時為北京大學哲學系新生。

【補】

作雜文《雜憶》，載《莽原》第九期（十九日），署名魯迅。這是又一篇對辛亥革命進行反思的文章，中心是復仇和反抗。全文共四節。第一節回顧了清末翻印西方進步文藝讀物的情景，說當時「在一部分中國青年的心中，革命思潮正盛，凡有叫喊復仇和反抗的，便容易惹起感應」。第二節寫「革命起來」以後「復仇思想可是減退了」。第三節議論了什麼叫「寬恕」，應不應該「寬恕」的問題。第四節說，中國人受儒家「毋友不如己者」論的影響，往往分不清真正的敵人，以致人們「不很向強者反抗，而反在弱者身上發洩」。最後回到「氣」與「力」上，說：「總之，我以為國民倘沒有智，沒有勇，而單靠一種所謂『氣』，實在是非常危險的。」跟前說「民氣」與「實力」有相似之處。收《墳》。

作散文詩《失掉的好地獄》，載《語絲》第三十二期（二十二日），副題《野草之十四》，署名魯迅。本文借助一個「魔鬼」的敘述，寫「人類的整飭地獄使者」佔領了地獄以後魔鬼們的遭際，「失掉的好地獄」是從魔鬼角度說的。作者在《〈野草〉英文譯本序》中說：「但這地獄也必須失掉。這是由幾個有雄辯和辣手，而那時還未得志的英雄們的臉色和語氣所告訴我的。我於是作《失掉的好地獄》。」在寫本篇一個多月前，作者寫《雜語》，也曾指出：「稱為神的和稱為魔的戰鬥了，並非爭奪天國，而在要得地獄的統治權。所以無論誰勝，地獄至今也還是照樣的地獄。」收《野草》。

十七日　晴。上午得常燕生信。衣萍來。小峰贈《徐文長故事》二集兩本，下午以一本轉贈季市。寄小峰信。

【箋】

上午得常燕生信　來信未見。為常第四次來信。

小峰贈《徐文長故事》二集　《徐文長故事》為民間故事，共四集，林蘭等編。第一集由北京大學新潮社出版，第二集起改由北新書局出版。

寄小峰信　信未見，為本年第八十九封佚信。

【補】

　　作散文詩《墓碣文》，載《語絲》第三十二期（二十二日），副題《野草之十五》，署名魯迅。《全集》註說，作者在文中通過一個夢境，描寫了墓中人內心的虛無和灰暗，以及意欲認識和擺脫這種心境而不能的焦灼和痛楚。最後以「我疾走，不敢反顧」來表示對這種思想情緒的否定。它在一定程度上表現了作者當時深刻的思想苦悶和嚴格進行自我解剖的精神。收《野草》。

　　十八日　晴。上午復毛坤信。寄蔡丏因信。小酩來。下午得許廣平信。晚長虹來。夜得許欽文信，十五日浦鎮發。收《微波》第三期一。

【箋】

　　上午復毛坤信　信未見，為本年第九十封佚信。

　　寄蔡丏因信　信未見，為本年第九十一封佚信。當是說書已收到。見前十三日箋。

　　小酩來　此次來可能帶了一篇小說稿，題《妻的故事》，在《莽原》第十三期（七月十七日）發表。

　　下午得許廣平信　為《兩地書》第三〇信，許前一日下午六時寫完。說到自己「有人給我一粒鐵丸，或一針聖藥，就比送到什麼醫院中麻木的活下去強得多了」，但這不過「故作驚人之談，其實小鬼還是食飽睡足的一個凡人……」。

　　收《微波》第三期一　《微波》，文學刊物，旬刊，北京大學微波社編。本年五月二十七日創刊。

【補】

作雜文《忽然想到（十一）》，載《民眾周刊》第二十五號，署名魯迅。本文是就五卅運動後聽到的一些議論進行分析的，說那些話其實都是自欺欺人的，我們應該「將先前一切自欺欺人的希望之談全都掃除，將無論是誰的自欺欺人的假面全都撕掉，將無論是誰的自欺欺人的手段全都排斥，總而言之，就是將華夏傳統的所有小巧的玩藝兒全都放掉，倒去屈尊學學槍擊我們的洋鬼子，這才可望有新的希望的萌芽。」收《華蓋集》。

十九日　晴。下午得張目寒信。晚陳斐然來。有麟來。

【箋】

下午得張目寒信　來信未見。當述《豫副》內部鬥爭情形。

二十日　晴。午後得劉策奇信。寄梁社乾信並校正《阿Ｑ正傳》。得許廣平信。得尚鍾吾信。得胡斅信。晚小雨。有麟來。小峰、品青、衣萍來。

【箋】

午後得劉策奇信　來信未見。魯迅四月九日致劉策奇信，因不知其地址，直接寄往《歌謠》周刊發表，劉從《歌謠》周刊看到後才寄信來。內容當為表示感謝和談自己從事民俗學研究概況。

寄梁社乾信並校正《阿Ｑ正傳》　信未見，為本年第九十二封佚信。梁譯《阿Ｑ正傳》已校訂完畢，特寄還。該譯本於 1926 年十一月由商務印書館出版。英譯本書名為《The True Story Of Ah Q》。卷首有譯者於 1926 年八月寫的「前言」，書末有《附錄》和《註釋》。譯者在《前言》中對魯迅慷慨地授與翻譯此書的權利表示感謝，同時指出，中國四千多年來一直把平民排除在高尚的文學領域以外，而魯迅的作品喊出了普通人的聲音，在《阿Ｑ正傳》的「每一個字下面，人們都可以聽到多少世紀來備

受壓迫的貧苦農民的呼喊，和作者對一切虛偽與卑鄙的抗議」。譯者又讚揚《阿 Q 正傳》的「原文文勢波濤起伏，具有幽默和獨特的風格」。此書後來幾次重版。下月梁氏跟魯迅幾次通信，均為該書事。

得許廣平信　為《兩地書》第三一信，許前一晚寫。原信第二段說，「今早禮堂開大會」，擬「請先生」等「負責維持」，「當由文書股」擬束送達，「約於星期一上午到校開大會」。這段話編入《兩地書》時刪去。信前為《如何在世上混過去的方法》一文，是許摘錄魯迅給她信中一些話而成，編入時加註略去。

得尚鍾吾信　來信未見。是尚鉞第五次來信。

得胡斅信　來信未見。胡斅，字成才，浙江龍遊人。1924 年北京大學俄文系畢業。其所譯俄國勃洛克長詩《十二個》，後收入《未名叢刊》，魯迅為之作《後記》（明年七月二十一日作）。來信，當談及譯書事。以下，《日記》均寫作胡成才。

二十一日　晴。星期休息。無事。

二十二日　曇。上午寄張目寒信。寄章矛塵信。寄三弟信。下午雨。收《東方雜誌》一本。還齊壽山泉百。李小峰寄贈《昨夜》二本，夜長虹來，即以一本贈之。

【箋】

上午寄張目寒信　信未見，為本年第九十三封佚信。張在開封，已來信兩次。當是回信。

寄章矛塵信　為本年第十五封存信。收《書信》。係前「喬峰有信來要我將上海的情形順便告訴三太太」，「今天非寫回信不可」，又不想自己出面，便剪貼周建人的一個字條，內容是談他在上海商務印書館時的生活情況的，「奉託你暗暗通知一聲」。按，喬峰即三弟周建人。

　　寄三弟信　信未見，為本年第九十四封佚信。內容當跟致矛塵信有關，即告三弟，他所委託的事已辦。

　　收《東方雜誌》一本　這是本年所記最後一筆收《東方雜誌》，也是本年所記最後一筆收《小說月報》後六天（十六日收）。許廣平記述了魯迅對待這些雜誌的認真態度：「他對於書的看重，我沒有見過第二個人像他這樣。比如人家送他的《小說月報》、《東方雜誌》等的定期刊物，他看完了之後，總是每五六冊做一包，紮好，寫上書名和第幾期至第幾期，以便檢查。凡是他包過的書，那方正緊湊，拆開之後，我是再也不能照樣包好的。」（《許廣平文集》第二卷第91頁）

　　李小峰寄贈《昨夜》二本　《昨夜》，顧仲雍的小說集，剛由北新書局出版。《北新小叢書》之一。

　　二十三日　晴。上午得臺靜農信並稿。得李寄野信並稿。下午寄師範大學試卷十四本。晚雨一陳。品青、矛塵來。得三弟信，二十一日發。

【箋】

　　上午得臺靜農信並稿　來信未見。是臺第三次來信。稿為《鐵柵之外》，載《莽原》第十期（二十六日），署名靜農。

　　得李寄野信並稿　來信未見。稿為譯文《微笑》，載《莽原》第十一期（七月三日），署名霽野。

【補】

　　作《補白（一）》，共四段，載《莽原》第十期（七月三日），署名魯迅。本文把「自欺欺人」跟《忽然想到（十）》中所說「民氣」聯係起來，說對付強敵只能「以實力為根本」，如果只是宣揚「民氣」，「就是以自暴自棄當作得勝」，就是「自欺欺人」。文中指出，「現在的強弱之分固然在有無槍炮，但尤其是在拿槍炮的人」，表現了對人的因素的重視。收《華蓋集》。

三[二]十四日　晴。上午得李桂生信並稿。下午收奉泉百九十八。還季市泉百。夜雨。

【箋】

上午得李桂生信並稿　來信未見。稿，未用，詳三十日箋。

二十五日　晴。端午，休假。上午得有麟信。下午得三弟信，廿二日發。晚雨。

【箋】

下午得三弟信　來信未見。本日信，當附一稿，為周和章錫琛《我們兩人回答陳先生的一封短信》，在《莽原》第十一期（七月三日）發表。也可能此稿即為信。

【補】

本日喝醉酒。陳漱渝說：「……魯迅偶爾也有喝醉的時候。比如 1925 年端午節，他跟房東小姐俞芬、俞芳姊妹和學生許廣平同飲，一人喝了六杯酒和五碗葡萄酒，不能自制，按了許廣平的頭，打了俞芬一拳，嚇得三位小姐直跑，逃到魯迅西三條寓所附近的白塔寺逛廟會去了。」（《倦眼朦朧集》第 12 頁）據當事人的回憶：這天是端午節，魯迅在家請許羨蘇、許廣平、俞芬、俞芳、王順親五位小姐吃飯。羨蘇、俞芬、王順親都是周建人在紹興時的學生。許廣平與俞、王串通，將魯迅灌醉。魯迅醉後用拳打俞芬、俞芳的拳骨，又按住許廣平的頭。許羨蘇認為鬧得太過分了，憤然離席。事後許羨蘇對許廣平說：這樣灌酒會酒精中毒的，而且先生可喝多少酒，太師母訂有誡條……此次宴請前，可能有信給許和其他女士。《兩地書》第三一信後、三二信前夾註：「（其間當有缺失，約二三封。）」當包括這封在內。加上二十七日「上午得許廣平信」，或許夠「二三封」之數。王得后在《〈兩地書〉研究》中說：「1925 年端午節，即六月二十五日，可以當作魯迅和景宋定情的節日。這不是說那一天他倆有過正式的

商談或別的表示，而是說，那一天以後的通訊，明顯地發生了感情上的質變，已經是人們愛說的『情書』了。雖然那以前的信，也已經『含情脈脈』。」

二十六日　晴。晚H君來。得有麟信。

【箋】

晚H君來　H君，即羽太重久。

二十七日　晴。上午得許廣平信。下午收奉泉卅三。晚得培良信。得鍾吾信。

【箋】

上午得許廣平信　此信缺。《兩地書》第三一信後、三二信前，加註：「（其間當有缺失，約二三封。）」見於記載者僅此一封。

得鍾吾信　來信未見。是尚鉞第六次來信。尚鉞將赴河南，此信當是向魯迅徵求意見的，並說到自己的病不知有什麼辦法可治。

二十八日　晴。星期休息。晚品青來。夜小峰、衣萍來。

【補】

給許寫信二封。前一封以「訓詞」開頭，是說「你們這些小姐的」，後署名「老師」，加引號。信中談及端午吃酒：「又總之：端午這一天，我並沒有醉，也未嘗『想』打人；至於『哭泣』，乃是小姐們的專門學問，更與我不相干。特此訓諭知之！」又說：「今年中秋這一天，不知白塔寺可有廟會，如有，我仍當請客，但無則作罷，因為恐怕來客逃出之後，無處可遊，掃卻雅興，令我抱歉之至。」按，中秋節為西曆十月二日。此信現收《書信》集中，《全集》第十一卷。魯迅編《兩地書》時只收後一信，為第三二信，前加「（前缺。）」即指前一封。此信有對詩歌寫作的重要意見：「滬案以後，周刊上常有極鋒利肅殺的詩，其實是沒有意思的，情

隨事遷，即味同嚼蠟。我以為感情正烈的時候，不宜做詩，否則鋒芒太露，
能將『詩美』殺掉。這首詩有此病。」又說：「那一首詩，意氣也未嘗不
盛，但此種猛烈的攻擊，只宜用散文，如『雜感』之類，而造語還須曲折，
否，即容易引起反感。詩歌較有永久性，所以不甚合於做這個題目。」《兩
地書真迹》原信冊俱載。

　　二十九日　晴。上午寄向培良信。寄許廣平信。晚得許廣平
信並稿，即復。長虹來並交有麟信又《豫篢紀念刊》一本。夜雨。
得孫伏園信。

【箋】

　　上午寄向培良信　信未見，為本年第九十五封佚信。

　　寄許廣平信　共二封，即昨日所寫。

　　晚得許廣平信並稿，即復　來信缺。《兩地書》第三二信後夾註：
「（此間缺廣平二十八日信一封。）」即指此。稿為《內幕之一部》，在
《莽原》第十一期（七月三日）刊出，署名景宋。即復，為《兩地書》第
三三信。許在來信中說到「那天」酒醉之事，「誠惶誠恐的賠罪不已」，
此信以為「也許聽了『某籍』小姐的什麼謠言」，遂作「闢謠」。「我自
己知道，那天毫沒有醉，更何至於糊塗，擊房東之拳，嚇而去之的事，全
都記得的。」「即使中毒，也是自己的行為，與別人無干。」許廣平稿收
《文集》。

　　長虹來並交有麟信又《豫篢紀念刊》一本　《豫篢[周年]紀念
刊》，《豫篢》月刊增刊。北京平民大學豫篢文學社編輯並發行。本年三
月一日出版。

【補】

　　作散文詩《頹敗線的顫動》，載《語絲》第三十五期（七月十三日），
副題《野草之十六》，署名魯迅。依然寫夢中所見。一個女人，兩幅圖景。
先前，她靠著辛苦掙扎和忍辱負重，養育兒女。到老來，卻遭到兒女的怨

恨和遺棄，說她「連累」了她們，她只得在深夜中走向「無邊的荒野」，心中充滿了「眷念與決絕，愛撫與復仇，養育與殲除，祝福與咒詛」。這裏既有倫理道德問題，也有做人應盡的義務。以怨報德，忘恩負義，對這種人魯迅多有所見，現在借這個故事抒發了他的感慨。收《野草》。

　　三十日　晴。上午得李遇安信並稿。下午寄李桂生信並稿。

【箋】

　　上午得李遇安信並稿　來信未見。稿當為《去年六月的閒話》，係作者從自己去年六月六日日記中摘抄的幾段話，載《莽原》第十期（七月三日），是作者第四次在《莽原》發表作品。

　　下午寄李桂生信並稿　信未見，為本年第九十六封佚信。稿，即前二十四日所寄來者，係退還。

【補】

　　所譯日本鶴見佑輔雜文《北京的魅力》，自即日起，載《民眾周刊》第二十六至二十九期，署魯迅譯。收《思想・山水・人物》。

七 月

大事記

一日，中華民國國民政府在廣州成立，宣佈新政綱，採取合議制。汪精衛、胡漢民等十六人為政府委員。汪精衛任國民政府主席，胡漢民任外交部長，許崇智任軍事部長，廖仲愷任財政部長，孫科任建設部長。同日，國民政府發佈宣言，主張履行孫中山遺囑，召集國民會議。三日，廣東省政府改組。

六日，省港罷工委員會成立。十日，罷工委員會宣佈封鎖香港。

八日，國民政府決定將黃埔學生軍擴大成為國民革命軍第一軍，蔣介石任軍長；其他所屬各軍也統一改稱國民革命軍。

十八日，《甲寅》周刊在北京問世，章士釗主編。封面為老虎圖案。1914年五月，章曾在日本創辦《甲寅》月刊，共出十期。周刊行世兩年，1927年四月二日停刊。

二十一日，駛抵天津的上海英商輪船公司「昌升」號全體海員罷工，其他海員和紡織工人等跟著罷工，堅持三個月，使帝國主義在天津港的海運陷於癱瘓。

二十三日，國民黨右派戴季陶出版《國民革命與中國國民黨》等書，反對孫中山提出的聯俄、聯共、扶助工農的三大政策，反對群眾運動，為後來蔣介石叛變革命製造輿論。

二十八日，段祺瑞政府復章士釗教育總長職。章上臺後，跟楊蔭榆緊密勾結，策劃鎮壓「女師大風潮」。二十九日，楊蔭榆突然貼出布告，藉口修理校舍，迫令學生搬出校外。三十日夜，楊乘住

校學生熟睡之機，派人潛入校內，揭貼布告，解散女師大學生自治會。三十一日，又假借女師大名義致函京師警察廳，提出：「此次因解決風潮，改組各班學生，誠恐某校男生來校援助，懇請准於八月一日照派保安警察三四十名來校，借資保護。」

　　一日　晴。午後得許廣平信。晚 H 君來別。

【箋】

　　午後得許廣平信　此信現收《兩地書真迹》原信冊，編為「外一」，談那天灌酒之事。內云：「老爺……這點酒量都失敗，還說『喝酒我是不怕的』，羞不羞？我以為今後當摒諸酒門之外，因為無論如何辯護，那天總不能不說七八分的酒醉，其『不屈之精神』的表現，無非預留地步，免得又在小鬼前作第三……次之失敗耳，哈哈，其誰欺，欺天乎。」《兩地書》第三三信後夾註：「（其間當缺往來信箋數封，不知確數。）」此為一。

　　晚 H 君來別　H 君，即羽太重久，他將回日本去。

【補】

　　作《補白（二）》，共三段，載《莽原》第十一期（三日），署名魯迅。全文共三節。第一節是談中國人對新生事物和外來文化的態度的。「誰說中國人不善於改變呢？每一新的事物進來，起初雖然排斥，但看到有些可靠，就自然會改變。不過並非將自己變得合於新事物，乃是將新事物變得合於自己而已。」第二段說了中國一種「老例」，是在「排斥異己的時候，常給對手起一個諢名」，讓人不管實際如何，一聽這惡名就覺得真是惡棍。第三節說當時軍閥和政客們「忽而甲乙相打；忽而甲乙相親，同去打丙；忽而甲丙相合，又同去打乙，忽而甲丙又互打起來」，就是古代《鬼谷子》所說的「『復』『復』作用」。據《全集》註，本節發表時沒有註明寫作時間，文末的落款「七月一日」，是作者在結集時補上的。收《華蓋集》。

　　二日　晴。上午寄尚鍾吾信。寄三弟信。寄張目寒以照相一枚。午前許廣平來。午後得梁社乾信並照片三枚。得李桂生信。得呂蘊儒信併合訂《豫報副刊》一本。

【箋】

　　上午寄尚鍾吾信　信已不存。是致尚鉞第二信，本年第九十七封佚信。尚鉞已到開封，是去接編《豫報副刊》的。六日尚鉞致魯迅信說：「昨接我師的來信，叫我治我的病症的法子的『從現在地離開』，我的確知道這是治我現在病的良策，但奈『孔方兄』之苦阨何！」其中「從現在地離開」一句，為魯迅信原話，是此一佚信之重要殘句。吳作橋《魯迅書信鈎沉》和劉運峰編《魯迅佚文全集》均未收。尚鉞信，詳八日箋。

　　寄三弟信　信未見，為本年第九十八封佚信。

　　得呂蘊儒信併合訂《豫報副刊》一本　信未見。《豫報副刊》，日刊，附於開封《豫報》，即向培良、高歌、呂蘊儒三人所編者。本年五月四日創刊。

　　三日　晴。休假。午後曇，晚雨。得有麟信。

【補】

　　作《正誤》，載《莽原》第十二期（十日），署編輯者。收《集外集拾遺補編》附錄一。

　　四日　曇。上午得培良信，二日鄭州發。午後往中央公園，在同生照相二枚。晚有麟來假泉廿。夜得許廣平信並稿。

【箋】

　　午後往中央公園……　應《阿Q正傳》英譯者梁社乾之索，前往照相，以便印在英譯本前面。照相館地址，當在中央公園（今中山公園）內。

夜得許廣平信並稿　此信缺。《兩地書》第三三信後夾註：「（其間當缺往來信箚數封，不知確數。）」此為二。稿為《一死一生》，在《莽原》第十二期（七月十日）刊出，署名景宋。據魯迅九日致許信，揣度許此信說到自己的稿子是否受到特別照顧，寄去就能發表？（詳下）許稿收《文集》。

　　五日　晴。星期休息。午後仲芸、有麟來。下午子佩來。晚長虹來。夜品青來。小峰來並贈《蠻性之遺留》二本。得靜農信，附魯彥信。

【箋】

　　午後仲芸、有麟來　仲芸，即金仲芸（1898－1990），莫瑛（又叫莫仙英）筆名，其生母姓金，故筆名以金為姓。安徽無為人。在上海美術專科學校（校長劉海粟）高等師範科圖工系讀書，1926 年一月畢業。時在北京，兩人相戀、同居，1927 年在上海正式結婚。生有二女一男。1949 年南京解放後，金和孩子在轉移臺灣途中，偷偷從車內逃出，落戶長沙。

　　晚長虹來　高長虹在《1925，北京出版界形勢指掌圖》中說：「當暑假將到的時候，尚鉞走了，有麟聽說素園等不來稿了，因為我有稿費，他們沒有。這樁事既因我而起，遂同魯迅商量也給他們一些稿費，魯迅說，無須，我又說，那我便去找他們一次，魯迅也說，無須。當時有麟是怕暑假中沒有稿件，但魯迅同我卻不怕這層。我當時說，不但還有一兩個朋友可以寄稿來，便只剩我們三人，也能維持下去。不料過了一兩個禮拜，素園等又寄稿了。」（《高長虹文集》中卷第 154 頁）段中「同魯迅商量」幾句，當出於今日。這時尚鉞去了河南開封，一個禮拜後果真素園來稿子了，見七月十三日箋。

　　小峰來並贈《蠻性之遺留》二本　《蠻性之遺留》，民俗學著作，美國穆爾（J. H. Moore）著，李小峰譯，北新書局剛剛出版。

　　得靜農信，附魯彥信　來信未見。是臺第四次來信，魯彥第一次來信。

六日　晴。午後往第一監獄工場買藤、木器具八件，共泉卅二。下午靜農、素園、赤坪、霽野來。抱朴來。晚許廣平、許羨蘇、王順親來。得有麟信並素園譯文。得玄同信。

【箋】

下午靜農、素園、赤坪、霽野來　趙赤坪以前來信兩次，現在是第一次來訪。以後數次來，都跟霍丘另幾人（未名社霍丘成員）相跟。李霽野說，魯迅於六月十六日所作《雜憶》中談到幾位外國詩人，包括菲律賓的厘沙路，而「在這前後，先生幾次向我談到厘沙路，並說到北京大學圖書館裏似乎有他的詩集英譯本，可加以介紹」（《魯迅先生與未名社》第 115 頁）。今晚當會談到。還可能談到愛德華・卡本特（Edward Carpenter）的《天使之翼》，書中有幾幅精美的插圖。李霽野說：「那時我已經認識了魯迅先生，知道他很愛美術，談到這本書，我說要請他看看其中的插圖，是否值得結合其中文章的大意加以介紹。他很高興……」（同上第 154 頁）

抱朴來　抱朴，原名秦滌清，無政府主義者，後為國民黨政客。本年來往僅此一次。其他不詳。

得有麟信並素園譯文　來信未見。素園譯文，為《海鶯歌》，在《莽原》第十二期（七月十日）發表。可能韋先將稿給了荊有麟，荊因事不能前來，特寄出。信當對此加以說明。

得玄同信　來信未見。

七日　晴。上午寄有麟信。復玄同信。高閬仙贈《抱朴子校補》一本。

【箋】

上午寄有麟信　信未見，為本年第九十九封佚信。

復玄同信　信未見，為本年第一百封佚信。

　　高閬仙贈《抱朴子校補》一本　高閬仙，即高步瀛（1873－1940），閬仙為字。語文學家。河北霸縣人。清光緒甲午科舉人。1902 年赴日本留學，習師範。回國後主持直隸全省學務。1906 年任學部圖書局編審，兼理順天府學務總處，不久補學部主事。1912 年四月到教育部，八月任僉事，1915 年八月任社會教育司司長。1921 年起兼任北京高等師範學校教席，1927 年專任師大講師，兼女師大教授。師承吳汝綸，長於詩文，努力考據，佐以辭章義理，著作有《古文辭類纂箋證》、《唐宋文舉要》、《唐宋詩舉要》等。《抱朴子校補》，道家著作，一冊，孫人和撰。1925 年鉛印本。

　　八日　雨。午得有麟信，附劉夢葦、譚正璧信。下午得尚鍾吾信，六日開封發。晚晴。有麟來，贈以《吶喊》一本。

【箋】

　　午得有麟信，附劉夢葦、譚正璧信　三封來信均未見。劉夢葦（1900－1926），詩歌愛好者，原名國鈞。湖南安鄉人。先後在《莽原》第十三期（本月十七日）和第二十一期（九月十一日）發表詩《竹林深處》和《倚門的女郎》，當於這次信中附來。魯迅於十月十六日曾有信復劉，詳後。譚正璧（1901－1991），文學史家。江蘇嘉定（今屬上海市）人。當過學徒。江蘇省立第二師範學校畢業。1920 年開始發表小說。1923 年起在上海教中學，並任一些專科學校講師，後到震旦大學任教授。時在上海近郊南翔教家館，讀《中國小說史略》後特將施耐庵的原名和表字函告。譚在《漫談修訂本〈中國小說史略〉》中說：「1924 年，我購得《史略》初稿本上、下二冊，細加閱讀，愛不忍釋。1925 年夏天，在吳瞿安《顧曲塵談》裏，偶然發現『《幽冥記》為施君美作，君美名惠，即作《水滸傳》之耐庵居士也』一段話，不覺欣然有得。因我素知吳先生亦是當代一位有名大師，他的話一定有所根據，遂不揣冒昧，立即寫信告訴魯迅先生。……」（轉引自吳作橋《魯迅書信鈎沉》第 64 頁）本年九月北新書局的合訂本《中國小說史略》再版，魯迅在《附識》中說：「譚先生並以吳瞿安先生《顧

曲塵談》語見示云，……其說甚新，然以不知《塵談》又本何書，故未據補；仍錄於此，以供讀者之參考云。」譚於 1934 年十月編成《中國文學家大辭典》，曾請魯迅題寫書名。兩人可能不知道魯迅的住址，將信寄《莽原》編輯部，由荊有麟轉來。

　　下午得尚鍾吾信，六日開封發　為尚鉞第七次來信，現存，載《魯迅研究資料》第十四輯。開頭說：「住在『山海動物園』中的狗洞中的我是不堪其苦，但又無法可想，昨接我師的來信，叫我治我的病症的法子的『從現在地離開』，我的確知道這是治我現在病的良策，但奈『孔方兄』之苦阨何！因為我現在正替奴隸作狗，所以去留亦將任我的奴隸主人的指使……」其中「從現在地離開」一句，應視為魯迅那封佚信的殘句，已見二日箋。此信長達二千餘字，除述及自己當下的工作（為《豫報》編副刊）外，還談到跟他一起編《豫報副刊》的張目寒和幾位河南文學青年的概況。信中說：「《豫副》又要改組了，張君目寒本是想來藉著報館的名義，自己好從狗的生活上，進到豬的生活上，享一點利益，不意，天與願違，現在已走到『哭途窮』的時候，尤其是當副刊的記者，因為自己不會作文章，所以步步走的都是『頭頂春窩玩獅子，使死不中看』的步伐，而且又沒有所謂的薪水若干元，於是也懶了，是以於此次端節大示威特刊徵文問題（先是他逼著我，培良，王僧慧，高歌諸人作文，俟發表時則局（居）然的均在被落第之列，因而王僧慧（總編輯）將他的文章撿出當社論發表了，高歌將他的文章撕碎了），因為他勉強發表了似通不通的曹靖華（河南今日之下三等流氓、無賴）的和漫云（女扯白黨）的兩篇文章，惹起諸人的反感。一事未了，他又發表了一篇曹靖華的《告敢死隊》的一文（此文想先生已看過，實屬謾罵，頭昏的作品），本社人都不滿意，以致辭職，想不久就要往北京去了……」三閒居曰，張目寒是後來未名社安徽作家群（韋素園、韋叢蕪、李霽野、臺靜農）的好朋友，也是那幾個人跟魯迅交往的領路人，曹靖華先是韋素園的朋友、同學，這時已跟魯迅相識，後來又參加了未名社，而尚鉞竟如此看待，未名社安徽作家群自然不會放過，本年冬因為要出《斧背》而鬧意見，以致跟魯迅發生「牴觸」，便是很自然的。

魯迅寬宏大度，對尚鉞在信中如此說自己另一些年輕朋友的「壞話」絲毫不以為意，以後依然熱情交往，是魯迅人格的偉大處。但在我們考察狂飆社作家群和未名社安徽作家群的矛盾衝突時，卻不能忽略了這一點。信中還說到河南一些青年對魯迅作品的讀後感：「在上邊這一部分青年中，據我所知的，大多對於我師有種信仰，據他們說：『一見魯先生的東西，就想看，然而又不知他說的什麼？可是放下不看呢，心中又不捨。』這是他們的一種豬八戒吃人參果的一種讀書法。這或者也就是周傑人所謂先生的文章有些貴族的原因吧！因為一般人，北京亦如此，以文章難懂為貴族，至於說到他說先生是『無病呻吟』，我以為這是他缺乏『人生』的經驗，而他對於刺入『人』的辛苦的刻痕內裏的尖槍，是認不得的緣故。」信中又說到：「現在我對於我以前作的張禿子幾篇東西非常不滿意，但又不知是否是一點可看的價值也沒有。曾記長虹曾勸我把這些都蒐集起來，所以我想問問先生，假若沒有一點可看的價值時，我則不必去作這一番勞而無益的工作了，不知我師以為如何？」尚鉞後來編成小說集《斧背》，希望魯迅編在《烏合叢書》裏出版，當起因於此。

【補】

作《補白（三）》，載《莽原》第十二期（十日），署名魯迅。當時有人指責學生做事只有「五分鐘熱度」，不能持久。此文為學生做了辯護，說：「這『五分熱』是地方病，不是學生病。這已不是學生的恥辱，而是全國民的恥辱了」。收《華蓋集》。

作散文詩《立論》，載《語絲》第三十五期（十三日），副題《野草之十七》，署名魯迅。依然寫「夢」。以「說謊的得好報，說必然的遭打」一事為例，說人們只得採取一種圓滑的處世態度——凡事以哈哈哈應付。收《野草》。荊有麟在《魯迅回憶斷片》中寫有一章《哈哈論的形成》，錄之如下：

> 1925 年七月，魯迅先生在《語絲》周刊上，以《立論》的
> 題目，寫了這樣的文章（引者按，以下引用《立論》全文，略）

這是魯迅先生發明的有名的哈哈論。但這哈哈論的形成，據魯迅先生講，是這樣的：

民國十三年，即 1924 年暑假，陝西督軍劉振華氏，代表西北大學向北平各大學校教授及各報記者，請求前往西北大學講演。當時魯迅先生便是被聘請中的一位。魯迅先生因從來沒有去過西北，很想借此機會，去看一看。當時同去的，京報社代表是該報記者王小隱（孫伏園那時是代表晨報社去的）。據魯迅先生回來時形容，王小隱那次是穿的雙梁鞋——即鞋面前頭有兩條鼻梁。當時北京官場中人及遺老多穿此種鞋。——一見人面，總是先拱手，然後便是哈哈哈。無論你講的是好或壞，美或醜，是或非，王君是絕不表示贊成或否定的。總是哈哈大笑混過去。魯迅先生當時說：

「我想不到，世界上竟有以哈哈論過生活的人。他的哈哈是贊成，又是否定。似不贊成，也似不否定。讓同他講話的人，如在無人之境。」

於是才寫了那篇《立論》。

事實是：今天天氣哈哈論，先生一從長安回來就想寫，我們看論文《墳》裏面的《說鬍鬚》，開頭是這樣：

「今年夏天遊了一回長安，一個多月之後，糊里糊塗的回來了。知道的朋友便問我：『你以為那邊怎樣？』我這才慄然地回想長安，記得看見很多的白楊，很大的石榴樹，道中喝了不少的黃河水。然而這些又有什麼可談呢？」

底下，先生寫他在長安所見的奇聞奇談。先生且感慨，無論你講真話或者別的什麼，旁人總以為是哈哈哈的笑話，先生於是接著說：

「凡對於以真話為笑話的，以笑話為真話的，以笑話為笑話的，只有一個方法，就是不說話。於是我從此不說話。然而，倘使在現在，我大約還要說：『嗡，嗡，……今天天氣多麼好呀？……』因為我實在比先前似乎油滑得多了」。

（見全集一卷 160 及 163 等頁）

這裏也可以看出，今天天氣哈哈哈，是在遊長安時才在先生的思想中具體化。因為王小隱君代表了這個典型，在魯迅面前活現了。

（《魯迅回憶錄》專著上冊第 190－192 頁）

九日　曇。午後得車耕南信，六日天津發。下午有麟來。雨。

【箋】

午後得車耕南信　來信未見。車耕南，南，又作男，浙江紹興人，魯迅二姨母之婿，酈荔臣的妹夫，民初在鐵路部門任職。

【補】

給許廣平寫信，即《兩地書》第三四信。開頭是：「廣平仁兄大人閣下，敬啟者……」說了對來稿做了改動後，有「尚希曲予（另行）海涵，免施（另行）責罵，勿露『勃谿』之技，暫羈『害馬』之才，仍復源源投稿，以光敝報，不勝僥倖之至！」以下解釋來稿易登原因。落款為「『老師』謹訓」。跟六月二十八日所寫第一封信，即開頭為《訓詞》者，為同一情調，表明兩人關係、感情已大不同於一般。以前兩人通信，魯迅以「廣平兄」相稱，自署「迅」或「魯迅」。廣平稱「魯迅師」，自署「學生許

廣平」或「小鬼許廣平」。此後不再。倪墨炎、陳九英著《魯迅與許廣平》
認為六月二十五即農曆端午節的鬧劇是個轉捩點，那「以後，魯迅與許廣
平之間師生的鴻溝進一步填平，感情的距離進一步縮短。」（第28頁）信
內說到《莽原》來稿情況：「我所要多登的是議論，而寄來的偏多小說，
詩。先前是虛偽的『花呀』『愛呀』的詩，現在是虛偽的『死呀』『血呀』
的詩。」

十日　曇。上午寄許廣平信。寄尚鍾吾信。午後往中央公園。
下午靜農、目寒來並交王希禮信及所贈照相，又曹靖華信及譯稿。
晚仲芸、有麟來。夜得呂雲章信並稿。

【箋】

上午寄許廣平信　為《兩地書》第三四信，昨日寫。

寄尚鍾吾信　信未見。為致尚鉞第三信，本年第一百零一封佚信。
是復八日所「得」信的。

下午靜農來並交……　王希禮信中說：「傳略和序文，都已譯就，
和著相片與《阿Q正傳》全文，付郵寄到莫斯科去付印，書出版之後，即
送一本譯本。」又說：「我倘使將來到北京去，那時一定親去拜會你。現
在送上我的一張相片，請收下留為紀念。」原件及照片現存。曹靖華信，
未見，為曹第四次來信。當由張目寒從河南帶回。前引尚鉞六日信說到張
目寒，有「……以致辭職，想不久就要往北京去了」的話。

夜得呂雲章信並稿　來信未見。稿為《是生還是死？》由許廣平夢
見作者死在她家裏而生出是生還是已死的感想，當天所作，立即寄來。載
《莽原》週刊第十三期（十七日），署名沄沁，目錄誤為朱沁。

十一日　晴。午後訪李小峰取《吶喊》九本，又見贈《呂洞
賓故事》二本。下午季市來，以所得書各一本贈之。胡成才來並
交任國楨信。金仲芸來，贈以《吶喊》一本。晚目寒、有麟來。

十二日　晴。星期休息。上午寄呂雲章信。寄柯仲平信。下午品青來。

【箋】

上午寄呂雲章信　信未見，為本年第一百零二封佚信。

寄柯仲平信　信未見，為本年第一百零三封佚信。

【補】

作散文詩《死後》，載《語絲》第三十六期（二十日），副題《野草之十八》，署名魯迅。以「我」死後的種種遭際，如看客們的冷淡，「蟲豸」的欺凌，巡警的蠻橫等等，表現了革命者社會處境的險惡和他內心的寂寞。文中說，「我」寧願「影一般死掉了，連仇敵也不使知道，不肯贈給他們一點惠而不費的歡欣」，是魯迅對付敵人的一貫態度。收《野草》。

給錢玄同寫信，尚存。署名刊。仍用詼諧、玩笑口氣，見一月十二日箋。開頭「久聞大名，如雷貫耳……」接著說：「所以如此『恭維』者，倒也並非因為想謾罵，乃是想有所圖也。『所圖』為何？且夫竊聞你是和《孔德學校周刊》大有關係的，於這《周刊》有多餘麼？而我則缺少第五六七期也，你如有餘，請送我耳，除此以外，則不要矣，倘並此而無之，則並此而不要者也。」最後說：「這一期《國語周刊》上的沈從文，就是休芸芸，他現在用了各種名字，玩各種玩意兒。歐陽蘭也常如此。」可參看四月二十三日致向培良信和六月十三日「晚鍾吾、有麟來」箋。

十三日　晴。晨得韋素園信並稿。午後寄梁社乾信並《吶喊》壹[？]本，照相一張。寄車耕南信。寄曹靖華信。寄譚正璧信。寄錢玄同信。下午紫佩來。陳斐然來。晚長虹來，贈以《吶喊》一本。夜霽野、靜農來，屬作一信致徐旭生，託其介紹韋素園於《民報》。得鍾吾信。得小峰信。得廣平信。

【箋】

　　晨得韋素園信並稿　來信未見。稿，可能為譯文《埃黛約絲》，在《莽原》第十三期（七月十七日）發表。

　　午後寄梁社乾信並……　信未見，為本年第一百零四封佚信。

　　寄車耕南信　信未見，為本年第一百零五封佚信。

　　寄曹靖華信　信未見。為致曹靖華第三信，本年第一百零六封佚信。

　　寄譚正璧信　信已不存，為本年第一百零七封佚信。但留有殘句。收信人在前（本月八日）引《漫談修訂本〈中國小說史略〉》一段話後接著說：「他在七月八日得信後，即在同月十三日復我一信，表示『此說甚新，但不知何據，他日當向吳先生一問。』並向我致謝（原信已失，大意如此）。」《回憶我和魯迅先生的一段往事》中說：「……付郵後，又自悔孟浪，這樣的一般常見書中的資料，他安有未見之理，我猜想他見了我的信一定會感到我的淺陋可笑。不料事出意外，未及一旬，即收到魯迅先生的親筆復信。信中他對一個素不相識的孤陋寡聞而只是愛好文學的青年，竟那麼的謙遜道謝，使我為之赧顏。他在信中最後又說：關於耐庵居士即施君美，『其說甚新』，待他遇到吳瞿安先生當問明它的出處，……（大意如此）」（《魯迅回憶錄》二集第219頁）。

　　寄錢玄同信　昨天寫，為本年第十七封存信。收《書信》。

　　晚長虹來，贈以《吶喊》一本　高長虹在《一點回憶——關於魯迅和我》中寫到，他和魯迅多次談到成仿吾對《吶喊》的批評。這次相見，必會談到。其他幾次，已無法考證。這次究竟如何談法，亦不清楚。茲將高長虹所記一併引述在此。高說：「成仿吾是他最不喜歡的批評家。有一次談起成仿吾來，他很憤慨的，我向他說：『你還記得那件事情嗎？』他豹眼圓睜地昂然答道：『他要毀滅我，我如何能忘記了呢？』這裏所說的那件事情，就是成仿吾在《創造周報》寫過的對於魯迅的作品的一篇批評，而所謂毀滅，就是說，把他的作品批評壞了。魯迅對於同時代的作家們，以對成仿吾的感情最壞。這是說把徐志摩等除外的，因為他根本不把他們當做作家。他對成仿吾所以這樣壞，原因就是他批評了他的作品。有一次

還有別的朋友在一道，大家說笑話，魯迅又說了：『只要有成仿吾把在藝術之宮的門口，我是不進去的。』這話，他說過不只這一次。」又說：「一次又談起《吶喊》來，他問，成仿吾的批評如何呢？我說：『觀察得不夠深，大致卻還是不錯的。』比如《不周山》一篇我當時也認為是表現的內容較豐富的一篇，魯迅同意，不過他說，從中段以後寫得不好了，因為同活人開起玩笑來了。他問《吶喊》中最好的是哪一篇？我說，情緒緊張，還是《狂人日記》，不過以小說而論，還是《阿Ｑ正傳》最好，只是開玩笑的地方太多了，魯迅聽了不很喜歡，不過他是同意的。他常把中國作家喜歡開玩笑的原因歸之於社會太壞。作家在創作時不能忘情於社會，因此使藝術成分，不能豐厚。」（《高長虹文集》下卷第508、510頁）第一段引文最後所說藝術之宮，是在多人說笑的場合，自不在今日。這話，正如高長虹回憶中所說，魯迅多次說過。按，成仿吾的文章，題為《〈吶喊〉的評論》，1924年一月在《創造》季刊（上海）第二卷第二期發表。

　　夜霽野、靜農來，屬作一信……　信未見，為本年第一百零八封佚信。《民報》，馮玉祥的國民軍和在北京的國民黨組織合辦的日報，1924年十一月創刊（此據陳漱渝說法，見《魯迅史料新探》增訂本第250頁。《魯迅年譜》第二卷第225頁註說「創刊於1924年底」。《全集》註說創刊於「1925年七月」。下引李霽野文章說本年七月他們「聽說要出版一種《民報》」。王檜林、朱漢國主編《中國報刊辭典》不載）。馮玉祥在《我的生活》中說：「（首都革命後）……為要使社會不致受愚，並宣傳革命的理論，我特敦請陳友仁先生在北京辦了一個《民報》，中英文都有，主張與態度，完以中山先生的遺教為依據，以達成反帝的任務，此舉即是當時與國民黨相結合的一個步驟。」該報宗旨是「本國民救國之精神，主張打倒帝國主義，鋤除黑暗勢力」，「每日出三大正張，一副張，每周又有圖畫特刊，比北京各報多一張或二張以上」，文字「漢英合璧」，社址設北京東單象鼻子前坑六號。李霽野在《〈民報副刊〉及其它》中說：「1925年七月，我們聽說要出版一種《民報》，並且也有副刊，正在物色一個編輯人。我們想素園若去作這個工作，可能會得到魯迅先生的支持，因此就

去問先生的意見。我們說，我們並不清楚這個報紙的政治背景，也只聽說有出副刊的擬議，不知他是否贊成進行。他說得很簡單明確：報紙沒有一家沒有背景，我們可以不問，因為我們自己絕辦不了報紙，只能利用它的版面，發表我們的意見和思想。不受到限制、干涉，就可以辦下去；沒有自由，再放棄這塊陣地。總之，應當利用一切機會，打破包圍著我們的黑暗和沉默。我們託他寫介紹信，他毫不遲疑的答應了。他在七月十三的日記中所寫的：『夜霽野……來，屬作一信致徐旭生，託其介紹韋素園於《民報》』，就是指的這件事。」（《魯迅先生與未名社》第 234 頁）陳漱渝在《魯迅史實雜考》中說：「從 1925 年八月五日起，該報增加副刊一張，專登載學術論文、文藝作品，特約魯迅、徐旭生、錢玄同、李玄伯、周作人等為撰稿人。由於魯迅、徐旭生的推薦，韋素園擔任了《民報副刊》的編輯。」此事，荊有麟《魯迅回憶斷片》中有更詳細的敘述，只是此書寫於十六年以後，有些地方記憶有誤，如報紙名稱和辦報人名字都不對。原文如下：

> 民十三，中山先生北上後，給青年界以很大的刺激，但缺乏的，是理論的指導，同真確的消息報導，於是國民黨當局，決定在北京辦一《國民新報》，已故中委邵元沖曾面請先生代寫文章，此事被未名社幾位朋友曉得：決定活動《國民新報》副刊，於是由某君出面，要求先生寫介紹信，同時又找正在辦《猛進》的北大教授徐旭生先生亦寫介紹信。可是，某君的話，是兩樣講法，他對徐旭生先生說：是魯迅先生要求徐旭生介紹韋素園去編副刊，而對魯迅先生則說：是國民黨方面要求先生介紹一位副刊編輯去。總之：兩方面都寫了介紹信去，事情算是成功了，便由素園出面去編輯，魯迅先生還代他各方面拉稿，後來不知道怎麼一弄，魯迅先生知道了某君兩樣話語，竟非常之生氣，說：

「你看，他竟到我這裏玩手段來了。」

（《魯迅回憶錄》專著上冊第 129 頁）

高長虹在《1925，北京出版界形勢指掌圖》中，把從今天開始的為韋素園去編《民副》活動之事，稱為「《民副》事件」，說這是他「視為最痛心的一事」，詳後。韋叢蕪在《未名社始末記》中亦談及此事：「七月十三日夜，青君和霽野去請先生寫信給徐旭生先生，託介紹素園作《民報副刊》編輯，這時就開始醞釀組織出版社了。我的《君山》也在這時寫完，曾由霽野代抄一份送給魯迅先生看，以後即在該刊發表一部分。但日記上未記。」（《魯迅回憶錄》散篇上冊第 296－297 頁）說「這時就開始醞釀組織出版社了」，疑有誤，因為這時尚顧不及此；說將《君山》一部分稿給魯迅看，當有可能。

　　得鍾吾信　是尚鉞第八次來信，尚存，載《魯迅研究資料》第十四輯。十日寫。信中又對張目寒和曹靖華兩位魯迅的年輕朋友深表不滿。說到張，是這樣的：「我因從來開封，我與張目寒就弄得不對頭，所以累累次次發生似乎要衝突的面容，不過累次都被旁人調解，所以得終於無事……」在敘述了一件事後，「這把火被張君點著以後，張君即匆匆由報社搬出去了，現在不知到京也未？由此我又得著一個極大的教訓——寧可得罪君子一丈，不願得[罪]小人一尺。」說到曹：「還有一件危險的事情，即聽說曹靖華和微波社諸同人，將在河南《新中州報》社要求出一副刊，其目的即在『打倒《豫報》社，罵死尚鉞』，並且還『使我永遠不得露頭』……」

　　得廣平信　此信現收《兩地書真迹》原信冊，編為「外二」。是讀九日來信（《兩地書》第三四信）後寫，稱收信人為「嫩弟」，自稱「愚兄」。此後，魯迅大都以「愚兄」稱對方，許也以「嫩弟」或「嫩棣棣」相稱，自署「愚兄」。信中說「前者數呈賤作，原非好意，蓋目下人心趨古，好名之士，層出不窮，愚兄風頭有心，而出發無術，倘無援引，不克益彰，若不『改換』，當遭笑柄。我（按，以下另行）嫩弟手足情深，恐遭牽累，引已饑之懷，行舉斧之便，如當九泉，定思粉骨之報。幸生人世，

且致嘉獎之詞。至如『專擅』云云，祇准限於文稿，其他事項，自有愚兄主張，一切毋得濫為妄作。否則『家規』猶在，絕不寬容也。」對來信中「暫羈」、「勿露」等語，指出：「殊非下之對上所宜出諸者，姑念初次，且屬年嫩，以後一日三秋則長成甚速，決不許故態復萌也。戒之念之。」落款「愚兄手泐」。信後抄錄羅素「讚美中國」的幾段話，以「給留心於滬案的交涉的人們注意」。題為《羅素的話》，下有景宋的署名。

　　有一事存疑：十七日出版的《莽原》第十三期，有景宋一短文，題為《瞎扯》，僅三百字，分兩段。四日所得稿，顯為《一死一生》，九日致許信（即《兩地書》三四信），說「我連題目也已經改換」和在「收束處」「添了幾句」的，也只能是《一死一生》。從口氣看，那次收到的只是一篇稿，而非兩篇。此後再未見「得稿」記載。今日所得信，亦未見附稿。下次得稿，是在第十三期出版後十日了。那麼此稿怎麼得來？從兩人通信上看不出眉目。許在《莽原》刊文九篇，《日記》載「得」稿七次八篇（本月二十七日得稿兩篇，一篇未用，詳後），此為失記。

　　十四日　晴。午往女師校取去年九至十二月薪水泉五十四元。往佛經流通處買《弘明集》一部四本，《廣弘明集》一部十本，《雜譬喻經》五種共五本，共泉三元八角四分。午後得素園信。得靜農信並稿。得趙蔭棠信。晚仲芸、有麟來。長虹來。夜雨。得呂雲章信。

【箋】

　　往佛經流通處買……　佛經流通處，地址不詳。三書均佛教典籍。《弘明集》，又作《宏明集》，十四卷，南朝梁釋僧佑撰。魯迅所購為光緒二十二年（1896）金陵刻經處刻本。《廣弘明集》，四十卷，十冊，署「唐終南山釋道宣撰」。1912 年常州天寧寺刻本。《雜譬喻經》，即《舊雜譬喻經》，二卷，一冊，三國吳康僧會譯。1919 年常州天寧寺刻本。

　　得靜農信並稿　來信未見。是臺第五次來信。稿為短篇小說《懊悔》，在《語絲》第四十一期（八月二十四日）發表。魯迅八月二十三日致臺信中說：「《懊悔》早交給語絲社，現已印出了。」

　　得呂雲章信　來信未見。

　　十五日　晴。上午寄許廣平信。午後往師大取去年五、六月薪水六十二元，又九月分四十元，付滬案捐四元五角又八元。買《匋齋藏石記》一部十二本，三元。買《師曾遺墨》第五、六集各一本，共三元二角。午後胡成才來。夜得任子卿信。

【箋】

　　上午寄許廣平信　此信現收《兩地書真迹》原信冊，編為「外三」。是對「外二」的回復。又收《書信》，見《全集》第十一卷第 447 頁。取七月十二日《京報》一半（上兩欄為廣告，下邊是消息《古巴華僑界之大風潮》，後批「（未完）」），仿來信附《羅素的話》一文，右邊空白處（信箋）題《京報的話》，下署「魯迅」。左邊空白處（信箋）寫道：「『愚兄』呀！我還沒有將我的模範文教給你，你居然先已發明了麼？你不能暫停『害群』的事業，自己做一點麼？你竟如此偷懶麼？你一定要我用『教鞭』麼？？！！」王景山在《魯迅書信考釋》中說：「魯迅為何寄此剪報？原來許廣平當時寫有《羅素的話》一文，係摘引羅素原話分類編排而成。魯迅閱後甚不滿意，遂剪寄《京報》分類廣告，並仿《羅素的話》，標題《京報的話》，對許廣平作了善意的諷刺。」（第 127 頁）倪墨炎、陳九英在《魯迅與許廣平》中寫道：「許廣平接到這塊剪報，橫看直看，只見這分類廣告包括書報類、聲明類、招生類、介紹類、招租類，實在不知道魯迅寄來這塊剪報，葫蘆裏賣的是什麼藥？後來從魯迅寫在邊上的話中，才悟到魯迅認為她摘編他人的話是偷懶，應該『自己做一點』才好。她卻認為這是『嫩棣棣的惡作劇，未免淘氣之甚矣』！『是故設迷人陣乎，該打！』從這次開的玩笑，可見魯迅的幽默，也可見兩人的融洽。」兩位作

者接著說：「值得注意的是，1925 年七月以後的信，除一、兩封外，魯迅、許廣平當年都沒有編入《兩地書》，而原信保存下來的也只有六封……」（第30－31頁）

　　買《匋齋臧石記》……　《匋齋臧石記》，即《陶齋藏石記》，金石學著作，四十四卷，附二卷，十二冊，清代端方（1861－1911）輯。匋齋為端方號，官至直隸總督，好收藏。宣統元年（1909）上海商務印書館石印。《師曾遺墨》，即《陳師曾先生遺墨》，畫冊，十二集，附姚華菉漪室京俗詞二集，十四冊。陳師曾繪。1924 年北京京華印書局影印。

　　十六日　晴。午後得許廣平信，下午復。伊法爾來訪，胡成才同來，贈以《吶喊》一本。晚寄韋素園信。夜魯彥來。

【箋】

　　午後得許廣平信，下午復　所得信，現收《兩地書真迹》原信冊，前一天寫，編為「外四」。以「嫩棣棣」相稱。首段為：「你的信太令我發笑了，今天是星期三——七，十五——而你的信封上就大書特書的『七，一六』。小孩子是盼日子短的，好快快地過完節，又過年，這一天的差誤，想是扯錯了月份牌罷，好在是寄信給愚兄，若是和外國交涉，那可得小心些。還有，石駙馬大街在宣內，而寫作宣外，尤其該打。這是為兄的應該警告的。」以下對用那一張《京報》表示不理解。接著談《婦女周刊》上的署名問題。復信亦收《兩地書真迹》原信冊，編為「外五」。又收《書信》，見《全集》第十一卷第448－450頁。開頭以加引號的「愚兄」相稱，說「你的『勃谿』程度高起來了，『教育之前途棘矣』了，總得懲罰一次才好。」接著分十一章。第一章題《「嫩棣棣」之特徵》，分四項：「1.頭髮不會短至二寸以下，或梳得很光，或炮得蓬蓬鬆鬆。2.有雪花膏在於面上。3.穿莫名其妙之材料（只有她們和店鋪和裁縫知道那些麻煩名目）之衣；或則有繡花衫一件藏在箱子裏，但於端節偶一用之。4.嚷；哭……（未完）」第二章題《論「七，一六，」之不誤。》第三章題《石駙馬大街確在「宣

外」。》第四章題《「其妙」在此。》第五章題《「師古」無用。》第六章題《「模範文」之分數。》第七章題《「不知是我好疑呢？還是許多有可以令人發疑的原因呢？」（這題目長極了！）》（引者按，缺第八章）第九章題《結論。》文：「肅此布復順頌（以下另行）曦祉。」第十章題《署名。》文：「魯迅。」第十一章題《時候。》文：「中華民國十四年七月十六日下午七點二十五分八秒半。」

　　伊法爾來訪，胡成才同來　伊法爾（А‧Nванов，1885—1942），又作伊文，俄國人。時在北京大學任俄文教員。

　　晚寄韋素園信　信未見，為本年第一百零九封佚信。

　　十七日　晴。晚品青、衣萍、小峰來邀往公園夜飯並觀電影。夜得欽文信。

　　十八日　晴。午素園來，未晤。得廣平信。夜得玄同信。

【箋】

　　午素園來，未晤　何以「未晤」？恐出外。

　　得廣平信　此信現收《兩地書真迹》原信冊，前一日寫，編為「外六」。前半係對「外五」之評論。第二段說：「『勃谿』當然是有對象的，愚兄既有這麼高的程度，不知　嫩弟是自居於『婦』，還是『姑』呢？縱然　嫩弟甘居『婦姑』之列，然而，我倆不是兄弟嗎？由兄弟而轉為『婦姑』，恐怕沒有這種回造化天功的本領罷，那麼，『勃谿』二字，是法律事實俱不成立的，請你打消這種迷夢才好，不然，警廳是要干涉這種變形菌的人妖的。那時為兄的雖有手足之義，而愛莫能助了，奈何？！」《嫩弟弟之特徵》一項，補為七條。D 條說：「總在小鬼前失敗，失敗則強詞奪理以蓋羞。『嚷，哭』其小者，而『窮兇極惡』則司空見慣之事。」F 條說：「一聲聲叫娘，娘，猶有童心。」G 條說：「外兇惡而內仁厚的一個怒目金剛，慈悲大士。」最後通報了「女師大事件」的新進展。

夜得玄同信　來信未見。

十九日　晴。星期休息。上午得素園信並稿。得李遇安信。午後許廣平、呂雲章來。胡成才來。素園、叢蕪、霽野來。下午目寒來，贈以《吶喊》一本。長虹來。晚靜農來。夜小雨。寄李小峰信並稿。

【箋】

上午得素園信並稿　來信未見。稿為譯文《小小的火》，在《莽原》第十四期（七月二十四日）發表。

長虹來。晚靜農來　這次高長虹留坐時間較長。靜農走後，談到靜農和韋素園去《民報》事。詳見明日箋。

寄李小峰信並稿　信未見，為本年第一百一十封佚信。稿為《論「他媽的！」》，載《語絲》第三十七期（二十七日），署名魯迅。收《墳》。

【補】

作雜文《論「他媽的！」》。本文把「他媽的」稱為「國罵」，並對之溯源，又論及中國歷來的等級制度，說這「國罵」來自於「下等人」，是他們「反抗」的一種方式。此文後來成為「高魯衝突」中的一個小題目。高長虹在《1925，北京出版界形勢指掌圖》中說：「……人們從此便有以為我是專好罵人的，然而我的文字卻並不是為罵人而作，倒是人們沒有看懂。而且罵人的地方其實也很少。不過，人們既謂之謾罵，則我亦『謾罵』之而已！實則，我倒是反對謾罵的一人。但思想既與人們不同，這些處所當然也無從分辨，故當時也只好將錯就錯，聽之而已！但要找當時罵人的口實時，則也怕還是從我開始的吧！直到現在還很風行的『他媽的！』那幾個字，便是《莽原》第一期我在《棉袍裏的世界》才初次使用。但那時（按，「時」當為「是」之誤）《棉袍裏的世界》的聲音，而不是罵某一個人，也不是泛常的罵，則怕明白的人還不多有呢！」。

　　二十日　晴。午後有麟、仲芸來。魯彥及其夫人來，贈以《吶喊》一本。寄李遇安信及《莽原》。下午得常燕生信。寄玄同信。夜長虹來。得梁社乾信。

【箋】

　　魯彥及其夫人來　魯彥夫人，即譚昭，湖南人。兩人 1924 年結婚，1928 年離異。

　　寄李遇安信及《莽原》　信未見。為致李遇安第十一信，本年第一百一十一封佚信。昨天所收信，可能說見不到《莽原》，所以寄刊物給對方。信當說明此事。

　　下午得常燕生信　來信未見。為常第五次來信。

　　寄玄同信　為本年第十八封存信。收《書信》。對前信提到沈從文「用了各種名字，玩各種玩意兒」做了具體說明。茲引錄如下：

　　　　且夫「孿孿阿文」，確尚無偷文如歐陽公之惡德，而文章亦較為能做做者也。然而敝座之所以惡之者，因其用一女人之名，以細如蚊蟲之字，寫信給我，被我察出為阿文手筆，則又有一人扮作該女人之弟來訪，以證明實有其妣。然則亦大有數人「狼狽而為其奸」之概矣。總之此輩之於著作，大抵意在胡亂鬧鬧，無誠實之意，故我在《莽原》已張起電氣網，與歐陽公歸入一類也耳矣。

　　　　其實也，S 妹似乎不會做文章者也。其曰 S 妹之文章者，蓋即歐陽公之代筆焉耳。他於《莽原》，也曾以化名「捏蚊」者來搗亂，厥後此名亦見於《婦周刊》焉。《民眾》誤收之轟文，亦此人也。捏蚊轟文，即雪紋耳，豈不可惡也哉！

　　這段話，《全集》有幾個註釋。「孿孿阿文」註：「指沈從文。他在《國語周刊》第五期（1925 年七月十二日）發表的《鄉間的夏》一詩中有

『耶嚛耶嚛——孥孥唉』的句子。」「寫信給我」註：「1925 年四月三十日《魯迅日記》：『得丁玲信。』魯迅疑為沈從文化名來信。」「《婦周刊》」註：「即《婦女周刊》。《京報》附刊之一，北京女子師範大學薔薇社編輯。1924 年十二月十日創刊，至次年十一月二十五日共發行五十期，1925 年十二月二十日出版紀念特刊後停刊。該刊第二十五號刊載了署名捏蚊的《讀陳劍非君〈婦女職業問題的由來及其重要〉的感言》一文。」「《民眾》」註：「即《民眾文藝》。該刊第二十五號（1925 年六月二十三日）載有聶文的《今後所望於民眾者》一文。」尚鉞《懷念魯迅先生》寫到他們多人跟魯迅閒談，有人持名片來訪，魯迅厭惡，讓娘姨勸走，似即此信中「又有一人扮作該女人之弟來訪」。尚鉞七月不在北京，自六月二十日起，他跟魯迅的交往就只有通信，並未來寓。其所記「多人閒談」，本書係在六月十三日。次日尚鉞又來一次，但只有二人，跟所說「幾個朋友」、「許多朋友」不符。參看六月十三日箋。如尚鉞所記確即此處所說「又有一人扮作該女人之弟來訪」，則此事發生在沈從文發表「孥孥阿文」和《民眾》發表聶文文章之前。《婦周》發表捏蚊文章是第二十五號，筆者未見該刊，《全集》註釋亦未說該號哪一天出版，按順序排下來，當在五月下旬，總之是在尚鉞等「多人閒談」之前。茲將此信中所述幾事排列如下：

在前，魯迅已對沈從文「較為能做」和歐陽蘭化名寫文章有較多瞭解，並感到不滿；

四月三十日，「得丁玲信」，魯迅疑為沈從文化名來信；

五月下旬，《婦女周刊》發表署名捏蚊的文章；

六月十三日夜，有人持名片來訪，魯迅拒見，時尚鉞、荊有麟、高長虹及張希濤正在寓中閒談；

六月二十三日，《民眾》第二十五號發表署名聶文的文章；

　　七月十二日，《國語周刊》第五期發表沈從文的「孥孥阿文」，當天，魯迅在致錢玄同信中說：「這一期《國語周刊》上的沈從文，就是休芸芸⋯⋯」

　　本月十八日《京報》刊登章士釗所辦《甲寅》周刊出版廣告，所列目錄中有蔡元培和吳稚暉的文題，魯迅信中指出：「《甲寅》周刊已出，廣告上大用『吳老頭子』及『世』之名以冀多賣，可憐也哉。聞『孤松』公之文大可笑。然則文言大將，蓋非白話邪宗之敵矣。此輩已經不值駁詰，白話之前途，只在多出作品，使內容日見充實而已。」按，信中「吳老頭子」指吳稚暉，吳文題為《怪事》；「世」指蔡元培，蔡文題《教育問題》；「孤松」，《魯迅全集》註為章士釗，誤。「孤松」為李大釗筆名，章筆名孤桐，此處當魯迅筆誤。四月三十日「得丁玲信」箋引荊有麟署名艾雲發表的《魯迅所關懷的丁玲》一文還說到，他後來從胡也頻處證實了丁玲實有其人，而且因在北京無以為生，已回湖南老家去了，便立即將此情況轉告魯迅，魯迅心中的疑團和誤會，遂煥然冰釋。據荊有麟文中回憶，當時魯迅很抱歉地說：「那麼，我又失敗了，既不是休芸芸的鬼，她又趕著回湖南老家，那一定是在北京生活不下去了。青年人是大半不願回老家的，她竟回老家，可見是抱著痛苦回去的。她那封信，我沒有回她，倒覺得不舒服。」（轉引自王景山《魯迅書信考釋》第 131 頁）荊有麟打聽清楚是哪一天告訴魯迅的，已無法確定時間，附記於此。

　　夜長虹來　此專為韋素園到《民報》編副刊事而來。高在《1925，北京出版界形勢指掌圖》中說：「⋯⋯是我當時看見靜農態度不好，然我不願意說出。靜農去後，魯迅也說出同樣懷疑，我於是也說出。（引者按，此為昨日事）魯迅託我次日到徐旭生處打聽一下。我次日沒有打聽去，卻又到了魯迅家裏（引者按，即今日這次）。魯迅又提起此事，又託我去打聽。我再次日去打聽時，則誠如我等所懷疑者。魯迅當下（引者按，此『當下』，係在『再次日』以後的某一天，難以確定——也許《日記》漏記，也許在二十七日）同我商量，說要給徐旭生去信說明真相。我說：『為思想

計，則多一刊物總比少一刊物好，為刊物計則素園編輯總比孫伏園好，其他都可犧牲。』魯迅說：『只是態度太不好——但那樣又近於破壞了！』於是魯迅沒有寫信，而《民副》產生。這些本來與我無關，無須多管閒事。但不料此後我再見徐旭生時，則看我為賊人矣！此真令我歎中國民族之心死也！不料不久以後則魯迅亦以我為太好管閒事矣！此真令我歎中國民族之心死矣！」高長虹此處所說，比較隱晦。前（十三日箋）引荊有麟《魯迅回憶斷片》中的話，或可有助於解讀。

　　二十一日　晴。上午得尚鍾吾信。午後理髮。下午許廣平、淑卿來。王順親及俞氏三姊妹來。得三太太信。晚胡成才來。夜得玄同信。雨。

【箋】

　　上午得尚鍾吾信　來信未見。是尚鉞第九次來信。

　　下午許廣平、淑卿來　淑卿，許羨蘇。

　　王順親及俞氏三姊妹來　俞氏三姊妹，指俞芬、俞芳、俞藻。是本年在日記所見最後一次。俞芳在《我記憶中的魯迅先生》中說：「記得在女師大風潮激化時，有一天，我們三姊妹去西三條。太師母說，大先生現在很忙，日日夜夜都在外面。後來知道大先生在女師大風潮中，主持正義，與進步師生並肩戰鬥，應該校學生會邀請，參加女師大校務委員會，對以北洋軍閥為後臺的楊蔭榆等反動傢伙，展開不妥協的鬥爭。」（該書第13頁）此事當在今日，也可能在八月以後，《日記》失載。

　　夜得玄同信　來信未見。

　　二十二日　曇，午後雨。同季巿、壽山往西吉慶午飯，又同遊公園。

【箋】

　　同季市、壽山往西吉慶午飯　西吉慶，在宣內大街。

【補】

　　作雜文《論睜了眼看》，載《語絲》第三十八期（八月三日），署名魯迅。此文批判一種置嚴峻的人生問題於不顧而閉著眼睛、苟且偷生的人生態度。指出：「中國人向來因為不敢正視人生，只好瞞和騙，由此也生出瞞和騙的文藝來，由這文藝，更令中國人更深地陷入瞞和騙的大澤中，甚而至於已經自己不覺得。」文章提出，作家要有敢於正視現實的勇氣，「敢想，敢說，敢作，敢當」，要「取下假面，真誠地，深入地，大膽地看取人生並且寫出他的血和肉來」，以開闢一片「嶄新的文場」，創造出「真的新文藝」。收《墳》。

　　二十三日　綿雨終日。

　　二十四日　雨。上午寄呂雲章信。寄梁社乾信。寄三弟信。

【箋】

　　上午寄呂雲章信　信未見，為本年第一百一十二封佚信。

　　寄梁社乾信　信未見，為本年第一百一十三封佚信。

　　寄三弟信　信未見，為本年第一百一十四封佚信。

【補】

　　譯文、日本金子築水論文《新時代與文藝》，載《莽原》第十四期（二十四日），署魯迅譯。收《壁下譯叢》，《譯文集》第 5 卷。

　　二十五日　雨。上午復白波信。收十二年十月、十一月奉泉八十三元。寄李小峰稿。得楊遇夫信，附鮑成美稿。下午有麟來。校印稿徹夜。

【箋】

　　上午復白波信　信未見，為本年第一百一十五封佚信。白波，見六月十日箋。

　　寄李小峰稿　稿為《論睜了眼看》，見前二十二日箋。

　　得楊遇夫信，附鮑成美稿　來信未見。楊遇夫，即楊樹達（1885－1956），遇夫為字。著名學者、文字學家。湖南長沙人。曾在日本留學。時為教育部編譯館編譯員，並先後任北京師範大學、清華大學教授。鮑成美，不詳。來信當是推薦附稿或紹介作者其人。鮑在《日記》出現，僅此一次。

　　校印稿徹夜　疑校《出了象牙之塔》。

　　二十六日　曇。星期休息。上午得韋素園信並稿。得曹靖華信。下午張目寒及汪君來。晚金仲芸來。

【箋】

　　上午得韋素園信並稿　來信未見。稿為譯文《厄運》，在《莽原》第十六期（八月七日）發表。

　　得曹靖華信　來信未見。為曹第五次來信。

　　下午張目寒及汪君來　汪君，不詳。僅此一見。

　　晚金仲芸來　荊有麟在《魯迅回憶斷片》中說「據先生太太朱女士在北平時，對內人講：『老太太嫌我沒有兒子，大先生終年不同我講話，怎麼會生兒子呢？』」這話有可能是在今次說的。金仲芸於本月五日始來魯寓，本月共來七次。荊有麟說，他來魯寓，常常在老太太房中閑坐，朱女士陪伴在旁。金仲芸來，自然更會跟老太太、朱太太在一起。這樣內容的話，不會是在兩人剛見面時候說，也不會是已經十分熟悉的時候才說，應在見面幾次以後、比較熟慣的時候說為宜，即在認識不久。從前引荊有麟的話看出，這次是金仲芸一個人跟婆媳倆在一起，荊自己缺席。本月金獨自來兩次，十一日顯早一點，又是在下午，魯迅曾贈書，可能跟魯迅談

話較多。因此本日的可能性大。也可以看作最早談這話的一次。荊有麟接著談到魯迅的婚姻和家庭生活，是他所聞所見的概括，頗生動，一併引述如下：

> 家庭是三個主人，一個老太太，魯迅夫妻二人。兩個女傭人，一個王媽，一個胡媽。除老太太年紀更大外，其餘都是三四十歲的人（曾記他家王媽年紀稍輕，但已在三十歲以外），因為沒有青年同小孩，家庭便顯出寂靜來。老太太保守著舊式家規，每天只看書，魯迅太太依照著舊式家規，除每早每晚向老太太請安外，還得下廚房，因為兩個女傭人，王媽是專門服侍老太太的。胡媽除買菜，煮飯，打掃之外，關於燒菜的事兒，總是魯迅太太自己動手。這裏，我更想起：他們家裏一個特殊規矩了。就是兩個老媽子，除拿工錢，吃白飯之外，是不許吃菜的。每天由魯迅太太發給老媽每人四百錢——即四個銅板，老媽自己另外買菜吃。這在普通家庭，是很少看見的。
>
> 魯迅先生當時，除任教育部僉事外，還擔任北京大學、高等師範等校講師。倘若上課鐘點是在上午，那麼，下午總要到教育部轉一轉。如果上課時間是在下午，那麼，上半天也許到教育部轉一轉，因此，他的家庭，更加寂靜。而魯迅常年四季，除例話外，又不大與太太談天。據他家老媽講：「大先生與太太每天只有三句話，早晨太太喊先生起來，先生答應一聲『哼』，太太喊先生吃飯，先生又是『哼』，晚上先生睡覺遲，太太睡覺早，太太總要問：門關不關？這時節，先生才有一句簡單話：『關』，或者『不關』，要不，是太太向先生要家用錢。先生才會講著較多的話。如『要多

少」？或者再順便問一下，什麼東西添買不添買？但這種較長的話，一月之中，不過一兩次。」當然，這是指魯迅夫妻而言。另外，魯迅與老太太談天，比較話長些，但也多半是關於老太太看書問題。一談到家庭事務，母子倆意見就相左。魯迅便往往不開口了。因為據魯迅先生自己講：

> 「在改良家庭方面，我是失敗者。常常費了九牛二虎之力，稍微改變一點，一遇有什麼意外或者不如意的事，他們馬上抱怨了。抱怨之後，覺得還是他們老法子好。一下子又恢復原狀了。」

因此，魯迅先生不願意傷老年母親的心，對於家事，便不想過問了。本來就是舊式的先生的太太，又一直守著老規矩，事事秉承老太太的意旨。魯迅對於家庭，格外悲苦了。

（《魯迅回憶錄》專著上冊第 167－168 頁）

二十七日　雨。上午往太和殿檢查文溯閣書。午後霽。下午魯彥來。得許廣平信並稿。得韋叢蕪信並稿。長虹來。

【箋】

上午往太和殿檢查文溯閣書　書，指《四庫全書》。原瀋陽文溯閣所藏《四庫全書》，於 1914 年運到北京，存放在太和殿、保和殿。七月十六日，段祺瑞執政府得張作霖電，要求將此書送還，限八月八日運到瀋陽。魯迅參加了啟運前的檢查。

得許廣平信並稿　所「得」信為許明日寫，是談《讀〈論「他媽的」！〉》一稿的，未收入《兩地書》，1996 年上海古籍出版社《兩地書真迹》原信冊和 1998 年江蘇文藝出版社《許廣平文集》亦均付之闕如，只見陳漱渝在

一篇文章（載《魯迅研究資料》第十六輯）中做了介紹，又作為附錄，收《魯迅研究資料》第二十一輯。共兩段。茲引錄如下：

　　魯迅師：

　　　《語絲》這個題目居然引出小鬼的竊取起來，仿照《到民間去》的套人原題辦法，寫了上面的一篇文。這許是出乎先生「意表之外」罷！看可以用，就請轉至語絲社。

　　　小鬼對此題說法有點和我師的不同，或者可以說不通，但究竟此句下等話不易找先生問，所知的也不過具如上述。此陳不羈，並討

　　　罵安！

　　　　　　　　　　　　　　　　　　小鬼　許廣平

　　　　　　　　　　　　　　　　　　七月廿八日

　　稿為兩篇，一篇即《讀〈論「他媽的」！〉》。文中從倫理的角度對「國罵」做了剖析：「如果認性交是神聖的，何必當作單方面汙罵之語？如果是一句平常的口頭語，為什麼不出於『士大夫』之口，而且女人們『耳可得聞口不得而言也』？如果是『我使用過你的媽』的解釋，仍不過表示你媽是我的外遇就是了。這是貞操問題，於『上等人』且有應用起來，引以為榮的了，這真是咄咄怪事，叫我這『束髮小生』欲不起而作衛道的頭巾語而不可得了！」文中還說到自己的出身，是別處看不到的：「我生長在廣州家祠的前門兩個大大的石獅子的尾巴正對門楣（按：原文如此），上面橫掛著一個橫匾，紅地金字的寫著『大夫第』。我不曉得我們那一位祖宗做過那一朝代的大夫，只聽說一個叔祖做過兩省的總督，我的祖父做過浙江的巡撫。這大約可以算是簪纓門第、仕宦之家的『上等人』、『士大夫』了。」這篇文章，魯迅在三天後致許信（即《兩地書》三五信）中建議「不如不發表」。現收《魯迅研究資料》第二十一輯。另一篇為《五

分鐘與半年》，在《莽原》第十五期（七月三十一日）刊出，題目改為《過時的話》，署名景宋。《兩地書》三五信說：「還有一篇，今天已經發出去」，即指此。此處有個問題：許信是二十八日寫的（這一點不會有錯，因為陳漱渝文章是據「遺稿」原件和原信寫的），魯迅最早只能在明日「晚」或「夜」才可以收到，怎麼竟提前到今天？魯迅本人的《論「他媽的」！》一文是今天發表的，許廣平在讀後要寫文章，寫完文章才寫信，而且信末落款是明日，魯迅今天收到，絕不可能。這天的日記當為後來追記。劉運峰說：「信中日期署二十八日，極有可能是二十六日之誤，否則，魯迅是不可能在二十七日就『得許廣平信並稿』的。」不妥，因為許的信只能是在讀到魯迅《論「他媽的」！》之後才寫，她信所署日期不會錯。顯然，今天日記係兩天以後甚或三天以後所追記，自然連帶明天日記也是後來追記的，以致出現前一天收到對方第二天才寫的信的現象。

得韋叢蕪信並稿　來信未見。稿為《我和我的魂》，在《莽原》第十五期（七月三十一日）開始發表，後在第十六期、十九期、二十二期連載。

長虹來　此來，係為韋素園去《民報》編副刊而說情事。十日箋高《1925，北京出版界形勢指掌圖》中「魯迅當下同我商量」一段話，當是此次見面所說。

　　二十八日　晴。午後往東亞公司買《ユカリ》一本，三元。往中央公園。下午霽野、素園來。許廣平、許羨蘇、王順親來。晚仲芸、有麟來。小雨。

【箋】

午後往東亞公司買《ユカリ》　《ユカリ》，日文書，即《緣份》，散文集。親法文藝會編譯。大正十三年（1924）東京改造社出版。

下午霽野、素園來　二人來，係談韋到《民報》當編輯事。

許廣平、許羨蘇、王順親來　本日為星期二。三人此來，似跟風潮關係不大，倒可能因為已放暑假，前來看望。從此，許羨蘇便在魯寓住

了下來。許羨蘇說：「魯迅先生家裏，我前後住過三次，第一次是 1920 年的暑假住在八道灣十一號，第二次是 1925 年的暑假到 1925 年底住在西三條二十一號的南屋裏，第三次是 1926 年暑假到 1931 年的春天住在西三條二十一號『老虎尾巴』。他家的人除了建人先生是我的老師之外，還有王蘊如和許廣平都是同學，關係是比較密切的。」（《魯迅回憶錄》散篇上冊第 309 頁）

【補】

得許廣平信並稿。即將昨日一句移在此處。或明日。

二十九日　雨。上午往保和殿檢書。午後霽。晚有麟來。夜雷雨。

【補】

（上午）得許廣平信並稿，即將前日一句移在此處。三閒居曰，今日收到信，晚上在雷雨之夜細讀細想，於夜半之後動手寫三五信，時間連貫。

三十日　晴。上午寄許廣平信。午後得三太太信。夜衣萍來。得梁社乾信。

【箋】

上午寄許廣平信　為《兩地書》第三五信，主要是談許兩篇稿子的處理意見的，見前二十七日箋。信中談及辛亥革命的教訓，提出「以其人之道，還治其人之身」的重要對敵鬥爭方略：「我常想：治中國應該有兩種方法，對新的用新法，對舊的仍用舊法。例如『遺老』有罪，即該用清朝法律：打屁股。因為這是他所佩服的。民元革命時，對於任何人都寬容（那時稱為『文明』），但待到二次革命失敗，許多舊黨對於革命黨卻不『文明』了：殺。假使那時（元年）的新黨不『文明』，則許多東西早已滅亡，那裏會來發揮他們的老手段？」此信開頭說：「在好看的天亮還未

到來之前，再看了一遍大作，我以為還不如不發表。」所讀許的「大作」，即《讀〈論「他媽的」！〉》。陳漱渝在對許廣平那篇佚文的內容和語源以及魯迅不同意發表的原因（均見《兩地書》三五信）做了分析以後，接著說：「許廣平《讀〈論『他媽的』！〉》一文雖未發表，但卻引起了當時唯一的讀者──魯迅的深思。魯迅在當晚的復信中指出，跟滿抱著傳統思想的人們進行鬥爭，必須採用『即以其人之道，還治其人之身』的戰法……（引文略──引者）此後，魯迅在現實鬥爭中更加深了這一認識，終於在同年十二月二十九日寫成了他的不朽名篇《論『費厄潑賴』應該緩行》。我們只消將《兩地書・三五》跟這篇雜文──特別是這篇雜文的四、七這兩節──加以對照，就可以清晰地看出魯迅上述思想發展的軌迹。」（《魯迅研究資料》第十六輯第 121－122 頁）魯迅此信署名後記日期曰：「七月二十九，或三十，隨便。」說明此信是昨天深夜、直到今日凌晨寫的。是本年給許最後一封信。此後，許經常來寓，或住在寓內，自無寫信之必要。

　　三十一日　　晴。上午往保和殿檢書。夜衣萍來。有麟來。夜雨即霽。得三弟信，二十九日發。

本月

　　七月二十日前後，安徽盧江一讀者鄭舉之寄信來，而未收到。寫信者是一個「畸零淪落的少年」，又「孤獨無侶」，在寂寞難耐中寫信祈求。「高潔的天使呵，快點給予我一點『福音』罷，因為我是在『延頸企踵』哩！我自騙了友人一部《吶喊》之後，便開始作文宣洩我的悲哀。但沒經過相當的訓練，嘗試幾次，總算失敗了……」信封上寫著「北京錦什坊街九十六號魯迅先生即周樹人先生」，後批「無法投遞退回原處」。信全長約七百字，現收《魯迅研究資料》第十二輯。時間確切，惜未寄達。同輯接著還收有三封來信，都是未達魯迅書桌的，一併附談。

　　一封是浙江省立第四中學全體學生，為校長經子淵（按，名亨頤，為廖承志夫人經普椿之父）「受甬地少數劣紳捏詞誣控」，而向「吾浙先進」通報、求援。此信不署年月日，難以確定時間。也不知是由人轉寄還是直接寄往魯寓。

　　一封為浙江省立第五中學師範部李鴻梁寄，內容僅：「奉上漫[畫]兩幅，倘不視為廢紙，請補《莽原》餘白。該當續寄。」信封上寫著：「北京琉璃廠小沙土園京報社轉莽原社周魯迅先生」。此信為本年無疑。

　　另一封為武昌商科大學賀存之所寫。主要訴當地之骯髒，有「武昌是個狗洞」的比喻。信頗長，文詞不雅，也不通。信封上寫著：「北京大學第一院新潮社轉周作人先生代收請交魯迅先生」。落款為「（1925 年一月十六日）」，當係編者據郵戳所加。信開頭為：「我眼巴巴地望了幾周，《莽原》老是不到！」後邊又有「現在《莽原》望不到了……」的話，估計此信寫於 1926 年一月十六日，非 1925 年，因為 1925 年初《莽原》尚未出世。《莽原》周刊出至第三十二期（本年十一月二十七日）後暫停，自明年起改為半月刊。整個十二月都未見到，所以「眼巴巴地望了幾周」。《莽原》半月刊第一期是一月十日出版的，作者此時還未見到。因此這封信不屬本年。

八　月

大事記

　　一日清晨，楊蔭榆依恃北洋政府，派保安警察百餘人突然包圍女師大，把守要道，割斷電線，緊鎖校門。隨後楊率親信二十餘人到校，張貼布告，宣佈解散「驅楊運動」中立場最為堅定的大學預科甲乙兩部等四個班級，驅逐在校學生，遭到全校學生堅決反抗。當日學生被斷水、斷電，斷絕交通。學生們只有借燭光照明，餓著肚子跟親屬或慰問者隔著大門相對而泣。此後北京學界一致聲討。二日，北大、燕大等五十餘校代表開會，商議揭露章士釗。三日，北大、法大等二十三校學生會聯名呈文執政府，請撤楊蔭榆。四日，北京學聯會通過援助女師大同學案，全國學生總會亦電慰女師大。五日，女師大學生自治會召開全體同學大會，商討辦法，議決敦請本校教職員及社會上關心教育的人士跟同學共組校務維持會，推行各項教務，拒絕解散令，驅逐楊蔭榆、章士釗。

　　三日，楊蔭榆致函北洋軍閥政府京師警察廳總監朱深，要求派警察看守校門，嚴禁學生出入。共五條。並附前一日所擬布告。全文為：「為布告事。從本日起，無論何人及何種物品，只許出校，不許入校。凡外人及運送對象者，除持有本校規定之入校證外，一概不准進校。特此布告。」

　　六日，章士釗在國務會議上，以進步學生「不受檢制，竟體忘形，嘯聚男生，蔑視長上……學紀大紊，禮教全荒」為由，提請通過停辦女師大令。十日，北洋軍閥政府頒佈停辦女師大令。

　　章士釗要求停辦女師大的消息傳出，女師大學生群情激憤，於七日召開緊急會議，決定：「（一）拒絕解散令；（二）驅逐章、楊；（三）請社會上熱心教育人士，共起維持」。當天下午五時，校務維持會成立，由學生公舉十二人，教員公舉九人組成，並起草女師大校務維持會《緊要啓事》，於九日在《京報》刊出。十日在《京報》發表《國立北京女子師範大學緊要啓事》，宣告：「章士釗欺內媚外，摧殘教育」，「若章士釗在部，敝校與教部完全脫離關係。」

　　八日，北洋軍閥政府玩弄走馬換將手法，准楊辭職。

　　十七日，章士釗召集教育部部務會議，正式決定將女師大改組為國立北京女子大學，成立籌備處，章親任處長，教育部各參事、司長均為籌備員。

　　二十日，國民黨左派領導人廖仲愷被暗殺。蔣介石趁機攫取大權，擠走了胡漢民和許崇智，改編了許的軍隊，成為廣東最大的實力派。

　　同日，段祺瑞召開內閣會議，通過了章士釗草擬的《整頓學風令》，揚言：「邇來學風不靖，屢次變端。……自後無論何校，不得再行藉故滋事……倘有故釀風潮，蔑視政令，本執政敢先父兄之教，不博寬大之名，依法從事，決不姑貸。」段又親自召見警察總監朱深，令對學生運動「速行嚴辦，不得寬容」。

　　二十五日，國民黨左翼在北京的機關報《國民新報》創刊。該報「以主張國民救國，宣傳民族自決，打倒帝國主義，鋤除黑暗勢力為宗旨」。其副刊分甲、乙兩種，輪流出版。甲刊登載社會科學方面的稿件，乙刊登載文藝稿件。明年四月，因北京國民黨黨部被封閉而停刊。

一日　曇，上午大雨。往保和殿檢書。午後訪韋素園不值，留書而出，附有致叢蕪箋並譯稿。訪李小峰。下午季市來。魯彥及其夫人來。得重久君信，二十六日東京發。霽。晚呂雲章來。夜雨。

【箋】

午後訪韋素園不值，留書而出，附……　當為譯稿事而來，詳情不知。所留書，為本年第一百一十六封佚信。附致叢蕪箋，為本年第一百一十七封佚信。

得重久君信　來信未見。是羽太重久於七月回日本後第一次來信。

晚呂雲章來　自清晨起，楊蔭榆率軍警和打手一百多人包圍學校，封鎖校門，斷水斷電，並宣佈解散四個班級，情勢十分嚴重。同時有人散佈「流言」，誣「男女學生混雜」。入夜，學生們氣憤已極，乃毀鎖開門。為反擊楊蔭榆及同夥造謠惑眾，請一些教師到教務處值夜，以作見證。呂雲章來，即為此事。魯迅遂到學校值夜。

二日　雨。星期休息。上午寄李小峰信。寄三弟信。下午晴。品青來，贈以《百喻法句經》一本。有麟、仲芸來。晚長虹來。璿卿、欽文來並見贈火腿一隻，茗一合。

【箋】

上午寄李小峰信　信未見，為本年第一百一十八封佚信。

寄三弟信　信未見，為本年第一百一十九封佚信。

品青來，贈以《百喻法句經》一本　《百喻法句經》，又作《百喻經》，佛教典籍。竺僧伽斯那輯，南齊求那毗地譯。魯迅於 1914 年七月託金陵刻經處刻印一百本。二卷一冊。據《日記》，是魯迅以此書最後一次贈人。

璿卿、欽文來並……　是許第二次贈火腿給魯迅。第一次在遷入西三條胡同第四天，跟孫伏園「合饋」。

三日　晴。上午得韋素園信並稿。得李遇安信並稿。

【箋】

上午得韋素園信並稿　來信未見。稿為譯文《鶴》，在《莽原》第十七期（八月十四日）發表。同期刊有李霽野《美麗的甲蟲》，未見「得稿」記載。《莽原》第十九期載韋素園譯文《塚上的一朵小花》，第二十一期載李霽野作《嫩黃瓜》，亦未見「得稿」記載。是否同時寄來？

得李遇安信並稿　稿可能有兩篇。一為詩《不知為什麼》，載《莽原》第十九期（二十八日），是作者第五次在《莽原》發表作品。另一為《死道兒與其左右》，載《莽原》第二十二期（九月十八日），是作者第六次在《莽原》發表作品，也是最後一次在《莽原》周刊發表作品。

四日　曇。上午寄李小峰信。下午長虹來。欽文來。目寒來。有麟來。

【箋】

上午寄李小峰信　信未見，為本年第一百二十封佚信。

五日　晴。上午得尚鍾吾信。午後同齊壽山往公園，下午季市亦至。晚長虹來。有麟、仲芸來。夜柯仲平來。

【箋】

上午得尚鍾吾信　來信未見。是尚鉞第十次來信。

夜柯仲平來　是柯第一次來寓拜訪。當時荆有麟和金仲芸尚在魯寓。荆有麟在《魯迅回憶斷片》中寫道：

　　曾記詩人柯仲平第一次訪先生時，帶著大批詩稿，先生因其係初訪的生人，便接待於客廳（此間南屋，實係書屋，三面牆都擺滿了書架。不過先生從不在此房工作，若有生客，便接談於此，故暫名客廳）。略談一會之後，仲平便拿出他的詩稿，向先生朗誦了，聲音大而嘹亮，竟使周老太太——先生的母親，大為吃驚，以為又是什麼人來吵鬧了。便喊我立刻過去看看，並且還叮嚀著：

　　「要是胡鬧的人，讓他走好了，不要大先生同他再吵了。」

　　待我看到是在讀詩，才回頭告訴老太太，老太太說：

　　「可是個怪人吧？我聽老媽子說：頭髮都吊在樑上，怕他同大先生打起來，大先生吃他的虧。」

　　　　　　　　（《魯迅回憶錄》專著上冊第 122 頁）

【補】

　　作雜文《流言與謊話》，載《莽原》第十六期（七日），署名魯迅。女師大八月一日事件發生後，楊蔭榆極為惶恐，她先假學校之名，於三日在《京報》刊登《女師大啟事》，聲稱：「報紙所載警察與學生發生衝突及學生受傷停止食茶飲水等情全屬子虛」。接著，在四日《京報》上刊登《楊蔭榆啟事》，內稱「住校暴烈學生肆行滋擾……故不能不請求警署撥派警察保護」。同日，女師大學生自治會也在《京報》發表《緊要啟事》，針鋒相對，予以揭露。魯迅本文即從比較三個啟事入手，並將楊蔭榆兩個啟事跟「京師警察廳行政處」的「布告」相對照，證明「楊蔭榆確是先期準備了『武裝入校』」，確是用斷絕飲食等手段迫害學生，揭穿了楊「撒謊造謠」的伎倆，為女師大學生伸張了正義。收《集外集》。手稿三頁，現存。

六日　曇。午後往商務印書館取預約之《清儀閣古器物文》一部十本。下午璿卿、欽文來。晚寄韋叢蕪信。寄李小峰稿。

【箋】

晚寄韋叢蕪信　信未見，為本年第一百二十一封佚信。

寄李小峰稿　稿為《女校長的男女的夢》，本日作，載十日《京報副刊》，署名魯迅。本文係針對《晨報》所載楊蔭榆致學生家長書而作。家長書中要求學生重填入學志願書，「逾期不交者，以不願再入學校論」。魯迅想到楊在八月一日事件前已有以「誠恐某校男生來校援助」的話，說楊在做男女的夢，這是「自己先設立一個夢境，而即以這夢境來誣人」。指出，這種做法，「倘是無意的，未免可笑；倘是有意，便是可惡，卑劣」。收《集外集拾遺》。手稿三頁，現存。

【補】

作雜文《女校長的男女的夢》，見上箋。

七日　晴。午同壽山、季市往公園。下午赴女子師範大學維持會。夜有麟來。

【箋】

下午赴女子師範大學維持會　女師大學生自治會於五日召開全體同學大會，決定敦請本校教職員、社會上關心教育的人士，跟同學一起，共組校務維持會，以使教學工作繼續進行。學生自治會已向魯迅發出邀請。本日下午五時在校內開第一次校務維持會。魯迅對學生自治會的決定全力支持。他按時參加了會議。

【補】

所譯日本廚川白村的論文《從藝術到社會改造》，載本日《民報副刊》第三號，此後第四號（八日）、第五號（九日）、第六號（十日）、第九

號（十三日）、第十號（十四日）、第十一號（十五日）、第十二號（十六日）續載，署名魯迅。收《苦悶的象徵》。

八日　曇，午雨。下午赴女師大維持會。夜欽文來。得培良信，八月廿日衡陽發。

【校】

得培良信……　手稿「八月廿日」當為筆誤，疑為二日。

【箋】

下午赴女師大維持會　是魯迅第二次參加女師大校務維持會。會議於下午四時舉行。學生委員出席者十人，教職員委員出席者八人。初步分工為：一，校務行政主任馬敍倫；二，總務主任周樹人、李泰棻；三，教務主任文范村、沈尹默；四，事務主任陸滋勇；五，齋務主任郭劍秋。會上跟孫逢禎、張貽惠、謝循初、文元模（按，即文范村）、馬裕藻等六人聯名發起召開全體教員會。發起函曰：「逕啟者。女子師範大學自校長解職以後，並名義上之負責者亦復無人。一切事務，亟待整理，冀中國唯一之女子最高學府不致陷於絕境。謹擬於八月十日下午二時在本校大禮堂開教員全體會議，共商善後之法。屆時務希惠臨，無任翹企。」

九日　曇。星期休息。上午得有麟信。寄胡成才信。寄尚鍾吾信。耕南及其夫人來。午後有麟來。下午鍾吾、長虹來。晚陳斐然來。

【箋】

寄胡長才信　信未見，為本年第一百二十二封佚信。

寄尚鍾吾信　信未見。為致尚鉞第四信，本年第一百二十三封佚信。

【補】

午後往女師大參加全體教員會議。

　　十日　曇。上午往北京大學取去年七至九月分薪水泉共五十
四。午後往女師大維持會。晚霽野、素園來。有麟來。長虹來。

【箋】

　　午後往女師大維持會　是魯迅第三次參加女師大校務維持會。據
《全集》註，本日會議係共籌善後補救學校之法。出席者教員十四人，學
生三十餘人。會上議決女師大校務維持會實行委員制，並規定了委員名額。

　　晚霽野、素園來　自五日起，《民報副刊》問世，由韋素園編輯。
此事由魯迅促成。現在當是二人前來看望，並表示感謝之意。韋素園已在
其他報紙刊登廣告，說：「現本報自八月五日起增加副刊一張，專登載學
術思想及文藝等，並特約中國思想界之權威者魯迅、錢玄同、周作人、徐
旭生、李玄伯諸先生隨時為副刊撰著，實學術界大好消息也。」此次見面，
是否談及，不詳。魯迅說些什麼？李霽野在《〈民報副刊〉及其它》中說：
「魯迅先生知道素園是一個認真負責的人，馬上就告訴他一定盡力供給稿
子。他說必須多注意培養新生力量，不能蹈《京報副刊》的復轍。他也說，
最好多登些具有現實意義的富於戰鬥性的雜文，把副刊辦得活潑一些；這
樣自然不免多樹敵，但這是無可避免，也不應避免的。他因為忙些，先只
能譯點東西，但若有所感，還是要寫些短文。」（《魯迅先生及未名社》
第234－235頁）

　　長虹來　韋素園所發「思想界權威者」廣告，高長虹可能看到。他說：
「我看了真覺『瘟臭』，痛惋而且嘔吐。試問，中國所需要的正是自由思
想的發展，豈明也這樣說，魯迅也不是不這樣說，然則要權威者何用？……」
接著又說：「我又見了魯迅，他問及《民副》投稿事，我說了我的不滿意。
他很奇怪地問：『為什麼？』我便說了那個『某人……所以你……』的公
式。魯迅默然。停了一歇，他又說道：『有人──，就說權威者一語，在外

國其實是很平常的！」要是當年的魯迅，我不等他說，便提出問題來了。
即不然，要是當年的魯迅，我這時便要說，『外國也不盡然，再則外國也
不足為例』了。但是，我那時也默然了！」（《高長虹文集》中卷第 155
－156 頁）後邊「我又見了魯迅」一節，當發生在今日，或至遲二十日晚。
所說「某人……所以你……」的公式，在本處所引話前面一段：「當《民
副》定議出版前，素園來找我約稿，此素園之無伏園編輯臭架子也！素園
又謂聽魯彥說，衣萍對魯迅說他們用手段，事出誤會。不知果否傳聞之誤，
然我當時則以為素園之不坦白也，故未致一辭。又素園要我做稿，態度大
似，『魯迅做稿，周作人做稿，某某人做稿，所以你也可以做稿』，這又
是使我很不滿意的。我以為既是來要我做稿，則只這要我做稿好了……」
三閒居體會其意，是高以為這樣說，有輕視自己之意──既然大家都寫稿，
你也可以寫；如果沒有向其他人約稿，那就自然不值得向你約稿了。

　　十一日　晴。上午寄韋素園信。寄伊法爾信並小說十四本。
午後往北京飯店訪王希禮，已行。往東亞公司買《支那童話集》、
《露西亞文學の理想と現實》、《賭博者》、《ツアラトウスト
ラ》、《世界年表》各一本，共泉十元二角。下午赴女師大維持
會。晚有麟、仲芸來。夜鍾青航來，似已神經錯亂。

【箋】

　　上午寄韋素園信　信未見，為本年第一百二十四封佚信。

　　寄伊法爾信並……　信未見，為本年第一百二十五封佚信。

　　往東亞公司買……　所購均日文書。《支那童話集》，即中國童話
集，池田大伍編，大正十三年（1924）東京富山房出版。《露西亞文學の
理想と現實》，即《俄羅斯文學的理想與現實》，俄國克魯泡特金（П. А.
Кропоткин）著，馬場孤蝶等譯。大正十四年（本年）東京阿爾斯社第八版。
《賭博者》，小說。俄國陀思妥耶夫斯基著，原白光譯。大正十三年東京
新潮社第九版。《陀思妥耶夫斯基全集》之一。《ツアラトウストラ》，

即《扎拉圖斯特拉如是說》，哲學著作，德國尼采著，日本生田長江譯，大正十三年東京新潮社出版。《世界年表》，全稱為《模範最新世界年表》，三省堂編輯所編，大正十四年東京三省堂增訂四版。

下午赴女師大維持會　是魯迅第四次參加女師大校務維持會。據《全集》註，本次會議於下午三時舉行，共有教員十四人、學生三十餘人出席。會上票選魯迅等九位教員為委員，學生方面十二名委員由自治會職員輪流擔任。因手續未完備，本日未公佈選舉結果。

夜鍾青航來，似已神經錯亂　此君一月九日跟向培良來過一次。本次來，早到的荊有麟和金仲芸夫婦尚在，荊後來在《魯迅回憶斷片》中寫道：

> 在一個夏天的夜晚十二時以後，魯迅剛剛開始寫東西，碰碰碰，有人打門了。魯迅放下筆，跑出去一看，來者是一個面善的青年，穿著長到拖地的睡衣。對魯迅先生說：
>
> 「我睡不著，特地跑來同先生談談。」
>
> 「好，請進來！」魯迅開了門，將青年人讓到書房裏。
>
> 青年人開始滔滔了，但出乎先生意料之外的，來者並不是失眠的痛苦，也沒有失戀的悲哀。青年人是高興了，叫了一輛汽車，在北京城兜了一圈，付不出十五元車錢，卻打了開車的個耳光，於是被關進警察廳兩星期。吃著黑面饃饃，受著蚊子臭蟲的圍攻，雖然只有兩星期，人卻是可怕地變瘦了。同魯迅一直談到天亮，魯迅先生所要寫的文章，只能以後再說了。因為天亮了，他還須去再上課。但魯迅先生對此事，並不懊悔，他總好說：四川青年真勇敢，因為那位鍾青航正是四川人氏。

（（魯迅回憶錄）專著上冊第 203 頁）

　　十二日　晴。午後往留黎廠。下午往維持會。晚張目寒來。吳季醒來。夜得三弟信，八日發。衣萍寄贈《深誓》一本。紫佩屬其侄德沅送贈筍乾及茗。

【箋】

　　下午往維持會　是魯迅第五次參加女師大校務維持會。據《全集》註，本日係女師大學生自治會舉行的全體學生緊急會議，魯迅等四位教員應邀出席。會上由自治會職員報告跟有關方面交涉經過及各校援助情況，並決定了會後的工作方針。

　　吳季醒來　吳季醒，不詳。

　　衣萍寄贈《深誓》一本　《深誓》，詩集，章衣萍著，北新書局出版，《文藝小叢書》之一。當剛剛出版，章衣萍急於贈人，未及親送。

　　十三日　曇。午赴中央公園來今雨軒之猛進社午餐。午後赴維持會。晚有林、仲芸來。夜子佩來。

【箋】

　　午赴中央公園來今雨軒之猛進社午餐　來今雨軒，在中央公園東南面，是一家聞名中外的老字號餐館，特別為文人學者所喜愛。開業於1915年。綠油欄杆外有牡丹畦，大鐵罩棚邊是百年古槐。《猛進》，見前四月七日箋。自創刊以來，已滿五個月，當是徵求意見，聯絡感情。在先，由徐旭生負責編輯，以後改由李玄伯編輯，魯迅跟李玄伯相交往，自此始。

　　午後赴維持會　是魯迅第六次參加女師大校務維持會。據《全集》註，這次會上，魯迅被正式推舉為女師大校務維持會委員。

　　晚有林、仲芸來　有林，即荊有麟。

　　十四日　晴。我之免職令發表。上午裘子元來。詩荃來。季市、協和來。子佩來。許廣平來。午後長虹來。仲侃來。高閬仙來。下午衣萍來。小峰、伏園、春臺、惠迭來。潘企莘來。徐吉

軒來。欽文、璿卿來。李慎齋來。晚有麟、仲芸來。夜金鐘、吳季醒來。得顧頡剛信。

【箋】

　　我之免職令發表　因魯迅積極支持女師大學生的鬥爭，教育總長章士釗於十二日行文，呈請段祺瑞免去魯迅教育部僉事職務，十三日段祺瑞照准。許廣平在《魯迅回憶錄》中說：「他（按，指章士釗——引者）倒先行試探，派人向魯迅說：『你不要鬧（因為魯迅站在青年一邊——作者），將來給你做校長。』魯迅是何等樣人，豈為圖做校長而參加鬥爭？所以不予理會，於是章士釗就越權（舊制度僉事職務是總統任命，總長無權撤換）撤魯迅教育部僉事的職以洩憤。」（《許廣平文集》第二卷第 215 頁）俞芳在《我記憶中的魯迅先生》中說：「在女師大風潮中，楊蔭榆和大先生鬥了幾個回合，敗下陣來。但是她不死心，終於擡出她的頂頭上司——教育部總長——章士釗來為她『解圍』。章士釗開始對大先生進行利誘，叫人傳話給大先生說：你不要『鬧』，將來給你當女師大校長。大先生光明磊落，義正辭嚴地回答：我『鬧』，並不是想當女師大校長。章士釗見此計不成，又換一招，竟利用職權，非法免去了大先生教育部僉事的職務……」（第14 頁）次日《京報》刊出《周樹人免職之裏面》，說：「自女師大風潮發生，周頗為學生出力，章士釗甚為不滿，故用迅雷不及掩耳手段，祕密呈請執政准予免職。」據孫瑛《魯迅在教育部》，呈文為：

　　　敬呈者，竊查官吏服務，首先恪守本分，服從命令。慈有本部僉事周樹人，兼任國立女子師範大學教員，於本部下令停辦該校以後，結合黨徒，附合女生，倡設校務維持會，充任委員。似此違法抗令，殊屬不合，應請明令免去本職，以示懲戒（並請補交高等文官懲戒委員會核議，以完法律手續）。是否有當，理合呈請　鑒核施行。謹呈

　　　臨時執政

　　　　　　　　　　　　　　　　　　　　　　　十二日

　　上午裘子元來　裘子元（1890－1944），即裘善元，子元為字。浙江紹興人。1913 年二月到教育部，任辦事員，九月署主事。通俗教育研究會小說股會員。二人早有交往。

　　季市、協和來　協和，姓張（1873－1957），名邦華，燮和為字，也作協和。浙江海寧人。魯迅在南京礦路學堂和日本弘文學院時的同學，1909 年回國，同在杭州浙江兩級師範學堂教書。1912 年後又同在教育部任僉事、科長。是魯迅好友之一。

　　午後長虹來　高來是看望、慰問的。許廣平是上午最後一個來，高是午後第一個來。許不可能很快離開，高說他二人唯一一次見面，當在此時。高在前五月五日箋引文後接著說：「一天接到一封信，附了郵票，是買這本詩集的，這人正是景宋。因此我們就通起信來。前後通了有八九次信，可是並沒有見面，那時我仿佛覺到魯迅與景宋的感情是很好的。因為女師大的風潮，常有女學生到魯迅那裏。後來我在魯迅那裏同景宋見過一次面，可是並沒有談話，此後連通信也間斷了。以後人們所傳說的什麼什麼，事實的經過卻只是這樣的簡單。景宋所留給我的唯一印象就是一副長大的身材。她的信保留在我的記憶中的，是她說她的性格很矛盾，仿佛中山先生是那樣性格。青年時代的狂想，人是必須加以原諒的，可是這種樸素的通信也許就造成魯迅同我傷感情的第二次原因了。我對於當時思想界那種只說不做的缺點，在通信中也是講到的。後來我問了有麟，景宋在魯迅家裏的廝熟情形，我決定了停止與景宋通信，並且認為這種辦法是完全正確的。」（《高長虹文集》下卷第 519 頁）

　　仲侃來　仲侃，即李宗洛，見六月十六日箋。

　　高閬仙來　即高步瀛，時為教育部社會教育司司長，見七月七日箋。徐森玉回憶：「1925 年，北洋軍閥政府教育部非法免去魯迅的職務，頓時在部內引起了很大的騷動……我們和魯迅並不屬同一司，但也參加了反對當局非法免去魯迅職務一事的活動。魯迅所屬社會教育司的司長高步瀛先生亦加入了這一鬥爭，我們都提出辭職來抗議當局的無理舉動……」（《魯迅回憶錄》散篇上冊第 72 頁）按，徐森玉（1881－1971），名鴻生，森玉為字。浙江吳興人。教育部僉事兼京師圖書館主任。

潘企莘來　潘企莘（1892－1974），名淵，企莘為字。浙江上虞人。1914－1916年夏任紹興浙江第五中學教員，跟周作人同事。1916年五月到京應文官考試，錄取後在教育部社會教育司任職，並為通俗教育研究會編譯員。1923年間在北京女子高等師範學校兼課。以前已有較多交往。

徐吉軒來　徐吉軒（1870－？），名協貞，吉軒為字。湖北鍾祥人。金石、甲骨文字的研究者。1912年起在教育部任僉事、科長，兼任歷史博物館館長。曾幫助魯迅購買和修建房屋。

夜金鐘、吳季醒來　二人均不詳。金僅來一次，吳前日還來一次。

得顧頡剛信　來信未見。顧頡剛（1893－1980），歷史地理學家，民俗學家。江蘇蘇州人。1913年入北京大學預科，1916年入北京大學哲學門，1920年畢業後留校任教，在圖書館從事編目，標點《古今偽書考》等書。1922年任上海商務印書館編輯，1923年冬回北大研究所供職，從事俗文學及民俗研究。1926年9月南下，先後在廈門大學、中山大學任教。其主要著作有《古史辨》多冊。

十五日　大雨，上午止。得呂雲章信。得臺靜農明信片。午予塵來。品青來。下午赴女師大維持會。晚往中央公園，為季市招飲也。

【箋】

得臺靜農明信片　明信片，應屬臺第六次來信。

下午赴女師大維持會　是魯迅第七次參加女師大校務維持會。《全集》註云，下午二時，女師大校務維持會在該校大禮堂向社會各界人士揭露章士釗、楊蔭榆密謀停辦女師大的真相。留日學生聯合會代表、北京各校滬案後援會代表、廣州學生聯合會代表，相繼發言，指出女師大問題實為中國全國教育界之問題，章士釗之解散女師大，即為摧殘全國教育之初步，並提議組織各界驅章同盟及女師大畢業生後援會。

　　附記：本日《京報》載《周樹人免職之裏面》，在敘事之後說：「聞周在浙係中甚負清望，馬敘倫、湯爾和、蔡元培均係彼之老友，意氣用事，徒資口實，聞周已預備控訴書，日內即可向平政院呈遞云。」是在被免職後即生控告之意。

　　十六日　晴。午後有麟、仲芸來。耕南夫人歸天津去。下午洙鄰來。子佩來。

【箋】

　　耕南夫人歸天津去　耕南夫人，魯迅的二姨母之女，酈荔臣之妹。近幾日當住在魯寓。

　　下午洙鄰來。子佩來　兩人簡況分別見五月九日、一月四日箋。宋子佩時在北京圖書館擔任職員，壽洙鄰時在平政院擔任法官。平政院是北洋軍閥政府時代負責處理行政訴訟的法律機構，壽洙鄰從1914年起即在平政院任職，已有相當經驗。壽來後，當商量通過法律途徑，向平政院起訴章士釗，狀告其免魯迅職為違法。兩人商談的時間必會較長，可能直到宋子佩來後，仍在商談，宋也參加進來。宋十四日曾來過，而壽本年僅五月九日來過一次。孫瑛在《魯迅在教育部》中寫道：「這種突然增多的聯係並非偶然，為了支持魯迅向軍閥政府進行正義鬥爭，他們熱情地對魯迅提供了不少幫助。」許壽裳在《亡友魯迅印象記》中說：「……後來之所以在平政院提起訴訟，還是受了朋友們的慫恿而才做的」，宋、壽應為主要慫恿者。在此後幾個月裏，此二人來，大都為狀告章士釗事。參看十月十三日箋。

　　十七日　晴。上午得韋素園信。王仲猷、錢稻孫來。午徐思貽來。季市來。午後赴女師大維持會。張靖宸來，未遇。王品青，李小峰來，未遇，留《春水》一本，合訂《語絲》五本。晚往公園，壽山招飲也，又有季市及其夫人、女兒。夜韋素園、李霽野來。得三弟信，十五日發。

【箋】

　　上午得韋素園信　來信未見，當是通報《民報》停刊事。孫伏園在《一年來國內定期出版界略述補》中說：「《民報副刊》──北京民報社。此附刊還可看，不過出不到十期，因陳友仁被奉軍濫捕，民報社無形解散，該刊即短命死矣。」（《1913－1983魯迅研究學術論著資料匯編》第1卷第120頁）據陳漱渝《魯迅與〈民報副刊〉》，該報「僅出版了十五期，至1925年八月十九日終刊。」（《魯迅史實新探》增訂本第251頁）

　　王仲猷、錢稻孫來　王仲猷，名丕謨，仲猷為字。河北通縣人。教育部社會教育司第二科主事，兼教育部閱覽室主任，後又兼京師通俗圖書館主任、通俗教育研究會會計幹事及中央公園圖書閱覽所主任。二人早有交往，此為最後一次。錢稻孫已見前箋（三月二十四日）。他也是最後一次交往。當前來慰問。

　　午徐思貽來　徐思貽，即徐翼，思貽為字。江蘇常熟人。曾在教育部社會教育司任職。當前來慰問。

　　午後赴女師大維持會　是魯迅第八次參加女師大校務維持會。《全集》註云，本日會上，由女師大學生自治會、家長及保證人聯席會、女師大校務維持會、北京各校滬案後援會、女師大畢業生後援會、北京學生聯合會、上海學生總會等單位組成驅章大同盟。會上魯迅提議本校物件不准教育部接收。因不在家，以致此後兩撥人來，均「未遇」。

　　張靖宸來，未遇　張靖宸，名定勳，靖宸為字。河南長葛人。教育部社會教育司分部人員。來訪僅此一次。

　　王品青，李小峰來，未遇……　王品青後，用逗號，疑有誤，應是頓號。《春水》，詩集，冰心著，北新書局剛剛再版。《新潮社文藝叢書》之一。

　　晚往公園，壽山招飲也……　季市，即許壽裳。其夫人，即陶伯勤，浙江嘉興人，1899年生。第一次在《日記》上出現。此次宴請，顯為慰藉。二十五日，許跟齊壽山共同發表《反對教育總長章士釗之宣言》，痛斥章士釗種種罪行。全文如下：

　　署教育總長章士釗，本一輕薄小才，江湖遊士，偶會機緣，得躋上位。於是頓忘本來，恣為誇言，自詡不羈，盛稱飽學；第以僅有患得患失之心，遂輒現狐埋狐掘之態。自五七風潮之後，即陽言辭職，足迹不見於官署者數月，而又陰持部務，畫諾私家，潛構密謀，毀滅學校，與前女子師範大學校長楊蔭榆相聯結，馴致八月一日以武裝警察解散該女子師範大學之變。案學生所陳，僅在懇請當局，撤換校長，冀學業稍有進步而已。倘使處以公心，本不致釀成事故。而章士釗與楊蔭榆朋比固位，利己營私，必使成解散之局，於停辦該大學呈文中，尚覥然自飾，謂先未實行負責，後令妥善辦理。且疊用佻達字句，誣衊女性，與外間匪人所造作之謠諑相應和。而於濫用警士，毆擊學生等激變之故，則一字不提。是不特蔽虧國人視聽之明，實大淆天下是非之辨。近復加厲，暴行及於部中。本月十三日突將僉事周樹人免職，事前既未使次長司長聞知，後又不將呈文正式宣佈，祕密行事，如縱橫家，群情駭然，以為妖異。周君自民國元年由南京政府北來供職，十有四年，謹慎將事，百無曠廢；徒以又為該大學兼任教員，於學校內情，知之較審，曾與其他教員發表宣言，聲明楊蔭榆開除學生之謬，而章楊相比，亦攖彼怒，遂假威權，洩其私憤。昔者以楊蔭榆之黨己也，不惜解散學校，荒數百人之學業以徇之；今以周君之異己也，又不惜祕密發縱以除去之。視部員如家奴，以私意為進退，雖在專制時代，黑暗當不至是。此其毀壞法律，率意妄行，即世之至無忌憚者亦不能加於此矣。最近則又稱改辦女子大學，即以唆警毀校自誇善打之劉百昭為籌備處長，以掩人耳目。舉蹂躪學校之人，任籌備學校之重，雖曰報功，寧非兒戲。旋又

率警圍校，且雇百餘無賴女流，闖入宿舍，毆逐女生，慘酷
備至，哭聲盈於道途，路人見而太息，以為將不敢有子女入
此虎狼之窟者矣。況大隊警察，用之不已，是直以槍劍為身
教之資，隸教部於警署之下，自開國以來，蓋未見有教育當
局而下劣荒謬暴戾恣睢至於此極者也。壽裳等自民元到部，
迄於今茲，分外之事，未嘗論及。今則道揆淪喪，政令倒行，
雖在部中，義難合作。自此章士釗一日不去，即一日不到部，
以明素心而彰公道。謹此宣言。

有文說許、齊二人發表此宣言是宣佈辭職，「跟魯迅同進退」，誤。許接
著說：「我們對於章士釗的這些舉動，認為無理可喻，故意不辭職，而等
他來免職，也不願向段祺瑞政府說理，所以發佈這個宣言。」

　　十八日　晴。上午寄三弟信。往維持會。午後訪季市。訪子
佩。下午得車耕南信。得高歌信。鍾吾、長虹來。晚得季市信。
常維鈞來。

【箋】

　　上午寄三弟信　信未見，為本年第一百二十六封佚信。

　　往維持會　是魯迅第九次參加女師大校務維持會。《全集》註云，
會議決定：一、本月二十五日開始招考新生；二、因章士釗上段祺瑞呈文
措詞有辱女生人格，女師大在京學生聯名具狀向法院控告章士釗。

　　鍾吾、長虹來　是尚鉞第六次來寓，亦由高長虹陪同。尚剛從河南
開封回來。其在《懷念魯迅先生》中寫道：

　　　　在先生被撤職的次日，我去看他。當我走進小書齋時，
他正在草擬起訴書。他見我進來，便放下筆轉身和我笑著說：
「老虎沒有辦法，下了冷口。」

「我已知道了，先生打算怎麼辦？」我想著他的生活，這樣問他。

「這是意料中事，不過為著揭穿老虎的假面目，我要起訴。」他坦然地笑著。

「找哪個律師呢？」我問，隨手在菸筒中拿起一支菸。

「律師只能為富人爭財產；為思想界爭真理，還得我們自己動手。」他也拿起一支菸，順手燃著，把火柴遞與我。

我燃著菸，抽的時候覺得與他平常的菸味兩樣，再看時，這不是他平時所慣抽的菸，而是海軍牌。「丟了官應該抽壞菸了，為什麼還買這貴菸？」

「正是因為丟了官，所以才買這貴菸，」他也看看手中的菸，笑著說：「官總是要丟的，丟了官多抽幾枝好菸，也是集中精力來戰鬥的好方法。」

之後，先生便談到這次「丟官」的內幕。他把不知誰為他抄來的章教育總長撤他職務的命令給我看，同時說：「這事已經醞釀很久了，我不理他，看他還有什麼花頭。這是他不得不破著臉皮來的一著。」

的確，用威脅、利誘和調停來對付先生，這不光只是「總長的愚蠢」，也表示出「總長的可憐像」。最後說到起訴是進入另一種幽默鬥爭的方式時，先生在我的零碎語言之後，笑著很幽默地輕輕加上個：「所以。」

（《魯迅回憶錄》二集第 196－197 頁）

此事尚鉞說是「次日」，但據《日記》，他是今日來的。他剛從河南開封回來，十五日（即尚回憶中所說「次日」）當為誤記。有的著作據尚鉞所說「次日」，將此事係在十五日。本書從《日記》。

十九日　晴。上午訪季市。訪幼漁。赴維持會。夜大雨。

【箋】

　　赴維持會　是魯迅第十次參加女師大校務維持會。本日上午，教育部專門教育司司長劉百昭奉章士釗命，率部員十餘人，在武裝巡警保護下，來到女師大，張貼教育部布告，並懸掛女子大學籌備處招牌於校門，開始強行接收。住校學生據理抗爭。劉揮拳打傷一名學生，被住校學生和各團體、各校趕來探視的代表團團圍住。百餘武警和便衣流氓大打出手，發生衝突。學生七人受傷，各校、各團體代表十四人被捕。當天，女師大學生自治會通電全國，表示：「我校同學，為教育爭光明，為女子爭人格，此身可死，此志不渝，苟威武之再加，決誓死而殉校。」晚，校務維持會舉行會議討論應付辦法，魯迅參加了會議，直至深夜。其間，有許欽文「鐵門告別」一幕，《日記》略去。許在《〈魯迅日記〉中的我》裏寫道：

　　　　……九月三日：「上午得陶璿卿、許欽文信，八月二十八日臺州發。」當時北京、臺州間信件郵遞，一般是一個星期左右。由此推算，《日記》所載，八月十八日：「往維持會。」八月十九日：「赴維持會。」這兩天是近似的，可是沒有提到我。以後去維持會，八月二十五日距二十八日只隔三天，肯定不是的。以前，八月十七日：「午後赴女師大維持會。」可是接著說是「晚往公園」。鐵門告別明明是在晚上的事情，也不像。如今我認定是八月十八或者十九晚上的事情；當時魯迅先生在外面，匆忙中漏記一筆也是不足為奇的。

　　那天，我和陶元慶商量決定，第二天就離開北京一道到臺州第六中學去任教。還有些關於書面畫和出版的事情要和魯迅先生接洽。到了臺州以後，元慶先給魯迅先生畫肖像，還是先畫他要的書面，也得探問一下。元慶留在紹興會館裏整理行李，我一吃了晚飯就趕到西三條胡同二十一號去看魯迅先生。敲進臺門，走近北屋中間的時候，我照例地叫了聲：「大先生！」「請進來！」這回音是魯迅先生母親的聲音。我掀起門簾向裏面一望，老虎尾巴裏暗沉沉，沒有點亮煤油燈。老太太坐在吃飯桌旁，她的房間裏也沒有點亮燈。情形頗有點反常，我一時不知道怎樣才好，未免顯得有點慌張。

　　「老大到女子師範大學的維持會裏去了，」老太太說，「紅樓的門口站滿了巡警，好像是把女學生包圍起來了。老大一聽到這消息連忙趕去，說是夜裏不一定回來。」這出於我的意外，聽後呆了一下。

　　「她們女學生，」老太太顧自接著說，「給許多巡警圍困在學校裏，自然是害怕的囉！你的阿妹也在那裏，你不想去看看她麼？」

　　我想我是總得轉到石駙馬大街去看看的了。這樣暗自決定以後，就對老太太說：「太師母！我是來告別的，明天就要上火車，和陶元慶一道到臺州去教書。還有點事情要和大先生接個頭，我想就到紅樓去找他。」當時沙灘北京大學第一院的房子叫大樓，「紅樓」是專指女高師——女師大的校舍的。

「以後，你和陶元慶，總還要再到北京來看我們的吧！」
她熱情地問。

「會再來的，」我認真地回答，「一定要再到這裏來的！」

「這就好了。那末，順風！」

「順風！」我這才察覺，朱夫人聽到我說就要離開北京，
也已來到老太太的背後。

臨別時，她們送我出吃飯間，說是還要通過院子送我出
臺門，風大，冷，我竭力勸阻，最後託她們代我和陶元慶向
各方面說一聲。

大風颳得耳旁呼呼響，顯然是冷的，但我連走帶跑，卻
覺得是全身熱火火似的。趕到紅樓一看，果然，門口兩旁滿
站著白綁腿黑制服的巡警，其間好像還有幾個偽憲兵。如臨
大敵，嚴陣以待的樣子。鐵門緊緊地關閉著。遠望鐵門裏面，
也有許多女同學，列隊兩旁，也是如臨大敵，嚴陣以待的樣
子。內外兩邊列隊四排，門外邊的兩排個子高大，而且是武
裝著的。門內的兩排是徒手的，個子比較矮小；可是人數多，
都鼓著勇氣，精神飽滿，更是顯得決不可以侵犯的樣子的。
外邊的兩排人不讓裏邊的人隨便出來，也不讓外邊的人隨便
走進鐵門去。裏邊的兩排人，也不讓外邊的人隨便進去，也
不讓裏邊的人隨便走出鐵門來。我想靠近鐵門，大步跨去，
被攔住。我就遠遠站著，提高聲音向鐵門裏面說：「我是來
找魯迅先生的！」

「你是來找周先生的麼？」一個輕脆的聲音從鐵門裏出
來回問我。

　　「是的，剛才我到他家裏去找他，說是他在這裏。」我又說明了我自己的姓名。

　　「那末，請你等一下。」仍然是輕脆的聲音。一位女同學離開隊伍，一轉身就走向裏面去了。隨即鐵門裏面起來一種輕微的議論，我隱約聽到我四妹的名字和「哥哥」等聲音。又一位女同學走向裏面去了。鐵門內外復歸於靜寂，只聽得風在呼呼地響。不久魯迅先生從裏面走出來，跟著兩位女同學。遠遠地一望見，他就向我點了個頭，從從容容地，態度很自然，一點也沒有感到緊張的神情。我就大步跨前去，逼近了鐵門。白綁腿黑制服的不再來攔住我，實在也是攔不住我的了。順著習慣，我同魯迅先生講的，多半是紹興話，他對我講的也多半是紹興話。我瞥見，兩面四排的人都在你看看我，我看看你，不知道我和魯迅先生是在講些什麼事情。

　　魯迅先生剛從裏面出來時，向我點頭招呼以後，先向鐵門外面兩旁的人刮了一眼，冷冷地一苦笑。接著向鐵門內兩旁的人細細地觀察了一下，喜悅地微笑了。這使得雙方面的人都很注意，給了我深刻的印象，如今還記得很清楚。我總覺得：魯迅先生《自嘲》的詩，雖然要到 1932 年十月才寫出來，但他「橫眉冷對千夫指，俯首甘為孺子牛」的精神，早已於那七年以前在紅樓的鐵門旁明顯地表現了。

　　我和魯迅先生在鐵門前談話的時間並不很長，但要接洽的事情都講了。末了我問他：「要元慶先畫你的肖像，還是先畫你要他畫的書面畫？」「那當然，」他乾脆地回答，「先畫書面，這是人家託我代請他畫的。——不過肖像，也總要請他給我畫一張。不是他已經把我的照相拿去兩張了麼？」

　　「你初次到中學裏去教書，」臨走時魯迅先生囑咐我，「如果有什麼困難，隨時寫信來告訴我！」

　　我轉身離開鐵門，跨了幾步，回顧鐵門裏面，魯迅先生在和女同學們做著手勢講話，顯然是說明我剛和他講的事情的。我的四妹是否也在那裏，我來不及看個清楚；反正我去臺州的事情她已經明瞭，沒有什麼要再面談的了。

　　所謂鐵門相見，一般是指探監的。不過監獄和看守所的鐵門是鐵柵門，「紅樓」的鐵門是有花紋的。魯迅先生在那鐵門裏面，為著衛護女大學生，壯她們的膽量，使能堅決地和黑暗的封建惡勢力搏鬥，是終於取得了勝利的！

　　　　　　　　　　　　　　　　　　　　　（第60－64頁）

　　許先生說十八、十九兩天「是近似的」。魯迅十八日去維持會是上午，以後在家，顯然不合。十九日從下午到深夜，魯迅都在學校，跟許先生所說一致，故本書係於今日。許先生所遺漏了的，是這時下大雨。

　　二十日　晴。上午寄顧頡剛信。訪季市，午後同至壽山家，而蘆舲亦在，飯後又同至中央公園茗飲。晚長虹來。有麟來。夜子佩來。

【箋】

　　上午寄顧頡剛信　信未見，為本年第一百二十七封佚信。是復顧頡剛的。

　　同至壽山家，而蘆舲亦在……　壽山家，在東單西裱褙胡同，是個大家族，有較大的庭院。1913年六月十四日，魯迅曾跟同伴數人「往齊壽山家看石竹」。蘆舲，即戴克讓（1874－？），螺舲為字。浙江餘杭人。1912年五月到教育部，歷任社會教育司主事、僉事。早有交往。

　　晚長虹來　此次來，有可能談及韋素園所發之「思想界權威者」廣告，但可能性不大，因為今天是星期四，《莽原》第十八期即將付印，要把清樣帶去。參閱十日箋。

【補】

　　作通信《答 KS 君》，載《莽原》第十九期（二十八日），署名魯迅。原刊目錄為《答 KS 君的信》，內文標題《答 KS 君信》。KS，未詳。文章指出，章士釗並非「學者或智識階級的領袖」，以所辦《甲寅》上的文章為例，揭露其復古主義者的可憐相：「倘說這是復古運動的代表，那可是只見得復古派的可憐，不過以此當作訃聞，公佈文言文的氣絕罷了。」此文也對一些人提出的學校「應該早日脫離一般的政潮與學潮，努力向學問的路上走」的論調做了批判。收《華蓋集》。

　　二十一日　晴。上午李遇安來訪未見，留函並晚香玉一束而去。訪季市。

　　二十二日　曇。上午得培良信。素園、霽野同來。午季市來。有麟來。得白波信並稿。下午微雨。得任子卿信。

【箋】

　　素園、霽野同來　韋素園主編之《民副》，已於十九日停刊。此次來，當主要談此事及今後如何辦。韋素園一夥急於找一份職業，剛剛得到，搞了十五天，半途而廢。《民副》創刊後，李霽野譯《上古的人》在該副刊連載，並附該書作者房龍所作插圖。報紙被查封後，李霽野說，「魯迅先生勸我把《上古的人》加以整理出單行本，我說最好請人校一下，免出錯誤。先生很痛快地說：『我去綁季茀的票！』……」李在另一篇文章《許季茀先生紀念》中說：「1925 年夏天，我想將所譯的《上古的人》（Henry van Loon; Ancient Man）賣給上海一家書店出版，我恐怕有幾處誤解了原文

的意義，想請人指教，將我的譯文校改校改，魯迅先生便道：『我去綁季
莆的票！』因為那時正是炎夏，校稿確是一件苦差事。我就這樣不規矩的
拜了師，得到先生的教益。」（《1913－1983魯迅研究學術論著資料匯編》
第四卷第663頁）這個談話最早在今夜。

　　得白波信並稿　來信未見。稿為《你去了》，七月一日寫於嘉興，
載《莽原》第二十二期（九月十八日）。

【補】

　　本日，向平政院控章士釗免去教育部僉事職違法。現存平政院開具的
收條上寫著：「收到周樹人正副訴狀一件。」原「正訴狀」尚未尋獲，半
年後的「裁決書」所列事實部分，當係從訴狀摘引而來：「原告陳訴要旨：
『樹人充教育部僉事，已十有四載，恪恭將事，故任職以來，屢獲獎敘。
詎教育總長章士釗，竟無故將樹人呈請免職。查文官免職係屬懲戒處分之
一，依文官懲戒條例第十八條之規定，須先交付懲戒，始能依法執行。乃
竟濫用職權，擅自處分，無故將樹人免職，並違文官懲戒條例第一條及文
官保障法草案第二條之規定，此種違法處分，實難緘默』等語」。所說「副
訴狀」，當指隨同訴狀附送的「免職令」抄件。（據孫瑛《魯迅在教育部》）
二十三日致臺靜農信談及控告事，詳下。本年十月三十日所作《從鬍鬚說
到牙齒》中亦談及：

　　　　又是章士釗。我之遇到這個姓名而搖頭，實在由來已久；
　　但是，先前總算是為「公」，現在卻像憎惡中醫一樣，仿佛
　　也挾帶一點私怨了，因為他「無故」將我免了官，所以，在
　　先已經說過：我正在給他打官司。近來看見他的古文的答辯
　　書了，很斤斤於「無故」之辯，其中有一段：

　　　　「……又該偽校務維持會擅舉該員為委員，該員又不聲
　　明否認，顯係有意抗阻本部行政，既情理之所難容，亦法律

之所不許。……不得已於八月十二日，呈請執政將周樹人免
職，十三日由　執政明令照准……」

於是乎我也「之乎者也」地批駁他：

「查校務維持會公舉樹人為委員，係在八月十三日，而
該總長呈請免職，據稱在十二日。豈先預知將舉樹人為委員
而先為免職之罪名耶？……」

其實，那些什麼「答辯書」也不過是中國的胡牽亂扯的
照例的成法，章士釗未必一定如此糊塗；假如真只糊塗，倒
還不失為糊塗人，但他是知道舞文玩法的……

此文緣起詳該日箋。

本日起，出面保護女師大受害學生。繼二十日劉百昭率軍警和便衣流
氓第二次闖入女師大作惡，本日下午，劉又率巡警、打手、女丐數百人殺
氣騰騰地第三次衝入女師大，令「男女武將」每十數人挾一人，拳腳交加，
強拖學生出校，捆塞入十餘輛汽車，拉到報子街女師大附設的補習學校禁
閉，造成多人受傷，七人失蹤。次日上午，《京報》、《世界日報》等即
刊出消息和《國立女師大萬急啟事》。在此關頭，魯迅挺身而出，將一些
學生保護起來。許廣平回憶：「記得那時，我眼看著同學們像貨物一樣被
拖走，像罪犯一樣被毒打，痛哭失聲，慘無人道的這一幕活劇之後，即離
開女師大，跑到學生聯合會告急。連夜開緊急會議，向各界呼籲。待到反
動統治者在囚禁的人們中查點人數找不著我的消息登在報紙上，魯迅對於
一時得不到消息的我們幾個人，是何等焦急！他極力託青年向各方打聽。
當時，章（士釗）楊（蔭榆）不顧青年學生離鄉來京遠道求學的渴望，惟
恐拔不掉這幾根眼中釘，惟恐學生『嘯聚學校』（他們的話），不易達到
解散學校的目的，於是有設法叫兩個警察押一個，押解被開除的六個學生
回籍的計畫傳出。試想：這六個學生，為了學校之事，卻要活演『林沖押
配滄州』的一幕！如果真個實現出來，鄉親和家長們，還以為她們想是犯

了什麼滔天罪行呢！在舊社會內，遭到這種不平的待遇，能設想它的後果嗎？這種倒行逆施，能不叫稍有正義感的人氣憤？！正當學生們在補習學校義憤填膺的時候，我們在校外奔走活動的幾個人，也正走投無路。平日過從很密的親友、同學，很多都怕惹事，拒絕招待了。這時候只有魯迅挺身而出，說『來我這裏不怕！』如是，我就在現今故居的南屋，和老同學許羨蘇住在一起，躲過了最緊急的幾天。事後曾經聽說，有幾個警察也來過西三條胡同，但都被魯迅堅決頂回去了。」（《許廣平文集》第二卷第212－213頁）倪墨炎、陳九英將許在魯寓避居的時間定在八月中旬，跟許說不符。許羨蘇這時已住在魯寓南屋裏。許在〈回憶魯迅先生〉裏說：「1925年秋，我又無處可住，搬到西單一個公寓裏，但在公寓又住不安，因而就住到魯迅先生宮門口西三條二十一號的南屋裏，這是第一次……」（《魯迅回憶錄》散篇上冊第323頁）許羨蘇是何時住來，前已述及，比許廣平要早。許說是秋天，不確。

　　在許避居魯寓期間，她給魯迅抄過稿子，兩人的情感也更加接近。倪墨炎、陳九英在《魯迅與許廣平》中說：「在1960年十二月至1961年一月間，為籌拍電影《魯迅傳》，著名演員于藍（她飾電影中的許廣平）曾多次訪問許廣平，每次訪問都記下日記。于藍一次又一次要求許廣平談一談：她和魯迅是怎麼相愛的，並希望談得具體些。許廣平談到：有一次她給魯迅抄稿子，魯迅叫她放下來，看看她手指的紋路，實際是想握著她的手。這使她感覺到了魯迅的愛。許廣平又談到：同學們到魯迅家裏經常鬧著玩，她也是調皮的一個。有一次魯迅對她說：『別人可以這樣鬧，惟獨你不可！』她感到了魯迅對她的『另眼相看』，魯迅已對她有特殊的感情。」（第56頁）但魯迅對他和許廣平的關係卻極保密，高長虹就抱怨：「青年朋友們聽到說，魯迅也戀愛了，很高興，希望成功，不料他連一個字也不肯露出來，我當時以為魯迅這種謹慎態度也是應有的顧慮。我所納悶的是像汽車拐彎時不放一點聲響，不是反容易弄出岔子來嗎？」（《一點回憶——關於魯迅和我》，《高長虹文集》下卷第521頁）1926年冬魯迅在廈門給許廣平信，曾對孫伏園傳播「流言」表示不滿。所謂「流言」，係指孫先

生說過，魯迅在北京時，家中不但常有男學生，也常有女學生；其中有兩人最熟（指許廣平和許羨蘇），但魯迅是愛高的那一個（指許廣平）。又說，魯迅是愛才的，而許廣平最有才氣。魯迅在 1927 年一月十一日致許廣平信中還說到章衣萍在家裏找「月亮」的事：「我現在真自笑我說話往往刻薄，而對人則太厚道，我竟從不疑及玄倩之流到我這裏來是在偵探我，雖然他的目光如鼠，各處亂翻，我有時也有些覺得討厭。並且今天才知道我有時請他們在客廳裏坐，他們也不高興，說我在房裏藏了月亮，不容他們進去了。」（《兩地書》第一一二信）玄倩二字，在原信裏作「衣萍」。據《日記》，章衣萍 1926 年來寓次數很少，他在魯迅家裏找「月亮」，當發生在本年秋。

二十三日　星期。雨。上午訪季市。午後訪士遠。晚小峰、品青來。夜長虹來。

【箋】

午後訪士遠　士遠，姓沈（1881－1957），浙江吳興人。沈尹默、沈兼士之兄。民初任北京大學預科教授，後任北京大學庶務主任，又兼女子師範大學講師。以後到燕京大學任國文系教授。

晚小峰、品青來　閒談間高長虹來，亦加入。可能談及郁達夫。郁本年初應國立武昌師範大學校長石瑛（蘅青）邀請，離京赴武昌任該校文科教授。夏，回京看望從富陽遷居北京的妻兒，住一個多月。在此期間，郁跟陳源、楊蔭榆曾有來往。高長虹說：「我在魯迅處聽品青說郁達夫往來于楊陳之間的時候，我真不能不為他痛惜的了」（《高長虹文集》中卷第 158 頁），當在今晚。（按，高長虹和王品青今夏同一時間前來魯寓，共有三次。一在七月五日，顯早一點。一在九月二十六日，顯晚一點。故係於此）高又說：「郁達夫去年也是回過一次北京的，但只做了一篇反《甲寅》的照例文字，一面又敷衍於陳楊之間。所以他那時至少也是妥協派。」（同上第 157 頁）

【補】

給臺靜農寫信，是致臺第一信。內云：「這次章士釗的舉動，我倒並不為奇，其實我也太不像官，本該早被免職的了。但這是就我自己一方面而言，至於就法律方面講，自然非控訴不可，昨天已經在平政院投了訴狀了。」尚存。收《書信》。

二十四日　晴。上午季市來。魯彥來。午伏園、春臺來。午後長虹來。有麟來。夜寄任子卿信。寄臺靜農信。得三弟信，二十一日發。

【箋】

午伏園、春臺來　此為春臺本年第三次來。第一次跟高長虹、閻宗臨同來，見二月八日箋。四月、五月寫過兩次信。本月十四日聽說魯迅被「免職」，曾跟兄長前來看望。此後本年還來七次，都跟兄長孫伏園相伴，有時還有他人。孫在《魯迅·藝術家》中記了魯迅幾段談話，難以確定具體日期，當在本次見面和以後幾次見面中。下年一月七日和四月十一日亦曾來過，以後便到上海了。現將談話內容一併記錄如下：

> 先生對我說過：他幼年時，在鄉下海塘上，用竹竿打動塘上蘆葦，且打且跑，蛇從蘆叢中出來，在人後追得很快，人到一個地方轉彎，就見蛇向前行，幾十條不斷。這所謂拔草尋蛇也。這是第一個時期；第二個時期就以這方法用於惡人；到了第三個時期是對毒蛇迎頭痛擊了，正是法國佐拉，蘇聯高爾基的工作開始，可恨的病奪了他去了。

> 他常常讚美孑民先生從弟谷清先生的打狗法，他說：有狗咬來的時候，儘管對他作揖，儘管退後，退到水邊不能再退的時候，嗚的一聲，一腳踢到水裏了。

　　魯迅先生雖然讚美，但絕對不用這種打狗法，他不肯打恭作揖，也不會等待與忍受，見人就直接的攻擊，他眼睛中的人物無分輕重，雖小孩與瘋人以及大家認為毫無理由的批評，他一樣的重視，立即發出喜怒的盛情。這是大多數藝人的通病，也是難能可貴的特質。

　　（《1913－1983 魯迅研究學術論著資料匯編》第二卷第 191 頁）

　　夜寄任子卿信　信未見。為致任國楨第八信，本年第一百二十八封佚信。

　　寄臺靜農信　為昨日寫，見前。為致臺靜農第一信，本年第十九封存信。

二十五日　晴。上午赴維持會。午後訪季市。夜有麟來。

【箋】

　　上午赴維持會　是魯迅第十一次參加女師大校務維持會。《全集》註云，繼十九日後，劉百昭又於二十日、二十二日兩次率眾進佔女師大，劉指揮男女流氓將學生強拖出校，實行武裝接收。本日校務維持會討論恢復學校及驅章辦法，決定另租校舍，函告回籍學生返京，教員義務上課，由維持會籌募復課經費等事項。

　　二十六日　晴。上午往郵局匯日金二十二圓。往東亞公司買《革命と文學》一本，一元六角。訪齊壽山，又同至德華醫院看李桂生病。午後得培良信。下午季市來。子培來。詩荃來。汪靜之及衣萍、曙天來，並贈酒一瓶。夜寄Ｈ君信。

【箋】

往東亞公司買《革命と文學》　《革命と文學》，又作《文學と革命》，日文書。蘇聯托洛茨基（Л·Д·Троцкий）著，茂森唯士譯。本年（大正十四年）東京改造社出版。原書作於 1922－1923 年間，1924 年出版。本書首次提出「同路人」，否定無產階級文化的存在。李霽野說：「《魯迅日記》1925 年八月二十六日記載：『買《文學與革命》一本』。這是日文譯的托洛茨基的文藝論著。那時候，北京大學有一個蘇聯詩人鐵捷克教俄文，他曾作過長詩《怒吼吧，中國！》，素園從他得到《文學與革命》的俄文原文本，並聽他說，這本書在蘇聯是作為大學文藝理論教本講授的。當時素園和我並不明瞭蘇聯內部政治情況，這本書作者的反動政治面目還未暴露，我們的文藝理論水平又很低，倒認為他這本在社會主義的蘇聯印行的書值得介紹給中國讀者。素園建議我和他同譯，因為我已經得到英文譯本了。剛開始，他便病倒了，就由我一個人譯下去。魯迅先生在 1927 年……」（《魯迅先生與未名社》第 29－30 頁）

訪齊壽山，又同至德華醫院看李桂生病　李桂生，見前六月七日箋。「女師大風潮」至八月，達於頂點。繼軍閥政府頒佈停辦女師大令和劉百昭帶武裝警察毆傷學生等惡行，「二十二日午十二時許，章氏又派遣劉氏率領流氓女僕及警察無數，將校之四周團團圍住，一切交通悉行斷絕。至午後三時，劉率同流氓女僕三百餘名，毀側門而入」，大打出手，多人受傷，其狀慘不忍睹。「生等既被蹂躪，又困饑渴，大都奄奄一息！桂生受傷尤重，當即昏死。經醫急救，幸而復蘇……」魯迅特來看望。當天，受傷學生二十四人，以李為首，包括劉和珍、許廣平、張靜淑、鄭德音、劉亞雄、趙世蘭、姜伯諦等在內，聯名狀告章士釗、劉百昭等三人。以上引文即出於狀內。德華醫院，地址不詳。

汪靜之及衣萍、曙天來，並……　汪靜之（1902－1996），詩人，教授。安徽績溪人。少年時當過學徒。1921 年在杭州浙江第一師範學校讀書時，將他的詩集《蕙的風》寄周作人求教，由於周作人正在西山養病，由魯迅代辦，遂開始通信。汪于同年開始發表詩作，同時組織晨光文學社。

1922 年跟應修人、潘漠華、馮雪峰成立湖畔詩社。《蕙的風》出版後，受到一些人的指摘，魯迅作《反對「含淚」的批評家》，替汪辯護。汪說：「我是魯迅的私淑弟子，魯迅是我的恩師。」本年在保定任中學教師，暑期到北京西山度假。汪在《魯迅——蒔花的園丁》中寫道：「有一位女友吳曙天，過去在杭州女子師範學校讀書，我介紹她加入『晨光社』，這時她在北京美術專門學校讀書。我說起同『周氏兄弟』過去通過信，還沒有見過面，打算到八道灣去拜訪他們。吳曙天就說『周氏兄弟』早已鬧翻了，魯迅已經搬了家，不住在八道灣了。『周氏兄弟』她都很熟，她可以陪我去。她當時正和章衣萍談戀愛，就對章衣萍說起要陪我去見『周氏兄弟』，衣萍說他也陪我同去。」於是三人一起來了。作者接著寫道：

> 在「老虎尾巴」裏，我們會見了魯迅。他穿一件破舊的藍布長衫，有補釘，很骯髒，頭髮也不梳，好像臉也沒有洗，全身都不整潔。第一眼看見，好像一個窮秀才。因為我自己是矮個兒，所以我注意到他個兒矮，不過比我要高一些。

> 魯迅馬上就和吳曙天、章衣萍談起來，談得起勁的時候，就站起來，一邊走動，一邊談話，有時慷慨激昂，有時痛心疾首，有時傲然怒視，有時高聲大笑。非常隨便，毫無拘束。這時魯迅的風度，就是一個不修邊幅，豁達不羈的風流名士了。後來顧頡剛曾譏刺魯迅是名士派，我用「風流名士」的字來形容魯迅的風度，是表示欽佩、景仰、愛慕、傾倒的心情。這種心情和諷刺是兩極端的。五四前後，我把風流名士的風度看成人的風度的最高典範，看成風度美的極致。

> 魯迅談的是女師大風潮，只記得談話時議論風生的聲容笑貌，談話的內容因為事不關己，已全部忘光。

> 魯迅一直不和我說話，我有受到冷落的感覺。

激烈的談話結束後，魯迅坐下來，放低聲音平和地對我談話。

他頭一句話是：「你到過紹興」。

我問他：「你怎麼知道的？」

他說：「你的《蕙的風》裏有一首詩是寫紹興的旌表節婦烈婦的牌坊的。」

我當時很驚奇，幾年前寄給他看過的原稿，怎麼還記得呢？可見他對一個不認識的中學生的詩稿，不是隨便瀏覽一下，而是認真看過的。這種負責精神，這樣精心培植的園丁，真令人尊敬感激！而且記性好得驚人。

說到旌表節婦烈婦的牌坊，他說過一番話，原話已模糊不清，大意是：旌表節烈是慘無人道的，節烈牌坊就是禮教吃人的證據。反對封建禮教，必須提倡自由戀愛。

說這些話時，聲音高起來，態度激烈起來了。接著說的一些話，先後次序不記得了，分別記錄於下：

他說，人天生有愛情，有愛情就有戀愛詩。《詩經》的《國風》、《子夜歌》等民間歌謠裏，有很多戀愛詩，戀愛詩是禁不絕的。

他說，「關關雎鳩」是大鷺鳥唱戀愛詩，「兩個黃鸝鳴翠柳」是黃鶯鳥唱戀愛詩。鳥用婉轉的歌聲求愛，為什麼詩人不能用戀愛詩求愛？

他說，道學家越仇恨戀愛詩，越要勇敢地大唱戀愛詩，讓他們去恨！

　　以上這些不加引號的話大意不會錯，字句和原話不一定相符。以下加引號的話是記得清楚的。

　　他說：「你那首『一步一回頭瞟我意中人』的詩，接著還說什麼『膽寒』，一個反封建的戀愛詩人，還不夠大膽，可見封建禮教在人的腦子裏是根深蒂固的。」

　　他說：「道學家說你的詩比不上歌德和雪萊；中國文壇還很幼稚，提出歌德和雪萊，要求太高了，誰能比得上呢？」」

　　有幾句話記得非常清楚，他說：「青年人有寫戀愛詩的權利，你是放情地唱戀愛詩的人，《蕙的風》出版後，怎麼就不唱了？」

　　魯迅說話時的語調態度，正是一個循循善誘的老師在教導學生。

　　我說：「前幾年你寫信要我讀拜倫、雪萊、海涅，可是翻譯過來的每人只有幾首詩。我就到上海進英文專修學校，準備學好英文再讀拜倫、雪萊、海涅的詩。英文沒有學好，就當了國文教員，忙著教書。因此，詩寫得少了些。」

　　說罷，我就起身告辭，和曙天，衣萍同去拜訪周作人。周作人不在家，以後我也沒有再去，結果同周作人始終未見一面。第二天去拜訪了胡適之……

　　　　　　（《魯迅回憶錄》散篇上冊第375－377頁）

　　夜寄Ｈ君信　信未見，為本年第一百二十九封佚信。是羽太重久七月回日本後第一次致信重久。從重久十月七日來信可知，信中說到由「前不久的女師大鬧學潮而被教育部罷免」一事。詳十月十三日箋。引號中的

一句應看作這封信的殘句。吳作橋《魯迅書信鉤沉》和劉運峰編《魯迅佚文全集》皆未收入。

【補】

跟北京大學教員朱家驊、朱希祖、馬裕藻、徐炳昶、三沈、周作人、張鳳舉、錢玄同等共四十一人聯名發表《反對章士釗的宣言》，揭露章思想陳腐、行為卑鄙，不僅禁止學生開會紀念國恥，提倡荒謬絕倫的復古運動，而且借整頓學風的名目，行摧殘教育的計畫……竟用武裝警察強迫解散女師大，藉此壓倒種種的愛國運動，達到他一網打盡的目的。《宣言》宣告，「我們要出來抵抗他，反對他為教育長官」。

二十七日　晴。上午張仲蘇來。赴維持會。夜潘企莘來。

【箋】

上午張仲蘇來　張仲蘇（1879－？），名謹，仲蘇為字，亦作仲素。河北清苑人。曾留學德國。1912 年為教育部專門教育司僉事，1917 年任京師教育局局長，1921－1928 年任直隸教育廳廳長。本年交往僅此一見。

二十八日　曇。上午訪季巿，不值。午後長虹來。子佩來。晚建功、伏園來。夜雨。

【箋】

晚建功、伏園來　建功，姓魏（1901－1980），字天行。語言文字學家。江蘇海安人。1919 年入北京大學預科，1921 年入國文系，從錢玄同諸人學文字、音韻、訓詁等，本年畢業後留校。歷任北大助教、副教授、教授、《國學季刊》主編等職。上二年級時選修魯迅的小說史課程。1923年一月因作文對愛羅先珂有不敬言語，受到魯迅批評。本年暑期，受「五卅運動」刺激，跟友人合辦黎明中學，李宗侗任校長。其宗旨是「提倡民主教育，反對文化侵略」。為請魯迅擔任該校高中文科小說課而來。魏在

《憶三十年代的魯迅先生》中寫道：「1925 年『五卅』運動裏，我們有幾個人發起開辦了黎明中學，那時的新學書院（英帝國主義分子辦的）的同學大部分轉過來了。這個中學一開辦就有四百多學生，高初中年級俱全，校址設在北京西城豐盛胡同。我負責辦教務，就請魯迅先生擔任高中的課，講小說。我請魯迅先生擔任課是很匆促的，1925 年八月二十八日晚上首次進見先生，邀了伏園一起去，九月七日晚上我自己一個人再去了一次，當我提出請求，先生沒有遊移，滿口應允……」（《魯迅回憶錄》散篇上冊第 261 頁）現藏黎明中學聘書寫道：「茲敬請　先生擔任本校高中文科小說教員。此致　周豫才先生。」有校長李宗侗印章和學校印章，時間是「中華民國十四年八月」。聘書當即由魏帶來。魏建功在前引回憶中還寫道：「二十八日我去見他，記得跟伏園我們三人談話內容大半談的這個問題，先生說要對章士釗進行行政訴訟；那時北洋軍閥政府下面被免職的『屬僚』對騎在頭上的作威作福的『上司』不可能進行這種訴訟的，但是魯迅先生做到了……」

二十九日　曇。下午晴。季市來。裘子元來。

【補】

　　本日接平政院通知，限五日內繳納三十元陳訴費。

三十日　星期。晴。上午赴維持會。下午雨。夜李霽野、韋素園、叢蕪、臺靜農、趙赤坪來。

【箋】

　　上午赴維持會　是魯迅第十二次參加女師大校務維持會。《全集》註云，這時女師大捐募的經費，已足敷本年之用；校舍也已覓得，即日著手整理；並先後聘定若干教授任教。本日會上決定一面上課，一面聯合各團體進行倒章運動。

　　夜李霽野、韋素園、叢蕪、臺靜農、趙赤坪來　初次議論辦出版社——談日本的丸善書店。李霽野在《憶素園》中說：「1925 年夏季的一天晚上，素園、靜農和我在魯迅先生那裏談天，他說起日本的丸善書店，起始規模很小，全是幾個大學生慢慢經營起來的。以後又談起我們譯稿的出版困難。慢慢我們覺得自己來嘗試著出版一點期刊和書籍，也不是十分困難的事情，於是就開始計畫起來了。」（見《魯迅先生與未名社》第 212－213 頁）以後他在《記未名社》中引用了這段話，可見其確信不疑。李這段話包括幾個過程，一是「他說……」，二是「以後又談起我們譯稿的出版困難」，三是「慢慢我們覺得」如何，這才「開始計畫」。一個過程一個時間，作者說得條理清楚，層次分明。在《魯迅先生對文藝嫩苗的愛護與培育》裏則把幾個過程混在一起，說：「1925 年夏天一個晚上，素園、靜農和我訪先生，先生因為一般書店不肯印行青年人的譯作，尤其不願印戲劇和詩歌，而《往星中》放在他手邊已經有一些時候了，所以建議我們自己成立一個出版社，只印我們自己的譯作，稿件由他審閱和編輯。」（同上第 8 頁）這樣一次談話解決問題，是不可能的，也跟集款時間隔得太長，不符合魯迅作風。顯然第一次談話只是第一個過程，限於「他說起日本的丸善書店，起始規模很小」等等。談話背景是：夏天，晚上，大概還有點月光，適於在院裏談話；參加人不能少了韋素園、臺靜農和他自己。符合這些條件的只有今天。七月六日、十九日、二十八日是白天來；十三日是忙於為韋素園解決求職問題，而且沒有素園。八月十日是晚上，卻沒有臺靜農；十七日是來看望、安慰剛被「免職」的魯迅，不適於「談天」，而且也沒有臺靜農；二十二日是白天（上午）。九月一日、九日、十四日也都在白天；十八日只有李一個人來；這以後天氣漸涼。本日是舊曆七月十二，將滿的月兒正當中天，最適於院中乘涼。多出的叢蕪、趙赤坪二人，有可能是李覺得不重要而未寫出，也有可能提前離開。韋叢蕪在《未名社始末記》中說：「七月十三夜，青君和霽野去請先生寫信給徐旭生先生，託介紹素園作《民報副刊》編輯，這時就開始醞釀組織出版社了。」從《日記》看，條件尚不具備，不可能跟為韋素園求職同時。叢蕪的話說明，他

參加了「開始醞釀組織出版社」的議論，李霽野的上述回憶有意無意漏寫了叢蕪的名字。這又反證，「他說起日本的丸善書店」只能在今天。《全集》第十四卷第 605 頁註⑦和《中國大百科全書・中國文學》卷「未名社」條，根據李霽野所說那天晚上「也就決定了先籌起能出四次半月刊和一本書籍的資本」一段話，把該社成立時間定為八月，顯然不妥，也跟李所說經過了幾個過程相矛盾。

　　三十一日　晴。上午赴平政院納訴訟費三十元，控章士釗。訪季市不在。午後寄三弟信。下午季市來。

【箋】

　　上午……控章士釗　章士釗（1881－1973），字行嚴，筆名孤桐、黃帝子孫之嫡派黃中黃、支那漢族黃中黃、黃中黃等。邏輯史家。湖南善化（今長沙）人。1901 年寄讀於兩湖書院，結識黃興，共同組織華興會。1902 年考入南京江南陸師學堂學軍事，1903 年任《蘇報》主筆，與陳獨秀等創辦《國民日報》。1904 年跟同志在上海創立愛國協會，因起義而被捕，出獄後赴日本。1907 年到英國學法律，兼攻邏輯學。辛亥革命後受孫中山之約，輟學回國，任同盟會機關報《民立報》主筆，又自創《獨立周報》，1913 年參加討袁戰爭，後流亡日本，跟陳獨秀創辦《甲寅》月刊。1915 年轉入學術界，任北京大學教授兼圖書館主任。1921 年出國考察，1922 年任北京農業大學校長，後在上海任大律師。1923 年任上海《新聞報》主筆。1924 年至 1926 年間任段祺瑞執政府司法總長等職。在「女師大風潮」中他是支持楊蔭榆的。本年四月十四日，以司法總長兼領教育總長，中間一度「辭職」，七月二十八日「復」。八月十四日免去魯迅教育部「僉事」職，屬違規行動，魯迅決定法律解決，已於二十二日提出訴狀。平政院決定立案，本日據平政院通知前往繳納訴訟費。

　　午後寄三弟信　信未見，為本年第一百三十封佚信。

九　月

大事記

五日，胡適在《現代評論》發表《愛國運動與求學》，說排隊遊行等「算不得救國的事業」，「國家的紛擾，外間的刺激，只應該增加你求學的熱心與興趣，而不應該引誘你跟著大家去吶喊。」

七日，為紀念辛丑國恥和追悼「五卅慘案」中各地死難者，上海、武漢、長沙、北京、廣州等地五十萬人分別舉行集會、遊行，高呼「打倒帝國主義」、「打倒媚外軍閥」等口號，要求廢除一切不平等條約，迅速解決滬案，實行關稅自主，與英帝經濟絕交。上海三十萬群眾遊行時遭英租界巡捕的阻撓槍擊，激起全國各地人民極大憤慨。九日，北京各校滬案後援會開會議決擴大宣傳，再行募捐，通函全國學生，一致聲援。

二十日，中國濟難會在上海成立。該會亦稱互濟會。惲代英、楊賢江、郭沫若等十三人為委員。該會以救濟因參加愛國運動而死難或入獄者為宗旨，給以經濟上、輿論上及法律上之援助，出版有《濟難》、《光明》等雜誌。

同日，北京各校滬案後援會等團體午後舉行大遊行，約三四百人至執政府請願，提出多項要求，其中包括「請明令恢復女師大」，「請罷免並懲辦破壞教育的章士釗」等。

　　一日　晴。上午往山本醫院。訪季市。下午霽野、赤坪、素園、叢蕪、靜農來。夜劉升送來奉泉六十六元。有麟、仲芸來。小酩來。

【箋】

　　往山本醫院　係給自己診病。近一時期，由於積極參加女師大的鬥爭，日常的教學、寫作、編刊物等工作亦較前繁重，過於勞累，又「喝酒太多，吸菸太多，睡覺太少」（九月三十日致許欽文信），引起肺病復發。魏建功在《憶三十年代的魯迅先生》中說：「他一面嚴重地病著，一面嚴肅地工作，當時人不知鬼不覺絕口不提一個『病』字。」（《魯迅回憶錄》散篇上冊第 261 頁）魯迅 1934 年十一月十八日致母親魯瑞信說：「男因發熱，躺了七八天，醫生也看不出什麼毛病，現在好起來了。大約是疲勞之故，和在北京與章士釗鬧的時候的病一樣的。」（收《書信》）1936 年九月三日在致母親信中說：「男所生的病，報上雖說是神經衰弱，其實不是，而是肺病，且已經生了二三十年，被八道灣趕出後的一回，和章士釗鬧後的一回，躺倒過的，就都是這病，……男自己也不喜歡多講，令人擔心，所以很少人知道。」（收《書信》）據許廣平回憶，病從八月下旬即已發生，魯迅不以為意，也不去看醫生，仍堅持跟章士釗、楊蔭榆鬥。她和許羨蘇力勸，雙方談數小時，魯迅才同意請醫生診斷。許說：「我們在他的客廳裏，婉轉陳說，請求他不要太自暴自棄，為了應付敵人，更不能輕易使自己生起病來，使敵人暢快，更使自己的工作無法繼續。我們的話語是多麼粗疏，然而誠摯的心情，卻能得到魯迅先生的幾許容納。」另一處說：「那時有一位住在他家裏的同鄉，和我商量一同去勸他，用了整一夜反覆申辯的工夫，總算意思轉過來了……」今日去山本醫院看病，乃是許廣平等力勸的結果。

　　附記：許廣平在《欣慰的紀念》裏寫到魯迅「病時」的一些情景，時間不夠確切，權附於此：

先生病時，據他的同鄉說：他房裏有兩把刀，一把就放在床褥下面。他很孝順他的母親，如果他的母親不在，在這可悲憤的環境裏，他可能會自殺。但這畢竟是一種傳說，在這一時期裏，先生還是積極的奮鬥著，他一面當好幾個學校的教師，一面在教育部當僉事。如果真是老於世故的人，那時候是早已默默無聲了，但先生卻公正無私的給予教育當局很多批評，這博得了許多青年的信任，來請教他的，自然多起來了。雖則往常不喜出入教師之門的我，這時也因為校務時常到他家裏請教。但每次去時，總見他在寓所裏仍然極其忙碌。或者給青年看稿子，或者編副刊，校對書籍，他沒有一刻讓自己好好休息過。有時，我也從旁學習一二，替他校對什麼，或者代抄點《墳》之類的材料。可是他總是不大肯叫人替他做事，一切大小瑣碎，都願意自己動手。就是他嗜好的茶，也不勞人代泡。房間預備好一只痰盂，經常容納他杯子裏的茶滓。他把茶滓傾倒在這裏之後，就在書架罐子裏取些茶葉，自己再到廚房去倒開水⋯⋯

在我呢，看他那寂寞如古寺僧人的生活，聽他那看透一切黑暗面但以「希望」安慰後生的議論，總處處在誘發我關於他那同鄉所說的悲觀自殺的話，在某一天，我頑皮地搜索書架和床褥，果然發現兩把刀。或者正確地說：是兩把匕首。我實行「繳械」了，先生笑了笑也就完事。他是不肯拿青年做敵人的。在許久的另一機會裏，他對我解釋說：「刀是防外來不測的，那裏是要自殺。」我把他的同鄉的話反問他，先生大笑起來，說：「你真是個傻孩子！」

（《許廣平文集》第二卷第 12−13 頁）

此處所說「同鄉」，無疑就是許羨蘇。二人在力勸看病而外，又力勸少吸菸。《欣慰的紀念》說：「他更愛吸菸，每天總在五十支左右。工作越忙，越是手不停菸，這時候一半吸掉，一半是燒掉的。在北京和章士釗之流的正人君子鬥爭，醫生曾經通知過他，服藥同時吸菸病不會好的，我們幾個學生那時就經常做監視的工作，結果仍然未能停止，從此之後，只不過勸告減少而已。」（《許廣平文集》第二卷第 94 頁）

下午霽野、赤坪、素園、叢蕪、靜農來　筆者推測，前天晚上，幾個人聽魯迅談了日本丸善書店的辦店經過，受到啟發，想起何不也辦個書店以便把自己的譯作出版，便一齊來找魯迅。於是有了李霽野那段話中的第二個過程。這樣內容的談話也可能在九日或十四日。

夜劉升送來奉泉　劉升，教育部的工友。《日記》中僅此一見。

【補】

復信黴江，連來信一起，以《通信》為題，載《莽原》第二十期（四日），署名魯迅。針對黴江對江紹原文章中一些反語的誤解，指出「想有戰線」，必先分清敵友，尤其要警惕那些施放暗箭、散佈流言的陰險的人。黴江來信，當寄到《莽原》編輯部。收《集外集》，附黴江信。為本年第十九封存信。

二日　晴。上午呂劍秋來。下午小峰、伏園、春臺、惠迭來。晚仲侃來並贈筆十二枝。

【箋】

上午呂劍秋來　呂劍秋，名復，字漸秋。河北涿鹿人。時任教育部次長。來訪僅此一次。

晚仲侃來並贈筆十二枝　仲侃，即李宗洛，見六月十六日箋。

三日　晴。上午得陶璿卿、許欽文信，八月二十八日臺州發。寄李小峰信。午幼漁來。夜得任子卿信，一日奉天發。

【箋】

上午得陶璿卿、許欽文信　來信未見。是兩人離京後第一次來信，當述已到臺州。

寄李小峰信　信未見，為本年第一百三十一封佚信。

夜得任子卿信　來信未見。許羨蘇在《回憶魯迅先生》中說：「住在西三條胡同二十一號的人，晚上除魯迅先生睡得很遲以外，其餘的人都是很早就睡下的。有信或電報送來，都由魯迅先生親自去開門，親自接收。有時聽到他和郵遞員談話，特別是冬天或大雪天他和他們談的更多。有一次吃飯的時候，我忽然問他和郵遞員談些什麼，他說他只是利用在他進來蓋章簽名的時間，請郵遞員抽枝菸，免些寒冷。」（《魯迅回憶錄》散篇上冊第 321 頁）此時許羨蘇已住進魯寓。哪幾次夜間來信為魯迅親收，已無法可考，本次為許住進來以後首次夜間收到來信，因係於此。

四日　曇。上午鄒明初來。訪季市。午魯彥及其夫人來。午後常維鈞來並贈《京本通俗小說》第廿一卷一部二本。晚季市來。壽山來。

【箋】

常維鈞來並贈《京本通俗小說》　《京本通俗小說》，宋元小說家話本選集，撰者不詳，今存九篇，有些篇同時見於《警世通言》、《醒世恒言》等書。繆荃孫刻印于 1915 年，編入《煙畫東堂小品》。其第二十一卷即《金虜海陵王荒淫》，本年有鉛印本，二冊。魯迅 1915 年五月六日所得和寄給二弟者，當為繆氏刻本。常氏所贈，《全集》註未言，筆者亦未親見實物，推想應是新印本。

五日　曇。上午詩荃來。楊遇夫來。宋孔顯來。下午往山本醫院。李宗武來。章矛塵來。已燃、長虹來。

【箋】

宋孔顯來　宋孔顯，字達卿。浙江紹興人。周作人學生，1917 年紹興浙江第五中學畢業。後考入北京大學哲學系，本年畢業。以前曾「代二弟寄孫福源、宋孔顯信」（1917 年五月二十四日）和「夜子佩來還泉廿，又交宋孔顯還二弟泉廿」（1918 年六月二十七日）。這次，當是宋畢業後前來告別。以後再無來往。

已燃、長虹來　此次來，高可能談到黎錦明對他《弦外餘音》一文的批評（高謂之「攻擊」）和對《莽原》的指責，說準備寫文反擊，魯迅未表態。又可能提出撰文批評在《語絲》上嘲諷川島的江紹原，而魯迅不同意，詳十四日箋。還可能談到《閃光》出版計劃，詳二十六日箋。

【補】

另寫一控章士釗訴狀送平政院。魯迅所存平政院的收據中，尚有本日開出的一份：「今收到周樹人正訴狀一件」。據孫瑛《魯迅在教育部》，「這一訴狀的內容，卻於他處沒有影跡可尋，只在後來章士釗所寫的『答辯書』中，曾經提到原告在指控章士釗『倒填日月』這件事時是『追加理由』，既然第一次的控訴狀中沒有這一內容，那麼這次應該就是『追加』而無疑問了……」這「追加」的訴狀至遲今日呈送，故係於此。

六日　星期。晴，風。上午孫堯姑來。高君風來。下午往山本醫院。夜得子佩信。

【箋】

上午孫堯姑來　孫堯姑，字叔貽。貴州貴陽人。本年北京女子師範大學國文系畢業。當係告別。

高君風來　高君風，不詳。凡兩見，十三日又來一次。

七日　晴。上午往北大。訪幼漁。買《海納集》一部四本，泉五元五角。夜建功來。得王品青信。得許廣平信並稿。

【箋】

　　訪幼漁　馬幼漁，見一月二十八日箋。女師大校務維持會賃得宮門口裏南小街宗帽胡同十四號（後改宏茂胡同三十三號，在現魯迅故居向北步行約十分鐘處）校舍後，隨即籌備開學。由許壽裳擔任校長、教務長，魯迅、馬幼漁、鄭奠、徐炳昶等校務維持會成員兼任教員，義務授課。魯迅往訪馬幼漁（地點在東板橋），係商談有關文科教學事宜。當時鄭奠亦在座。詳二十八日箋引鄭奠回憶。

　　買《海納集》一部四本　《海涅集》，西文書，即《海涅十三卷集》，原文 Heines Werke in dreizehn Teilen，德國海涅著，弗利德曼（H. Fridemaun）編並序。柏林德意志出版社出版。

　　夜建功來　魏建功此來，仍為請到黎明中學教課事。本次商妥。

　　得許廣平信並稿　信缺。稿為《反抗下去》，在《莽原》第二十一期（九月十一日）刊出，署名景宋。

八日　曇。上午訪季市。浴。下午得峰籏良充信並季市介紹片。

【箋】

　　下午得峰籏良充信並季市介紹片　來信及介紹片均未見。峰籏良充，日本人，在日本東京高等師範學校教書。當是告知即將來訪。

九日　晴。上午往北大取去年十月分薪水泉十。往東亞公司買《ケーベル博士小品集》、廚川白村《印象記》、《文芸管見》各一部，共泉四元五角。下午素園、叢蕪、赤坪、霽野、靜農來。峰籏良充來。季市來。小峰、學昭、伏園、春臺來，並贈《山野掇拾》一本。夜長虹來。夜半大雷雨。

【箋】

　　往東亞公司買……　所購均為日文書。《ケーベル博士小品集》，即《開培爾博士小品集》，俄國開培爾著，深田康算、久保勉同譯。大正十四年東京岩波書店第九版。《印象記》，散文集。廚川白村著。大正十三年（1924）東京積善館出版。《文芸管見》，里見弴著。大正十四年東京改造社出版。

　　下午素園、叢蕪、赤坪、霽野、靜農來　這次來，當談到辦出版機構事，見一日箋。

　　峰鎮良充來。季市來　兩人先後來談。

　　小峰、學昭、伏園、春臺來　學昭（1906－1991），姓陳，女，幼名陳淑章、陳淑英。現代作家。淺草社成員。浙江海甯人，祖籍河南潢川。十五歲入南通縣立女子師範學校。1923 年開始發表作品。曾在北京大學旁聽魯迅講授中國小說史。後為《語絲》主要撰稿人。由孫伏園引見，拜訪魯迅。陳在《魯迅先生回憶》中說：「我第一次見到魯迅先生是在北平，十四年的秋天，是他的一個熟友領我去的。我覺得沒有什麼可說的印象，在那時我早已讀過了他的《阿 Q 正傳》等，見了他之後，我好似感覺到有點失望，因為在當時我年輕而幼稚的腦子裏缺少現實的人生而只有怪誕的思想。可是我所見到的魯迅先生如平常的上等人一樣，很有禮貌，說話很客氣，一點也沒有什麼可怕和古怪的地方。如果人家不早在文字上說到他的頭髮如何長，我也不會覺得他的頭髮有什麼特別。」（《魯迅回憶錄》散篇中冊第 686 頁）在《與魯迅先生交往始末》中說：「記得這年夏天我去太原參加陶行知先生創辦的中華教育改進社（已記不清這個名字了，不知是不是這樣稱呼的）年會，會後就到了北京。他好像早已知道我，我去時，他說：『三先生（周建人先生）的好朋友來了。』我叫魯迅先生『大先生』，他對我很隨和的，有點像對一個小孩子的樣子。我是很害怕見陌生人的，可是過了歇，聽他那麼隨和地說話，怕的感覺就消失了。幾乎每次見到他，他總要問我：『北方的生活習慣麼？』」（《魯迅研究資料》第三輯）前引《魯迅先生回憶》接著說：「記得有一次，我正在魯迅

先生家裏，一個穿著布長衫的矮小個子的男子，來訪魯迅先生，這人的頭髮式樣，走路姿勢，說話神氣，學得都那麼地像魯迅先生，使我十分吃驚。不知的人還要以為那是他的弟弟了。魯迅先生馬上立起來去招待這個貴客。後來，人家告訴我這個人就是長虹。」（《魯迅回憶錄》散篇中冊第686頁）文中說是「有一次」，從日記看，陳學昭本年共來兩次，而這次在他們幾人來後正有「長虹來」，故只能在今日。說高長虹進來後魯迅「馬上立起來去招待這個貴客」，可見魯迅對高長虹態度。

夜長虹來　本日為星期三，是《莽原》集稿之日，高長虹來，當是取新一期《莽原》稿件的，以便明日一早送到北新書局去。此刻人多，當不會談及黎錦明文章事。詳十四日箋。

十日　曇。上午往校務維持會。午後往黎明中學講。下午有麟、仲芸來。雨。

【箋】

午後往黎明中學講　魯迅已答應為黎明中學高中文科講小說，本日開講。魏建功在《憶三十年代的魯迅先生》中說：「先生每星期四下午到黎明中學上課，我們一定見面一次……」（《魯迅回憶錄》散篇上冊第262頁）陳漱渝在《魯迅史實雜考》的《魯迅在北京講授的課程》一節裏說：「據當時該校的學生高啟沃回憶：『那時一般中學都沒有這門課，當時特為開設的，教材用的是《點滴》（北大新潮社編，上下兩冊，內容是翻譯的外國短篇小說），起首的一篇小說名《空大鼓》，魯迅在教學中曾對它進行了分析。』」黎明中學，見前八月二十八日箋。

【補】

作《〈中國小說史略〉再版附識》，載本月北新書局再版合訂本《中國小說史略》序文後，署魯迅識。初未收集，現收《集外集拾遺補編》。

十一日　晴。上午季市來。子元來。下午雨。晚得幼漁信。
有麟來。

【箋】

　　子元來　子元，即裴善元。

十二日　晴。上午得三弟信，九日發。收《ツアラツストラ
解釈並びに批評》一本，H君所寄。午後往女師大教務委員會。
晚壽山來。

【箋】

　　收……，H君所寄　H君，羽太重久。《ツアラツストラ解釈並び
に批評》，日文書，即《ニチィエのツアラツストラ——解釈並びに批評》，
是對尼采《扎拉圖斯特拉如是說》一書的《解說及批評》，日本阿部次郎
著。大正十三年東京新潮社第十版。

　　午後往女師大教務委員會　教務委員會，即校務維持會。已決定
十三日開始招收新生。本日會上議決，招收文理預科新生各一班，各級插
班生共二十六人。其間，鄭奠來商談文科任課事，詳二十八日箋引鄭奠回憶。

【補】

　　得平政院決定受理控章士釗案通知。孫瑛在《魯迅在教育部》中寫道：
「九月十二日魯迅得到了平政院決定受理本案的通知，並說已將訴狀副本
『咨送被告官署依法答辯』等等。魯迅急迫地希望尋找機會批駁被告，因
此在九至十月之間曾經寫信給平政院，要求將被告的答辯書早日送來。這
封信雖然不見原件，也不知它的全部內容及準確日期，但在十月十三日平
政院送來被告答辯書時的通知中引出幾句，是：『前因教育部違法免職，
提起行政訴訟一案，奉鈞院批准受理，並咨行被告答辯各在案，此項答辯
書想已提出，請即發下，以便互辯。……』」「在九至十月之間曾經寫信

給平政院」的「這封」應視為佚信，為本年第一百三十二封佚信，孫瑛書
中所引即該佚信殘句。

　　十三日　星期。晴，風。上午寄三弟信。高君風來。鄭介石
來。裘子元來。有林來。下午子佩來。李小峰來。壽山來。晚王
品青來。得欽文信。

【箋】

　　上午寄三弟信　信未見，為本年第一百三十三封佚信。

　　鄭介石來　鄭介石（1895－1977），即鄭奠，介石為字，又字石君。
語言學家。浙江諸暨人。1915 年考取北京大學國文系，在校讀書期間即發
表《國學研究法》，1920 年畢業後留校，先後任預科講師、教授、預科主
任、國文系教授等職。1922 年起兼任北京女子高等師範學校國文科主任、
中國文學系主任、教授。北伐戰爭期間，一度和蔡元培等在浙江從事行政，
1928 年在杭州浙江大學任教，1929 年重回北京大學。上年五月二十一日晚，
「以女師校風潮學生柬邀調解」，曾一起調解過。

　　十四日　晴。午後長虹來。往女師大。下午素園、叢蕪、靜
農、霽野來。夜小峰來。

【箋】

　　午後長虹來　長虹此來，談話當不會多，但可能簡單談及高所作《弦
外餘音》一文。高的《我的命令》在《莽原》第十三期發表後，黎錦明理
解為「長虹先生叫我們莫翻譯」，聯想到他幾次投稿《莽原》都未能發表，
遂撰文，既指責高長虹又攻擊《莽原》，高便作《弦外餘音》，最後一段
是：「此外，則錦明君的文中，還有說及《莽原》的幾處，我現在覺著不
需要說什麼。只是如『入局者迷，旁觀者清』一類的話，都嵌不在《莽原》
上去，我並且放開來說：有人想攻擊《莽原》時他應該先有一些較明確的

瞭解。」此文作於本月五日，很可能是在讀到黎的文章後立即寫出的。當天下午他和闇宗臨來訪，是否交給魯迅，不得而知。九日集稿，高來時人已很多，無暇談及，便把那一期稿子全部帶走。今日來，魯迅已見到新出的《莽原》。高長虹在《1925，北京出版界形勢指掌圖》中說：「當黎錦明屢次投稿不登的時候，在一個刊物上發表了一篇文字攻擊《莽原》，但不敢攻擊魯迅，卻除開魯迅去攻擊其他的人。魯迅是《莽原》的編輯，不登稿也是魯迅不登，並不是其他的人，兩者都應該他出來說話。而他不但不說話，到我寫了那篇已經十分和平的《弦外餘音》的時候，他反以為是無須乎的樣子。」（《高長虹文集》中卷第 152 頁）最後一句，即「他反以為是無須乎的樣子」，當即今日所說。三閒居曰，讀高長虹此文，隱然感到，在《莽原》編輯工作上，他對魯迅已產生不滿情緒。在高看來，黎錦明文章表明，黎「屢次投稿不登」，以為是他從中作祟，在此情況下，魯迅不僅不站出來說明內情，反以為他寫那篇文章有「多此一舉」之嫌，乃要他代己受過，擔負犧牲。類似情況，還有焦菊隱等。高在同一篇文章中說：「傳說這一類事，我是討厭透了的，這不能證明事實，而只能淆亂事實。關係《莽原》的，有一些人都疑惑是我編輯，連徐旭生都有一次這樣問過我。外面來稿不登的，也有人便積怨於我。事實則是，《莽原》通信處是有麟住的地方，收到的稿，他再轉給魯迅看。例如焦菊隱，是我曾見過一次面的，他投稿幾次都沒有登，聽說他初次投稿時曾提及我，但到我知道時，已是兩三個月以後了。所以我連信都無從回復。（引者插話，此焦跟石評梅關係甚好，當高長虹追求石評梅而不得的時候，他疑心有焦從中作梗，這又加深了對魯迅的不滿，詳拙著《魯迅與高長虹》）又如黎錦明也曾給有麟同我去過一次信，有麟倒轉給我了……」（第 159 頁）平心而論，高長虹有些心胸狹窄，在此類事情上過於較真。有的不滿更給人以「沒來由」之感。如在前引「他反以為是無須乎的樣子」一句後，高說：「他說過幾次要攻擊江紹原，但又說要等到暑假開學以後。我在《莽原》第十三期寫了《弦上》第八《我的命令》一文後，《語絲》第四十二期便有江紹原的一篇仿近人體罵章川島，我很疑惑，後來知道那是仿《民副》

上的一篇文字。我那時說應該說幾句話了。但他卻說，江紹原已託川島來向他認錯，所以無須說話。江紹原向魯迅認錯，便可以白罵了別人！」其實，江那篇文章屬於遊戲文字，並非真正罵人，所「罵」者也只是川島一人，川島並未生氣，反倒同時寫了《狗尾巴》續之於後，他人何必去管？《語絲》第四十二期是八月三十一日出版的，兩人要不要撰文反擊江紹原的談話，很可能發生在九月五日那次見面時。

　　下午素園、靜農、霽野來　有可能議論辦出版機構，即李霽野回憶中第二或第三個過程，並見一日箋。

　　十五日　晴。午後訪李小峰。往東亞公司買《支那詩論史》一本，《社會進化思想講話》一本，共泉四元。下午訪季市。夜有麟來。得徐旭生信。

【箋】

　　往東亞公司買……　所購均日文書。《支那詩論史》，即《中國詩論史》，鈴木虎雄著。大正十四年（本年）京都弘文堂書房出版。《支那學叢書》之一。《社會進化思想講話》，高畠素之著。大正十四年東京雅典娜書院出版。該書作者是日本研究《資本論》的專家，也是該書日譯本的譯者。本書分析了生物進化和社會進化的區別，由遺傳說的兩派談到哲學的科學化，以及馬克思主義的認識論和唯物論，批判了資本主義和無政府主義。

　　得徐旭生信　來信未見。

【補】

　　作雜文《「碰壁」之餘》，載《語絲》第四十五期（二十一日），署名魯迅。女師大進步學生被當局毆曳出校後，陳西瀅誣指對女師大學生的聲援是「重女輕男」，並攻擊魯迅對章士釗的鬥爭缺乏「學者的態度」。本文即針對此種論調而發。魯迅稱這些論調「其實又何嘗『碰壁』，至多也不過遇見了『鬼打牆』」。在逐一批駁了兩種論調後說：「我所經驗的

事委實有點稀奇，每有『碰壁』一類的事故，平時回護我的大抵願我設法應付，甚至於暫圖苟全。平時憎惡我的卻總希望我做一個完人，即使敵手用了卑劣的流言和陰謀，也應該正襟危坐，毫無憤怨，默默地吃苦；或則戟指嚼舌，噴血而亡。為什麼呢？自然是專為顧全我的人格起見嘍。」收《華蓋集》。

　　十六日　晴。午後鍾吾來。下午往女師大。晚峰簇君來。夜收教育部奉泉四十。

【箋】

　　午後鍾吾來　是尚鉞第七次來寓，也是他第一次單獨來訪。疑提出把他的一本小說集編入《烏合叢書》。這本集子即是《斧背》。據魯迅後來給韋素園信（詳十月二十八日箋），這本小說集的稿子，此時（或稍後）可能已到魯迅身邊。何時到了魯迅身邊，《日記》不載，也許是哪次來訪帶來的。

　　下午往女師大　據九月十五日女師大校務維持會宣言，「……章士釗蓄意毀學，遂假校長風潮，首先解散，旋以社會之指摘，識者之抨彈，則又號古氣類，別立所謂女子大學，以掩人耳目，一面又造作蜚語，毆辱學生，雖在路人亦為冤憤，是不惟青年學業大受損失，學校制度並遭破壞，即中國教育前途，亦已淪於黑暗之域矣。同仁等或忝在學界，或本屬教員，對此暴行，自難坐觀，遂分別組織維持會，以盡國民天職，拂斥橫逆，於茲月餘，現已在阜成門南小街宗帽胡同十四號覓定校舍，仍照北京女子師範大學原稱及向章，賡續開學……」則此次赴校，是到宗帽胡同臨時校舍。

　　晚峰簇君來　峰簇君，即日人峰簇良充。

　　十七日　晴。上午得任子卿信。得馮文炳信。午後往黎明中學講。下午往女師大。晚訪季巿，不值。往石田料理店應峰簇良

充君之招飲，座中有伊藤武雄、立田清辰、重光葵、朱造五及季
市。夜壽山來。

【箋】

　　得馮文炳信　來信未見。所談何事，不詳。上次見面，據馮所述，
他「有點苦悶」，見四月二日箋。

　　往石田料理店應峰嶺良充君之招飲，座中有……　伊藤武雄，
日本漢學家，研究中國社會政治。1895 年生。時任滿鐵駐北京特派員。立
田清辰，日本駐北京的外交官員。重光葵（1887－1957），日本駐中國公
使館一等祕書。魯迅 1933 年六月二十一日《日記》載：「為西村真琴博士
書一橫卷……西村博士于上海戰後得喪家之鳩，持歸養之，初亦相安，而
終化去。建塔以藏，且征題詠，率成一律，聊答遐情云耳。」詩即《題三
義塔》。在日本西村真琴家所豎碑上題字的重光向陽，即此君。向陽為重
光葵青年時代的雅號。朱造五（1883－1961），名文熊，造五為字。語言
文字學家。江蘇昆山人。初入蘇州中西學堂，1904 年考取官費留學日本。
1911 年回國，任吉林大學教授。1913 年到北京師範大學任教。1914 年任教
育部編審股編審員。為通俗教育研究會小說股會員，兼京師大學圖書館館
長。魯迅 1916 年曾送朱《百喻經》一部。季市，即許壽裳。石田料理店，
為一日本餐館。料理，是烹飪的意思。當時這種料理店都開在東單蘇州胡
同一帶。

　　十八日　晴。上午往大中公學講。訪李小峰取《蘇俄之文藝
論戰》十本，又見贈《徐文長故事》二本。下午長虹來。季市來。
夜有麟來。叢蕪來。霽野來。

【箋】

　　上午往大中公學講　大中公學是北京大學校友鄒德高等人根據孫
中山 1923 年對「北京大學政治系應屆畢業生考察團」所做的指示，於 1924

年四月二十九日創辦的，蔡元培兼任校長，林森為首任董事長，李石曾接任。宗旨是在華北各地宣傳新三民主義和聯俄、聯共、扶助農工三大政策，「大中」的原意，就是「增大孫中山主義在北方的影響」。學校分為大專和中、小學各部。校址先在騎河樓的蒙福祿館五號（現騎河樓福祿巷五號），後因學生不斷增加，本年二三月間遷入交道口東大街一一一號。北京大學滬案後援會曾設「五卅學校」，不久合併於此。由於它的反軍閥立場，極受段祺瑞執政府歧視。魯迅應邀，擔任該校高中部新文藝學課程。現藏大中公學聘書寫道：「敦請　先生為本校高級中學部教員，擔任新文藝學科，每周一小時，月奉輿馬費三元二角。此致　周樹人先生」。有董事長李石曾、校長蔡元培、總務長鄒德高、教務長陳兆彬簽名或印章。時間為「中華民國十四年九月一日」。本日開講。

　　十九日　晴。午後往外國語校。得寄野信。下午幼漁來，未遇。

【箋】

　　午後往外國語校　外國語校，即私立北京外國語專門學校，由馬敘倫、宋春舫等創辦，校址在西城東斜街。女師大於本月十八日至二十日借該校舉行新生入學考試。魯迅此去，是去觀考。

【補】

　　作雜文《並非閒話（二）》，載《猛進》周刊第三十期（二十五日），署名魯迅。陳西瀅在八月二十九日寫的《閒話》中，用「打！打！宣戰！宣戰！這樣的中國人，呸！」諷刺當時愛國群眾高呼「打！打！」以反抗美國兵毆打中國人，魯迅憤怒地指出，發出這種奴才論調的實質是要「中國人該被打而不作聲」。魯迅以極大的憎惡和輕蔑回敬道：「這樣的中國人，呸！！！」收《華蓋集》。

二十日　星期。晴。上午寄李玄伯稿。復孟雲橋信。寄任子卿信。有麟來。子佩來。午後往外語專校監女師大入學試驗。晚學昭、曙天、春臺、衣萍、伏園、惠迪來。夜閱卷。得詩荃信。

【箋】

上午寄李玄伯稿　李玄伯（1895－1964），名宗侗，玄伯為字。古代史學家。河北高陽人。李煜瀛之子。由私塾轉入南開中學。1911 年參加留法儉學會赴法，1916 年入巴黎大學理學院。1923 年六月回國任北京大學法文系教授、北京大學教授。本年和徐旭生等發起創辦《猛進》周刊，為編者之一。以後任全國註冊局局長、故宮博物院秘書長等職，後去臺灣。著作甚多。現《猛進》由李負責編輯。所寄稿，即《並非閒話（二）》，後在該刊第三十期（二十五日）發表。

復孟雲橋信　信未見，為本年第一百三十四封佚信。孟雲橋，名繁倬，雲橋為字。山東章邱人。1904 年生。時為北京大學預科學生，曾請魯迅指導學習方法，復信內容當即此。說是「復」，但未見有來信記載。交往僅此一次。

寄任子卿信　信未見。為致任國楨第九信，本年第一百三十五封佚信。

午後往外語專校監女師大入學考試　女師大自八月底設臨時辦事處以來，一方面通知原有學生返京上課，一方面招收新生。至本月，已招文理預科一年級生各一班。十八日開始舉行新生入學考試，考場設在西城東斜街外國語專門學校內。本日為考試的第三天，舉行博物課考試。魯迅親自出題，並監考、閱卷。

二十一日　曇。晨赴女師大開學禮式。夜得春臺信。得三弟信並文學研究會版稅五十元，十九日發。得有麟信。夜小雨。

【箋】

晨赴女師大開學禮式　女師大在宮門口裏南小街宗帽胡同新址舉行開學典禮。據次日《京報》報導，到會有李石曾、易培基、許壽裳、馬

裕藻、鄭奠、沈士遠、雷殷、謝無量、陳敬修、周作人、魯迅及各團體代表、各生家長保證人和學生，共二百餘人。魯迅在會上講了話。報導中說：「周樹人略云，我不是專門當教員，是做官的；我相信被壓迫的決不致滅亡，但看今天有許多同學教員來賓，可知壓力是壓不倒人的。以後的計畫，我不知道；功課我是來教的。」會後攝影留念。下午，跟許壽裳、馬幼漁、鄭介石等商談校務，至五時歸。

　　得三弟信並文學研究會版稅　來信未見。文學研究會，「五四」新文學運動中最早成立的文學團體，也是人數最多、影響最大的一個社團。1921 年一月四日在北京成立，發起人為鄭振鐸、沈雁冰（茅盾）、葉聖陶、許地山、王統照、耿濟之、郭紹虞、周作人、孫伏園、朱希祖、瞿世英、蔣百里。成員達一百七十多人。該會主張「為人生的藝術」，提倡現實主義的創作方法。該會的主要刊物是《小說月報》，以及《文學旬刊》等。以上兩刊和《文學研究會叢書》、《小說月報叢刊》等都曾收載魯迅的著譯。

　　二十二日　曇。下午季市來。晚長虹、有麟來。收教育部奉泉四十。

　　二十三日　晴。上午往中國大學。午後發熱，至夜大盛。得樓亦文信。

【箋】

　　上午往中國大學　中國大學原名國民大學，是宋教仁和黃興秉承孫中山培養建設人才的宗旨，於 1913 年四月十三日創辦的。袁世凱對這所學校非常害怕，百般刁難。1917 年（一說 1915）改名。創辦初期租借在前門外一清末停辦的學校舊址，本年購得西單大木倉胡同現國家教委所在地，原鄭親王府遺址。首任校長為宋教仁，第二任校長黃興，現任校長王正廷。校董會成員都是國民黨的領袖人物。魯迅已收到本月五日由校長王正廷和

校務主任呂復鈐印的聘書。又有公函一封，內云：「敬啟者：茲特聘請先生擔任本大學大學部本科小說學科，每周教授一小時，每月致送束脩國幣壹拾元。敬陳聘書，即乞俯允。並附履歷單一紙，請填示發還本校，以便列冊報部，不勝盼禱之至。教授課程時間表容日送上。」後規定每周三上午講中國小說史一次。今日開講。

　　午後發熱，至夜大盛　《全集》註云，指再犯肺病。魯迅在女師大風潮中因疲勞過度，肺病復發，明年一月初轉癒。亦有人說，「這是肋膜炎轉為肺結核的發作」（倪墨炎、陳九英《魯迅與許廣平》第64頁）。

　　得樓亦文信　來信未見。樓亦文，亦文為字。浙江餘姚人。北京女子師範大學學生，跟許廣平同班。

　　二十四日　晴。上午裘子元來。晚有麟來。素園、寄野來。服規那丸。

【補】

　　於「身熱頭痛之際」作《萬勿「糾正」補記》，未經發表。收《熱風》，《全集》第一卷。

　　作《隨感錄三十三》補記，未經發表。收《熱風》。

　　二十五日　晴。上午往山本醫院診。訪季市。得叢蕪信。晚有麟來。高閬仙來。夜得王品青信。得章錫琛寄贈之《新文學概論》一本。

【箋】

　　得章錫琛寄贈之《新文學概論》一本　《新文學概論》，文藝理論著作，日本本間久雄著，章錫琛譯，上海商務印書館剛剛出版，《文學研究會叢書》之一。

　　二十六日　晴。上午復樓亦文信。復韋叢蕪信。得淋鄰信。午後訪李小峰。往東亞公司買《支那文化の研究》一本，《支那文學史綱》一本，《南蠻広記》一本，共泉九圓三角。夜長虹來並贈《閃光》五本，汾酒一瓶，還其酒。夜小雨。品青來。

【箋】

　　復樓亦文信　信未見，為本年第一百三十六封佚信。樓亦文，見前二十三日箋。

　　復韋叢蕪信　信未見，為本年第一百三十七封佚信。

　　往東亞公司買⋯⋯　所購均日文書。《支那文化の研究》，即《中國文化研究》。後藤朝太郎著。大正十四年（本年）東京富山房出版。《支那文學史綱》，即《中國文學史綱》，兒島獻吉郎著。大正十四年東京富山房第八版。《南蠻広記》，散文集。新村出著。大正十四年東京岩波書店出版。

　　夜長虹來並贈《閃光》五本　《閃光》，高長虹的第二本書，短詩集。原共一百首，本年六月一日至七月二十三日在《京報副刊》連載。單行本隨即出版，署「北京貧民藝術團編，永華印刷局印行」。後（1927）收入《光與熱》時，增加到一百三十八首。高在《一點回憶──關於魯迅和我》中說：「我同魯迅第一次傷感情的事是《閃光》的出版。《閃光》是一百首短詩的詩集，印得很精美的一個小冊子，是在 1925 年的夏天用狂飆社的名義出版的。我付印的時候告訴他，他仿佛像自語地說：『這樣太快了！』我那時什麼都喜歡快，《閃光》一兩個星期就印出來了。當這些短詩交給魯迅在報紙上發表的時候，魯迅是很喜歡他們的。我時常試探著想叫他說出那幾首不好來，可是他總是說很好。他常喜歡說的，寫批評又寫創作，最容易把雜誌帶到藝術裏面，我因而問他：『這首太理智了嗎？』可是他常是答說：『還好，歌德也是這樣。』不料後來就因為這本小詩集的出版在我們友誼中造成了初次的裂痕。」

高後來寫了《關於〈閃光〉的黑暗與光明》，或有助於理解這「裂痕」是什麼，在哪裏：

> 《閃光》，最先是在公園裏寫的，以後有在北河沿寫的，也有在市場寫的，不一。先是想在《莽原》上發表的，編者以其簡短，易於去取，置之報尾。不料第一次便被擠去了。我覺得先兆不好，便轉送《京副》，一共發表了一百段。不料《京副》的記者只給了我八元稿費。所以一首詩等於八分錢，以後寫去便不發表，也不大高興寫了。

> 《閃光》本來是預備收在《心的探險》裏的，《心的探險》本來打算去年暑假中出版，不料至時書局同我作了對。無法，湊了幾個臭錢，便自己單行出版了。倒還很快，印刷期間大概只有半個月吧。然因此也頗惹起我的一些遺憾來。倒還沒有看見人罵過這本書。但今年卻聽說有人罵過的，是孫伏園，沒有發表，但又說不是大罵。現在也不管這些。

在另一篇文章中說：「當初《閃光》也曾給過《莽原》編輯魯迅，然而魯迅不曾因此而罵我是壞人。我也做過編輯，校對，然而我也不曾因稿件形式上的一些麻煩而罵做稿的人都是壞人。」（按，此前，有人撰文，批評一些人稿件寫得很不工整，字體難認，並含沙射影高的《閃光》即是如此，高因而寫了這篇《謹防暗箭》，予以反駁）「還其酒」，當因醫生勸其戒酒而不願留在手邊也。

　　二十七日　星期。晴。上午往山本醫院診。訪季市，不值。途遇吳雷川先生，至其寓小坐。下午魯彥及其夫人、孩子來。晚長虹來。

【箋】

上午往山本醫院診　除為自己診病外，疑也去看望正在醫院治病的朱安女士。二十九日致許欽文信說：「內子進病院約有五六天出（現）已出來，本是去檢查的，因為胃病；現在頗有胃癌嫌疑，而是慢性的，實在無法（因為此病現在無藥可醫），只能隨時對付而已。」大約本日或明日出院。荊有麟在《魯迅回憶斷片》中詳細記述了魯迅在醫院照料朱安女士的情景：

> 民國十四年夏天，先生的太太忽然生病了。當時住的是與先生有交往的日本人山本開的醫院。有一天上午，我與內人去看他太太的病。到了不一會，先生也來了。一進門，就問：「檢驗過了沒有？」他太太說：「檢驗過了」，先生就往外走，嘴裏還說著：「我問問醫生去。」過一刻，先生回來了。一進門就對我們說：「走罷，到我家裏吃中飯去。」我們也就起身向他太太告辭。為留空，讓他們夫妻倆人談幾句。我與內人便先走出了病房。他太太果然在問了：「醫生怎麼說？」

> 魯迅先生卻簡切地答：
> 「沒有什麼，多養幾天就好了。」

> 說完，就匆匆跟我們走出來。這地方，也可以看出兩人間的關係了。因此，終魯迅一生，他的太太是沒有生產過……

> （《魯迅回憶錄》專著上冊第 168－169 頁）

途遇吳雷川先生，至其寓小坐　吳雷川，名震春，雷川為字。浙江餘杭人。《全集》註生於 1868 年（蒙樹宏《魯迅史實研究》據《逸經》第十六期《當代教育家吳雷川先生》，應生於 1870 年）。清末進士，翰林

院編修，民國後任教育部僉事、科長。本年為參事。後任燕京大學教授兼副校長、教育部常任次長。因同事關係而「至其寓小坐」。本年僅一見。

　　下午魯彥及其夫人、孩子來　是夫婦二人第四次同來，又帶了孩子。據《魯迅研究動態》1983 年第 8 期熊融《〈魯迅日記〉涉及人物生卒年份、籍貫和生平註釋補正》續二，魯彥孩子原名王漣漣，現名譚漣佑，本年閏三月出生，此時只有半歲。其夫人為譚昭。

　　二十八日　曇。上午季市來。往女師大維持會。下午季市來。給紫佩信。寄洙鄰信。得李遇安信。夜子佩來。得欽文信並書面畫一枚，陶璿卿作。

【箋】

　　往女師大維持會　《全集》註云，是日女師大校務維持會舉行教務會議討論課程安排問題，並決定十月五日開學。提出將自己的任課量增加一倍。鄭奠在《魯迅先生在女師大風潮中的鬥爭》中說：「校務維持會與校舍確定之後，隨即籌備開學（九月二十一日）復課（十月五日）。在這籌備期間，魯迅先生不辭辛勞，以至於害了一場病。我還記得，我們第一次商量文科方面的課程是在東板橋馬幼漁先生家──這地方距離宗帽胡同和魯迅先生住處都相當遠。在座的只有魯迅先生、馬先生和我，魯迅先生表示在這大家都盡義務的時候，他可以多任一點課。那是九月七日，過了五天，我又去同他商談文科的課程，到了二十八日的教務會議上，魯迅先生就確定他的任課增加一倍……」（《魯迅回憶錄》散篇上冊第 292 頁）在宗帽胡同開課後不久，十月二十九日，呂雲章致信保定育德中學國文教師謝采江，談及教課情形，可見課程分配：「我近來認真的上女師大了，不滿意的先生到底沒讓他擔任功課，最好的先生有魯迅、凱（引者按，此字疑為『豈』之誤）明、鳳舉、大齊、孝實……等，《文學概論》是張鳳舉先生講，《哲學概論》是陳大齊先生講，《兒童的心理》是許壽裳先生

講，我都很愛聽，不過連記三四小時的筆記，頭就發痛了。」（《魯迅研究動態》1986 年第三期）

給紫佩信　信未見，為本年第一百三十八封佚信。

寄洙鄰信　信未見，為本年第一百三十九封佚信。

得欽文信並書面畫一枚　來信未見。許在《〈魯迅日記〉中的我》裏說：「有過一個相當長的時間，由我轉達，或者直接和元慶通訊，來來往往的信件，多半為著書面畫。記得魯迅先生在給元慶的信上曾經寫過這樣的話：『真是得隴望蜀！』可惜許多信件，魯迅先生給我和元慶的，都在抗日戰爭中遺失了。」（第 87 頁）「真是得隴望蜀」殘簡一句，為吳作橋《魯迅書信鈎沉》所未收，亦為劉運峰編《魯迅佚文全集》所缺。據《日記》，魯迅給陶第一信寫於 1926 年二月二十七日，同年五月十二日「寄欽文、璿卿信」，為給陶第二信。此前，1926 年二月十五日「得陶璿卿信並圖案畫一枚，四日紹興發」，五月三日「午後往郵政總局取陶璿卿所寄我之畫像……」加上本日所得，共三次。魯迅說「得隴望蜀」，很可能在 1926 年五月十二日信內，這是給兩人的，所以許記得清楚。

二十九日　晴。上午寄三弟信。寄呂雲章信。寄欽文信並《蘇俄的文藝論戰》三本，又寄贈章錫琛一本。往山本醫院診。午訪季市。夜得任子卿信。得黃鵬基信並稿。夜雨。

【箋】

上午寄三弟信　信未見，為本年第一百四十封佚信。當要三弟將為許欽文《故鄉》所設計的封面畫寄回，參見下月六日箋。

寄呂雲章信　信未見，為本年第一百四十一封佚信。

寄欽文信並……　為本年第二十封存信。收《書信》。說近日「生病了，大約是疲勞與睡眠不足之故，現在吃藥，大概就可以好罷。」又說「內子（按，指宋安女士）進病院約有五六天出（現）已出來……」前已引用。提到跟小峰「分家」事——「《烏合叢書》歸他印（但仍加嚴重的監

督），《未名叢刊》則分出自立門戶；雖云自立，而仍交李霽野等經理。」
請陶元慶為《出了象牙之塔》和《往星中》兩書作封面畫。所寄《蘇俄的文
藝論戰》三本，「一本贈兄，兩本贈璿卿兄，請轉交」。《蘇俄的文藝論戰》，
文藝理論著作，俄國阿衛巴赫（Л.Л.Авербах）等著，任國楨編譯，魯迅作《前
記》，由北京北新書局出版，《未名叢刊》之一。

　　得黃鵬基信並稿　黃鵬基（？－約1951），筆名朋其。現代作家。
四川仁壽人。提倡「刺的文學」。莽原社員，狂飆社主要成員。來信未見。
稿當為〈火腿先生在人海裏奔走〉。黃鵬基自七月三日起，已在《莽原》
第十期、第十八期、第二十期、第二十三期、第二十四期發表過四篇小說
一首詩，都是由高長虹帶去的。頭天晚上，他抄完了新作小說〈火腿先生
在人海裏奔走〉，興奮異常，立即給魯迅寫一封信，附上這篇小說，於今
天早上投郵，魯迅「夜」收到。這是黃鵬基最重要的一篇小說，是他的代
表作。魯迅拿到稿子後，安排到第二十五期（十月九日）頭條，占了六個
多頁碼，是《莽原》周刊最長的。

【附記】

　　蹇先艾昨日下午寫信給魯迅，附新作詩《積水潭之畔》一首。信的全
文為：「魯迅先生：日前遊積水潭，頗有興致，歸來得詩一首，錄呈請指
正。如能刊入《莽原》，更所欣願。」可能是寄到《莽原》所在地，以一
般作者來稿對待，以致魯迅未能及時看到。現收《魯迅研究資料》第二十
一輯。

　　三十日　雨。午後幼漁來。

【補】

　　給許欽文寫信，為本年第二十一封存信。述《未名叢刊》編輯情況和
《苦悶之象徵》等的印製方案。又談及自己：「我其實無病，自這幾天經
醫生檢查了一天星斗，從血液以至小便等等。終於決定是喝酒太多，吸菸
太多，睡覺太少之故。所以現已不喝酒而少吸煙，多睡覺，病也好起來了。」

最後談到《故鄉》編輯情況：「《故鄉》稿已交去，選而又選，存卅一篇，大約有三百頁。」同時附上六、七百字的有關《往星中》內容的長篇說明。許欽文在《〈魯迅日記〉中的我》裏說：「他還把我已經發表了的稿子編成《故鄉》，作為《烏合叢書之二》。……魯迅先生 1924 年一月十一日，在給孫伏園的信上說：『欽文兄小說已看過兩遍』，『寫工人之兩篇，則近於失敗。如加淘汰，可存二十六七篇，更嚴則可存二十三四篇。』『《小白兔》一篇尚好，但所記狀態及言論，過於了然』。後來《故鄉》出版，『近於失敗』的寫工人的兩篇和《小白兔》都沒有了，卻仍然有二十七篇，和魯迅先生寫給孫伏園信上說的聯係不起來……原來魯迅先生編好《故鄉》以後叫孫伏園帶到別人那裏去出版，擱了一年沒有付印，我在其間又寫了好些篇小說，魯迅先生把《故鄉》的稿子取回來，重新編過，抽掉了幾篇，添上了幾篇，仍然是二十七篇。」（第 4－5 頁）即：這本《故鄉》魯迅早就著手選編，集中精力編輯則在本月。在寫這封信之前或之後，魯迅曾把編好的稿子交給高長虹命作序，高長虹讀而未作，直到明年付印之前，高再次受命，才於四月十日晚上匆忙寫出，交稿之後，便南下上海了。許欽文說，魯迅之所以自己不作而要高長虹作，是因為他們是同鄉關係。高在其《小序》中寫道：

　　我讀許欽文先生的小說，始於去年的夏天。

　　……一天，魯迅先生把這《故鄉》的原稿交給了我，要我選一下；如可以時，並且寫一篇分析的序。

　　於是，我開始讀的，便是那第一篇的《這一次的離故鄉》，我開始驚異了。在這篇短的故事裏，鄉村的描寫，感情的流露，心理的分析，人間的真實性，都是向來所不容易看見過的。

　　我繼續讀了下去，而為我所最感到趣味的，尤其是這書中的青年心理的描寫。

　　我把這書還了魯迅先生，我述說了我的意見。

　　「是的呵！我常以為在描寫鄉村生活上，作者不及我，在青年心理上，我寫不過作者；但我又常常懷疑是感情作用……」魯迅先生驚異而歡喜地說了。

高長虹所記魯迅的話，跟許所寫是一致的。高在《小引》中特別強調，「現在形成的這個選本，則大半是魯迅先生的工作」，言外之意，他沒有如魯迅所要求，重「選一下」。

十 月

大事記

一日，廣東國民革命軍開始第二次東征。蔣介石任東征軍司令，周恩來任東征軍政治部主任。十六日大捷，汕頭萬餘人舉行慶祝。

同日起，《晨報副刊》由徐志摩主編，從此，《晨副》為現代評論派把持。

十日，北京故宮博物院成立。

同日，《沉鐘》周刊創刊，標示著這一團體產生。成員有楊晦、陳翔鶴、陳煒謨、馮至、林如稷等。該刊出版十期後暫停。次年八月復刊，改為半月刊。

十五日，孫傳芳通電反奉，就任浙、閩、蘇、皖、贛五省聯軍總司令，次日攻入上海。二十日，吳佩孚自稱十四省「討逆軍」總司令，呼應孫傳芳。是為「浙奉戰爭」。

二十六日，關稅特別會議在北京舉行。英、美、法、日、意、比、瑞典、葡、荷、丹、挪、西班牙等十二個帝國主義國家參加。北京各校滬案後援會、北京外交代表團、廣東外交代表團在北京舉行示威遊行，反對關稅會議，力爭關稅自主。參加者有中學、大學一百三十餘所，團體一百八十多個，約二萬人（一說五萬人）。到新華門開國民大會，遭軍警鎮壓，造成流血衝突。

三十日，中國共產黨北方區執行委員會，中國共產主義青年團北方區執行委員會（本月八日成立）發表公開信，提出當前鬥爭任務。中國共產黨已在女師大建立組織，發展黨員。

　　一日　晴。晨寄欽文信。寄李小峰信。上午往山本醫院診。下午鄭介石來。晚長虹、鍾吾來。收十二年十一月分奉泉九十三元，又十二月分百有五元。夜靜農來。素園、霽野、叢蕪、赤坪來。

【箋】

　　晨寄欽文信　為昨天所寫，見前。收《書信》。

　　寄李小峰信　信未見，為本年第一百四十二封佚信。

　　晚長虹、鍾吾來　是尚鉞第八次來寓。尚鉞在《懷念魯迅先生》中詳細記述了一次會見經過，當在今天。文曰：

　　　　大概是民國十三（我記不得時間了）年秋吧，他竟然病了，雖然是小病。禮拜五的下午我到北大一院去上課，一進門就看見先生因病請假的條子。下課後我轉到長虹的地方，想從他那裏知道一些消息。據說先生已經病了兩三天，大概是感冒。和長虹談了半小時，我便徑直跑到西城去看視先生。可是我走進書齋時，他卻正在書桌前潛沉地校稿，我注意看他時，他的面孔顯然比平常紅潤些，而眼皮也似乎有些微腫，這是發熱的現象。但我問他時，他卻說：「沒有什麼，大概是感冒，休息兩天便會好的。」

　　　　但我又問他：「先生怎麼不休息呢？」

　　　　他沉吟了一下，才把正在校對的一疊樣稿摸著和我說：「這是這一期《莽原》的校樣，前天就拿來了，直到今天我還沒有動手。」

　　　　「我和長虹兩個校對好了，先生多休息兩天。」我自告奮勇地取過樣稿來。先生又從案上抽出一卷原稿底子來交給我說：「好，要仔細一點，文章上的爭執，常常因一個字的

錯誤，引起很大的誤解。」說著他微覺紅熱的臉上又浮出一種叮嚀的笑容：「校對和創作的責任是一樣重大的。」

我答著他，一面打開校樣來看，發現頭一篇便是我的，而第一頁已經校對完了。他又接著和我說：「這一頁我已經校對過，你沒有校對過吧？有錯誤就照著這張樣子改。……最好是明天能校好。」

我看著校樣，先生對我們這輩青年負責的精神，是深深地使我感著苦痛了。我從來不曾校對過，現在看見這個校樣，使我知道了，我的潦草字體是如何經常在苦惱著「手民」和先生，消磨著「手民」和先生的寶貴生命和時間。但先生從未向我吐露過半句要我把字體寫得整齊一點，或把稿子重抄一遍。

「先生早就應該叫我把稿子重抄一遍的。」我感到苦痛地說。

先生笑了，既而說：「青年們總有一個時期不免草率一點的。如果預先規定一種格式或一種字體來寫，恐怕許多好文章都消滅到格式和字體中去了。目前的問題，只是寫，能寫，能多寫，總是好的。」

在這裏我忽然想起前不久許多朋友都在這小書齋中閒談的時候，先生突然幽默地提出稿子字體清晰的比較問題來。當時他拿出許多人最近的稿子字體來比較，大家都笑著說先生的字體要列在最壞的等級，而先生卻笑著指著我提出抗議來：「還有他的，我的稿子還不能列到最劣等。」於是大家都笑著看我，一致承認了他的抗議。

　　　　但那時我對這一問題並未注意。今日看見這個校樣時，
　　我卻深深感覺著我寫稿子時的潦草和缺乏責任心的罪過，而
　　深悔著那時的麻木。

　　　　　　　　　　　　（《魯迅回憶錄》二集第 190－192 頁）

魯迅當時正在病中。九月二十三日，「午後發熱，至夜大盛」。第二天「服
規那丸」。二十五日「往山本醫院診」，二十七日又診，二十九日第三次
診，本日上午第四次診。其間高長虹來過兩次（二十六日、二十七日），
對魯迅病情是知道的。在即將出版的新一期《莽原》上，恰有尚鉞的一篇
《沖喜》，排在第二篇。時間又正是秋天。唯一跟尚鉞回憶不相符合的，
是今日為星期四，不是星期五。尚鉞所說星期五校對，顯然有誤，因為那
一天應是出版之日。此段話中所記「我忽然想起前不久許多朋友都在這小
書齋中閒談的時候，先生突然幽默地提出稿子字體清晰的比較問題來」，
難以確定在哪一日。以有「許多朋友」言，當在五月九日或六月十三日。
那兩次，都是在他和相伴者（一次是高長虹，一次是荊有麟）來後，又來
了幾位熟人，具有「多人閒談」的條件。五月九日恰好有尚鉞兩篇未發表
的稿子在手邊，談字體極其容易，但時間顯得略早。六月十三日也有即將
發表的文稿在手邊，而且，緊跟而來的是高長虹和另一狂飆社成員，同時
他跟魯迅的關係也更親密一些，所以可能性更大。已係於六月十三日，可
參閱。尚鉞這段回憶未完，參閱明日補。

　　夜靜農來。素園、霽野、叢蕪、赤坪來　此五人分兩夥來。這
次見面，有可能商定了辦出版機構（即未名社）的具體辦法，包括個人負
擔資金的份額。冶秋在《魯迅和韋素園》裏寫到未名社成立之前、又有「冬
天陽光照在窗紙上」時韋素園鑽在東城貢院附近一所院子的南屋裏翻譯俄
國文學的情景，接著說：「……記得常常在晚飯後，他就帶著稿子，徒步
向西三條走著──這是一段幾乎是東城根到西城根的很遠的路程。他從來沒
有坐過車，總是走到沙灘附近，約上同去的朋友，然後一邊走一邊談著：

向魯迅先生請問譯書中的困難；或者是想把一篇散文、小說的『腹稿』，向他談出來，徵求他的意見；或者是打算辦個『同人』的小刊物，由此發展起來，成為一個認真介紹一些東西給讀者的出版社，甚至談到第一本的印行，封面的設計，什麼紙張，……談著談著，仿佛已經在慘澹經營起來的出版社的編輯室中了。也就是在這樣充滿希望的心情中，他們走完了這長長的路程。」（《魯迅回憶錄》一集第 68 頁）這段文字所寫情景，顯然只能發生在包括今次在內的十月上中旬（似可以加上九月下旬）幾次赴魯迅寓的過程中，到未名社成立以後，韋就搬到沙灘紅樓對面新開路五號去了。三閒居曰，前引「冬天陽光照在窗紙上」一句，不妥，作者把時間弄顛倒了。因為既然「約在 1925 年的秋季」韋就搬走了，哪有「冬天」的陽光來光顧韋素園呢？不過這裏也透出一個資訊：在王冶秋的記憶裏，未名社的成立是在「1925 年的秋天」，不是一些人說的八月。

二日　晴。舊曆中秋。下午曙天、衣萍、品青、小峰及其夫人來。夜有麟來。

【箋】

下午曙天、衣萍、品青、小峰及其夫人來　魯迅在《兩地書》一一二信中說：「我現在真自笑我說話往往刻薄，而對人則太厚道，我竟從不疑及玄倩之流到我這裏來是在偵探我，雖然他的目光如鼠，各處亂翻，我有時也有些覺得討厭。並且今天才知道我有時請他們在客廳裏坐，他們也不高興，說我在房裏藏了月亮，不容他們進去了。」玄倩，原信中作章衣萍。月亮，指許廣平。章衣萍找「月亮」一事，筆者認為發生在今天的可能性很大。一則，今天是舊曆中秋，衣萍等五人來，是來看望、慰問，無其他事，自可盡情地耍笑、打鬧。二則，這次章衣萍找月亮，只是他個人的比喻用語，其他人尚不知其意。魯迅南下後幾個人把「她是月亮」傳播出去，引發出好幾個「流言」，而在傳播的人中就有這次同來的王品青和李小峰（《兩地書》中稱「微風」）。當是後來章、王、李等人閒談起

來，章說了他所找月亮係指許廣平，於是有了「她是月亮」之說。三則，入夏以來，許廣平跟魯迅的戀愛關係逐漸在熟人圈子裏曝光，章衣萍等本年經常出入魯寓的人自然感到好奇，而時間拖後，卻又會覺得無新鮮之感，故以這時為宜。這天下午再無他人來，「她是月亮」之說便只在他們三個男人和其夫人中流傳。明年八月，魯迅、許廣平雙雙相偕南下，才使「她是月亮」流傳到社會，廣為人知。所以魯迅在這同一封信中把傳播「她是月亮」的「流言」限定在「品青，伏園，亥倩（引者按，即玄倩），微風，宴太」五人中。宴太，指周作人夫人。

【補】

　　本日出版的《莽原》第二十四期，刊有一《力的缺乏》，署名景宋。未見何時得來。

　　尚鉞送校樣來，兩人並有一段重要談話。昨日箋引用尚鉞《懷念魯迅先生》，在「麻木」後接著說：

> 　　次日我校完樣稿送去時，先生已比較好些了，他接過我校過的樣稿，又按著原稿找出幾個錯字來，向我說：「你昨天走後，我忽然想起這幾個錯字來。我雖然在頂上點出來，但並未改。我是想等著作者來，問一問是否有特別用意再改的。現在時間已經來不及，都給他改正好了。」

> 　　事實上，我校對時並未看出錯字，也未看見先生在頂上註的小點。雖然我一一遵照著他的意見改正過來，但我心中卻慚愧地得著一個新的教訓：我未能如先生一樣，把每篇文章和每一字句，看成自己的嚴格的責任，所以才有這些疏忽。同時更領悟到：先生對我的教育太費心機了，太負責任了，為著使我認識我的錯誤而不傷害我的孩子樣的自尊心，卻繞盡了曲折婉轉的圈子。

　　之後，先生又由校對問題提出創作的態度來，當然這也是先生針對我的缺點而發的。關於這問題先生說的話很多，好像是積了很久而這次才因校稿引起來的。可惜他原來的話現在我已不能記憶了。但綜合起來的意思，因當時的印象過於深刻，所以還記得。引起話頭的，我記得是先生說不拘是創作是翻譯或校對都要十分精細，別無「訣門」，我在後邊笑著贅了一句：「霹靂火秦明要來寫小說，做翻譯和校對工作，一定要失敗。」先生便抓住這個機會提出創作態度來，他的大意是在兩個字：「忍耐」。因先生知道，而且向我說過幾次，我的性情過急，我都忽略地聽罷，忽略地忘卻了。這次他提出這兩個字後，便仔細發揮出這兩字對創作的影響來。他的意思是無論創作是長篇或短篇，那怕三言兩語的短文，第一個問題當然是思想，而能使思想充分表達的便是「忍耐」。只有忍耐，才能對問題和材料有周詳的思考和觀察，因技術是需要忍耐才能練習純熟的，認識是需要忍耐才能鍛鍊敏銳的；只有忍耐，觀察才能由皮膚更深地挖到血肉裏邊去，也只有忍耐才能使浮在意識中的字句，得到恰到好處的適宜運用在人物的動作上、在背景和感情的表現上，沒有作者深切忍耐的觀察，人物自身便會現出二重或多重人格的分裂現象。更厲害的，作者如果缺少了深切忍耐的工夫，不是人物逃出了作者所要把握的範圍，便是許多人物因作者的複雜經驗而互相對立起來，比辜鴻銘來北大講皇恩更使人覺著不調和，這就是各個人物因處置的不得當，各人都在幹自己的事，說自己的話，與全場無關。這樣，一篇作品的全景便因一句或一字，而使人感著滅裂，文字雖是小的缺點，但卻有大作用。

　　他一面說著，一面在我過去的作品中舉實例，使我深深認識了此後創作所應嚴格注意的方面。最後他又懇切地告訴我：「你有你的特殊作風，只要努力，這些小的障礙是不難克服的，現在，已比你寫那篇《黎明》時進步得多了。」

　　我又和他說了幾句話，便走了出來。……

　　　　　　　　　　（《魯迅回憶錄》二集第 192－193 頁）

　　三日　晴。午後往山本醫院診。下午胡成才來。魏建功來並交黎明中學薪水六角。

【附記】

　　北京女子師範大學校務維持會特發聘書，云：「敬請　周樹人先生為北京女子師範大學教員。此訂。」

　　四日　星期。晴。上午收大中公學薪水泉八角。下午季市來。夜得沈琳、翟鳳鸞信及其家書。得伏園、春臺信。

【箋】

　　夜得沈琳、翟鳳鸞信及其家書　沈琳，字映霞，江蘇江陰人。時為北京女子師範大學國文系學生。因轉學問題徵求魯迅意見。翟鳳鸞，字澹心，湖南長沙人，亦女師大國文系學生。其家書，當提出轉學要求。

　　五日　晴。上午寄還沈、翟家書。復春臺信。午訪季市，同至西安飯店訪峰嶺君，已往張家口。得王順親信。下午往山本醫院診。

【箋】

復春臺信　信未見，為本年第一百四十三封佚信。

午訪季市，同至西安飯店訪峰籏君　峰籏君，即日人峰籏良充。西安飯店，在西長安街。

　　六日　晴。上午往師範大學收去年薪水九月分五元，十月分四十五元，十一月分四十二元。往商務館收版稅泉五十，買《Art of Beardsley》二本，每本一元七角。午得三弟信並《故鄉》畫面。

【箋】

買《Art of Beardsley》二本　《Art of Beardsley》應為《The Art of Aubrey Beardsley》，即《奧布里・比亞茲萊的藝術》，畫冊，英國比亞茲萊（A. Beardsley）作，西蒙斯（A. Symons）序。1918 年紐約波尼和利夫萊特出版社出版，《現代叢書》之一。比亞茲萊（1872－1898），英國畫家。

午得三弟信並《故鄉》畫面　來信未見。《故鄉》，許欽文短篇小說集，見前三十日補。所說「畫面」，指封面設計。封面採用陶元慶的水彩畫《大紅袍》。此畫原寄上海商務印書館，印製未果。周建人遵魯迅囑寄回，改由北京財政部印刷局印製。

　　七日　曇。上午寄韋叢蕪信。寄任子卿信。寄三弟信。往中國大學講。午晴。得臺靜農信。下午往小峰家取《中國小說史略》二十本，《吶喊》五本，《陀螺》八本。收教育部奉泉三十三元，十三年十二月分。晚胡成才來，贈以《說史》一本，《俄文藝論戰》一本。夜閱試卷。

【箋】

上午寄韋叢蕪信　信未見，為本年第一百四十四封佚信。

寄任子卿信　信未見。為致任國楨第十信，本年第一百四十五封佚信。

寄三弟信　信未見，為本年第一百四十六封佚信。

得臺靜農信　來信未見。是臺第七次來信。

下午往小峰家取……　《中國小說史略》先由北京大學新潮社分兩冊出版，合訂本剛由北新書局出版，內容有所修正。此處指合訂本。《陀螺》，詩歌散文集，周作人輯譯。新潮社出版，《新潮社文藝叢書》之一。

收教育部奉泉……　蒙樹宏在《魯迅史實研究》中說：「1925 年十月七日的日記，內中有『收教育部奉泉三十三元，十三年十二月分』。幾種鉛印本均作『十三年十二月分』。其實，魯迅所收的應該是十二年（即1923 年）十二月分的俸錢。且看有關收入俸錢的日記：七月二十五日，『收十二年十月、十一月奉泉八十三元』；九月十六日，『夜收教育部奉泉四十』；十月一日，『收十二年十一月分奉泉九十三元，又十二月分百有五元』……到 1926 年二月十二日，才『夜收教育部奉泉二百三十一元，十三年一月份』。因此，1925 年十月七日所收的自然是十二年十二月分的俸錢。」

八日　晴，風。上午赴女師大交試卷。致季市信並贈《小說史》兩本，《陀螺》一本。午後往黎明中學講。往山本醫院診。夜季野來。得呂雲章信。

【箋】

致季市信並……　信未見，為本年第一百四十七封佚信。

九日　晴。上午往大中公學講。往李小峰寓買《蘇俄的文藝論戰》四本，一元。午後往女師大講。王捷三寄贈照相一張。寄錫琛、西諦、譚正璧以《小說史》各一本，欽文以《小說史》、《陀螺》各一本，璿卿以《Art of Beardsley》一本。下午季市來。晚小峰、品青來，並贈《孔德學校旬刊》合本一本。柯仲平來。

【箋】

　　午後往女師大講　從五日起，女師大在宗帽胡同正式開課。魯迅自今日起授課，續講《中國小說史略》，每周二次。

　　寄錫琛、西諦、譚正璧……　西諦，即鄭振鐸，見三月二十八日箋。《小說史》，即《中國小說史略》。譚正璧在《回憶我和魯迅先生的一段往事》中說：「同年十月，又收到魯迅先生寄贈再版合訂本《中國小說史略》一冊。在他寫的《再版附識》中提及我曾經給過他信，又復謙遜地向我道謝，並對施君美即耐庵居士一說，他因為『不知《塵談》又本何書，故未據補』云云。魯迅先生對我的一封平常的去信竟如此重視，簡直不是我所能意想到的。」（《魯迅回憶錄》二集第 219 頁）《陀螺》，見前七日箋。《Art of Beardsley》，見前六日箋。

　　晚小峰、品青來，並贈《孔德學校旬刊》合本一本　孔德學校，是 1917 年底由北京大學校長蔡元培和教授李石曾、沈尹默、馬幼漁、馬衡等創辦的私立學校，包括中學、小學，後增設大學預科和幼稚園。以法國實證主義哲學家孔德命名，校長蔡元培，實際負責的是總務長馬廉。校址原在東城方巾巷，1928 年遷至東華門大街宗人府，興盛一時。1952 年中學部改為北京第二十七中，小學部改為東華門小學。

　　十日　晴。上午以校稿寄素園。下午素園、叢蕪來，贈以《小說史》、《陀螺》各一本。

【箋】

　　上午以校稿寄素園　校稿，指《出了象牙之塔》清樣。以下十一月六日、十三日、十七日、十九日所說「校稿」、「印刷稿」同此。李霽野說：「先生的譯著印行時，總親自校閱，也有些這樣的小經驗，喜歡向我們述說，例如莫使一行的頂上一格有無所屬的標點符號，便是其中之一。」（〈魯迅先生與未名社〉第 179 頁）

　　十一日　星期。晴。夜得小峰信。

　　十二日　晴。下午長虹、培良來，贈以《小說史》各一本。
季市來。晚衣萍來。

【補】

　　譯俄國拉斐勒·開培爾的論文《小說的瀏覽和選擇》，載《語絲》第
四十九期（十九日）、五十期（二十六日），署魯迅譯。收《壁下譯叢》。

　　作譯者附記，載《語絲》第四十九期（十九日）《論小說的瀏覽和選
擇》正文之前。初收《壁下譯叢》，現收《壁下譯叢》和《譯文序跋集》。

　　十三日　晴。上午往女師大講。魯彥來。午衣萍來，託其寄
小峰信並稿。下午得臺靜農信並稿。晚叢蕪來。夜得欽文信。得
H 君信。得平政院通知，即送紫佩並附信。得王品青信並《模範
文選》（上）一本。

【箋】

　　午衣萍來，託其寄小峰信並稿　寄小峰信未見，為本年第一百四
十八封佚信。稿為《小說的瀏覽和選擇》及《譯後附記》。

　　得臺靜農信並稿　來信未見。是臺第八次來信。稿，為《記——》，
在《莽原》第二十六期（十六日）發表，署名青曲。

　　得 H 君信　H 君，即羽太重久。H 君信於十月七日寫，現尚存，載
《魯迅研究資料》第十二輯。全文為：「前接來信，得悉兄長由於前不久
的女師大鬧學潮而被教育部罷免，感到非常擔心。究竟為什麼要罷免兄長
這樣的人呢？我不能不為教育部而感到惋惜。受到教育部的罷免，即使生
活上不會有什麼困難，但那些傢伙實在叫人氣憤。為了給那些混賬東西一
點顏色，望兄長今後更加努力奮鬥。代向令堂和夫人問安。」

　　得平政院通知，即送紫佩並附信　《全集》註云，本日平政院送來章士釗答辯書副本，要求魯迅在五日內答復。據孫瑛《魯迅在教育部》，章在答辯書中寫道：「查周樹人免職理由，本部上執政呈文業經聲敘明白，茲更為貴院述之：本年八月十日，本部遵照執政訓令停辦國立女子師範大學，當委部員劉百昭等前往接收，不意本部僉事周樹人，原係社會司第一科科長，地位職責均極重要，乃於本部執行令准停辦該校，正屬行政嚴重之時，竟敢勾結該校教員、搗亂分子及少數不良學生，謬託校務維持會名義，妄有主張，公然與所服務之官署悍然立於反抗地位。據接收委員會報告，入校辦公時親見該員盤踞校舍，集眾開會，確有種種不合之行為。又該偽校務維持會，擅舉該員為委員，該員又不聲明否認，顯係有意抗阻本部行政，既情理之所難容，亦法律之所不許。查官吏服務令第一條：凡官吏應竭盡忠勤，從法律命令以行職務。第二條：長官就其範圍以內所發命令，屬員有服從之義務。第四條：屬官對於長官所發命令如有意見，得隨時陳述。第二十九條：凡官吏有違上開各條者，該管長官依其情節，分別訓告，或付懲戒。規定至為明切。今周樹人既未將意見陳述，復以本部屬員不服從本部長官命令，實已違反文官服務令第一第二第四各條之規定。本部原擬循例呈請交付懲戒，乃其時女師大風潮最劇，形勢嚴重，若不即時採取行政處分，一任周樹人以部員公然反抗本部行政，深恐群相效尤，此項風潮愈演愈惡，難以平息。不得已於八月十二日呈請執政將周樹人免職，十三日由執政明令照准，此周樹人免職經過之實在情形也。查原訴狀內有無故免職等語，係欲以無故二字遮掩其與女師大教習學生集會違令各行為，希圖脫免。至追加理由所稱本部呈請執政將周樹人免職稿件倒填日月一節，實因此項免職事件情出非常，本部總長係於十二日面呈執政，即日明令發表，隨後再將呈稿補發存案。即日補發，無所謂倒填，情勢急迫，本部總長應有權執行此非常處分，周樹人不得引為口實。茲特詳敘事實答辯如右。」平政院通知中要求魯迅接到答辯書後「如有互辯理由，限文到五日內擅具訴狀呈院可也」。魯迅「得平政院通知，即送紫佩並附信」。

所「附信」，未見，為本年第一百四十九封佚信。當是請宋子佩提供意見。孫瑛寫道：

　　……魯迅接到之後為什麼立刻送給了宋紫佩呢？這當然不會是臨時的決定，而一定是事先商量好了的。儘管現無「附信」原件，因而不知具體內容，但十六日魯迅就得到了一份互辯書提綱的底稿，這份底稿現經查對筆跡，可以確定是宋紫佩所寫無疑。根據這一情況，我們可以知道魯迅曾經充分地與宋紫佩研究過這次訴訟的全部情況，因而才使得宋紫佩有可能在必要時幫助魯迅做些工作。

　　據人所知，宋紫佩這人擅長行文案牘，北京圖書館又可以找到大量所需參考材料，因此，對於「互辯書」之類這種不常接觸的東西──但在舊時代，這種東西即使從技術上講，在打官司時也是非常講究的──魯迅即請宋紫佩先行代為起草一下以做參考，這是可以理解的。根據郁達夫的回憶，在魯迅進行這次訴訟案件的過程中他們曾經會過面，魯迅當時向他表示要戰勝章士釗的決心很大，一定要打倒這個「老虎總長」，像傳說中的周處與武松那樣為民除害。魯迅並且還向當時的另一個會面者尚鉞表示過，打這種官司不能依靠那些用錢僱來的律師，非得自己親自動手，才有確保勝利的把握。因此，請宋紫佩代寫互辯提綱，其實就是自己去幹的一種方式。

　　由於這個提綱書寫在幾頁印有藍色「法政學堂校外自修科筆記本」字樣的紙上，因而這又提出兩個可能：一個是宋紫佩或許當時正從事於這樣的「自修」；一個可能是由他再

去請教那位「法官」壽洙鄰，同時就在壽洙鄰那裏取到這種紙張將提綱寫了出來。

目前這二人均已離開人世多年，專將此事查詢清楚尚有不便，因而有些情況，只能暫作推想，以供今後有機會查證時參考。我認為，壽洙鄰對於魯迅在這一案件中所歷的情況同樣是十分關心的，他之所以不肯經常直接露面，只以書信進行聯係，是因為他的處境的關係。儘管他沒有直接參與平政院審理此案，但為避嫌以免被「老虎總長」及其爪牙們藉機搗亂起見，他這樣做是完全必要的。而很重要的另一聯係途徑，就可能是通過宋紫佩來經常溝通雙方消息，使得魯迅能夠及時掌握平政院對於此案的進行情況。宋紫佩為什麼日常來得那樣多呢？我看與此有些關係。

1926 年二月二十四日魯迅又在日記上寫道：「夜得洙鄰信。」二十五日即在致許壽裳的信中連忙告知：「昨得洙鄰兄函，言：『案已於昨日開會通過，完全勝利，大約辦稿呈報得批登公報，約尚需兩星期也』云云，特以奉聞，並希以電話告知幼漁兄為託。」這不是十分清楚地表現了壽洙鄰與魯迅之間的相互關係與態度嗎？

（《魯迅在教育部》第 90－92 頁）

得王品青信並《模範文選》（上）一本　來信未見。《模範文選》（上），北京大學國文教授會編，該校出版部 1921 年再版。

十四日　晴。上午往山本醫院診。往東亞公司買《西藏遊記》一本，二元八角。夜得欽文信。得譚正璧信並《中國文學史大綱》一本。得金仲芸信。

【箋】

往東亞公司買……　《西藏遊記》，日文書，青木文教著。大正十年（1921）京都內外出版株式會社再版。

得譚正璧信並《中國文學史大綱》一本　來信未見。《中國文學史大綱》，譚正璧編著，剛由上海泰東圖書局出版，《拈花微笑室叢書》之一。有人稱為我國第一部用白話文編寫的由上古敘到現代的文學通史。譚正璧在《回憶我和魯迅先生的一段往事》中說：「我收到魯迅先生寄贈的書後，即復信道謝，並回贈拙編《中國文學史大綱》重版本一冊，請他指正。」（《魯迅回憶錄》二集第 221 頁）

得金仲芸信　是本年金惟一來信。金回上海參加美專畢業考試，離開了北京。

十五日　晴。午後往黎明講。下午紫佩來。鍾吾來。晚潘企莘來。夜齊壽山來。

【箋】

鍾吾來　是尚鉞第九次來寓（本月二日可能來過一次，見前補，不計）。可能在客廳被接見。高長虹在《一點回憶——關於魯迅和我》中寫道：「到這年的秋天，魯迅就病起來了。一天，尚鉞到我的住所來說，魯迅家裏開了一間客廳出來，他卻被請在客廳裏了，所以他很生氣。我只幾天沒有看見魯迅，覺得很奇怪。我去時，不料也被擋在客廳裏。從此以後，這些青年朋友們的足跡，在魯迅的家裏就很少看見了。一直到他病好以後，才恢復了原狀。」（《高長虹文集》下卷第 517 頁）三閒居曰，對魯寓的客廳，筆者所知甚少，無法做出確切的解釋。許廣平在《欣慰的紀念》裏

說：「1925 年，我們到先生寓所訪謁時，他的客廳裏只有一張桌子，客人來了，才臨時由女僕從臥室裏搬兩三張凳來。」（《許廣平文集》第二卷第 15 頁）《兩地書》一一二信也說到章衣萍因在客廳裏接待而懷疑屋裏「藏了月亮」，可見客廳一直就有，一直在用。這次在客廳相見，是否跟臨時搬離「老虎尾巴」有關？本月二十二日有「晚遷住北屋」，是什麼意思？此來談了些什麼，難以揣測，《斧背》出版事或為其內容之一。

　　十六日　晴。晨寄黃鵬基信。寄呂雲章信。復劉夢葦信。上午往大中講。訪小峰。下午紫佩來，贈以《小說史略》、《蘇俄文藝論戰》各一本。收三弟所寄文稿一篇。夜有麟來。

【箋】

　　晨寄黃鵬基信　信未見，為本年第一百五十封佚信。直到這時，黃鵬基還未跟魯迅見面。是魯迅致黃鵬基第一信。當說稿子已發。魯迅後來在《〈中國新文學大系〉小說二集序》中說：「朋其的作品的確和他的主張並不怎麼背馳，他用流利而詼諧的言語，暴露，描畫，諷刺著各式人物，尤其是智識者層。他或者裝著傻子，說出青年的思想來，或者化為渝腔，跑進闊佬們的家裏去。但也許因為力求生動，流利的緣故罷，抉剔就不能深，而且結末的特地裝置的滑稽，也往往毀損掉全篇的力量。」這話自是包括這篇小說在內的。不知魯迅復信中說到他對這篇小說的意見否？

　　寄呂雲章信　信未見，為本年第一百五十一封佚信。

　　復劉夢葦信　信未見，為本年第一百五十二封佚信。參看前七月八日箋。據《魯迅研究資料》第二十一輯，劉後來還寫一封「致魯迅信」，未寫日期，附詩兩首，其中第二首標明「十一月九日寫於孤鴻室」，當於那一日以後寄來。信文為：「兩首自己認為不能算東西的『詩』，敬寄我們底魯迅先生，如認為合《莽原》底式，自然可以發表。否則，不必糟蹋取燈兒，就撕碎投到字紙簍中算了。祝先生腦力健全，永久。」此信可能

仍寄莽原社。時《莽原》已在醞釀改半月刊，出至第三十二期即停。此信或未轉魯迅。兩首詩後來如何處理，不詳。

　　收三弟所寄文稿一篇　文稿為〈社會的反優生趨勢〉，載《莽原》第二十七期（二十三日）。

【補】

　　將互辯書寫出，並送平政院。原件未見，「裁決書」中摘引如下：「（一）查該部稱樹人以部員資格，勾結該校教員及不良學生妄有主張等語，不明言勾結何事，主張何事，信口虛捏，全無事實證據。樹人平日品性人格，向不干預外事，社會共曉。此次女師大應否解散，尤與樹人無涉，該部對於該校舉動是否合宜，從不過問，觀答辯內有周樹人既未將意見陳述一言，可知樹人在女師大擔任教員，關於教課，為個人應負之責，若由團體發表事件，應由團體負責，尤不能涉及個人。（二）該答辯稱，據接收委員報告，入校辦公時親見該員盤踞校舍，集眾開會，確有種種不合之行為云云。試問報告委員何人？報告何在？樹人盤踞何狀？不合何事？概未言明，即入人罪？答辯又稱：該偽校務維持會擅舉該員為委員，該員又不聲明否認，顯係有意抗阻本部行政。查校務維持會公舉樹人為委員係在八月十三日，而該部呈請免職據稱在十二日，豈預知將舉樹人為委員而先為免職之罪名耶？況他人公舉樹人，何能為樹人之罪？（三）官吏服務令第二條：長官就其監督範圍以內所發命令，屬官有服從之義務，但有左列各項情形者不在此限。樹人任教育部僉事，充社會教育司第一科科長，與女師大停辦與否，職務上毫無關係，乃反以未陳述意見指為抗違命令，理由何在？且又以未陳述意見即為違反服務令第一第二第四等條，其理由又安在？殊不可解。（四）該答辯書謂本部原擬循例呈請懲戒，乃其時女師大風潮最劇，形勢嚴重，若不即時採取行政處分，一任周樹人以部員公然反抗本部行政，深恐群相效尤，此次風潮愈演愈惡，難以平息，不得已呈請免職。查以教長權力整頓一女校，何至形勢嚴重？依法免一部員，何至用非常處分？且行政處分原以合法為範圍，凡違法令之行政處分，當然無效。」以上據孫

瑛《魯迅在教育部》。同書中寫到，魯迅同日得到一份互辯書提綱的底稿，查對其筆跡，為宋紫佩所寫，據此可知，此互辯書由宋稿而來，見前十三日箋。孫書中說：「……從他留存備用的互辯提綱來看，他起碼與代筆起草人宋紫佩一起研究過，假如被敵人查明他確實參加過女師大反對教育部的鬥爭活動後，他應當怎樣對付的問題，那裏面關於這一方面還有這樣一段：『……況各部職員兼任國立各校教員不下數百人，○○（按：待補「樹人」二字）為女師大兼任教員之一，在部則為官吏，在校則為教員，兩種資格，各有職責，不容牽混。乃該總長竟誣為以部員資格勾結該校……，尤屬荒謬。』」孫書接著談及後續發展。鑒於有的無確切時間，有的延至明年，為使本書讀者明確本案結果起見，現引述如下：

魯迅將「互辯書」送到平政院以後的一段時間，北京的政治形勢發生了很大變化。這年的十一月，在黨領導之下的北方革命運動形成一個新的高潮，北京各界人民群眾不斷舉行集會遊行，強烈要求關稅自主，廣大革命群眾高喊出「打倒軍閥政府」、「懲辦賣國賊」等等口號，並在學生參加下將章士釗、朱深（軍閥政府的京師警察總監）、劉百昭等人的住宅全都搗毀。因此，當平政院將此件送教育部使之再次進行答辯時，章士釗之流一批政客早已被革命的群眾運動嚇得失魂落魄，紛紛逃到天津去了。新任教育總長易培基當然不願意將這種丟醜的事情套在自己的頭上，於是他乾脆復函平政院稱：「此案係前任章總長辦理，本部無再行答辯之必要。」並且不久，於1926年一月十六日發出飭令，恢復了魯迅在教育部原有的職務：

「茲派周樹人暫署本部僉事，在祕書處辦事。此令。」

1926年一月十八日，魯迅在日記上寫道：「下午往教育部。」這是他被免職五個月後重回教育部上班的真實紀錄。

職務雖然恢復了，但是官司還沒有打完，三月十六日魯迅又得平政院通知：

「前據訴訟人因不服教育部呈請免職之處分，提起行政訴訟一案，業經本院依法裁決，仰即……繳納裁決書送達費一元，以便送達裁決書……。」

因此，三月十七日魯迅日記記有：「往平政院交裁決書送達費一元。」至於裁決書上所署日期，則是三月二十三日。這份裁決書上所列的「裁決理由」是這樣的：

「依據前述事實，被告停辦國立女師大學，原告兼任該校教員，是否確有反抗部令情事，被告未能證明，縱使屬實，涉及文官懲戒條例規定範圍，自應交付懲戒，由該委員會依法議決處分方為合法。被告遽行呈請免職，確與現行法令規定程式不符。至被告答辯內稱：原擬循例交付懲戒，其時形勢嚴重，若不採用行政處分，深恐群相效尤等語，不知原告果有反抗部令嫌疑，先行將原告停職，或依法交付懲戒，已足示懲，何患群相效尤，又何至迫不及待必須採用非常處分，答辯各節並無理由。據此論斷，所有被告呈請免職之處分係屬違法，應予取銷。茲依行政訴訟法第二十三條之規定，裁決如主文。」

主文是怎樣寫的呢？主文寫的是：「教育部之處分取銷之。」

至此，這一訴訟案件算是有個結果了。但是法律上的裁決還需在行政方面得到正式承認與實現，因為當初這個「免

職令」是通過政府執政批示過的，所以，在三月三十一日發
出的「臨時執政訓令第十三號」，內容為：

「令教育總長

據平政院院長汪大燮呈，審理前教育部僉事周樹人陳訴
不服教育部呈請免職之處分，指為違法，提起行政訴訟一案，
依法裁決教育部之處分應予取消等語，著交教育部查照執
行，此令。

國務總理賈德耀」

問題已經十分清楚，在這一場鬥爭中，不僅那位司法兼
教育總長章士釗徹底失敗，連當時軍閥政府的最高統治者段
祺瑞也不得不低頭認輸；而獲得全部勝利的，只有魯迅。

《魯迅在教育部》第 87－89 頁）

十七日　晴。上午寄三弟信。往山本醫院診。訪季市，遇范
文瀾君，見贈《文心雕龍講疏》一本。得三弟信，十四日發。得
呂雲章信。夜風。

【箋】

上午寄三弟信　信未見，為本年第一百五十三封佚信。

遇范文瀾君，見贈……　范文瀾（1893－1969），字芸台，又改
仲雲。歷史學家，文學批評史家。浙江紹興人。1913 年考入北京大學預科，
次年進入本科國學門，師承劉師培（經學）、黃侃（文學），1917 年畢業。
一度任蔡元培私人祕書。因其姑父許銘伯與魯迅同住北京紹興縣館而相
識。隨後經許壽裳推薦，到瀋陽高師任教。1922 年到天津，任南開大學教
授。本年應顧頡剛之邀參加「樸社」，從事整理古籍的工作。以後在多所

大學任教，出版多種著作。《文心雕龍講疏》，古籍箋釋。《文心雕龍》，
南朝梁劉勰撰。《講疏》係范 1922－1924 年在天津南開中學和南開大學任
教時寫成。本年天津新懋印書局出版。

【補】

作小說《孤獨者》，未經發表。主人公名叫魏連殳，是個中學教員。
他隻身反抗舊社會，受到黑暗勢力的重壓，長期失業，窮困潦倒，無奈之
下做了軍閥的幕僚，鬱鬱而死。這個人物身上具有舊民主主義革命時期一
大部分小資產階級知識份子的典型特徵，而他走上「孤獨者」的道路，也
是具有典型意義的。作者在描寫這個形象的過程中，給予了有力的批判。
收《彷徨》。

十八日　星期。曇。晚長虹來。夜素園、靜農、霽野來，付
以印費二百。

【箋】

夜素園、靜農、霽野來，付以印費二百　付以印費，是為未名
社出資。魯迅在《憶韋素園君》中說：「恰巧，素園他們願意紹介外國文
學到中國來，便和李小峰商量，要將《未名叢刊》移出，由幾個同人自辦。
小峰一口答應了，於是這一種叢書便和北新書局脫離。稿子是我們自己的，
另籌了一筆印費，就算開始。」韋叢蕪在前引那段話中也說：「十月十八
日魯迅先生交素園和青君二百元印書費，這是印《出了象牙之塔》和《莽
原》半月刊（引者按，應為周刊）的錢，這時我們四人（素園、青君、霽
野和我）也向同鄉臺林逸先生借來了二百元，於是未名社就算成立了，地
點在北大紅樓對面沙灘新開路五號，素園住的是一間公寓房子。」這標誌
著未名社於本日成立。把未名社成立日期說成八月，不符合事實，也違背
魯迅原意。

十九日　晴。下午季市來。晚子佩來。曹靖華贈《三姊妹》一本，小酩持來。

【箋】

　　曹靖華贈《三姊妹》一本，小酩持來　《三姊妹》，劇本，俄國契訶夫（А. П. Чехов）著，曹靖華譯。1925 年上海商務印書館出版，《文學研究會叢書之一》。小酩，見四月三十日箋。

　　二十日　晴。上午季市來。午訪韋素園，不遇。訪齊壽山，又同訪董雨蒼，觀其所藏古器物。買車毯一，值錢十二元二角。

【箋】

　　訪齊壽山，又同訪董雨蒼……　董雨蒼，不詳，當為一收藏家。僅見一次。

【補】

　　跟許第一次接吻。陳漱渝在《魯迅的婚戀──兼駁有關訛傳謬說》中說：「他們相戀於 1925 年十月二十日（這個日期是絕對正確的，但筆者暫不準備披露材料來源）。這一天的晚上，在魯迅西三條寓所的工作室──『老虎尾巴』，魯迅坐在靠書桌的籐椅上，許廣平坐在魯迅的床頭，二十七歲的許廣平首先握住了魯迅的手，魯迅同時也報許廣平以輕柔而緩緩的緊握。許廣平脈搏的劇烈跳蕩，正跟魯迅逐漸急促的呼吸聲相應。於是，魯迅首先對許廣平說：『你戰勝了！』許廣平不禁報以羞澀的一笑。（以上細節，參閱許廣平：《風子是我的愛……》，原載《魯迅研究動態》1985 年第一期。）接著，兩人熱烈地接吻。第二天，剛剛寫完小說《孤獨者》四天的魯迅，又一氣呵成了一篇以婚戀為題材的充滿生活哲理和抒情色彩的小說──《傷逝》。」（據謝泳編《胡適還是魯迅》第 275－276 頁）倪墨炎在《關於〈魯迅與許廣平〉的幾個問題》中說：「……一個長途電話傳來了驚人的訊息：許廣平對她人生歷程中的事，是有記錄的。其中記錄著：

1925年十月二十日第一次接吻，1926年五月某日第一次性愛。（這『某日』，電話中說：『具體的日子我就不說了。』）得到這樣的資訊，我的心激動得久久不能平靜……比我年長四歲的我敬重的先生，把這樣的『絕密訊息』告訴我，他的推心置腹的情誼，使我感動得流下淚來；尤其使我感動的是，許廣平先生真正是一位超越塵世的大無畏的女性；她和魯迅一樣，敢做的事敢於讓人知道，讓後代知道，光明磊落，襟懷坦白，她才會把這一本記事錄留給後代，留給人間。」（2001年四月二十八日《文匯讀書周報》第十二版）許寫於這一時期的兩篇文章，說明兩人的愛情確已成熟。發表於十二月十二日《國民新報副刊》乙刊的《同行者》說：「一個意外的機會，使得佢倆不知不覺地親近起來。這其中，自然早已相互瞭解，而且彼此間都有一種久被社會裏人間世的冷漠，壓迫，驅策；使得佢倆不知不覺地由同情的互相憐憫而親近起來。」又說：「沐浴游泳於愛之波的佢倆，不知道什麼是厲害，是非，善惡，只一心一意地向著愛的方面奔馳。從淺的比方一句罷，有似燈蛾赴火，就是歸宿到『死』字上。這死，是甜蜜的，值得歌頌的，此外還有什麼問題呢？！」此文發表時，署名平林。在另一篇《風子是我的愛》裏，她深情地說：

　　奇怪，風子同時也報我以輕柔而緩緩的緊握，並且我脈搏的跳蕩，也正和風子呼呼的聲音相對，於是，它首先向我說：「你戰勝了！」真的嗎？偌大的風子，當我是小孩子的風子，竟至于被我戰勝嗎！從前它看我是小孩子的恥辱，如今洗刷了！這許算是戰勝了吧！不禁微微報以一笑。

　　它——風子——既然承認我戰勝了！甘於做我的俘虜了！即使風子有它自己的偉大，有它自己的地位，藐小的我既然蒙它殷殷握手，不自量也罷！不相當也罷！同類也罷！異類也罷！合法也罷！不合法也罷！這都于我們不相干，於你們無關係，總之，風子是我的愛……呀！風子。

此文《魯迅研究動態》根據手稿於 1985 年一月首次發表，署名平林。陳漱渝在《「真愛」的追求者》中說：「1925 年十月，許廣平果敢地向魯迅這個封建宗法社會的逆子貳臣，捧獻了一顆傳統偏見無法移撼的心。她以『平林』為筆名，在魯迅主編的《國民新報》副刊乙刊發表了《同行者》一文，熱情歌頌魯迅用『熱烈的愛，偉大的工作，要給人類以光、力、血，使將來的世界璀璨而輝煌』，並表示她不畏懼『人世間的冷漠，壓迫』，不畏懼『戴著「道德」的面具專唱高調的人們』給予的『猛烈的襲擊』，『一心一意的向著愛的方向奔馳』。許廣平在以『平林』為筆名的另一篇散文《風子是我的愛》中……這些擲地作金石聲的語言，奏響了愛情弦索上的最強音，叛逆者聞之鼓舞，衛道者聞之瑟縮。」（《五四文壇鱗爪》第 230−231 頁）許廣平在她後來寫的《魯迅回憶錄》《同情婦女》一節裏，闡述了她和魯迅相結合的思想基礎：

> 就拿我個人來說，舊社會的黑影，就像魔掌一樣時刻籠罩在頭上。一生下來，就被母親厭惡，要把我送給本家，甚至自貼撫養費也在所不惜。因據迷信說，我要剋父母的緣故。父親因此想著不要我了。生下剛三天就許給人家。那家的父親是孔教會中人，就這一點，其思想之反動、腐敗與頑固可知。我從小隨著三個哥哥在私塾讀書，就模糊地曉得有「所遇非人」的辭句而對婚姻不滿。到十二三歲時，就向家人表示過反抗。那家的人來了，我就衝出去，表白了我自己的不願意，當著父親嚴厲的斥責「出去」聲，終於把自己的意思說完才走了出來，那是受了當時舊民主主義的辛亥革命提倡者所辦的《平民報》的影響而發作的。平日裏每一想到終身大事，就不禁悲從中來。孑然獨處，就想好好讀書，先把自己底子打好了，明白了事理，就什麼事都會應付了。就這樣，我從家內，一直跑到外面，凡舊社會給予一個孤女兒的冷遇，

都像嘗五味子一樣無不品嘗到了。對於魯迅，我同情他「陪著做一世犧牲，完結了四千年的舊賬」而拼命寫作，於寂寞中度過一生的境遇；而又自覺我比他年紀輕些，有幸運解除婚約的痛苦。因我之幸運，更覺他的遭遇不幸而同情起來。這也許是我們根本思想——反抗舊社會——一致的緣故，所以才能結合起來。

（《許廣平文集》第二卷第 299 頁）

二十一日　晴。上午往中大講。往前門外買帽。得劉策奇信並稿。下午鄭介石來。

【箋】

得劉策奇信並稿　來信未見。是劉第二次來信。稿為《「一本通書看到老」》，寫於廣西象州縣，載《莽原》第二十八期（十月三十日）。

【補】

作小說《傷逝——涓生的手記》，未經發表。許廣平記述了寫作情景：「有時寫興正濃，放不下筆，直至東方發白，是常有的事。在《彷徨》中的《傷逝》，他是一口氣寫成功的。勸他休息，他就說：『寫小說是不能夠歇的，過了一夜，那個創造的人脾氣也許會兩樣，寫出來就不像預料的一樣，甚至會相反的了。』又說：『寫文章的人，生活是無法調整的，我真佩服外國作家的定出時間來，到時候了，立刻停筆做別的事，我卻沒有這本領。』」在這段話的前一段，許說：「因為工作繁忙和來客的不限制，魯迅生活是起居無時的。大概在北京時平均每天到夜裏十——十二時始客散。之後，如果沒有什麼急待準備的工作，稍稍休息，看看書，二時左右就入睡了。他並不以睡眠而以工作做主體，譬如倦了，倒在床上睡兩三小時，衣裳不脫，甚至蓋被不用。就這樣，像兵士伏在戰壕休息一下，又像北京話的『打一個盹』，翻個身醒了，抽一枝菸，起來泡杯濃清茶，有糖

果點心呢，也許多少吃些，又寫作了。《野草》，大部分是在這個時候產
生出來的。」（《許廣平文集》第二卷第88－89頁）許欽文的回憶略有不
同。《〈魯迅日記〉中的我》說：「……在『老虎尾巴』裏給我看了還只
寫得半篇《傷逝》的稿子，又告訴我那後半篇的大意。『可惡』，他談到
『雪花膏』之流時表示痛恨地說：『社會上這樣的人多，實在也是很討厭
的！』」（6頁）在同書另一篇文章裏，許說：「《傷逝》還只寫得半篇，在
老虎尾巴，魯迅先生就給我看了那上半篇的原稿……」（第72頁）許在未
收入這本書的另一篇《寫〈彷徨〉時的魯迅先生》裏說：「《傷逝》雖然
是搬到西三條胡同以後寫的，但他在把尚未完成的原稿給我看的時候，曾
經這樣對我說：『這一篇的結構，其中層次，是在一年半前就想好了的。』
可見寫《傷逝》的動機，也是在暫寓於磚塔胡同的時候發生的。這和《幸
福的家庭》一樣，鄭重的告訴讀者，在社會沒有改良的時候，經濟問題不
解決是無法組織美滿的家庭的。由此也可見，在暫寓於磚塔胡同的時候，
這種感想的多了。」（《1913－1983魯迅研究學術論著資料匯編》第三卷
第165頁）許於八月離京南下，回浙江臺州六中教書，直到明年七月七日
才回到北京前來看望，他讀稿，只能在八月以前。許欽文三次寫同一件事，
說法相同，記憶當無可疑。這跟許廣平說一口氣寫出，是截然兩樣的。可
能前半篇早已寫出，許欽文在南下前讀到。後半篇一口氣寫出，為許廣平
所見，誤以為全篇都是一口氣寫出。本篇寫了一對爭取自由的青年的愛情
悲劇。女主人公子君「我是我自己的，誰也沒有干涉我的權利」的多次宣
示，乃是五四時期青年男女覺醒的標誌，也是他們在人性上的最主要追求。
他們一度達到了目的，建立了「滿懷希望的小小家庭」。但最後兩人分離
了。要求個性解放的狹窄道路，使他們在封建勢力的重重包圍下，成為散
兵遊勇，孤立無援，不堪一擊。小說「擬許欽文」，採取由男主人公（他
是個作家）回敘的寫法，用兩重、甚至三重第一人稱，委婉細緻，充滿一
股悲涼的調子。收《彷徨》。《彷徨》出版後，有人對這篇小說加以歪曲，
魯迅於1926年十二月二十九日在致韋素園信中說：「我還聽到一種傳說，

說《傷逝》是我自己的事，因為沒有經驗，是寫不出這樣的小說的。哈哈，做人真愈做愈做難了。」

二十二日　晴。午後往黎明講。往山本醫院診。下午品青、小峰、衣萍來。伏園、春臺來。晚還住北屋。夜校雜感。

【箋】

夜校雜感　雜感，指《熱風》。此時《熱風》已排出清樣。

二十三日　晴。上午往大中講。午後往女師校講。下午還回原屋。魯彥、有麟來。

二十四日　曇。郁達夫來。下午季市來。得常燕生信。

【箋】

郁達夫來　郁達夫（1896－1945），原名文。現代作家，創造社前期主要成員之一。浙江富陽人。出身于破落地主家庭。1913 年赴日留學，跟郭沫若、成仿吾等相識。1921 年六月八日在其寓所成立創造社。九月回國，主編《創造》季刊，隨即出版《沉淪》，震動文壇。1923 年二月赴京，十七日即應邀赴周作人宴，跟魯迅相交，「談至下午」。凡在京時，經常拜訪魯迅，1924 年七月三日魯迅首訪郁達夫，並贈《中國小說史略》下卷一冊。當晚，郁領文學青年陳翔鶴、陳煒謨來訪。本年初，離京任國立武昌師範大學文科教授。暑期回京看望從富陽遷居北京的妻兒，並在什剎海北河沿八號南官房口東口租屋居住。十月短期到京。兩人本年見面，僅此一次。隨後因肺病復發，回杭州、富陽等地療養。郁在《回憶魯迅》中寫到這次見面：

在這前後，我和他見面的次數並不多，因為我已經離開了北平，上武昌師範大學文科去教書了，可是這一年（民十三？）暑假回北京，看見他的時候，他正在做控告章士釗的

狀子，而女師大為校長楊蔭榆的問題，也正是鬧得最厲害的
期間。當他告訴我完了這事情的經過之後，他仍舊不改他的
幽默態度說：

　　「人家說我在打落水狗，但我卻以為在打槍傷老虎，在
扮演周處或武松。」

　　這句話真說得我高笑了起來。可是他和景宋女士的認
識，以及有什麼來往，我卻還一點兒也不曾曉得。

（《郁達夫全集》第四卷第 221 頁）

　　三閒居曰，此處魯迅把章楊比作「槍傷老虎」，正跟「落水狗」相對
比，當是寫《論「費厄潑賴」應該緩行》的最初動機吧。

　　得常燕生信　來信未見。為常第六次來信。

　　二十五日　星期。晴。上午寄紫佩信。叢蕪來。子元來。下
午王希禮來，贈以《蘇俄文藝論戰》及《中國小說史略》各一本。
晚齊壽山來並贈土偶人一枚。

【箋】

　　上午寄紫佩信　信未見，為本年第一百五十四封佚信。

　　下午王希禮來　王希禮歸國，途經北京，前來拜訪。王回到蘇聯後，
繼續翻譯了魯迅的一些小說，1928 年再出版《阿 Q 正傳》時，加入了《幸
福的家庭》、《高老夫子》、《頭髮的故事》等七篇。

　　二十六日　晴。下午季市來。晚素園、李野、靜農來。夜得
和森信，二十三日發。

【箋】

　　晚素園、季野、靜農來　這次見面，可能談到叔本華。李霽野在《魯迅先生對文藝嫩苗的愛護與培育》中說：「先生在談話中提到 1925 年十月十四日和十五日《晨報副刊》上張慰慈所譯的叔本華的《婦女論》。我們認為在這時發表這樣惡毒咒罵婦女的譯文，不是偶然的。這時先生對我們談到，在叔本華死後，在他的書籍中發現一張治療梅毒的藥方。我們覺得，陳源之流這時搬出他們的辱罵婦女的祖師爺，實在可鄙而又可笑。」（《魯迅先生與未名社》第 11 頁）魯迅在隨後（十二月二十二日）所寫《碎話》中引用了叔本華。還可能談及校對。

　　夜得和森信　和森，即阮和孫（1880－1959），又作和蓀。浙江紹興人。魯迅大姨母之子，阮久蓀之二哥。曾在山西當幕友。來信內容不詳。

　　二十七日　晴。上午得尚鍾吾信並稿。午後培良、長虹來。下午季市來。

【箋】

　　上午得尚鍾吾信並稿　來信未見。是尚鉞第十一次來信。據魯迅後來給韋素園信（詳明日箋），尚鉞的小說集《斧背》稿這時在魯迅身邊，因《日記》不載，難以確定何時送來。本日隨信所附稿，不會是小說集稿，而是《一對鴿子飛去？》，載《莽原》第三十期（十一月十三日）。尚鉞在《莽原》周刊共發表作品二十四篇，大都是高長虹「帶去的」，因此魯迅很少「得」尚鉞稿，只六月十三日「得尚鍾吾信並稿」一次，此為第二次。當因高長虹已離開北京赴山西去也。在此稿發表前後，《莽原》上都有尚鉞的作品發表，那是《心的狂笑》的連載，當是以前高長虹帶去的，存在魯迅處。

　　二十八日　晴。上午往中大講並收九月分薪水泉五。買《淮南舊註校理》一本，《經籍舊音辨證》一部二本，各八角四分。

寄裴子元信。午裴子元來並交女師大舊欠十三元五角。尚鍾吾來。得有麟信並稿。下午往六國飯店訪王希禮，贈以《語絲》合訂本一及二各一本。往西交民巷興華公司買鞋，泉九元五角。晚李福海君來。得呂雲章信。寄女師大信。寄齊壽山信。矛塵來。

【箋】

　　買《淮南舊注校理》……　《淮南舊注校理》，古籍箋釋，三卷，校餘一卷，一冊。吳承仕撰。1924 年歙縣吳氏刻本。《淮南》，即《淮南子》，古代雜家著作。《經籍舊音辨證》，音韻學著作，七卷，二冊。亦吳承仕撰。1923 年鉛印。

　　寄裴子元信　信未見，為本年第一百五十五封佚信。

　　尚鍾吾來　是尚鉞第十次來寓。疑主要談小說集《斧背》出版事。尚鉞從河南回京，編成一個小說集，名為《斧背》，想編在《烏合叢書》裏。其中大部分在《莽原》周刊發表過。可能已把書稿送交魯迅，《日記》未載。這次疑是再次要求編入《烏合叢書》的。魯迅 1926 年十一月九日（注意，這時「高魯衝突」已經爆發一個月）在給韋素園信中說：「他們不知在玩什麼圈套。今年夏天就有一件事，是尚鉞的小說稿，原說要印入《烏合叢書》的。一天高歌忽而來取，說尚鉞來信，要拿回去整理一番。我便交給他了……」這是說，當魯迅還在北京時，尚鉞的《斧背》稿已放在魯迅身邊一段時間了。尚鉞在《懷念魯迅先生》中說：「這裏應該說明的是，儘管先生對青年是那樣誠摯，那樣愛護，那樣精細，那樣期望和負責，但青年的要求是隨著他前進的欲望而無止境的，同時青年們的觀察和判斷又是常伴隨著他年齡上所具有的膚淺的急躁性，體驗上的不深刻和片面性。當時的我，正是這樣一個青年。先生對我的某些缺點，雖曾給以暗示，忍耐，說服與等待，但因第三者不斷有意地將事實加以曲解，和第四者的挑撥離間，我青年的輕信性便因之伴同著空洞的自信心，抹殺著許多事實而走向誤解的道路。這樣便使我與先生發生了某種程度的默啞的牴觸。這牴觸使我將編配好的《斧背》小說集，從先生所編的《烏合叢書》中抽出來，

給予上海泰東圖書局出版了。」又說：「民國十五年二月，我在與先生牴觸中，因內心的苦痛，曾趕到上海去把一篇誤解先生的文章，從一個已經付印尚未出版的雜誌中抽出來，夾在上述的長信中寄去，我心才稍覺安靜。」（《魯迅回憶錄》二集第 197－198 頁）這是說，要把《斧背》編入《烏合叢書》而不得，是在 1926 年初以前。《日記》1926 年二月十三日：「上午得尚鍾吾信並稿。」信即長信，稿即那篇「已經付印尚未出版」的「誤解先生的文章」，《日記》的記載證明了尚鉞所說的正確，也把此一風波發生的具體時間圈定了下來。可是從日記上看不到尚鉞是何時把書稿送交魯迅的，顯然是漏記。尚鉞寫那封長信，距風波發生必有一段時間，姑且假定為半個月以上（因為要寫稿，還要寄到上海，還要排印），那麼風波的發生和演變就在本年。從日記看，尚鉞本年最後跟魯迅交往，在十一月五日，這時尚鉞已在河南羅山，是寄信來。以此推論，今日來，主要是為《斧背》事。

　　晚李福海君來　李福海，河北宛平人。時為北京高等師範學校錄事。僅此一見。

　　寄女師大信　信未見，為本年第一百五十六封佚信。內情不詳。

　　寄齊壽山信　信未見，為本年第一百五十七封佚信。

　　二十九日　晴。午後往黎明講。往山本醫院診。下午得寄野信，即復。朋基來。

【箋】

　　下午得寄野信，即復　復信未見為本年第一百五十八封佚信。

　　朋基來　朋基，即黃鵬基。是黃第一次來訪。

　　三十日　晴。上午寄季市信。往大中講。買《天馬山房叢著》一本，一元二角。午後訪小峰取《小說史略》五本。得欽文、璿卿信，十七日發。往女師大講。收黎明薪水八。

【箋】

上午寄季市信　信未見，為本年第一百五十九封佚信。

買《天馬山房叢著》一本　《天馬山房叢著》，著作合集，六種，七卷，一冊。語言文字學家馬敘倫撰。鉛印本。

【補】

作雜文《從鬍鬚說到牙齒》，載《語絲》第五十二期（十一月九日），署名魯迅。本月二十六日，北京數萬人舉行集會遊行，反對「關稅特別會議」，遭警察阻撓，發生流血衝突。有媒體散佈「周樹人齒受傷，脫門牙二」的流言。本文即由此而來。文中說：「假使我真被打落兩個門牙，倒也大可以略平『整頓學風』者和其黨徒之氣罷；……但可惜那一天我竟不在場。我之所以不到場者，並非遵了胡適教授的指示在研究室裏用功，也不是從了江紹原教授的忠告在推敲作品，更不是依著易卜生博士的遺訓正在『救出自己』；……從實招供起來，不過是整天躺在窗下的床上而已。為什麼呢？曰：生些小病，非有他也。」收《墳》。

譯文、日本片山孤村作《思索的惰性》載本日出版的《莽原》第二十八期，署魯迅譯，作者署片山正雄。收《壁下譯叢》。

三十一日　晴。晚邀壽山、季市飯。

本月

本月，許廣平為魯迅做繡字枕套。楊燕麗作有《「安睡」「臥遊」——魯迅許廣平定情之證》一文，引述如下。

　　1925 年許廣平創作了抒情散文《風子是我的愛》，宣告了她和魯迅愛情關係的確立。除此以外，還有兩件實物，也可以說明他們由師生關係到互相愛慕的情侶關係的質變，這

就是一對繡著「安睡」、「臥遊」字樣的枕套，它至今仍陳列在魯迅故居老虎尾巴的床頭上。這是 1950 年九月許廣平應邀查看復原與修復後的魯迅故居時，親手找出並陳列於此的。當時她對周圍的工作人員說：「我和魯迅是在這裏確定愛情關係的，這已是二十五年前的事了。」

　　魯迅與許廣平的定情時間，大多數學者都認為在 1925 年下半年，有六月說，八月說，亦有十月說。持十月說者根據是，許廣平曾對準備在銀幕上扮演她形象的于藍同志說過，是 1925 年十月。如果以此為准，許廣平為魯迅繡這對枕套的時間也應該是 1925 年十月先後。

　　這對枕套，從字體看，形式是一樣的，在白色的細布上，用五彩的絲線分別繡著「安睡」、「臥遊」兩字，但兩枕套的花紋不一樣，尺寸也稍有不同。「安睡」的枕套，在字的左邊繡了一支花，右邊是三支花組成的一行花邊。枕套長六十一釐米，寬二十八釐米。「臥遊」的枕套，在字的左上方斜著繡了三行花，枕套長五十八點五釐米，寬二十九釐米。兩個枕套的左右兩邊均縫有本白色的絲絨花邊。

　　……（刪去兩節對繡字含意的闡釋——引者——）

　　魯迅理解許廣平的一片深情，接受了她的禮物，枕著這對枕頭，一直到 1926 年八月與許廣平一起離開北京。

　　　　　　　　（《魯迅研究月刊》1988 年第十一期）

該文作者根據于藍的說法，將此枕套的製作時間定在「十月先後」。正如作者所說，「魯迅與許廣平的定情時間……有六月說，八月說，亦有十月說」，即沒有一個公認的準確時間。本書尊重作者意見，係於此。

十一月

大事記

　　三日，中華全國學聯臨時代表大會在北京舉行並發表宣言，提出結合一切革命力量，聯合反奉，打倒帝國主義與軍閥，通過了《關稅自主法議案》等五項議案。從此，全國各界團體反對關稅會議形成「反奉倒段」運動。十日，北京全國學生總會與廣州外交代表團等舉行大規模示威遊行，向段祺瑞發出最後通牒，要其下臺。二十五日，北京臨時政府諸部總長紛紛辭職，內閣癱瘓。二十八日，工人、學生再次遊行，高呼「無條件收回關稅自主權」、「驅逐段祺瑞、槍斃朱深」等口號，搗毀多名官員住宅。二十九日，示威人數達到五萬。研究系的喉舌《晨報》被焚。

　　四日，京師圖書館委員會成立。

　　七日，奉軍敗北，孫傳芳部進至徐州。次日，馮玉祥的國民軍發動反奉戰爭，十八日佔領保定。十五日，張作霖和馮玉祥簽訂「和平條約」，規定：在北京成立兩軍辦事處；國民軍從北京撤退，奉軍從三河撤退；奉軍將河北保定、大名讓給馮軍。

　　二十三日，國民黨右派鄒魯、謝持、林森等十四人在北京西山碧雲寺召開會議，妄稱「國民黨一屆四中全會」。會上通過開除共產黨在國民黨內之中央部長職務，解除鮑羅廷的顧問職等案。會後，在上海成立中央黨部，在北京等地成立地方黨部，從事反共活動。這些人被稱為「西山會議派」。

　　一日　星期。晴。上午收十二年十二月分奉泉六十六元。午後詩荃來辭行，赴甘肅也。下午收大中校薪水三元二角。晚裘子元來並交女師大欠薪四十八元。夜得三弟信，十月二十七日發。得新女性社信。小雨。得有麟信並稿。

【箋】

　　得新女性社信　來信未見。新女性社，為一新成立的雜誌社，上海婦女問題研究會編輯，周建人主編，開明書店發行，定於明年一月一日創刊。為月刊。共出版四卷，每卷十二期，1929 年十二月出至第四卷第十二期停刊。主要內容有婦女解放、女子戀愛婚姻、婦女與家庭、女性衛生、國外婦女運動等。

　　二日　晴。上午訪韋素園。訪小峰取泉百。往北大講。午後風。往女師校教務會議。

【箋】

　　往女師校教務會議　會上討論校慶紀念辦法。

　　三日　晴，風。上午往女師校十七周年紀念會。晚訪張鳳舉，見贈造象題記殘字拓片一枚，云出大同雲岡石窟之露天佛以西第八窟中。

【箋】

　　上午往女師校十七周年紀念會　光緒三十四年七月，御史黃瑞麟奏請設立京師女子師範學堂，由學部派傅增湘為總理，借八角琉璃井醫學館作校舍，十月初十日開學，是為女師大之始。光緒三十四年為 1908 年，迄今整十七年。

【補】

作小說《弟兄》，載《莽原》半月刊第三期（1926 年二月十日），署名魯迅。主人公是公益局的辦事員張沛君。弟弟患病，他心如焚，急著請醫生治療。儘管在他內心深處似也有著為私的打算，但那種急切的樣子，跟另一對「從堂屋一直打到門口」的兄弟還是形成了鮮明的對照。小說中以「兄弟怡怡」描寫他跟弟弟的關係。許壽裳說：「《弟兄》這篇寫張沛君為了兄弟患病，四處尋醫，種種憂慮奔走的情形，大部分是魯迅自身經歷的事實。大約在 1917 年的春末夏初罷，他和二弟作人同住在紹興會館補樹書屋，作人忽而發高燒了。那時候，北京正在流行著猩紅熱，上年教育部有一位同事且因此致死。這使魯迅非常擔憂，急忙請德醫悌普耳來診，才知道不過是出疹子。第二天他到教育部，很高興地對我詳述了悌醫生到來之遲，和他的診斷之速，並且說：『起孟原來這麼大了，竟還沒有出過疹子。』他描寫沛君在夜的寂靜中，翹望著醫生的到來，因而注意每輛汽車的汽笛的呼嘯聲……（引文略）他因是自己身歷其境的事實，所以能夠寫得這樣曲折和親切……」（《我所認識的魯迅》第 51 頁）周作人在《魯迅的青年時代》裏說：「這篇既然是小說，論理當然應該是詩的成分加多了，可是事實卻並不如此，因為其中主要關於生病的事情都是實在的，雖然末後一段裏夢的分析也帶有自己譴責的意義，那卻可能又是詩的部分了。文中說張沛君因為他的兄弟靖甫生病，很是著急，先請同寓白問山看，說是『紅斑痧』，他更是驚慌，竭力設法請了德國醫生來，診斷是『疹子』，這才放了心。沛君與靖甫很是友愛，但在心裏沛君也不能沒有私心，他怕靖甫死後遺族要他扶養，怕待子姪不能公平，於是造成了自己譴責的噩夢。事實上他也對我曾經說過，在病重的時候『我怕的不是你會得死，乃是將來需得養你妻子的事』。但是這些都不重要，我們要說的是那中間所有的事實。（以下抄錄日記，略——引者）我們根據了前面的日記，再對於本文稍加說明。小說中所稱『同興公寓』，那地方即是紹興縣館，但是那高吟白帝城的對面的寓客卻是沒有的，因為那補樹書屋是個獨院，南邊便是供著先賢牌位的仰蕺堂的後牆。其次，普悌思大夫當然即是狄博爾，據說他

的專門是婦科，但是成為北京第一名醫，一般內科都看，講到診金那時還不算頂貴，大概出診五元是普通，如本文中所說。請中醫來看的事，大概也是實有的，但日記上未寫，有點記不清了，本文加上一句『要看你們的家運』的話，這與《朝花夕拾》中陳蓮河說的『可有什麼冤愆』互為表裏，作者遇到中醫是不肯失掉機會，不以一矢相加遺的。其三，醫生說是疹子，以及檢查小便，都是事實，雖然後來想起來，有時也懷疑這恐怕還是猩紅熱吧。其四，本文中說取藥來時收到『索士』寄來的一本《胡麻與百合》，實在乃是兩冊小說集，後來便譯了兩篇出來，都登在《新青年》上，其中庫普林的《皇帝的公園》要算是頂有意思。本文中說沛君轉臉去看窗上掛著的日曆，只見上面寫著兩個漆黑的隸書：廿七。這與日記上所記的廿八只是差了一天。」（止庵編《關於魯迅》第 468－470 頁）收《彷徨》。

作《〈熱風〉題記》，未另發表。回顧幾年來跟文化保守主義者的論爭情況，感到有些「悲哀」。「我以為凡對於時弊的攻擊，文字須與時弊同時滅亡」，而竟有「幾個朋友卻以為現狀和那時並沒有大兩樣，也還可以存留，給我編輯起來了」。因為覺得「周圍的空氣太寒冽了，我自說我的話，所以反而稱之曰《熱風》。」收《熱風》。

　　四日　晴。上午往中大講。往山本醫院診。夜素園、季野來。

【箋】

　　中大　中國大學。

　　五日　晴。午後往黎明講。訪李小峰。訪張鳳舉。往東亞公司買《近代の戀愛觀》、《愛欲と女性》、《創造的批評論》各一本，泉五。夜得尚鍾吾信，二日羅山發。

【箋】

往東亞公司買…… 所購均日文書。《近代の戀愛觀》，廚川白村著。大正十四年（本年）東京改造社第一百二十一版。《愛欲と女性》，即《女性と愛欲》，田中香涯著。大正十四年東京大阪屋號書店再版。《創造的批評論》，美國斯平加恩（J. E. Spingarn）著，遠藤貞吉譯。大正十四年東京聚芳閣出版。《海外藝術評論叢書》之一。

夜得尚鍾吾信 來信未見。是尚鉞第十二次來信。他回到了河南故鄉。信內當對自己的小說集《斧背》不能編入《烏合叢書》出版而感到不滿。詳上月二十八日箋。

【補】

被教育部加派為清室善後委員會助理員。

六日 曇，午後晴。往女師大講。晚寄季野信並校稿。夜有麟來。長虹、培良來。

【箋】

晚寄季野信並校稿 信未見，為本年第一百六十封佚信。校稿，《出了象牙之塔》清樣。

長虹、培良來 二人此來，當為約稿。高長虹在《1925，北京出版界形勢指掌圖》中說：「到暑假中，我覺得《狂飆》月刊不可以不進行了。也已經同魯迅，徐旭生（此處疑有漏字）擔任稿件，但後來卻都沒有做。我又想暫且停止了這個工作，退出北京的出版界，到上海遊逛一次。我開始寫《生的躍動》，預備寫六七萬字來上海賣稿。但又有朋友提議先出一期不定期刊，於是我把《生的躍動》寫了五分之一的樣子便收縮住留給不定期刊用了。培良、高歌也正在這時回到北京。培良寫了一篇批評《現代評論》前二十六期的小說的文字，我本來想寫一篇文字批評《現代評論》的思想，但又沒有做起……」（《高長虹文集》中卷第 160 頁）《一點回憶——關於魯迅和我》中說：「《狂飆》不定期刊在 1925 年冬間的出版，

魯迅本說要寫篇小說，後來又說翻譯，但最後連譯稿都沒有。狂飆朋友都攻擊起魯迅來。我時常為魯迅辯護，從中勸解。」（同上下卷第 519－520 頁）可見這次見面，請魯迅為《狂飆》不定期刊寫稿，是第一要務。以後向培良多次來，也都負有約稿任務。此次來，還談到《莽原》改半月刊事，魯迅請高擔任編輯，而高辭謝。高在《一點回憶──關於魯迅和我》中說：「到《莽原》周刊停刊後，魯迅想改用《莽原》半月刊交給未名社印行並想叫我擔任編輯的時候，我贊成了出版的辦法，把編輯責任辭卻了。《莽原》半月刊的編輯責任，由魯迅繼續擔任了一個時候，以後事實上落到未名社手裏，因此就潛伏下狂飆與魯迅決裂的最後原因了。」（同上第 519 頁）此處「到《莽原》周刊停刊後」，應是「到《莽原》周刊準備停刊後」，因此時《莽原》尚未停刊。1926 年十月十日高長虹致信魯迅，責問韋素園何以「退稿」，其中說：「憶去年《莽原》改組議初起的時候，你曾要我編輯，我當時畏難而退。雖經你解釋，然我終於不敢擔任，蓋不特無以應付外界，亦無以應付自己；不特無以應付素園諸君，亦無以應付日夕過從之好友鍾吾。」（同上中卷第 120 頁）

【補】

作小說《離婚》，載《語絲》第五十四期（二十三日），署名魯迅。描寫一位大膽潑辣的農村女子反抗丈夫欺凌而反失敗的故事，以其悲劇結局告訴人們，中國婦女所受到的壓迫和不平等待遇，是跟整個封建君主專制制度聯係在一起的，只有推翻封建政權，婦女解放才有可能。許欽文在《〈魯迅日記〉中的我》裏說：「記得我在翻閱《離婚》這稿子時，魯迅先生知道我已經在《語絲》上，讀過了這篇小說，就只簡單地說了幾句：『這裏的愛姑，本來也富有反抗性，是能夠鬥幾下的；可是和《傷逝》裏的子君那樣，還沒有長大，就被黑暗社會的惡勢力壓壞了。』當時匆匆，我沒有好好注意這問題。」（第 73 頁）收《彷徨》。

七日　晴。上午季市來。得胡萍霞信，三日孝感發。下午寄欽文信。寄幼漁信。得三弟信，十月卅一日發。

【箋】

得胡萍霞信　來信未見。胡有一信給王統照，當託轉。詳十七日箋。胡萍霞，即胡人哲，見前二月二十三日箋。

下午寄欽文信　為本年第二十二封存信。落款是明日。信內說：「我病已漸癒，或者可以說痊癒了罷，現已教書了。但仍吃藥。醫生禁喝酒，那倒沒有什麼；禁勞作，但還只得做一點；禁吸菸，則苦極矣，我覺得如此，倒還不如生病。」收《書信》。

寄幼漁信　信未見，為本年第一百六十一封佚信。

八日　星期。晴。上午得張鳳舉信。許廣平、陸秀珍來。午矛塵來。品青來。

【箋】

上午得張鳳舉信　信未見，當根《國民公報》出版有關。

許廣平、陸秀珍來　陸秀珍，即陸晶清(1907－1993)，秀珍為原名，筆名小鹿、娜君、梅影等。現代作家，教授。雲南昆明人。1922 年雲南女子初級師範畢業後，考入北京女子高等師範學校國文科，跟許廣平同學。本年兼任《京報》附刊《婦女周刊》編輯，又長期跟同學石評梅合編《薔薇》周刊（《世界日報》副刊之一）。陸上年九月二十四日跟呂雲章來過一次。本次為第二次來，許廣平當於十月下旬離開。

九日　晴。上午往北大講。午後訪徐旭生。

十日　雨。上午（後）往女師大講。

【校】

「雨」後　手稿先寫「午後」，後在「雨」下加「上」，在「後」的第一筆加兩小點，顯然改為上午。《全集》如是標註，不符原意。從講課情況看，六日是「午後」講，下一次十三日亦是「午後」，今日應是「上

午」。再以下，十七日是「上午」，二十日是「下午」，二十四日是「上午」，二十七日又是「午後」，很有規律。

十一日　雨。午後季市來。往女師大教務會議。下午得欽文信。晚壽山來。

【箋】

往女師大教務會議　《全集》注云，會上討論舊生復學問題。

十二日　晴。午後往黎明講。往山本醫院診。下午理髮。

十三日　晴。上午往大中講。訪李小峰。往東亞公司買《犬·貓·人間》一本，一元五角。午後往女師大講。下午寄朱宅賀禮泉十元。紫佩來。晚季市來。夜有麟來。風。校印刷稿。

【箋】

往東亞公司買……　《犬·貓·人間》，日文書。隨筆集。長谷川如是閒著。大正十四年（本年）東京改造社第十七版。《改造社隨筆叢書》之一。

校印刷稿　指《出了象牙之塔》清樣。

十四日　晴。上午得叢蕪信並稿。下午曙天、衣萍、品青、小峰來，並贈《熱風》四十本。夜素園、季野來。得黃鵬基信並稿。

【箋】

下午得叢蕪信並稿　來信未見。稿當為小說，《莽原》即將停刊，無法安排，二十四日寄給三弟周建人。

　　曙天、衣萍、品青、小峰來，並贈《熱風》四十本　此應視為《熱風》初版之日。《熱風》，魯迅的第一本雜文集，收寫於1918－1922年的雜文四十篇，另有一篇《望勿「糾正」》寫於1924年，加本月三日所作《題記》，共四十二篇。《題記》中說，這本書是「幾個朋友」「給我編輯起來」的，然而「這正是我所悲哀的。我以為凡對於時弊的攻擊，文字須與時弊同時滅亡，因為這正如白血輪之釀成瘡癤一般，倘非自身也被排除，則當它的生命的存留中，也即證明著病菌尚在。」又說：「我卻覺得周圍的空氣太寒冽了，我自說我的話，所以反而稱之曰《熱風》。」

　　得黃鵬基信並稿　來信未見。是黃鵬基給魯迅第二信。稿當為《我的情人》，載《莽原》第三十一期（十一月二十日）。

　　十五日　星期。晴。下午出外閒步。

　　十六日　晴。上午往北大講。下午寄霽野信。季市來。夜得湯鶴逸信。

　　【箋】

　　下午寄霽野信　信未見，為本年第一百六十二封佚信。

　　夜得湯鶴逸信　來信未見。湯鶴逸，陝西漢陰人，1900年生。北京大學畢業，到日本留學，本年回國，為北京《晨報》翻譯日本小說。

　　十七日　晴。上午轉寄胡萍霞信于王劍三。寄李小峰信。往女師大講。午陰。下午得素園信並校稿。晚子佩來。

　　【箋】

　　上午轉寄胡萍霞信于王劍三　王劍三，即王統照（1897－1957），劍三為字。現代作家。山東諸城人。1918年赴北京，就讀于中國大學，曾參加五四運動。畢業後任中學教員、大學講師，並從事文學創作，成果甚

豐。為文學研究會發起人之一。曾參加北京《晨報・文學旬刊》的編輯工作。1923 年五月四日首訪魯迅，談到青年人的思想、對文學的態度及戀愛問題。1924 年初託孫伏園轉交信件一次。其由不詳。

　　寄李小峰信　信未見，為本年第一百六十三封佚信。

　　下午得素園信並校稿　來信未見。校稿，《出了象牙之塔》清樣。

　　十八日　晴。上午往中大講並取十月分薪水泉十。午後陰。夜收《鳥的故事》四本。

【箋】

　　夜收《鳥的故事》四本　《鳥的故事》，民間故事集，林蘭編著。本年北新書局出版。

【補】

　　作雜文《十四年的「讀經」》，載《猛進》第三十九期（二十七日），署名魯迅。章士釗任教育總長後，一方面鎮壓學潮，一方面提倡「讀經」，走復古之路。本月二日，章召開教育部部務會議，規定小學生從四年級起就要讀經，每周一小時，至高小畢業為止。當時有些人跟章士釗「講道理」，想予以說服。魯迅分析了各類人提倡讀經的真實用心。有些人是為了「假借大義，竊取美名」，他們「明知道讀經不足以救國的，也不希望人們都讀成他自己那樣的」，但還是高叫讀經。章士釗主張讀經，「不過是這一回耍把戲偶爾用到的工具」。文中指出：在衰老的中國提倡讀經，是「因為大部分的組織被太多的古習慣教養得硬化了」，而一些被壞經驗教養得「聰明了」的傢伙，便在這「硬化的社會裏」妄行。「唯一的療救」是用「強酸劑」，即革命的手段，將它「撲滅」。收《華蓋集》。

　　作雜文《評心雕龍》，載《莽原》第三十二期（二十七日），署名魯迅。本文以對話體，諷刺了從林琴南到章士釗一類復古派攻擊新文學、鼓吹尊孔讀經的種種謬論，嘲笑了胡適等人所謂「愛說公道話」的虛偽。收《華蓋集》。按，本期《莽原》為周刊的最後一期。此文發表後，由《莽

原》社荆有麟處轉來一封匿名信，大肆謾罵。接著又寄來兩張明信片，承認錯誤，亦由荆有麟轉來。載《魯迅研究資料》第十二輯。茲引錄如下：

　　你在《評心雕龍》說的什麼話？

　　我罵查良釗關你什麼事，我又不曾替你罵，要你多嘴幹嗎？徐志摩我早就在上海時和他熟，我不替他做文章，為的是他鬧兌了；難道我不該跟他好，偏要來捧你嗎？

　　「Co = operat education」的錯誤早就聲明了，你怎麼不打開眼睛看！趕快把文周去找一遍吧！真是虧你英文好，你那裏懂，周豈明告訴你的；而且這字中學生都指得出錯誤，要你來稀罕幹嗎？

　　「莫為這類腳色所欺……」好大的教訓！我告訴你吧，你做文章如其老實那麼尖刻晦暗，早就有人恨過了，你拿來到我面前是不行的！我看不起這類小氣鬼！要說就說，態度好光明些，如其要是這麼樣,我也要學學——可要罵你娘了！

　　什麼東西！你的小說我做得出！要不是胡適之改革文學，你哪裏拿得出，還不是在教育部鑽狗洞！

　　　　　　　　祝你

改過

　　　　　　　　　　　不署名

　　　[一九二五年十二月三日]（從信封上看出）

　　記前發一函，於先生極為唐突不禮，至今日清醒時方悟出，特向

先生告罪，即請原諒！！！近因患大腸病，以致因而時患神經昏亂症，不能受刺激；先生之言亦當承受，其所以出此者，非有意，蓋病態也，即請原諒！！！此祝

　　腦健！

　　　　　　　　　　　　　前人

　　　　　　　　[一九二五年十二月八日]

　　再將《評心雕龍》一讀，乃悟先生乃諄諄之教訓，應當感謝！竟乃出此！實罪不可逭，即乞萬分原宥云！不過先生之言有使人誤會處，即不宜對青年們言教訓用冷嘲已耳。

　　　　　　　　　　　　　前人

　　　　　　　　[一九二五年十二月九日]

　　十九日　晴。上午得李季野信並校稿。午後往黎明講。晚得欽文信並《往星中》之書面畫，十一日發。

【箋】

　　上午得李季野信並校稿　來信未見。校稿，《出了象牙之塔》清樣。
　　晚得欽文信並《往星中》之書面畫　來信未見。《往星中》，劇本。俄國安德烈夫（Л. Н. Андреев）著，李霽野譯，魯迅校閱。將由未名社出版。其書面畫，陶元慶應魯迅之託而作。

　　二十日　晴。晨得張鳳舉信。上午往大中講。訪韋素園，未遇。訪李小峰，見贈《竹林故事》二本。寄李玄伯稿。下午往女師大講。夜有麟來。大風。

【箋】

訪李小峰，見贈《竹林故事》二本　《竹林（的）故事》，小說集，馮文炳著，剛由北新書局出版。《新潮社文藝叢書》之一。

寄李玄伯稿　稿指《十四年的「讀經」》，見前十八日補。

二十一日　晴。上午季市來。午後往精華印書局定印圖像，付泉十。往直隸書局買《金文編》一部五本，七元；《曹集銓評》一部二本，二元四角；《湖北先正遺書》零種三種五本，三元。往師大取去年十一月分薪水三元，十二月分者十三元。下午李季谷來。夜向培良、黃鵬基來。

【箋】

午後往精華印書局定印圖像　指定製《出了象牙之塔》的封面及插圖的銅、鋅版。

往直隸書局買……　直隸書局，北京古籍書肆名，在琉璃廠路南。清宣統元年（1908）肅甯劉春霖、交河邊義元、南宮宋魁文合作開設，新書舊書都賣，曾經影印過清代盧文弨的《抱經堂叢書》，近代宋星五、周藹如輯的《文淵樓叢書》等。《金文編》，金石文字學著作，十四卷，五冊。容庚輯。剛由貽安堂石印。《曹集銓評》，別集。十卷，卷首一卷，附逸文、年譜及跋等。清代丁宴纂。清同治十一年（1872）金陵書局藏板本。《湖北先正遺書》，叢書，共七十三種。盧靖輯。1923 年沔陽盧氏慎始基齋影印。

下午李季谷來　李季谷，即李宗武，見三月八日箋。

夜向培良、黃鵬基來　這時高長虹忙於給閻宗臨赴法留學籌措經費，狂飆社的工作主要由向培良負責。他正在編《狂飆》不定期刊，由黃協助。這次來，當向魯迅索稿。黃鵬基是第二次來訪。

　　二十二日　星期。晴。上午得鳳舉信。下午王品青來。夜得有麟信。

【補】

　　作雜文《並非閒話（三）》，載《語絲》第五十六期（十二月七日），署名魯迅。當時魯迅一些作品被盜印，陳西瀅假意表示同情。魯迅說：「我一生中，給我大的損害的並非書賈，並非兵匪，更不是旗幟鮮明的小人：乃是所謂『流言』。」文章批判了陳西瀅宣揚的天才論、「創作衝動」論等論調。說自己的「所謂文章也者，不擠，便不做。擠了才有……」文中談到文藝批評的任務，「不但是剪除惡草，還得灌溉佳花，──佳花的苗」。收《華蓋集》。

　　作雜文《堅壁清野主義》，載《新女性》創刊號（1926 年一月一日），署名魯迅。《新女性》，見前一日箋。本月十四日，《京報》刊登消息，稱：「教部昨飭京師學務局，謂據各處報告……迭次發生有傷風化情事。各女學校學生遊逛，亟應取締。特由該局通知各級女學校，禁止遊行各娛樂場，並由校通知各女生家長知照云。」此即所謂「整頓風化令」。魯迅稱此為「堅壁清野主義」，指出當局妄圖以此種辦法束縛青年思想，壓制學生運動。文中駁斥了當局對女學生的誣衊，指出「整頓風化令」實質上是維護封建道德，把一切不幸歸罪於女子。文章說：「社會不改良，『收起來』便無用，以『受起來』為改良社會的手段，是坐了津浦車往奉天。這道理很淺顯：壁雖堅固，也會沖倒的。」收《墳》。

　　二十三日　晴。上午訪[往]北大講。午訪韋素園，其在[在其]寓午飯。寄張鳳舉信。

【箋】

　　寄張鳳舉信　信未見，為本年第一百六十四封佚信。

【補】

作雜文《寡婦主義》，載本月二十日《京報·婦女周刊》周年紀念號，署名魯迅。文中對楊蔭榆推行的比「賢妻良母主義」還要反動、腐朽的「寡婦主義」做了猛烈抨擊，指出「青年應當天真爛漫，非如她們的陰沉，她們卻以為中邪了；青年應當有朝氣，敢作為，非如她們的萎縮，她們卻以為不安本分了：都有罪。」許廣平說：「從《墳》裏面的一篇《寡婦主義》裏，不但斥責了那『「寡婦」或「擬寡婦」的校長及舍監』的種種陰險，而且又揭穿了從這些陰險者之口，播散出許多詆毀學生品格的流言，供正人君子們作談資，奉為至寶；甚至章士釗利用教育部長地位的呈文中，也竟侮辱備至，妄指學生們為『荒學逾閒，恣為無忌』等惡毒誹謗。」（《許廣平文集》第二卷第 185 頁）「文章呼籲人們認清這一「大問題」，起而鬥爭，以挽救女子教育。收《墳》。

二十四日　晴。上午往女師大講。下午寄新女性社文一篇。寄許欽文信並《熱風》二本。寄三弟信並《熱風》三本，叢蕪小說稿一篇。

【箋】

下午寄新女性社文一篇　文，指《堅壁清野主義》，見前二十二日箋。

寄許欽文信並……　信未見，為本年第一百六十五封佚信。

寄三弟信並……　信未見，為本年第一百六十六封佚信。叢蕪小說，見前十四日箋。

二十五日　晴。上午往中大講。下午得三弟信，二十日發。夜衣萍來。素園、靜農、季野來。

【箋】

素園、靜農、季野來　當是商量《莽原》半月刊出版事。

二十六日　晴。上午得向培良、黃鵬基信。午後往黎明講。得韋素園信。下午矛塵來。寄婦女周刊社信並稿。晚子佩來。得衣萍信。得顧孟余信。

【箋】

上午得向培良、黃鵬基信　向、黃來信，未見。當是索稿。

寄婦女周刊社信並稿　信未見，為本年第一百六十七封佚信。稿，指《寡婦主義》，見前二十三日補。《婦女周刊》，《京報》附刊之一。1924 年十二月十日創刊，北京薔薇社編輯發行。在其發刊詞中，標明以「粉碎偏枯的道德」、「脫棄禮教的束縛」、「發揮藝術的天才」、「拯救沉溺的弱者」、「創造未來的新生」、「介紹海內外消息」為辦刊宗旨。主要以文學作品的形式反映婦女現狀，提出婦女解放、婚姻家庭等問題，引起人們關註。本年十一月出至第五十期停刊。

得衣萍信　來信未見。是章衣萍第二次寫信給魯迅。

得顧孟余信　來信未見。顧孟余（1888－1972），名兆熊，孟余為字。河北宛平（今屬北京市）人。時為北京大學教務長兼經濟系教授，北京教育會會長，俄款委員會委員。1926 年下半年為廣州中山大學委員會副委員長。後成為國民黨政客。此次來信，當有事相商。

二十七日　晴。上午往大中講。訪李小峰。午後風。往女師大講。沈尹默贈《秋明集》二本。夜風。有麟來。伏園、春臺、惠迭來。

【箋】

　　沈尹默贈《秋明集》二本　沈尹默（1883－1971），原名君默，一作君墨，後改尹默。又名沈實，字寉。有號東陽仲子、秋明等。書法家，詩人。浙江吳興人，沈士遠二弟。清末在日本留學。1907 年起先後在杭州高等學校、兩級師範學校、杭州第一中學教書。1913 年起任北京大學國文教授及北京女子師範大學文科教授，其間跟陳獨秀等輪流主編《新青年》雜誌，並去日本西京大學進修一年多。在「女師大風潮」中，跟魯迅等一起積極支持進步學生。《秋明集》，為其著作。

　　二十八日　晴。晨寄三弟信。上午季市來。寄贈洙鄰《小說史略》一本。午後往山本醫院診。往教育會俟顧孟余不至。晚訪李小峰。夜培良來。從精華印書局所製銅板五，鋅板六，其價為十六元六角六分。得顧孟余信。

【箋】

　　晨寄三弟信　信未見，為本年第一百六十八封佚信。

　　寄贈洙鄰《小說史略》一本　洙鄰，即壽洙鄰。《小說史略》出版後，壽化名「鈍拙」提過意見，魯迅在九月十日所作《再版附識》中說：「此書印行之後，屢承相知發其謬誤，俾得改定；而鈍拙及譚正璧兩先生未嘗一面，亦皆貽書匡正，高情雅意，尤感於心。」新版出版後，魯迅寄贈譚正璧一本，而未見寄贈「鈍拙」，當因不知其地址而無法投寄也。據葛濤《魯迅、壽洙鄰與周作人的一則佚文考論》，壽洙鄰病故以後，家屬在其遺物中發現一本《中國小說史略》，在魯迅《再版附識》的邊上有壽洙鄰先生的批註，文曰：「鈍拙其人即我也，我因此書中不知灤陽為今熱河，故貽書以告魯迅，然終未面告之也。洙鄰」（此據手稿錄入，標點係葛所加）家屬將此書送給周作人。周作人見此批註，認為十分重要，乃在扉頁又做題詞：「此為壽洙鄰先生遺書之一，先生於（19）61 年一月去世以後，壽師母整理遺物，承以是見賜，中有題記，頗足供研究是書者之參

考。今特以捐獻於魯迅博物館。時 1962 年二月十二日。作人記（知堂書記）（印）」查《周作人年譜》，同日記：「將《中國小說史略》託常維鈞轉贈魯迅博物館，因此書上有壽先生所寫的批注。」（《魯迅研究月刊》2001年第四期）有壽洙鄰和周作人題字的《中國小說史略》是否魯迅本日所贈？葛濤說，「尚不能最後確定這本《中國小說史略》就是魯迅所贈壽洙鄰先生的那一本」，此事「尚有待考證」。筆者同意這個說法。看日記，魯迅沒有寫信，只是寄書，這樣書上一定會有他的簽名或贈言。贈書給好友，既不簽名又不寫信，只有光禿禿的一本書，是無法想像的。筆者想，魯迅寄出的當是簽名本。現在這本既不是簽名本，那就恐是另一本了。

往教育會俟顧孟余不至　教育會，指北京教育會，會長顧孟余，會址在北長街。

得顧孟余信　來信未見。為顧第二次來信。當仍談前事，並有補充意見。至遲為今天上午所寫。

二十九日　晴。上午往教育會訪顧孟余。午訪韋素園。訪李小峰。下午季市來。品青來。曙天、衣萍來。夜譯《自然主義之理論及技巧》訖。

【箋】

上午往教育會訪顧孟余　這次見到面。內情不詳。

夜譯《自然主義之理論及技巧》訖　該文作者為日本片山孤村。收《壁下譯叢》。

三十日　晴。上午往北大講。訪李小峰，見贈《大西洋之濱》二本，又交泉百。訪韋素園。下午季市來，同至女師大教育維持會送學生復校。晚大風。季市來。夜有麟來。伏園來並還《越縵堂日記》二函，春臺同來並贈《大西洋之濱》一本。

【箋】

訪李小峰，見贈《大西洋之濱》二本　《大西洋之濱》，孫福熙之散文集，魯迅校閱。剛由北新書局出版。《文藝小叢書》之一。

下午季市來，同至女師大教育維持會送學生復校　近幾日，北京工人、學生及各界愛國人士為要求關稅自主，相繼舉行遊行示威，提出「驅逐段祺瑞」的口號，搗毀了章士釗的住宅。段祺瑞集團的政客懾於群眾運動威力，紛紛潛逃。本日，「國立女子大學」學生得知章士釗已逃往天津，即倡議女師大復校，並公推代表十餘人往宗帽胡同歡迎女師大同學返校。下午五時，女師大學生六十餘人（《魯迅年譜》說「師生百餘人」），在魯迅、許壽裳等護送下返回原校。路上，學生們舉著校旗，每人還手持小旗，上書「女師大萬歲」、「公理戰勝」、「勝利歸來」等口號。在校門口，女子大學四百餘人迎候，當即換了校門牌。同日，女師大學生自治會發表了取消女子大學、恢復女師大的復校宣言。

伏園來並還《越縵堂日記》二函　《越縵堂日記》，五十一冊。清代李慈銘著。1920年北京浙江公會據手稿影印。1912年十二月二十八日，魯迅「招張協和、許季市……赴留黎廠購《中國學報》第二期一冊，四角，報中殊無善文，但以其有《越縵日記》，故買存之。」1921年九月三十日，「季市贈《越縵堂日記》一部五十一冊。」孫伏園「還」來者，當即許壽裳所贈。

本月

本月，許羨蘇、俞芬為織絨線衣、圍巾和手套。許羨蘇的兒子余錦廉在《我談「魯迅與許羨蘇」》裏，引用她母親「一段未發表過的手稿」說：「上海魯迅紀念館有一塊圍巾（原件），北京魯迅博物館也有同樣的一塊圍巾（復製品）……白紙皮箱內還有一雙手套，是俞芬做的。1925年的冬天，魯迅先生丟掉了圍巾和手套，家中無人會做。一天太師母告訴我們，過去在八道灣，大先生的毛衣是三太太做的，現在三太太不來，大太太不

會織毛衣。我和俞芬商量，她織手套，我織圍巾，織好送給大先生。（19）26 年離開北京時也帶著，一直在上海還是在用的。先生日常有一種高超的作風，如有誰送他，不管是什麼東西，總是收著，即使這東西爛了，也是不肯捨棄的，他的書架上有一隻別人送他的佛手，又乾又爛一直躺在那裏。自己不丟也不要別人幫他丟。」（《魯迅研究月刊》1994 年第六期）

　　本月起，數次跟母親議論軍閥們的戰事。俞芳在《我記憶中的魯迅先生》中寫道：「記得那是 1925 年前後的事，當時張作霖、馮玉祥、吳佩孚等軍閥混戰，太師母常叫大先生講他們之間的關係。太師母也發表自己的看法：張作霖怎樣，馮玉祥怎樣，吳佩孚怎樣，是非公允，愛憎分明。有個時期，張作霖的飛機經常在北京上空盤旋，有時竟投擲炸彈，北京八個大學的學生，為抗議軍閥暴行，一度停課。記得有一次太師母和大先生還有許羨蘇姊姊，曾就此事作過議論。在太師母房裏，討論這類時事問題，是經常的。」（第 75 頁）俞芳這段回憶證明，她和許羨蘇等人經常在魯寓，特別是星期天。《日記》記本年俞芳來寓只有三次，當大多不記。

十二月

大事記

　　一日，國民黨第二次全國代表大會在廣州舉行，十九日閉幕。大會決議接受孫中山遺囑，堅持聯俄、聯共、扶助工農的三大政策，通過了《彈劾西山會議決議案》等。

　　反段運動深入發展。二日，全國學聯總會通電，主張「嚴懲國賊」，「堅持奮鬥」。五日，南京萬人集會，向孫傳芳請願要段祺瑞下野。六日，上海各界一百餘團體舉行市民反段大會。八日，廣州國民黨中央執委會通電全國，號召全國民眾為北方民眾之後援。十八日，廣東省工農商學界發起援助京滬反段大遊行，請願出師北伐。

　　五日，張作霖致電吳佩孚表示「諒解」，雙方聯合進攻馮玉祥的國民軍。十一日，張作霖調奉軍入關，威脅國民軍。奉系軍閥李景林和張宗昌合組直魯聯軍，反攻天津。十九日，吳佩孚決定率兵自湖北入河南，謀與奉軍合攻國民軍。

　　十四日，北京國民大會在天安門舉行，到千餘人。大會議決，責成國民外交團就日本出兵東北事對日提出嚴重抗議，制定工會條例，取消治安警察法，自動收回治外法權等。

　　二十四日，段祺瑞明令恢復女師大。

　　三十一日，段祺瑞改組國務院。教育總長章士釗辭職，易培基繼任。

一日　晴，大風。上午得欽文信。得季野信。得有麟信。午後往女師大開會，後同赴石駙馬大街女師大校各界聯合會，其校之教務長蕭純錦唻無賴來擊。夜素園、季野、靜農來。得培良、朋其信。

【箋】

其校之教務長蕭純錦唻無賴來擊　蕭純錦（1893－1968），江西永新人，時為女師大教務長。下午女師大召開各界招待會，報告復校經過。魯迅出席了會議，並講了話。當會議主席提出女師大同學不承認並要求取消章士釗設立的女子大學，令當時在場的蕭純錦當即辦理交代時，蕭「唻無賴來擊」，遭到各界代表一致譴責，連女子大學學生亦表示要求蕭交代事務。次日，女師大教育維持會和校務維持會召開聯席會議，議決接收女子大學，收容該校學生，和原女師大學生一道繼續開課，並立即發出通告。蕭遂被迫向女師大交結了手續。蕭在《日記》中僅見一次。

得培良、朋其信　來信未見。朋其，即黃鵬基。

【補】

為女師大復校時二十四名學生合影題詞《偕行》：「民國十四年八月一日，楊蔭榆毀校，繼而章士釗非法解散，劉百昭率匪襲擊，國立北京女子師範大學蒙從來未有之難。同人等敵愾同仇，外禦其侮。詩云：『修我甲兵，與子偕行。』此之謂也。既復校，因攝影以資紀念。十二月一日」（原無標點符號）這段題詞應為一重要佚文。照片上有劉和珍、許廣平、陸晶清、張靜淑等。

二日　晴。上午得季市信並稿。午後赴師大取十二月分薪水十四。往國民新報館。

【箋】

往國民新報館　《國民新報》，是國民黨左派在北京主辦的日報，屬國民黨北京執行部（部長馬敘倫，祕書主任王振鈞）領導。王振鈞、鄧飛黃主編。該報曾發表過列寧《國家與革命》原序及部分中譯文。魯迅應該報之請，跟張鳳舉輪流編輯該報《副刊》乙刊。他以該刊為陣地，先後發表了《這個與那個》等文，修改發表了好些進步青年的作品，培養了新生力量。「三一八慘案」中，王振鈞受傷，此後該報轉入地下，祕密發行，至四月二十八日隨國民黨被查封而停刊。往訪該報，是商定編副刊事。

三日　晴。午後往黎明講。往北大取去年十一、十二月分薪水三十一元。訪李小峰，見贈《徐文長故事》四集兩本。往東亞公司買《芸術と道德》、《續南蠻広記》各一本，共泉四元八角。晚得培良信並稿。衣萍來。夜作《出了象牙之塔》跋訖。

【箋】

往東亞公司買……　所購均日文書。《芸術と道德》，即《藝術與道德》。西田幾多郎著。大正十四年（本年）東京岩波書店出版。《續南蠻広記》，即《續南蠻廣記》。散文。新村出著。大正十四年東京岩波書店出版。

晚得培良信並稿　來信未見。稿當為《無題》，載《莽原》半月刊第一期、第二期（1926 年一月十日、二十五日）。

夜作《出了象牙之塔》跋訖　載《語絲》第五十七期（十四日），題《〈出了象牙之塔〉譯本後記》，署名魯迅。本文簡要評述了廚川白村的思想及《出了象牙之塔》的內容。說：「從這本書，尤其是最緊要的前三篇看來，卻確已現了戰士身而出世，於本國的微溫，中道，妥協，虛假，小氣，自大，保守等世態，一一加以辛辣的攻擊和無所假借的批評。就是從我們外國人的眼睛看，也往往覺得有『快刀斷亂麻』似的爽利，至於禁不住稱快。」說到自己翻譯此書的目的，魯迅說，他「並非想揭鄰人的缺

失，來聊博國人的快意」，「而是希望陳腐的古國的人們」亦由此悟到自身的「腫痛」和割除「腫痛」的「痛快」，起來「掃蕩廢物」，促中國「徹底地改革」。收《出了象牙之塔》和《譯文序跋集》。按，這本書於本月出版。李霽野說：「《後記》是書快印完時，於 1925 年十二月三日夜寫成的。」又說，「未名社幾個人同魯迅先生圍繞著這一本書的談話是很多的」（《魯迅先生與未名社》第 67 頁），接著引述了幾段。由於具體時間無法確定，除一則錄於年末外，餘從略。

　　四日　晴。晨寄衣萍信，即得復。上午季市來。得季野信，下午復。往山本醫院診。往女師校。夜譯書校稿。

【箋】

　　晨寄衣萍信，即得復　信未見，為致章衣萍第二（？）信，本年第一百六十九封佚信。說「即得復」，不知何意。「即」如何得復？信是派人直接送達？抑得到一封來信但不是己信到達後寫？

　　上午季市來　這次兩人見面，話題除女師大復校等外，當約許為《國民新報副刊》撰稿。許在《亡友魯迅印象記》中寫道：「魯迅編《莽原》雜誌和《國民新報副刊》時，曾經幾度慫惠我去投稿，勸我多寫雜文，不要矜持，但是我因行文拙鈍，只投過幾篇：《論面子》、《論翻譯之難》⋯⋯而已。」（第 52 頁）以後見面，還當談及。《論面子》（應為《爭面子》）載《莽原》。據許世瑛編《先君許壽裳年譜》（載臺海出版社《現代賢儒──魯迅的摯友許壽裳》），許在《國民新報副刊》乙刊發表有《精神的殺人罪》、《此一時的〈公允之話〉》、《教育界之革命派與反革命派》等文，而未提及《論翻譯之難》。

　　往女師校　當是參加會商之類事項。

　　夜譯書校稿　校稿，指《出了象牙之塔》清樣。「譯書」，疑為校改以前譯文。

　　五日　　晴。上午得季市信。午寄培良信。下午叢蕪來。寄林語堂信。

【箋】

　　午寄培良信　信未見，為本年第一百七十封佚信。

　　寄林語堂信　信未見，為本年第一百七十一封佚信。林語堂（1895－1976），原名和樂，又名玉堂，後改語堂。語言學家、作家、翻譯家。福建龍溪人。父親是牧師，從小學到大學，都在基督教學校讀書。1916 年從上海聖約翰大學畢業後，由校方推薦到北京清華學校教英語。1919 年赴美國留學，後到法國，又赴德國，獲語言學博士學位。1923 年回國，被胡適延攬到北京大學任英文系語言學教授，兼北京師範大學講師，開始為《晨報副刊》撰稿。1924 年提倡「幽默」。是年冬《語絲》和《現代評論》先後創刊，林語堂成為《語絲》一位主要撰稿人。本年仍在女子師範大學兼課，經常來往於北大三院和女師大之間。在「女師大風潮」中他傾向于魯迅、周作人一夥，而跟胡適等「現代評論派」不相一致。入冬，積極參加了反帝愛國運動。在十一月二十八至二十九日的「首都革命」中，用竹竿和石塊跟反動軍警搏鬥，並因之負傷。「三一八慘案」後擔任女師大教務長，親手處理了劉和珍、楊德群的善後工作。兩人已有交往。本次致信林語堂，當是告訴對方《莽原》已改為半月刊，請寫稿。

【補】

　　譯文、日本島崎藤村作《從淺草來》（摘譯），載五日《國民新報副刊》，署杜斐譯。收《壁下譯叢》。

　　六日　　星期。晴，風。下午得鄧飛黃信，即復。寄林語堂信。晚紫佩來，贈以合本《語絲》一及二各一本。夜培良來，假以泉十，贈《竹林故事》一本。

【箋】

下午得鄧飛黃信，即復　來信未見。鄧飛黃（？－1952），字子航。湖南桂東人。本年北京大學經濟系畢業後任《國民新報》總編輯。魯迅此前已擔任《國民新報副刊》乙刊編輯，兩人通信，當跟副刊有關。復信未見，為本年第一百七十二封佚信。

寄林語堂信　信未見。疑即昨日所寫，非另一封。本書不記。

七日　晴。上午往北大講。午後訪李小峰，見贈《文學概論》二本。晚鄧飛黃來。

【箋】

訪李小峰，見贈《文學概論》二本　《文學概論》，文學理論著作。潘梓年著，北新書局本年出版。《北新叢書》之一。

八日　晴。上午得林語堂信。季市來。夜素園來別，假以泉四十。

【箋】

上午得林語堂信　來信未見。為得林語堂第一信。

夜素園來別，假以泉四十　李霽野在《厄於短年的韋素園》中說：「這一年春季，素園去開封國民軍第二軍擔任俄語翻譯，因為那時有蘇俄軍事人員在該軍任職；魯迅先生借給素園四十元作川資……蘇俄軍事人員在第二軍開展不了工作，不幾個月他們回國，素園也就回到北平了。」（《魯迅先生與未名社》第103－104頁）《日記》本月二十八日載：「訪李霽野，收素園所還泉冊。」表明韋這時已經回來。李回憶中有兩處不確。一，不是春天，是冬天；二，不是「幾個月」，而是十多天。

【補】

作雜文《這個與那個（一）──讀經與讀史》，載十日《國民新報副刊》，署名魯迅。此文是批判「讀經救國論」的。指出，青年們倘要促進中國社會的改革，不能「埋頭來哼線裝書」，「不如去讀史，尤其是宋朝明朝史，而且尤須是野史；或者看雜說」，這樣就可以「知道我們現在的情形，和那時的何其神似，而現在的昏妄舉動，糊塗思想，那時也早已有過，並且都鬧糟了」，因而「愈可以覺悟中國改革之不可緩了」。收《華蓋集》。

九日　曇，風。上午往中大講。晚得季市信並稿。

【箋】

晚得季市信並稿　來信未見。稿，在《國民新報副刊》發表。

【補】

本日北京女子師範大學校務維持會再發聘書，內云：「國立北京女子師範大學敬請　周樹人先生擔任本大學教員。此訂。」

十日　晴。午後往黎明講。往山本醫院診。

【補】

作雜文《這個與那個（二）──捧與挖》，載十日《國民新報副刊》，署名魯迅。此文批評了一些人以「捧」來求苟安的祖傳老法，指出：對於壓迫者絕不能「捧」，而是要「挖」。因為「凡有被捧者，十之九不是好東西」。他們的心「本來不易饜足」，捧的結果常常和捧者的希望「適得其反」。收《華蓋集》。

十一日　晴。午後往女師大講。晚霞卿來。晚得季野信。濯足。

【箋】

　　午後往女師大講　女師大復校後本年日記載兩次「講」，即本日和十八日。陸晶清在《魯迅先生在女師大》中寫道：「魯迅先生除了為我們講文藝理論和『小說史』外，還講過《楚辭》。那是在 1925 年十一月三十日女師大勝利復校後，擔任講授《楚辭》的沈尹默先生因患眼病請長假，魯迅先生自告奮勇代課。『魯迅講楚辭』曾成為『紅樓』中的新聞，吸引了許多別班同學到我們班上聽課。魯迅先生講《離騷》，不是走人云亦云的路子，是根據他自己的研究，用他自己的語言介紹屈原，剖析作品內容及藝術評價，使我們感到『新鮮』，獲得新的知識。」（《魯迅回憶錄》散篇上冊第 404－405 頁）陸晶清，見十一月八日箋。據陳漱渝《魯迅史實雜考》，「1925 年十二月二十一日，《女師大週刊》第一百一十四期公佈了魯迅在該校擔任的課程：除每週在國文系四年級講授一節『小說史』外，還在國文系四年級和本科一年級講授『選文』，每週各兩節。魯迅開設的『選文』，大約相當於古典文學作品選。現在，魯迅博物館仍藏有許廣平保存的魯迅在女師大偏安於宗帽胡同時期採用的部分講義，從中可窺『選文』課內容的一斑。這些講義的篇名是：司馬相如《美人賦》，董仲舒《士不遇賦》，司馬遷《悲士不遇賦》，劉向《宴子敘錄》，揚雄《逐貧賦》，揚雄《解難》，應劭《〈風俗通義〉序》，張奐《誡兄子書》，班固《〈離騷〉序》，王逸《離騷經章句敘》，蔡邕《京兆樊惠渠頌》，蔡邕《述行賦》。」三閒居曰，既在「偏安於宗帽胡同時期」就講「選文」，那就從十月開始了。如是，則代沈尹默講《楚辭》，也就方便得多。

　　晚霞卿來　霞卿，李宗洛字，見六月十六日箋。

　　十二日　晴。上午得培良信。晚有麟來。夜季野、靜農來。

　　十三日　星期。晴。午裴子元來。下午寄黎明學校信辭教課。寄有麟稿。

【箋】

　　寄黎明學校信辭教課　信未見，為本年第一百七十三封佚信。

【補】

　　作雜文《我觀北大》，載本月十七日《北大學生會周刊》創刊號，署名魯迅。此文係應北大學生會之請，為紀念北大成立二十七周年而作。魯迅以自己被人「指為北大派」而自豪，熱情讚揚北大從五四以來一貫堅持的反帝反封建的革命方向和英勇鬥爭的優秀傳統。說「北大究竟還是活的，而且還在生長的。凡活的而且在生長著，總有著希望的前途」。收《華蓋集》。

　　十四日　晴。上午得叢蕪稿。往北大講。訪季野不值，留信而出。寄北大學生會稿。致曲廣均信並還稿。往東亞公司買合本《三太郎日記》一本，二元二角。夜得徐旭生信並稿。矛塵來。

【箋】

　　訪季野不值，留信而出　信未見，為本年第一百七十四封佚信。

　　寄北大學生會稿　稿，即《我觀北大》，見昨日補。

　　致曲廣均信並還稿　信未見，為本年第一百七十五封佚信。曲廣均，應作曲廣鈞，山東牟平人。時為北京大學英文系學生。曾在《京報副刊》和《國民新報副刊》發表文章。當寫信（附稿）來求教，或在聽課時呈稿，為《日記》所不載。

　　往東亞公司買合本《三太郎日記》　《三太郎日記》，小說。阿部次郎著。大正十三年（1924）東京岩波書店第二十版。

　　夜得徐旭生信並稿　來信未見。稿，當在《國民新報副刊》所載。

【補】

　　作散文詩《這樣的戰士》，載《語絲》第五十八期（二十一日），副題《野草之十九》，署名魯迅。魯迅在《〈野草〉英文譯本序》中說，此

文「是有感于文人學士們幫助軍閥而作」。作者對他心目中戰士應有的品格做了描繪，幾次用「他舉起了投槍」描畫那樣戰士的形象。自然也對那些對立面的醜態做了描繪。收《野草》。

　　十五日　微雪即霽。上午得季野信。得曲廣均信。得朋其信。晚子佩來。夜得林語堂信並稿。風。

【箋】

　　得朋其信　來信未見。是黃鵬基第三次來信。

　　夜得林語堂信並稿　來信未見。為得林語堂第二信。稿為哪篇，不詳。

【補】

　　本月二十四日《國民新報副刊》乙刊第二十號載《反〈閒話〉（一）》一文，署名野火，當為魯迅今日所作。全文共三節。後有附記，云：「反《閒話》擬每周作一次，也許每周兩次，視材料之多寡與個人時間之有無為標準。宗旨是『黨同伐異』。民國十四年十二月十五日晚十時，野火自記於反《閒話》黨本部。」

　　十六日　晴。上午往中大講。午後得徐吉軒箋並教育部俸泉三十三元。得衣萍信。下午寄曲廣均信。寄李霽野信。夜得李遇安信。得季市信。

【箋】

　　得衣萍信　來信未見。是章衣萍致魯迅第三（？）信。

　　下午寄曲廣均信　信未見，為本年第一百七十六封佚信。

　　寄李霽野信　信未見，為本年第一百七十七封佚信。

　　十七日　晴。上午寄李遇安信。寄林語堂信。午後往北大二十七周年紀念會。往女師大教務維持會。夜得培良信。

【箋】

上午寄李遇安信　信未見，為致李第十二信，本年第一百七十八封佚信。李自八月三日寄稿後，再未來稿。八月二十一日「來訪未遇，留函並晚香玉一束而去」。後來過兩次信（九月二十八日、昨日），今日一併作復。此後數年仍有交往。

寄林語堂信　信未見。為致林語堂第三信（或第二信），本年第一百七十九封佚信。林語堂在《語絲》第五十四期（十一月二十三日）發表《語絲的體裁》後，在第五十七期（本月十四日）又發表《插論語絲的文體——穩健、罵人及費厄潑賴》（收入《剪拂集》時，題目改為《論語絲文體》，文內也有較大刪改），說：「此種『費厄潑賴』精神在中國最不易得，我們也只好努力鼓勵，中國『潑賴』的精神就很少，更談不到『費厄』，惟有時所謂不肯『下井投石』即帶有此義。」對此魯迅很不同意，隨即寫了《論『費厄潑賴』應該緩行》的名文，在《莽原》半月刊第一期發表。魯迅已讀到本期《語絲》，他這封信是否會談到對林文的意見？

午後往北大二十七周年紀念會　北京大學為紀念建校二十七周年，於十七、十八兩日舉行慶祝活動。本日下午，在第三院大禮堂演出廣東音樂、京劇等節目，並展出歷代重要文物。魯迅參觀了展覽。

往女師大教務維持會　時間在下午四時。據《魯迅年譜》，會上決定添聘史學科、體育科主任，補習班仍行開班，拒絕女子大學家長代表「自派舍監，借用操場」的要求。

十八日　晴。上午往女師大講。夜靜農、寄野來。

【箋】

上午往女師大講　當仍講《楚辭》，見前十一日箋。

【補】

作雜文《「公理」的把戲》，載二十四日《國民新報副刊》，署名魯迅。女師大復校後，陳西瀅等人和女子大學校長胡敦復於十四日發起「教

育界公理維持會」，第二天改為「國立女子大學後援會」，打著維持公理
的旗號，公開反對女師大復校。此文即針對這件事而發。歷數北洋軍閥政
府及其在教育界的代理人迫害進步學生的種種事例，指出「當章氏勢焰熏
天時」，陳西瀅等人毫無伸張「公理」之心，反而對壓迫者「歌功頌德」；
在女師大復校後，他們卻以維持「公理」的面目出現，不惜對女師大大放
流言。收《華蓋集》。

　　十九日　晴。午後往山本醫院診。夜得王振鈞信，即復。得
有麟信。

【箋】

　　夜得王振鈞信，即復　來信未見。王振鈞（1900－1927），山西天
鎮縣人，1920 年考入北京大學預科，研究經濟學和孫文學說。1922 年加入
國民黨。其後和山西友人在北京創辦「平民中學」和《國民周報》。1924
年國民黨「一大」後任山西黨務宣傳員。國民黨北京執行部成立（1924 年
四月）後，任宣傳部祕書主任（部長為馬敘倫）。本年夏，《國民周報》
被北洋軍閥政府扼殺，王等受命創辦《國民新報》。係為副刊事致信魯迅。
復信未見，為本年第一百八十封佚信。

　　二十日　星期。晴。上午寄鄒明初信。午後靜農、叢蕪、寄
野來。季市來，託其以《熱風》及《語絲增刊》各一本寄贈詩荃。
夜風。柯仲平來。

【箋】

　　上午寄鄒命初信　信未見，為本年第一百八十一封佚信。
　　柯仲平來　是柯第三次來寓。

【補】

作雜文〈這個與那個（三）——最先與最後〉，載二十二日《國民新報副刊》，署名魯迅。本文批判明哲保身的中庸思想和懦弱卑怯的市儈心理，認為社會變革的希望不僅在於多有「前驅和闖將」，而且在於多有具有韌性精神的戰士，並稱讚那些能「不恥最後」、堅持到底的人們「正是中國將來的脊梁」。收《華蓋集》。

作雜文《這個與那個（四）——流產與斷種》，載二十二日《國民新報副刊》，署名魯迅。本文以徐志摩一類「名流學者」對待青年人創作的態度為例，表現作者一種批評觀。文中說：「孩子初學步的第一步，在成人看來，的確是幼稚，危險，不成樣子，或者簡直是可笑的。但無論怎樣的愚婦人，卻總以懇切的希望的心，看他跨出這第一步去，決不會……使他躺著研究到能夠飛跑時再下地。因為她知道，假如這麼辦，即使長到一百歲也還是不會走路的。」收《華蓋集》。

二十一日　晨。培良來，未見，留贈《狂飆》不定期刊五本。上午往北大講。李玄伯贈《百回本水滸傳》一部五本。訪小峰，見贈《微雨》二本。下午寄小峰信。晚紫佩來。

【校】

「晨」後的句號應刪，跟「培良」相接。

【箋】

培良來，未見，留贈《狂飆》不定期刊五本　《狂飆》不定期刊，為狂飆社刊物之一。本期由向培良主持編輯（因高長虹離京赴晉），剛剛出版。刊有小說《生的躍動》以及高沐鴻、尚鉞、培良、欲擒、常燕生等人作品。

李玄伯贈《百回本水滸傳》一部五本　《百回本水滸傳》，《水滸傳》有一百回和一百二十回等不同版本。據人民文學出版社《關於本書

（明容與堂刻本〈水滸傳〉）的校點說明》，「一百回本《水滸傳》，包括了宋江受招安和投降以後打方臘的情節，是比較接近《水滸》原貌的一個本子。」李玄伯所贈，係他於本年據明嘉靖本重印。共五冊。馬蹄疾《魯迅和李玄伯》說：「……魯迅和李玄伯雖然都在北京大學授課，互有所聞，但並無交往。1924 年李玄伯曾購得明代萬曆間安徽新安黃誠之、劉啟先所刻一百回本《忠義水滸傳》一部，當時魯迅正在北大授《中國小說史》課，很想借來讀一下，苦於未識，只好作罷。他曾在 1924 年二月九日致胡適信說：『聽說李玄伯先生買到若干本百回的《水滸傳》，但不全。先生認識他麼？我不認識他，不能借看。』這裏魯迅所說『不全』，是聽了誤傳，其實李氏所得是全本，並於 1925 年由北京流通圖書館出版。那時，李玄伯已是《猛進》的發起人，知道魯迅關心這部書，特地將排印本一部贈送給魯迅……」（《魯迅研究動態》1987 年第五期）

訪李小峰，見贈《微雨》二本　《微雨》，李金髮的詩集。北京新潮社本年出版。《新潮社文藝叢書》之一。

下午寄小峰信　信未見，為本年第一百八十二封佚信。

二十一（二）日　晴。上午得培良信。午後馮文炳來，未見。下午季野來。培良及鄭君來。晚得曲廣均信並稿。得李小峰信。夜得長虹信。得素園信。

【箋】

午後馮文炳來，未見　這是馮第三次來，第二次「未見」。馮另有一次來信，未復。馮在八天前發表於《京報副刊》的《從牙齒念到鬍鬚》，四月二日箋已引兩段，接著是：

　　那時還不知道作者有這麼多的鬍子（這個發現頗出我意外），文人大抵是相輕的（或者不如照魯迅先生的話至少以無損於己者為限更為確當），所以一面稱好，又面又多少露

出並不怎樣佩服的神氣，——這叫我現在笑個不住了，同時對於一般所謂批評文字（連弔唁的也在內）自信能分外瞭解。

魯迅先生近來時常講些「不乾淨」的話，我們看見的當然是他的乾淨的心，（這自然是依照藹理斯的意見，不過我自己另外有一點，就是，我們的不乾淨也是乾淨，否則世上到那裏去找乾淨呢？）甚至於看見他的苦悶。他在《從鬍鬚說到牙齒》裏談笑話似的寫他「執事」回來碰落門牙，讀者諸君，你們讀了怎樣呢？我是陰鬱的顫一聲「唔！」

我們到底是有福的——我在這裏一顫，不可以一直波到魯迅先生的唇邊嗎？

此文在《京報副刊》發表，魯迅自會及時讀到。上次（二月十五日）「未見」，係因外出。今日「未見」，是何原因？抑或是「不見」之意？

下午季野來　李這次來，很可能是為剛剛寫成的一篇小說而來。李在《魯迅先生對文藝嫩苗的愛護與培育》中說：「在寫作上，我沒有任何成就，但先生在這方面對我的教導，使我念念不忘，有時感到慚愧。我寫了一篇很幼稚的小說——〈微笑的臉面〉，原是交給先生，看是否可以在什麼報紙的副刊發表的。先生看後說，有點可惜，留給我們就要創刊的《莽原》半月刊發表吧。但是在鼓勵之後，先生就對我說，寫作受別的作家影響是難免的，但不想辦法別開生面，受到束縛，那就不好了，並說從這篇小說，可以看出安特列夫的影響，不過影響還不算太壞，以後注意就好了。我對先生說，這篇小說有點實生活經驗作根據，先生說，不來源於實際生活的作品不會有生命，當然從生活素材轉化為藝術品，不是簡單的事情。」（《魯迅先生與未名社》第22－23頁）李這篇小說發表在《莽原》半月刊第一期（1926年一月十日）上，文末標「一九二五年十二月作」。

培良及鄭君來　鄭君，即鄭效洵。鄭效洵（1907－約1998），福建閩侯人。翻譯家，狂飆社成員。是第一次拜訪魯迅，由向培良引見。

　　夜得長虹信　為高第二次來信。高於十一月五日離京回山西，後因軍閥打仗，鐵路不通，一直滯留在太原。來信當訴說在太原情況，並表示問候。在太原期間，高寫了隨筆式自傳體小說《游離》，內有一封給「L」的信，是全文的收束。此信即給魯迅所寫。所謂「日刊」，顯指《國民新報副刊》乙刊。全文如下：

　　L：

　　　　近來看見你的幾篇文章，也許你的病已經好了呵？

　　　　你新近編輯起的日刊，我也曾見過一期，我只嫌那是一個小的日刊。現在是需要我們放火的時候，但是，我們何時才能放起一個大的火呢？

　　　　七日刊停止後，聽說要改出半月刊了。我的意思是，倒不如大一點出一個月刊好。但是，這些都沒有要緊，我所傾向的，只要有一個大的刊物。

　　　　近來北京很熱鬧，可惜我沒得看見。我每天只望著我的故鄉的那個破城門樓。

　　　　這裏一切都黑暗，無可敘述，無可敘述。

　　　　一個月已經荒廢過去了。雖然，我在近兩個禮拜內，也曾從事過一點小的工作，便是這一本小小的書，一個紅的心的寫照，寄給你，轉贈給有癖性的讀者。

　　祝你並讀者的健康！

　　　　　　　　　　N，一九二五，一二，一〇，於太原。

【補】

　　作雜文《碎話》，載《猛進》第四十四期（1926 年一月八日），署名
魯迅。此文係就一些「正在一日千變地進步」的「學者文人」時而要人們
這樣、時而又要人們那樣的「自己打嘴巴」的現象而發，揭露那些人投機
善變，言論前後矛盾。所舉例為胡適和陳西瀅的言論。意在對這樣的「領
袖」、「正人君子」絕不可盲從。收《華蓋集》。

　　二十三日　晴。上午往中大講。下午寄鄧飛黃信。寄有麟信。

【箋】

　　下午寄鄧飛黃信　信未見，為本年第一百八十三封佚信。當跟副刊
編輯事有關。

　　寄有麟信　信未見，為本年第一百八十四封佚信。

　　二十四日　晴。上午訪李小峰。季市來，未遇，留函而去。
下午寄李玄伯信並稿。得有麟信。晚季市來。

【箋】

　　下午寄李玄伯信並稿　信未見，為本年第一百八十五封佚信。稿為
《碎話》，見前二十二日箋。

【補】

　　本日《國民新報副刊》乙刊載《這個與那個》正誤：「第十八號第三
面下欄十一行『易竭』誤『已竭』；又十九行『對於鍥而不捨的人們』下
脫『也一樣』三字；又第四面上欄二十一行第二十七字『改』誤為『的』。」
（據劉運峰《魯迅佚文全集》上冊第 371 頁）

　　二十五日　晴。午後黎劭西來。晚衣萍、品青、小峰來。

【補】

　　本日出版之《國民新報副刊》載《〈莽原〉半月刊出版預告》，未署名。為一佚文。全文為：「這本是已經出了大半年了的周刊，想什麼就說什麼，能什麼就做什麼，笑和罵那邊好，冷和熱那樣對，紳士和暴徒那邊妥，創作和翻譯那樣貴，都滿不在乎心裏。現在要改半月刊了，每期出版四十餘面，用紙潔白，明年一月出第一期。目錄續登。」劉運峰《魯迅佚文全集》已收入。

　　本日出版之《國民新報副刊》載《〈出了象牙之塔〉出版預告》，未署名。為一佚文。劉運峰《魯迅佚文全集》已收入。

　　二十六日　晴。上午得三弟信，二日發，又一函，五日發。午後往山本醫院診。下午往師範大學取薪水，而會計已散。往直隸書局買《春秋左傳杜註補輯》一部十本，《名義考》一部三本，泉四。夜靜農、叢蕪、寄野來。有麟來。北京大學研究所送來考古學室藏器攝景十幅，又明信片十二幅，又拓片四十三種。

【箋】

　　往直隸書局買……　《春秋左傳杜註補輯》，古籍箋釋，共三十卷，首一卷，十冊。清代姚培謙輯。《左傳》，古代編年體歷史著作，儒家經典之一。西漢初稱《左氏春秋》，或稱《春秋古文》，西漢末年劉歆見到的則稱「古文《春秋左氏傳》」，《左傳》就是《春秋左氏傳》的簡稱。劉歆認為《左傳》是傳《春秋》的，所以他就拿傳文去解經，使之互相說明。在漢代，《春秋》與《左傳》本來是各自單行的，晉代杜預在劉歆、賈逵等前人解釋的基礎上，把「經」（《春秋》）與「傳」（《左傳》）按紀年合併到一起成為一部書，而加以系統解釋，這就是《春秋經傳集解》。（以上據《中國大百科全書・中國文學》卷）杜註，即杜預《春秋經傳集解》，它是現存《左傳》最早註本。《名義考》，十二卷，三冊。明代周祈撰。1923 年沔陽盧氏慎始基齋影印明萬曆間刻本。

夜靜農、叢蕪、季野來　李霽野記《出了象牙之塔》出版後魯迅有一段談話，可能在今夜。李寫道：「《出了象牙之塔》出版後，魯迅先生對我們談到有兩種反對論者。一是從右邊來的，他們原已憎惡先生批評中國文明和中國社會的文章，這時就惡意地說，魯迅先生在借用日本人的巴掌，批中國人的嘴巴了，因此更可惡。另一種就是從『左』邊來的反對論者，他們說《出了象牙之塔》充滿毒素，千萬不要讀了受害。魯迅先生說，這些人是用『左』的言詞騙人的。但是，魯迅先生並不完全同意廚川白村的意見。他在《〈思想・山水・人物〉題記》中說：『我的譯述和紹介，原不過想一部分讀者知道或古或今有這樣的事或這樣的人，思想，言論；並非要大家拿來作言動的南針。……全篇中雖間有大背我意之處，也不加刪節了。』『我先前譯印廚川白村的《出了象牙之塔》時，辦法也如此。』」（《魯迅先生與未名社》第 69 頁）

【補】

作散文詩《聰明人和傻子和奴才》，載《語絲》第六十期（1926 年一月四日），副題《野草之二十》，署名魯迅。本文以對話形式刻畫了三個類型的人物形象。「聰明人」以虛假的同情和偽善的面目應付人們（在本篇，就是那個奴才）的訴苦；「傻子」則心口如一，看到不平，就起而反抗，勇於戰鬥，敢於負責；而「奴才」卻只知道奉迎主子，偶有對自己地位的不滿，也只是向別人訴訴而已，在主子面前，他奴性十足，只知唯唯諾諾。文中著重批判了中國人的奴性意識，而那個「聰明人」的善變正如《碎話》中所寫「領袖」和「正人君子」。收《野草》。

作散文詩《臘葉》，載《語絲》第六十期（1926 年二月四日），副題《野草之二十一》，署名魯迅。作者在《〈野草〉英文譯本序》中說：「《臘葉》，是為愛我者的想要保存我而作的。」許廣平回憶：「後來據他自己承認，在《野草》中的那篇《臘葉》，那假設被摘下來夾在《雁門集》裏的斑駁的楓葉，就是自況的。」（《許廣平文集》第二卷第 186 頁）孫伏園在《魯迅先生二三事》中說：

　　《臘葉》寫成以後，先生曾給我看原稿；仿佛作為閒談似的，我曾發過一次傻問：何以這篇題材取了「臘葉」。先生給我的答案，當初便使我如獲至寶，但一直沒有向人說過，至今印象還是深刻，覺得說說也無妨了。

　　「許公很鼓勵我，希望我努力工作，不要鬆懈，不要怠忽；但又很愛護我，希望我多加保養，不要過勞，不要發很（狠）。這是不能兩全的，這裏面有著矛盾。《臘葉》的感興就從這兒得來，《雁門集》等等卻是無關宏旨的。」這便是當時先生談話的大意。

　　「許公」是誰，從談話的上下文聽來，我是極其明白的。魯迅先生的熟朋友當中，姓許的共有五位。第一位自然是許季茀先生壽裳，那是先生幼年的朋友，友誼的深摯，數十年如一日的。第二位是許季上先生丹，一位留學印度，研究佛經的學者，先生壯年的研究學術的朋友，可以說是先生的道義之交。還有三位都是較晚一輩的少年朋友：一位是少年作家許欽文先生，一位是欽文的妹妹許羨蘇女士，還有一位則是許廣平女士景宋。我常常私議：魯迅先生的好友當中，姓許的占著多數，「許」字給予先生的印象是最好的。

　　但是那時先生口頭的「許公」，決不是其他四位，確指的是景宋先生……

　　　　　　　　　（《魯迅回憶錄》專著上冊第 86－87 頁）

文中，那楓葉原是一只病葉，「大概是願使這將墜的被蝕而斑斕的顏色，暫得保存，不即與群葉一同飄散罷」。「今夜他卻黃蠟似的躺在我的眼前」，

便想起了去年「保存」它的一幕。收《野草》。所引孫伏園回憶，接著說了許廣平筆名景宋的來源，見前五月十七日箋。

二十七日　星期。曇，風。上午季市來。得欽文信，九日發。得語堂信。下午大風。

【箋】

　　得語堂信　來信未見。為得林語堂第三信。

二十八日　晴，大風。上午往北大講。訪李霽野，收素園所還泉卅。

【箋】

　　訪李霽野，收素園所還泉卅　見前八日箋。

【補】

　　作雜文《這回是「多數」的把戲》，載三十一日《國民新報副刊》，署名魯迅。本月二十四日，《晨報》刊出《女大學生二次宣言》，發洩對女師大復校的不滿，說「女師大學生之在宗帽胡同者，其數不過二十人」，而「轉入女大者，有一百八十人」，「恢復女師大校址，當然應歸此多數主持」。曾經以「多數不該『壓迫』少數」為理由替楊蔭榆鳴冤叫屈的陳西瀅，一反故態，在二十六日《現代評論》的《閒話》中引用這個宣言，大講女大和女師大之爭是這一百八十人和二十人之爭，以支持「多數」為名反對女師大復校。魯迅此文一連提出幾個設問，反駁對方。「『要是』帝國主義者搶去了中國的大部分，只剩了一二省，我們便怎樣？別的都歸了強國了，少數的土地，還要維持麼？」收《華蓋集》。

　　所譯《出了象牙之塔》，由未名社出版，為《未名叢刊》之一。書中收廚川白村的文藝論文十篇，陶元慶作封面畫。版權頁後刊有《〈未名叢刊〉廣告》，說該刊「並非學者們精選的寶書，凡國民都非看不可。只要

是有稿子，有印費，便即付印，想使蕭索的讀者，作者，譯者，大家稍微感到一點熱鬧」。

　　二十九日　晴。上午寄語堂信。得季市信。晚往女師大教務會議。夜得林語堂信並稿。

【箋】

　　上午寄語堂信　信未見，為致林語堂第四信，本年第一百八十六封佚信。

　　晚往女師大教務會議　此次會議共有魯迅、林語堂、馬裕藻、許壽裳、鄭奠等九人到會，議決八項。

　　夜得林語堂信並稿　為得林語堂第四信。語堂稿，即《祝土匪》，為昨日所寫，刊於《莽原》半月刊第一期（1926 年一月十日）。後收入《剪拂集》。載於同期刊物的還有魯迅的名文《論『費厄潑賴』應該緩行》。

【補】

　　作雜文〈論「費厄潑賴」應該緩行〉，載《莽原》半月刊第一期（1926 年一月十日），署名魯迅。此文針對林語堂在《語絲》發表的〈插論語絲的文體——穩健、罵人及費厄潑賴〉而作。「費厄潑賴」最早由周作人提出。周在〈答伏園論「語絲的文體」〉（《語絲》第五十四期）中說：「除了政黨的政論以外，大家要說什麼都是隨意，唯一的條件是大膽與誠意，或如洋紳士所高唱的所謂『費厄潑賴』（fair Play），——在這一點上我們可以自信比賽得過任何紳士與學者……」林語堂文載《語絲》第五十七期，說「此種『費厄潑賴』精神在中國最不易得，我們也只好努力鼓勵，中國『潑賴』的精神就很少，更談不到『費厄』，惟有時所謂不肯『下井投石』即帶有此義……」魯迅把「費厄潑賴」當作中庸，「雖然是狗，又很像貓，折中，公允，調和，平正之狀可掬，悠悠然擺出別個無不偏激，惟獨自己得了『中庸之道』似的臉來」。文中把「塌臺」的政治人物比作「落水狗」，提出了要打「落水狗」的主張。說「狗性總不大會改變的」，「倘是咬人

之狗，我覺得都在可打之列，無論它在岸上或在水中」，對「叭兒狗」式的幫閒文人，則尤應「先行打它落水，又從而打之」。這是一種「徹底革命」的哲學思想。收《墳》。

三十日　晴，風。上午往中大講並收上月薪水泉十。得鄧飛黃信。下午訪李小峰。訪臺靜農。往東亞公司買《近代美術十二講》一本，二元六角。

【箋】

往東亞公司買……　《近代美術十二講》，日文書。森口多裏著。大正十四年東京堂書店第十四版。

三十一日　晴。晚伏園、春臺、惠迭來。夜有麟來。

【補】

編定《華蓋集》。

作《〈華蓋集〉題記》，載《莽原》半月刊第二期（1926 年一月二十五日），署名魯迅。作者回顧一年來在軍閥官僚、幫閒文人的圍攻迫害下所進行的鬥爭，闡述了自己以雜文為武器進行鬥爭的感想。說寫雜文不是為了進「藝術之宮」，而是為了鬥爭的需要。「也有人勸我不要做這樣的短評。那好意，我是很感激的，而且也並非不知道創作之可貴。然而要做這樣的東西的時候，恐怕也還要做這樣的東西，我以為如果藝術之宮裏有這麼麻煩的禁令，倒不如不進去；還是站在沙漠上，看看飛沙走石，樂則大笑，悲則大叫，憤則大罵，即使被沙礫打得遍身粗糙，頭破血流，而時時撫摸自己的凝血，覺得若有花紋，也未必不及跟著中國的文士們去陪莎士比亞吃黃油麵包之有趣。」收《華蓋集》。

《〈未名叢刊〉廣告》載十二月出版之《出了象牙之塔》版權頁後，未署名。為一佚文。劉運峰《魯迅佚文全集》已收入。

本月

本月得張宗祥信並復。復信為本年第二十三封存信。吳作橋輯出，劉運峰收入《魯迅佚文全集》。以下引吳作橋考證全文：

致張宗祥（1925 年十二月某日）

可惜你不在北京，民三之後你又不肯教書，不然，你又可以題一個照片叫做「景陽崗之役」。

錄自張宗祥《回憶魯迅先生》，該文原刊於 1956 年《東海》創刊號，現收 1979 年湖南人民出版社版《我心中的魯迅》一書：「我自 1922 年離開北京之後，一直在南方，聽見女師大的事件之後，曾與他和季巿通信問大概情形，他的回信就說可惜你不在北京，……」

張宗祥（1882－1965），字閬聲，別號冷僧，浙江海寧人。魯迅先生的一位同事和朋友。曾留學日本。1909 年與魯迅一起在杭州浙江兩級師範任教。張宗祥是這所學校的地理教員，曾與魯迅、許壽裳、許緘甫、楊莘耜、錢均甫、張燮和、夏丏尊等發動驅逐校長夏震武的運動，最後獲得勝利。因夏震武外號「木瓜」，所以稱此次鬥爭為「木瓜之役」。「木瓜之役」勝利後，同志者二十餘人攝影留念，張宗祥在影上題：「木瓜之役」。魯迅在北京教育部時，張宗祥也在北京教育部，他任過視學、科長。1919 年兼京師圖書館主任。1922 年任浙江省教育廳廳長。魯迅逝世時曾寫詩悼念。

在女師大事件中，魯迅、許壽裳、林語堂、周作人等勝利地進行了反對女師大校長楊蔭榆和教育總長章士釗的鬥爭。章士釗辦《甲寅》周刊，寅為虎屬，所以人稱章士釗為

「老虎總長」。魯迅在《論「費厄潑賴」應該緩行》一文中說的「死老虎」，大約也含指章士釗。所以，與「木瓜之役」聯係起來，魯迅戲稱這一次鬥爭為「景陽崗之役」。

　　按：新版《魯迅全集》沒有魯迅致張宗祥信。據《魯迅日記》，魯迅致張宗祥信僅一封，即 201220 信。按張宗祥文，魯迅此復信是在女師大事件勝利之後，張宗祥來信詢問女師大事件概況才寫下的。由「景陽崗之役」一語看，此復信當在章士釗失敗之後。女師大事件始於 1924 年一月（引者按，此時間有誤），到 1925 年十一月三十日章士釗去職，女師大學生返校才告勝利結束。由此推算，此復信當寫於 1925 年十二月某日。《魯迅日記》未記。

（《魯迅書信鉤沉》第 66－67 頁）

本　年

佚文

　　劉運峰編《魯迅佚文全集》上冊第 374 頁收有本年兩則題簽，認定為佚文，無具體日期。茲過錄如下（題目為劉運峰先生所加）：

《新鐫李氏藏本忠義水滸全書》題跋

　　《新鐫李氏藏本忠義水滸全書》，一百二十回，別有引首一篇，題「施耐庵集撰，羅貫中纂修」，卷著（董按，疑此字為「首」之誤）有楚人鳳里楊定見序，自云雲事李卓吾，後遊吳而得。袁無涯求卓老遺言甚力，求卓老所批閱之遺書又甚力，因付以批定《忠義水滸傳》及《楊開庵集》，而先以《水滸》公諸世云云。無年月，次為發凡十則，次《宣和遺事》，次水滸忠義一百八人籍貫出身，次目錄，次圖，次引首及本文。偶有批語，皆簡陋，蓋偽託也。

原註：據魯迅手稿抄錄。

《大滌余人百回本忠義水滸傳》校勘說明

　　十三年九月八日見百回本，不著撰人，其目與此同者以「、」識之。其書前有「大滌余人」序，不著年月日。一百回前九十回與百廿回本同，但改過，故為□□，其九十一至百回改百廿回本之末十回也。

原註：據魯迅手稿抄錄。

言行

　　魯迅先生的東西的確非常整齊，什麼東西都有一定的位置。記得他工作臺的中間抽屜內有一塊假的銀元永遠在一個小紙盒內，遇到假錢，則一定把它撕成二片丟進火爐。字紙簍不扔果皮或花生皮之類，如果別人丟進去了，他也重新取出來。書架中格永遠放著日用藥品，有兜安氏霍亂吐瀉藥水，兜安氏止痛藥水，太益水（即十滴水）等，都在永遠不變的位置放著，下一格則放的是點心罐和一個福建漆的八角朝珠盒，是裝蛋糕之類的。一個裝花生用的洋鐵筒。有客人的時候，他常常從那裏取出點心來請客，或者寫文章到深夜肚子餓的時候取出點心當夜宵。大概每月從北大領薪水的時候，要路過一個法國麵包房，他就買兩塊錢的洋點心，一塊錢二十個，上面有用奶油堆成的各種形狀的花，裝在兩個厚紙盒裏，拿回來一進門，照例叫一聲「阿娘！我回來者」，接著把點心請老太太自己選擇放進她的點心盒裏，然後他又把點心拿到朱氏房裏請她也選留，最後把選剩的放在中屋大木櫃內，也把一小部分放在朝珠盒內留作自己用，這是每月一次，平常則吃點小花生或者別的一般的點心如「薩其馬」之類。

　　魯迅先生的習慣，每天晚飯後到母親房間裏休息閒談一陣，現在老太太房間裏陳列著的那把大的藤躺椅，是他每天晚上必坐的地方，晚飯後他就自己拿著茶碗和菸捲在藤椅上坐下或者躺著。老太太那時候已快到七十歲，總是躺在床上看小說或報紙，朱氏則坐在靠老太太床邊的一個單人藤椅上抽水菸，我則坐在靠老太太床的另一端的一個小凳上打毛線。談話的內容很豐富，各方面的都有，國家大事，過去的朋友，紹興新臺門中的人物，也常常談到有關他文章中一些典型人物，如阿Q、順姑等具體人物。

　　魯迅先生在北京時候，打腹稿的習慣是喜歡斜躺在自己的鋪板上，常常看到他手上拿著紙菸，頭靠住白箱的一邊，獨自沉思。寫作的時候則一定得坐在藤椅上。

　　──許羨蘇回憶，《魯迅回憶錄》散篇上冊第 316－317 頁

　　……還有一件，是已故胡也頻（在北平時原名胡崇軒）跑到煙臺去訪友。在那裏，他寫了一篇同性愛的小說，寄到魯迅先生處。先生看後，認為很滿意。當天出門時，就把稿子帶給李小峰，要他發表在當禮拜出版的《語絲》上。因為先生說：旁人用心血製作的東西，我要不用心血去保護，總覺得不安。（按，胡也頻赴煙臺訪友，在本年一月中旬，在那裏寫小說，應是一二月間事。日記上不見「得」胡小說稿事，可能失記。亦有可能來訪時帶交，但從兩人交往情形看，可能性不大。查《語絲》，未見有胡的小說發表。錄此以供研究。）

　　──荊有麟《魯迅回憶斷片》，《魯迅回憶錄》專著上冊第 164 頁

　　因為工作繁忙和來客的不限制，魯迅生活是起居無時的。大概在北京時平均每天到夜裏十一十二時始客散。之後，如果沒有什麼急待準備的工作，稍稍休息，看看書，二時左右就入睡了。他並不以睡眠而以工作做主體，譬如倦了，倒在床上睡兩三小時，衣裳不脫，甚至蓋被不用。就這樣，像兵士伏在戰壕休息一下一樣，又像北京話的「打一個盹」，翻個身醒了，抽一枝菸，起來泡杯濃清茶，有糖果點心呢，也許多少吃些，又寫作了。《野草》，大部分是在這個時候產生出來的。

　　──《許廣平文集》第二卷第 88 頁

在北京，他自己沒有孩子，到店裏看見有些玩具真好，歡喜了，買下來了。怎麼辦？一隻不算小的假馬，後來拿去送給朋友的兒子了。他書櫃的抽屜裏，偶然一抽開來，真有意思，小小的磁水桶，磁蟾蜍等等一大批。有的是放牙籤的，有的是裝清水寫字用的，我們做學生的那裏肯放過；一，二，三，搶。大家不客氣動手了，五六個人競賽，結果我搶到了一半，有些朋友得不到，幾乎哭起來了。「太難為情，分她些罷！」有人在勸了。

　　　　　　　　　——《許廣平文集》第二卷第 153 頁

還有一件可惜的事：在魯迅先生北京寓所的園子裏捉到兩隻小刺蝟，他的母親珍重愛護地養起來了。我們去到也拿出來玩，兩隻手一去碰它，縮做了一團了，大大的毛栗子，那麼圓滾滾的可愛相。走起來，那麼細手細腳的，大家都歡喜逗這小動物。不知怎麼一來它逃脫了，無論怎樣也找不著。偶然看見一個小小的洞，人們說：「一定是逃到這裏了，因為它喜歡鑽洞。」有一天，落雨了，我撐著傘到了魯迅先生寓所。後來他給我寫信，裏面附了一張圖，一隻小刺蝟拿著傘走，真神氣。出北京時這張圖還保存著，後來找來找去也沒有……（引者按，此事在今年還是明年？筆者尚未查清。）

　　　　　　　　　——《許廣平文集》第二卷第 153－154 頁

壁虎有毒，俗稱五毒之一。但，我們的魯迅先生，卻說壁虎無毒。有一天，他對我說：「壁虎確無毒，有毒是人們冤枉它的。」後來，我把這話告訴孫伏園。伏園說：「魯迅豈但替壁虎辯護而已，他住在紹興會館的時候，並且養過壁虎的。據說，將壁虎養在一個小盒裏，天天拿東西去餵。」（按，章衣萍於上年九月二

十八日始跟魯迅交往，本年是兩人來往最多的一年，也是關係最好的一年，一九二六年前半年很少來，故這次談話在本年的可能性最大）

　　　　　──章衣萍（《魯迅回憶錄》散篇上冊第 89－90 頁）

　　一天，碰見魯迅，我同他談了，他也說：「革命本來也是人們造出來的！」魯迅是一個深刻的思想家，同時代的人沒有能及得上他的。

　　　　　──《高長虹文集》中卷第 109 頁

　　我本來對於從事藝術工作的人，都是表同情的，正如前面所說藝術家都是孤獨者。不但我在《莽原》第六期《中國與文學》一文曾以《吶喊》，《沉淪》，《超人》並舉，而且我同魯迅在談話間也沒有攻擊過他。而且我對於創造社幾個人都是同樣態度。有一次談起成仿吾批評《吶喊》，我只說，態度不好，但見解我以為有一部分還是對的。魯迅則常說郭沫若驕傲，我則說他的態度才能倒都好，頗有類似歌德的樣子。魯迅說，他可沒有歌德的偉大。我說，他正是學歌德學壞了，所以我將來想批評他，把他的錯處指出，他大概可以變好。魯迅則說，他不以為你說得對的。我說，只是我對於歌德沒有研究，我想用歌德批評他最好。魯迅說，那他要同你辯論。我說，辯論是可以的。只是，魯迅說郭沫若驕傲不只一次，我時常疑惑他是借郭沫若說我的，所以我常不說什麼話。他也說《女神》好，《星空》不好，卻同我的意見一樣。因為我對於創造社的態度如此，所以到後來我在魯迅處聽品青說郁達夫往來於楊陳之間的時候，我真不能不為他痛惜的了！

　　　　　　　　　　　　　　　——《高長虹文集》中卷第 158 頁

　　一次，魯迅對我說，有一個叫李玄的，山西人住某路某號，給周作人去信，說他聽說北京只有五個人，他想看一看這五個人究竟如何。他聽說我從前在那裏住過，所以要我調查一下。我當時覺得好像這信便是我寫的似的。我確乎也有這樣一個朋友，但我卻沒有知道他到了北京。我便轉託了一個朋友去調查時，果然是那個朋友到了北京。以後事實如何，我沒有再留心。

　　　　　　　　　　　　　　　——《高長虹文集》中卷第 159 頁

　　去年我們辦《莽原》的時候，魯迅便說，再過一百年也還是這樣，這裏有《莽原》，那裏有《現代評論》……

　　　　　　　　　　　　　　　——《高長虹文集》中卷第 187 頁

　　我在 1924 年的冬天，同幾個狂飆朋友在北平創辦了《狂飆》周刊，獲得魯迅的同情反應。在這以前，我有些朋友在一個世界語學校裏做了魯迅的學生，我時常聽到他們談說魯迅。《吶喊》恰好也在這年出版，這也是給魯迅傳說增加興味的原因。不過我看了《吶喊》，認為是很消極的作品，精神上得不到很多鼓勵。朋友們關於他的傳說，給我的印象也不很好。他們都喜歡傳述魯迅講書時說的笑話。比如，這個說了，魯迅今天說：「中國人沒有孫悟空主義，都是豬八戒主義，我也是豬八戒主義。」這已經不很好聽。可是另一個還曾說，魯迅說了：「人人都以為梅蘭芳好看，這我不能理解，我覺得梅蘭芳也沒有什麼。」諸如此類。這種傳說，給看《吶喊》的人所增加的印象，當然不會是很積極的。可是，說也奇怪，《狂飆》周刊在北平出版了還不到幾期，

居然在北平的文藝界取得它的地位，而最予以重視的，郁達夫之外，尤其是望重一時的大小說家魯迅。我同魯迅見面的機會來了。可是我初次同他講話的印象，卻不但不是人們傳說中的魯迅，也不很像《吶喊》的作者魯迅，卻是一個嚴肅，誠懇的中年戰士。此後我同魯迅的見面時候很多，其中只有一次，仿佛是達夫傳述了什麼，魯迅以世故老人的氣派，同我接觸。不過，除這以外，我們總是很好的朋友，甚至在友誼中不無芥蒂的時候，不但是很好的，而且在形式上總是很深知的朋友。

　　——高長虹《一點回憶——關於魯迅和我》（1940）

　　魯迅那時仿佛像一個老人，年紀其實也只四十三、四歲。他的中心事業，是文藝事業，思想事業。不過因為當時的環境不好，常持一種消極的態度。寫文章的時候，態度倔強，同朋友們談起話來，卻很和藹謙遜。

　　見面多了，談話的題目大部分還是文藝。在文藝的興趣上也不很一樣。我喜歡的作家如歌德、托爾斯泰，對他並不發生興趣。不過他喜歡的契訶夫、郭果里等，卻也是我所喜歡的。對文藝的基本理解，都認為不但是要現實的，還要為現實的。不過他寫的多是黑暗的一面，我喜歡揭發光明。

　　對於當時的文藝現狀，都感覺還好得不夠。不過如何往前發展躍進，卻不容易有一定的辦法。魯迅那時所希望的是，一面把讀者的文藝理解能力提高，一面仿佛也希望有所謂天才者出現，為完成前一種工作，他翻譯了廚川白村的幾種著作。一面他也很喜歡同新起的青年作家們結識。

　　因為他的作品在當時被視為難於理解，所以在談話的時候，他也喜歡講到他的作品。

——高長虹《一點回憶——關於魯迅和我》

他常以為一個天才作家時常不能意識到自己是天才，因此他常傾向這種結論：一個作家不能意識到自己的天才的，才是天才作家。我時常喜歡拿托爾斯泰的話來同他講：托爾斯泰說過他自己的理想的作品不是他自己的作品，卻是陀斯妥也夫斯基的作品。我的話常被他拿來做一種論證，他證明陀斯妥也夫斯基就是一個天才作家而不能意識到自己的天才。也許把這理論應用到托爾斯泰還要合適一點，因為這個被當代作家公推為最天才的作家的他卻常否定他自己的作品的藝術價值。不過這裏是要添上時間的條件的。托爾斯泰不能意識到自己的天才的時候，已經是他寫過天才的作品以後的事了。

我那時就不相信魯迅完全意識不到自己的天才，不過，我相信，他不能意識到自己的作品究竟有多大的藝術價值。他為人是很自負的，但對自己的作品缺乏很強的自信力。他想叫自己的精神弄得平衡一些，常把這種緣故歸之於自己缺乏冷靜。他常說，他不能寫批評，因為他不能冷靜。

可是無論在什麼時候，都不能找到一種證據，說魯迅對作品缺乏認識力。甚至因為偶然的疏忽錯誤認識了任何作品。當他偏袒某人的時候，他仍然知道那人的作品有什麼缺點，當他痛恨某人的時候他其實對於那人的作品的價值完全領會。他是以自己的感情做標準來批評一切的。說他把認識藏在心裏，而叫自己的感情說話，這就對了。

——高長虹《一點回憶——關於魯迅和我》

　　魯迅⋯⋯常把中國作家喜歡開玩笑的原因歸之於社會太壞。作家在創作時不能忘情於社會，因此使藝術成分，不能豐厚。

　　同活人開玩笑，魯迅說是他寫《不周山》到中段時，上海的那些人又鬧起來了。我沒有問是哪一些人，因為想來說的是創造社諸人。就像同人討論問題的時候，一面不能不同另一些人吵嘴，討論的內容一定會被弄亂的⋯⋯

　　　　　　　　——高長虹《一點回憶——關於魯迅和我》

　　魯迅，以後又加上周作人，都希望我多寫批評文字。那時我創作，論文，都喜歡寫，但對於寫文藝批評，卻不很喜歡。⋯⋯《玉君》是那時很流行的一本庸俗的小說，我用《假話》的題目寫了一篇文字批評了它。這篇文字，周作人是十分贊成的。

　　只有關於《吶喊》的批評，我常想寫，卻始終沒有動筆。甚至有時仿佛已經答應了魯迅要寫，還是沒有動筆。一個寫創作的人，他願意有人批評他的作品，但他自己不喜歡批評別人，我那時大概也有這種心情。不過我那時好像還有一種心境：寧願挨別人的罵，不喜歡說別人好。因為從我開頭發表文字以來，仿佛連我也覺得有些太多了。

　　從談話的經驗看來，我對於《吶喊》的批評魯迅是不能十分贊成的。比如談到《阿Q正傳》時，我也說過第一段閒話說得太多了。《吶喊》描寫得深刻處，在當時是無與倫比的。寫實中間，常有熱情流露。有根深蒂固的人道主義做創作的軸心。這些都是魯迅的生命。然而文字的生硬，形式的偏於歐化，人物的缺乏活躍性，平面性，都在說明這書的思想價值。在談話中間，泛論中國新文藝的時候，這些問題時常成為中心問題。在寫批評時這樣講，就是不很妥當的了。

　　比《吶喊》談得更多的是《野草》。我那時比《吶喊》，更喜歡《野草》，態度比《吶喊》戰鬥，情調比《吶喊》緊張，文字比《吶喊》精煉，形式比《吶喊》民族，表現比《吶喊》深刻。只是，百利之外，不免一弊：厭世主義的思想也比《吶喊》更為濃厚。如王品青一類人常反復傳述：《野草》是周先生的哲學，我認為它是一種寫意的象徵主義的散文詩，在當時，魯迅對於他的這種厭世主義是並不諱言的，他有時候，把這叫做是同自己的生命戰鬥。我想批評《野草》的時候，比想批評《吶喊》的時候要多一點，不過到我寫出文章來，已經是在上海《狂飆》周刊的時候了。

　　　　　　　　　　——高長虹《一點回憶——關於魯迅和我》

　　魯迅有時候也說，想寫一個中篇小說，可是始終沒有寫。在當時那樣的環境裏，也不免要氣短的。

　　　　　　　　　　——高長虹《一點回憶——關於魯迅和我》

　　魯迅對於創作，也不免常抱一種厭世的態度。他常攻擊中國文字，說，用語太少，是新文藝成功的最大障礙。我那時對於他的這種意見，是不贊成的。我以為中國文字表現的意義是很豐富的。用語太少，由於有很多的白話□□□□□□□□□□□□□□可是，他對於當時的青年作家們，卻常鼓動他們多寫。他以為寫得多就寫得好了，不寫是寫得不好的，他鼓吹多寫，我那時有不同的意見，以為青年應多學少寫，寫都要寫得好。他時常攻擊這種意見。有的青年作家，的確是寫得多就寫好了。不過這種好是進步的，不是躍進的，也是有止境的，有限度的。

　　　　　　　　　　——高長虹《一點回憶——關於魯迅和我》

　　魯迅也很少講到他自己的創作計畫，他時常講的只有一個，
說他想描寫鬼，結尾是一個人死的時候，看見鬼掉過頭來，在最
後的這一剎那他看見鬼的臉是很美麗的。這樣的一篇東西，他說
想把它寫成一個劇本。我常鼓動他快寫，但可惜他始終沒有寫。
因為有些創作計畫，要不是馬上寫出來，過一個時候，就會覺得
沒有用處，沒有再寫的必要了。

　　比寫創作魯迅是更喜歡鬥爭的。他的雜感文字，是快而且多
產的。這些文字大抵是為鬥爭的目的來寫的。他常說，剛一挨了
人的罵時，不能寫東西，歇一歇就可寫了。

　　　　　　　　　　——高長虹《一點回憶——關於魯迅和我》

　　他有時候說，母親死了是孩子的幸福。他這話的大膽，最受
錢玄同佩服。因為這些緣故，我同我的朋友們都常常拿最多的同
情心來看魯迅，他的一切不合青年理想的生活形態，我們看來都
是應當的了。

　　　　　　　　　　——高長虹《一點回憶——關於魯迅和我》

　　魯迅說道，馬裕藻說起為北大擔任教授，他還沒有決定答應。
魯迅尋常很喜歡講一個人一娶了太太，當了大學教授，就什麼都
完了。大學教授，對於一個喜歡戰鬥的人不是很合適的職業。我
當時又以為，魯迅的性格也不適於教授的職業，所以不加贊成。

　　　　　　　　　　——高長虹《一點回憶——關於魯迅和我》

　　那時加入國民黨的人很多，成了一時期的風氣。我問魯迅為
什麼不加入國民黨？他說他想罵的人不一定是國民黨要罵的人，

國民黨要罵的人他不一定想罵，所以他不加入國民黨。這話在現在看來好像是很奇怪的，在那時卻十分平常。那時在我們的談話裏把罵人看得像現在的抗敵一樣光榮。我那時寫罵人的文字也不少了，魯迅還時常表示不滿，說一個人不可以像上帝一樣面目有時像一個無賴。

——高長虹《一點回憶——關於魯迅和我》

我曾問過他對於馬克思主義有什麼意見，他說：「怕是對的吧！」不過，他對於那時的青年共產主義者卻很表示不滿，常說他們是皇太子主義，以為明天的天下一定是他們的。

——高長虹《一點回憶——關於魯迅和我》

魯迅是一個很現實的人，他不很相信理想。最喜歡嘲笑的是黃金時代，那是永遠沒有的。不過循環論，厭世主義在他的思想裏是很深刻的。他時常攻擊我是理想的人，說：「再過五十年還是這樣，這裏有《莽原》，那裏有《現代評論》！」

——高長虹《一點回憶——關於魯迅和我》

魯迅先生有一次問我，一個名字聲音和我的相似，而姓不同的人所寫的舊體詩詞，是否是我用化名寫了開開玩笑的？那時常有人譏笑寫白話文的人寫不出文言文章和詩詞，所以先生想或許是我在開玩笑。我說我沒有寫過舊體詩詞，讀過不多一點，倒也喜歡。那時我還不知道先生寫過舊體詩，所以問了問先生。他說積習難改，偶然寫一首，但不發表，因為怕影響文學改革。但先生覺得，偶然有點感觸，不敢高攀天才所膜拜的『靈感』，舊體詩對自己仿佛比新語體詩便當一點。以後我看到過先生寫寄給靜

農的舊詩，看內容倒不是先生以前很想提倡的抒情詩了，而寫有
政治性很強的諷刺……

　　　　　　　　——李霽野《魯迅先生與未名社》第 23－24 頁

　　魯迅先生對我們不止一次談到過章太炎，稱讚他的學術專長
和戰鬥精神，批評他後來的復古言行……

　　　　　　　　　　——李霽野《魯迅先生與未名社》第 25 頁

　　魯迅先生在同我們談到《出了象牙之塔》的時候，勸我多讀
點英國的 Essay，並教導我勉力寫點這種體裁的文章。我雖然遵照
著做了，結果不過是畫虎不成；先生所要分給的「痛快」，我倒
是嘗味到一點的。魯迅先生說，未名社的人缺乏笑影，這是實情。
那時候，外有帝國主義欺凌侵略，內有軍閥混戰割據，社會政治
漆黑一團，因而緊緊咬著青年們的心的，是苦悶和絕望，怎樣也
掙脫不了；投身實際革命鬥爭的青年，自然是例外。先生談到缺
陷之美，特別談到英國詩人勃朗甯（Robert Browning）的健康樂
觀的人生觀，再讀文章，就覺得啟發特別大。我覺得像雨後新晴
一樣，心裏明朗爽快多了，精神為之一振。我決定不再版安特列
夫的《黑假面人》，就是一個具體的表現。

　　　　　　　　　　——李霽野《魯迅先生與未名社》第 68 頁

　　只記得有一次問起他怎樣寫作，他詳細的說了說他作小說的
經驗。他說偶然有一點想頭時，便先零碎的記下來，遇到或想到
可寫的人物特性時，也是如此。這樣零碎的記錄在心裏慢慢融化，
覺得人物有了生命，這才將段片的拼湊成整篇的東西。全篇寫就
以後，才細看哪些地方要增刪。最後還注意到字句自然的韻調，

有讀起來覺得不合適的字眼，再加以更換。他又說，他的文章裏找不出兩樣東西，一是戀愛，一是自然；在要用一點自然的時候，他不歡喜大段的描寫，總是拖出月亮來用一用罷了。

　　關於罵人，記得也常談到，他說一見到虛偽，卑污，和其他令人作嘔的世態時，心裏的悲憤便覺得非吐不快。有些個人代表或一種世態，罵他並不出於私怨，只是借此批一批社會的嘴巴罷了；社會是冥頑的，先生常歎息著說。在這樣的談話中你親切的覺得有一顆赤熱的心在。

　　　　　　　　　　——李霽野《魯迅先生與未名社》第 176 頁

　　魯迅先生有時也談到別人對他的批評。他不歡喜不中肯的讚譽，也不重視不相干的指責。真能瞭解他的作品的文章，使他感到喜悅，仿佛是遇到了知己。誤解了他的精神的評語，往往使他歎息。我記得他說孫福熙關於《示眾》的短文（引者按，孫文載 1925 年五月十一日《京報副刊》），寫得是中肯的。張定璜說他的特色「第一個是冷靜，第二個是冷靜，第三個還是冷靜」（引者按，張文載 1925 年一月二十四日和三十日《現代評論》），他提起來就搖頭。素園對《阿 Q 正傳》推崇備至，常常給我們朗誦，說它融化了果戈理的精神，而具有特殊的風格。魯迅先生去西山療養院訪他時，素園曾談到《吶喊》和《彷徨》，認為後者在藝術上更為成熟，而不如《吶喊》受人歡迎，或者是因為更為嚴肅、更多憂鬱成分的緣故。魯迅先生是同意他的意見的。（按，「魯迅先生去西山療養院訪他」所說，不在本年）

　　　　　　　　　　——李霽野《魯迅先生與未名社》第 207 頁

　　魯迅先生在北京時，因為辦刊物才認識了林語堂。林的第一篇文章是《論幽默》（按，此處有誤記。林的《論幽默》是 1934 年一月一日在《論語》發表的，林最早發表有關幽默的文章，是 1924 年五月二十三日發表在《晨報副刊》上的《徵譯散文並提倡「幽默」》和同年六月九日發表在同一副刊的《幽默雜話》），我讀後覺得文字還有欠通的地方，就向先生說了。先生同意有些地方是欠通，不過緊接著就說，他的外文還好，稍加努力，就可以改進。

——李霽野《魯迅先生與未名社》第 257 頁

2003 年 6 月 20 日起
2003 年 12 月 31 日迄

主要參考文獻

專書類

《魯迅全集》，人民文學出版社 1981 年版

《兩地書真迹》（包括手稿、原信兩冊），上海古籍出版社，1996 年 1
　月版

《兩地書研究》，王得后著，天津人民出版社 1982 年 9 月版

《許廣平文集》（三卷本）江蘇文藝出版社 1998 年 1 月版

《魯迅著譯係年目錄》，上海魯迅紀念館編，上海文藝出版社 1981 年
　8 月版

《紀念魯迅誕辰百周年文學論文集及魯迅珍藏有關北師大史料》，北京
　　師範大學中文系編，北京師範大學出版社 1981 年 5 月版

《魯迅年譜》，北京魯迅博物館魯迅研究室編，人民文學出版社 1981
　年 9 月版

《魯迅著譯版本研究編目》，周國偉編著，上海文藝出版社 1996 年 10
　月版

《1913-1983 魯迅研究學術論著資料匯編》（五卷本），中國文聯出版
　公司 1987 年版

《魯迅在教育部》，孫瑛著，天津人民出版社 1979 年 8 月版

《亡友魯迅印象記》，許壽裳著，人民文學出版社 1981 年第 7 次印刷

《我所認識的魯迅》，許壽裳著，人民文學出版社 1978 年 6 月版

《現代賢儒——魯迅的摯友許壽裳》，陳漱渝主編，臺海出版社 1998
　年 4 月版

《我記憶中的魯迅先生》，俞芳著，浙江人民出版社 1981 年 10 月版

《魯迅先生二三事》，孫伏園著，本書據《魯迅回憶錄》專著上冊所收
　　該書

《魯迅回憶斷片》，荊有麟著，本書據《魯迅回憶錄》專著上冊所收該書

《〈魯迅日記〉中的我》，許欽文著，浙江人民出版社 1982 年 11 月第
　　2 次印刷

《和魯迅相處的日子》，川島著，人民文學出版社 1958 年 7 月版

《關於魯迅》，周作人著，止庵編，新疆人民出版社 1997 年 3 月版

《高長虹文集》（三卷本），中國社會科學出版社 1989 年 12 月版

《魯迅先生與未名社》，李霽野著，人民文學出版社 1984 年 7 月版

《魯迅回憶錄》（專著上中下冊），魯迅研究室編，北京出版社 1999
　　年 1 月版

《魯迅回憶錄》（散篇上中下冊），魯迅研究室編，北京出版社 1999
　　年 1 月版

《魯迅佚文全集》（上下冊），劉運峰編，群言出版社 2001 年 9 月版

《〈魯迅日記〉箚記》，包子衍著，湖南人民出版社 1980 年 5 月版

《魯迅與許廣平》，倪墨炎、陳九英著，上海書店出版社 2001 年 6 月版

《魯迅在北京》，劉麗華、鄭智著，北京工業大學出版社 1996 年 8 月版

《魯迅與北京風土》，鄧雲鄉著，文史資料出版社 1982 年 8 月版

《郁達夫全集》（十二卷本），浙江文藝出版社 1992 年 12 月版

《魯迅史實研究》，蒙樹宏著，雲南教育出版社 1989 年 8 月版

《〈野草〉藝術談》，李國濤著，山西人民出版社 1982 年 3 月版

《地獄邊沿的小花》，閔抗生著，陝西人民出版社 1981 年 5 月版

《魯迅書信考釋》，王景山著，文化藝術出版社 1982 年 4 月版

《魯迅與外國作家》，張華著，陝西人民出版社 1981 年 4 月版

《魯迅研究資料》（內部讀物），杭州大學中文系編，1977 年 11 月
　　　（按，本書除許壽裳《仙臺學醫》等五篇文章外，全係日本人士回
　　憶魯迅）

《魯迅回憶錄一集》，上海文藝出版社 1978 年 1 月版

《魯迅回憶錄二集》，上海文藝出版社 1979 年 6 月版

《魯迅史實新探》（增訂本），陳漱渝著，湖南人民出版社 1980 年 9
月版

《五四文壇鱗爪》，陳漱渝著，中國文史出版社 1998 年 9 月版

《魯迅談話輯錄》，武德運編，北京圖書館出版社 1998 年 1 月版

《魯迅與中外美術》，李允經著，陝西人民出版社 1992 年 10 月版

《倦眼矇矓集——陳漱渝學術隨筆自選集》，福建教育出版社 2000 年 4
月版

《胡適還是魯迅》，謝泳編，中國工人出版社 2003 年 12 月版

期刊類

〈並不熟識的青年是誰？〉，龔明德，《泉》（澤則書友會編）第 1 期
（2003 年 3 月 16 日）舊書資訊報（2003 年 4 月 28 日）

〈關於《魯迅與許廣平》的幾個問題〉，倪墨炎，《文匯讀書周報》

〈《長明燈》和《北京民國日報》〉，榮太之，《魯迅研究資料》第 3 輯

〈魯迅任教的北京世界語專門學校〉，強英良，《魯迅研究資料》第
14 輯

〈歷史的見證——檔案所見女師大學生運動高潮〉，王永昌，《魯迅研
究資料》第 15 輯

〈魯研一得錄〉，陳漱渝，《魯迅研究資料》第 16 輯

〈關於魯迅收藏的一組青年文稿〉，陳漱渝，《魯迅研究資料》第 21 輯

〈美妙　形象　風趣——魯迅「講書」的藝術〉，劉一新，《魯迅研究
資料》第 22 輯

〈有關《青年必讀書》的一組材料〉，《魯迅研究資料》第 22 輯

〈有關「青年必讀書」的材料介紹〉，楊燕麗，《魯迅研究資料》第
22 輯

〈魯迅蒐購的馬克思主義文藝理論書籍簡介〉，易人輯錄，《魯迅研究
資料》第 24 輯

〈呂雲章筆下的魯迅〉，申春，《魯迅研究動態》第 3 期（1986 年）

〈魯迅殘簡一則〉，潘頌德，《魯迅研究動態》第 4 期（1986 年）

〈有關女師大風潮史料的兩點質疑〉，秋陽，《魯迅研究動態》第 8 期
　　（1986 年）

〈《魯迅日記》中的「梓模」〉，賈玉民，《魯迅研究動態》第 3 期（1985
　　年）

〈與魯迅赴陝講學有關的兩個人物〉，林溪，《魯迅研究動態》第 9 期
　　（1986 年）

〈魯迅與山本忠孝〉，長弓，《魯迅研究動態》第 12 期（1986 年）

〈魯迅和李玄伯〉，馬蹄疾，《魯迅研究動態》第 5 期（1987 年）

〈曹靖華與魯迅〉，潘德延，《魯迅研究動態》第 11 期（1987 年）

〈《死火》象徵意義新〉，蔣荷貞、李秀貞，《魯迅研究動態》第 5 期
　　（1988 年）

〈「安睡」「臥遊」──魯迅許廣平定情之證〉，楊燕麗，《魯迅研究
　　動態》第 11 期（1988 年）

〈兩個李宗武〉，朱正，《魯迅研究動態》第 12 期（1988 年）

〈我談「魯迅與許羨蘇」〉，余錦廉，《魯迅研究月刊》1994 年第 6 期

〈魯迅‧重光葵‧西村真琴與三義塔〉，張致強，《魯迅研究月刊》1995
　　年第 12 期

〈魯迅與兩份民國報紙〉，郭汾陽，《魯迅研究月刊》1996 年第 8 期

〈魯迅、壽洙鄰與周作人的一則佚文考論〉，葛濤，《魯迅研究月刊》
　　2001 年第 4 期

〈劉策奇其人其事〉，裘士雄，《魯迅研究月刊》2002 年第 2 期

〈魯迅同時代人趙蔭棠及其後來的道路〉，張泉，《魯迅研究月刊》2002
　　年第 6 期

〈關於《更正》一文〉，高道一，《魯迅研究月刊》2002 年第 10 期

〈《兩地書》中缺少的第六封信〉，劉運峰，《魯迅研究月刊》2003
　　年第 3 期

〈山本忠孝──魯迅在北京時的主治醫〉[日]泉彪之助，宋揚、靳叢林
　　譯，《魯迅研究月刊》2003 年第 10 期

〈談魯迅生前《阿 Q 正傳》的外文譯本〉，戈寶權，《魯迅研究集刊》
　　第 1 輯

〈魯迅與商務印書館〉，陳江，《魯迅學刊》第 1 期（1981 年）

〈魯迅和劉策奇烈士〉，賈玉民，《上海魯迅研究》第 1 輯（1988 年 9 月）

〈雜憶魯迅先生與少年兒童〉，俞芳，《上海魯迅研究》第 6 輯（1995
　　年 7 月）

〈對用「火與劍」進行改革者的支持──劉弄潮談魯迅和早期黃埔軍
　　校〉，唐天然，《魯迅研究文叢》第 2 輯（1980 年 11 月）

〈《魯迅書信集》部分編者註辨正〉，陳子善、王自立，《魯迅研究文
　　叢》第 3 輯（1981 年 12 月）

人名索引

十 13。

七畫

車耕南　七 9、13，八 9、18。
李人燦　三 27，四 15。
李小峰　一 2、12、15、28、二 1、4、5、8、9、12、24、28、三 6、10、11、13、23、24、25、27、31、四 5、8、10、12、15、19、21、26、30、五 1、3、4、9、23、24、25、27、六 4、7、12、13、17、20、22、28、七 5、11、13、17、19、25、八 1、2、4、6、14、17、23、九 2、3、9、13、14、15、18、26、十 1、2、7、9、11、13、16、22、30、十一 2、5、13、14、17、20、27、28、29、30、十二 3、7、21、22、24、25、30。
李小酩　四 30，五 9、20、21、24、26、六 13、18、九 1、十 19。
李玄伯　九 20，十一 20，十二 21、24。
李慶裕　四 3。
李秉中　一 6、10、19、二 2、7、10、18、四 5、17、五 16。
李宗武　三 8，五 15、30、31，九 5，十一 21。
李濟之　二 23，三 3。
李桂生　六 7、24、30、七 2、八 26。
李遇安　一 17、28、三 2、8、9、19、24、四 6、7、12、14、23、27、28、五 11、六 5、8、9、30、七 19、20、八

3、21，九 28，十二 16、17。
李渭濱　五 11。
李慎齋　一 23，八 14。
李福海　十 28。
李霽野　二 10、15、16、18、20、三 14、22、26、五 6、17、六 23、七 6、13、19、28、八 10、17、22、30、九 1、9、14、18、19、24、十 1、8、18、26、29、十一 4、6、14、16、19、25、十二 1、4、11、12、14、15、16、18、20、22、26、28。
李宗裕　六 16，八 14，九 2，十二 11。
汪君　七 26。
汪靜之　八 26。
沈琳　十 4、5。
沈士遠　八 23。
沈尹默　十一 27。
沈雁冰　三 28。
宋舒　一 4。
宋子佩　一 4、11、26、三 4、14、四 2、21、六 7、七 5、13、八 12、13、14、16、18、20、26、28、九 6、13、20、28、十 13、15、16、19、25、十一 13、17、26、十二 6、15、21。
宋孔顯　九 5。
宋德沅　八 12。
呂琦　一 31、二 12、24、三 1、12、四 22、23、五 5、9、七 2。
呂雲章　五 21、28、六 14、七 10、12、14、19、24、八 1、15、九 29、十 8、16、17、28。
呂劍秋　九 2。

十一畫

地名索引
（外地地名不計）

書名索引

後　記

　　這本書能夠在台灣出版，是我想像不到的。題目既過於專門，學術性又強，同時所用方法相當「傳統」，身邊的一些朋友聽說我寫了這麼一本書，都替我發愁。能在台灣出版，一靠主編者宋如珊女士垂顧，二靠出版者秀威資訊對學術事業的熱愛。在這本書的校對上，宋如珊女士也付出極大的心血。謹表示衷心的感謝。

　　在參加第三屆海峽兩岸華文文學研討會期間，秀威資訊的宋總經理邀請我們參觀了他們的公司。這是一段有趣的經歷。知道他們出版了許多學術著作，我真的要祝福他們。

　　近年來，海峽兩岸的學術交流越來越多了。在開會期間，我深切感到，兩岸學者在學術思想、研究興趣、思維方式以及文化背景上，是比較接近的，不使人感到有多大的隔閡。這很令人鼓舞。這本小書的出版能在加強兩岸學術交流和學術聯係上起一點作用，我就感到很滿足了。

董大中　2007 年 6 月 20 日

國家圖書館出版品預行編目

魯迅日記箋釋：一九二五年／董大中著. --
臺北市:秀威資訊科技, 2007 [民 96]
面；公分. -- (大陸學者叢書；CG0012)
參考書目:面
含索引
ISBN 978-986-6909-80-1(平裝)

1.周樹人 – 傳記　2.周樹人 - 學術思想

782.884　　　　　　　　　　　96010640

史地傳記類　CG0012

魯迅日記箋釋（一九二五年）

作　　者 ／ 董大中
發 行 人 ／ 宋政坤
主　　編 ／ 宋如珊
執行編輯 ／ 賴敬暉
圖文排版 ／ 陳湘陵
封面設計 ／ 林世峰
數位轉譯 ／ 徐真玉　沈裕閔
圖書銷售 ／ 林怡君
法律顧問 ／ 毛國樑　律師
出版印製 ／ 秀威資訊科技股份有限公司
　　　　　台北市內湖區瑞光路 583 巷 25 號 1 樓
　　　　　電話：02-2657-9211　　　傳真：02-2657-9106
　　　　　E-mail：service@showwe.com.tw
經 銷 商 ／ 紅螞蟻圖書有限公司
　　　　　台北市內湖區舊宗路二段 121 巷 28、32 號 4 樓
　　　　　電話：02-2795-3656　　　傳真：02-2795-4100
　　　　　http://www.e-redant.com

2007 年 8 月 BOD 一版
定價：500 元

國家圖書館出版品預行編目

魯迅日記箋釋：一九二五年／董大中著. --
臺北市:秀威資訊科技, 2007 [民 96]
面；公分. -- (大陸學者叢書；CG0012)
參考書目:面
含索引
ISBN 978-986-6909-80-1(平裝)

1.周樹人 – 傳記　2.周樹人 - 學術思想

782.884　　　　　　　　　　　　　96010640

史地傳記類　CG0012

魯迅日記箋釋（一九二五年）

作　　者 / 董大中
發 行 人 / 宋政坤
主　　編 / 宋如珊
執行編輯 / 賴敬暉
圖文排版 / 陳湘陵
封面設計 / 林世峰
數位轉譯 / 徐真玉　沈裕閔
圖書銷售 / 林怡君
法律顧問 / 毛國樑　律師
出版印製 / 秀威資訊科技股份有限公司
　　　　　台北市內湖區瑞光路 583 巷 25 號 1 樓
　　　　　電話：02-2657-9211　　　傳真：02-2657-9106
　　　　　E-mail：service@showwe.com.tw
經 銷 商 / 紅螞蟻圖書有限公司
　　　　　台北市內湖區舊宗路二段 121 巷 28、32 號 4 樓
　　　　　電話：02-2795-3656　　　傳真：02-2795-4100
　　　　　http://www.e-redant.com

2007 年 8 月 BOD 一版
定價：500 元

讀 者 回 函 卡

感謝您購買本書，為提升服務品質，煩請填寫以下問卷，收到您的寶貴意見後，我們會仔細收藏記錄並回贈紀念品，謝謝！

1. 您購買的書名：_____

2. 您從何得知本書的消息？

□網路書店 □部落格 □資料庫搜尋 □書訊 □電子報 □書店

□平面媒體 □ 朋友推薦 □網站推薦 □其他_____

3. 您對本書的評價：(請填代號 1.非常滿意 2.滿意 3.尚可 4.再改進)

封面設計____ 版面編排____ 內容____ 文/譯筆____ 價格____

4. 讀完書後您覺得：

□很有收獲 □有收獲 □收獲不多 □沒收獲

5. 您會推薦本書給朋友嗎？

□會 □不會，為什麼？_____

6. 其他寶貴的意見：_____

_____

_____

_____

讀者基本資料

姓名：_____ 年齡：_____ 性別：□女 □男

聯絡電話：_____ E-mail：_____

地址：_____

學歷：□高中(含)以下 □高中 □專科學校 □大學

　　　□研究所(含)以上 □其他_____

職業：□製造業 □金融業 □資訊業 □軍警 □傳播業 □自由業

　　　□服務業 □公務員 □教職 □學生 □其他_____

(請沿線對摺寄回,謝謝!)

秀威與 BOD

BOD（Books On Demand）是數位出版的大趨勢，秀威資訊率先運用 POD 數位印刷設備來生產書籍，並提供作者全程數位出版服務，致使書籍產銷零庫存，知識傳承不絕版，目前已開闢以下書系：

一、BOD 學術著作—專業論述的閱讀延伸
二、BOD 個人著作—分享生命的心路歷程
三、BOD 旅遊著作—個人深度旅遊文學創作
四、BOD 大陸學者—大陸專業學者學術出版
五、POD 獨家經銷—數位產製的代發行書籍

BOD 秀威網路書店：www.showwe.com.tw
政府出版品網路書店：www.govbooks.com.tw

永不絕版的故事・自己寫・永不休止的音符・自己唱